한국 사회와 한국 행정

- 새로운 도전과 정부의 역할 -

하 연 섭 외 공저

나태준 · 문명재 · 배현회 · 양재진 · 엄태호
유상엽 · 이삼열 · 이정욱 · 이종수 · 장용석
정철현 · 정헌주 · 조윤직 · 최영준 · 홍순만

다 산 출 판 사

머/리/말

한국의 물리학이 미국의 물리학과 다르면 큰 문제이지만, 한국의 행정학이 미국의 행정학과 같아도 큰 문제이다. 자연현상을 관통하는 보편적 법칙을 발견하고 이를 이론화하는 자연과학의 경우 학문을 둘러싼 사회적 맥락이 학문의 내용에 영향을 미치지 못한다. 그러나 사회현상을 연구하는 사회과학은 본질적으로 맥락기속적인(context-bound) 학문으로서, 학문을 둘러싼 사회적 맥락이 학문의 내용에 커다란 영향을 미친다. 인간과 사회를 둘러싼 현상을 연구한다는 점에서 사회과학에서도 보편적인 측면이 중요하긴 하지만, 사회현상을 둘러싼 구체적인 맥락을 도외시하고는 연구 대상을 제대로 이해하지도 설명하지도 못하는 것이 사회과학의 기본적인 특징이다. 응용학문으로서의 행정학에 있어서는 이러한 사회적 맥락이 훨씬 더 중요하다. 사회적 관계와 사회적 맥락에 대한 이해 없이 문제의 원인과 특징을 이해할 수 없으며, 문제에 대한 제대로 된 이해 없이 적실성 있는 해결책을 제시할 수 없기 때문이다.

행정학이 생명력을 갖기 위해서는 연구 대상으로 삼고 있는 사회가 직면하고 있는 도전과 문제를 명쾌하게 해석하고 이에 기반해서 설득력 있는 해결책을 제시하는 작업이 필요하다. 하지만, 지난 수십 년 동안 이루어진 한국 행정학의 괄목한 만한 발전에도 불구하고 한국 행정학이 한국 사회가 직면하고 있는 문제의 해결에 얼마나 기여했는지에 대해서는 자신 있는 대답을 내놓기 어렵다. 이 책은 이러한 반성 위에서 시작된 프로젝트이다.

약 5년 전, 연세대학교 행정학과 교수들은 세월호 참사를 접하면서 한국 사회가 처하고 있는 위험과 이에 대한 정부의 대응을 비판적으로 검토할 필요가 있다는 데 의견을 같이 했었고, 그러한 학문적 고민의 결과물로서 「위험사회와 국가정책」이라는 공동 저작물을 내놓은 적이 있다. 이 책은 연세대학교 행정학과 교수들이 한국 사회문제 해결에 기여하기 위한 두 번째 노력의 산물이다. 이번에는 '위험사회'라는 단일의 주제가 아니라 앞으로 한국 사회가 직면하게 될 다양한 방면의 도전들을 분석하고 이를 극복하기 위한 방안을 제시하는 형태로 책을 구성하게 되었다. 행정학의 한국 사회 기여는 연구만이 아니라 교육을 통해서도 이루어진다. 이 책은 대학원생들과 학부생들이 한국 행정을 둘러싼 도전을 보다 심층적으로 이해하고 그로부터 해결책을 모색할 수 있는 용도로 사용하기 위해 기획되었다. 이에 따라 각 장에서는 가능하면 사례를 제시하도록 하였고, 장의 맨 끝에는 '같이 생각해 볼 문제'를 위치시켜 이를 중심으로 학생들이 서로 토론할 수 있는 기회를 갖도록 하였다.

우리나라 대학 풍토에서 학과 교수들이 공동 작업을 통해 한국 사회의 문제를 분석하고 해결책을 제시하는 저작물을 만들어 내는 일은 흔치 않다. 작년 9월에 베트남 하노이로 출장을 갔을 때 동행한 문명재, 장용석, 조윤직 교수에게 두 번째 공동 저작에 대한 구상을 밝힌 적이 있는데, 그 이후 학과 교수들의 적극적인 지지와 동참에 힘입어 이 책을 출간하게 되었다. 공동 작업에 있어서는 서로 시간을 맞추는 일이 가장 어려운 일인데 원고 독촉, 수정 요청 등을 기꺼이 수용해 준 학과 교수님들께 깊은 감사를 드린다. 출판을 허락해 주신 다산출판사의 강희일 사장님, 책을 준비하는 과정에서 여러모로 도움을 주신 이상호 부장님, 그리고 편집을 맡아 준 다산출판사 직원들께도 심심한 감사의 말씀을 드린다.

끝으로, 이 책이 한국 행정학의 유용성과 사회적 기여를 한 단계 더 끌어올리는 계기가 되기를 바라마지 않는다.

저자들을 대표하여
하연섭 씀

차/례

제8장 한국의 과학기술정책, 창조적 파괴가 필요하다 / 이삼열

제9장 우리나라 소프트파워 문화정책의 미래 방향 / 정철현

제10장 한국 대도시문제의 해결책: 전통적 시각과 대안적 접근 / 배현회

서 론

한국 행정의 새로운 도전과 정부의 역할

I. 한국 행정을 둘러싼 도전

행정은 사회적 맥락과 유리되어 존재할 수 없다. 행정현상을 다루는 행정학 또한 이를 둘러싼 사회적 맥락을 무시하고 존재할 수 없다. 행정학은 본질적으로 맥락기속적인(context-bound) 학문이다. 따라서 한국 행정과 한국 행정학의 미래 방향을 설정하기 위해서는 한국 행정을 둘러싼 거시적 변화와 새로운 도전에 주목할 필요가 있다. 그러나 지금까지 한국 행정학은 방법론적 정교함을 추구하는 과정에서 주로 미시적 주제에 천착하고 사소한 쟁점에 몰입하는 경향을 보여 왔다는 점을 부인키 어렵다. 그 결과, 사회문제를 해결하는 응용학문으로서의 성격을 지니고 있는 행정학이 연구의 대상인 문제의 변화에 둔감해지면서 사회적 적실성을 상실하고 있다는 지적이 있어 왔다. 그 과정에서 정작 한국 행정학이 우리 사회의 가장 중요한 문제에 대해 해답을 내놓고 있지 못하다는 비판이 제기되어 온 것이 사실이다. 그러므로 한국 행정학의 적실성을 높이기 위해서는 한국 행정을 둘러싸고 제기되는 큰 문제(big questions)와 거대한 변화의 힘(large forces)에 주목할 필요가 있다(Roberts, 2014).

한국 행정을 둘러싼 가장 큰 변화는 해방 이후 지난 70년 동안 한국 경제와 사회를 떠받쳐 왔던 두 가지 조건이 상실되고 있다는 점이다. 우리가 최근까지 지극히 당연시했던 두 가지 조건이란 바로 지속적으로 증가하는 인구와 지속적으로 팽창하는 경제를 의미한다. 인구가 계속 증가하고 경제가 지속적으로 성장하는 상황에서는 정부가 활용할 수 있는 자원이 어렵지 않게 증가하기 때문에 정부를 둘러싼 사회적 요구도 큰 어려움 없이 수용할 수 있었다. 그러나 이를 뒷받침하던 두 가지 조건의 상실은 정부와 정책을 둘러싼 사회적 갈등이 심해질 수밖에 없음을 의미한다. 정부가 활용할 수 있는 자원은 줄고 정부에 대한 요구는 증가하는 상황을 헤쳐 나가기 위해서는 정부의 전략적 선택, 우선순위 설정 능력이 제고될 필요가 있다. 이를 위해서는 공직사회가 제대로 역량을 발휘할 수 있는 환경과 여건이 조성되어야 한다.

4차 산업혁명으로 대표되는 기술의 변화 또한 한국 행정에는 새로운 도전이 되고 있다. 4차 산업혁명은 행정 내적으로는 일하는 방식과 조직구조에서 커다란 변화를 초래할 것으로 예상된다. 행정 내적인 영향 못지않게 4차 산업혁명은 행정에 중대한 과제를 던져줄 것이다. 무엇보다도 일자리의 구성과 내용이 크게 변화할 것으로 예상된다. 인공지능을 통해 대체되는 일자리가 크게 증가하는 가운데 지금껏 상상하지 못했던 새로운 일자리들이 증가하게 될 것이다. 보다 중요한 변화는 고숙련 · 고임금(high skills & high wage) 부문과 저숙련 · 저임금(low skills & low wage) 부문으로 일자리가 양극화되고, 고숙련 · 고임금 경제로의 전환과 함께 사회적 배제(social exclusion)가 동시에 발생할 가능성이 높다는 점이다. 노동수요가 최상위 지식과 숙련에만 집중되고 낮은 수준이나 중간 수준의 지식이나 숙련에 대한 수요가 감소되면 사회적 갈등이 심화되는 동시에 정부의 적극적인 노동시장정책이나 복지정책에 대한 수요가 폭발적으로 증가할 가능성이 높다.

한국 경제의 성공 또한 새로운 도전을 안겨 주고 있다. 한국 경제가 성장함에 따라 더 이상 빠른 추격자(fast follower)로서의 이점을 누릴 수 없고 이제는 혁신성장을 주도해야 하는 창도자(first mover)로서 변신해야 한다. 그런데 일찍이 슘페터가 갈파했듯이 혁신이란 곧 '창조적 파괴(creative destruction)'를 의미한다. 파괴 없는 창조란 있을 수 없다는 뜻이다. 창조적 파괴를 위해서는 정부의 개입방식부터 바뀌어야 한다. 무엇보다도 정책의 탈정치화(depoliticization), 합리성의 증진, 민간의 창의성을 증진시킬 수 있는 간접적 지원체계로의 변화가 필요하다. 다른 한편 보다 거시적인 차원에서 볼 때, 혁신이 지속적으로 이루어질 수 있기 위해서는 창조적 파괴과정에서 새로운 기술이나 산업에 의해 대체되거나 뒤처지게 된 계층에 대한 보호가 필요하다. 사회적 안전망이 구비되어 있지 않은 상태에서는 지속적인 파괴가 불가능하기 때문이다. '혁신'이 '포용'을 전제로 하는 이유이다.

기술의 변화뿐만 아니라 민주주의의 제도화, 사회의 다원화, 미디어의 발달 등으로 인해 사회적 갈등이 더욱 심화될 전망이다. 계층 간 갈등, 세대 간 갈등, 지역 간 갈등, 집단 간 갈등, 젠더 갈등, 이념 갈등 등 앞으로는 우리 사회에서 구심력보다는 원심력이 더 크게 작용할 가능성이 높다. 원심력이 강하게 작동하는 사회에서 사회통합 노력을 기울여야 하는 대표적인 주체는 정부일 수밖에 없다. 그러나 갈등 해결 주체로서의 정부가 효과적으로 기능하기 위해서는 제도의 혁신과 역량의 강화뿐만 아니라 정부와 시민사회 간 협력이 그 어느 때보다도 필요하다.

향후 우리 사회에 대한 가장 큰 위협 요인은 저출산과 고령화로 대표되는 인구구조의 변화이다. 저출산으로 인해 생산가능인구가 감소하고 고용이 줄면서 잠재성장률이 매우 낮아질 것으로 예상되고 있다. 우리 정부와 국제기구의 전망에 의하면 2050년경에는 우리 경제의 잠재성장률이 1%대 초반으로 낮아질 것이라고 한다. 그런데 경제성장률은 낮아지지만 고령화로 인해 연금과 건강보험지출 등 공공사회복지지출이 빠르게 증가할 것으로 예상된다. 사실, 우리보다 먼저 복지국가에 도달한 대부분의 OECD 국가에서는 연금과 건강보험지출이 가장 큰 규모의 지출항목이다. 경제성장률은 낮아지는 대신 복지지출은 증가하기 때문에 앞으로 재정적 압박(fiscal stress)과 재정건전성 문제가 가장 핵심적인 정책과제로 부각될 전망이다. 인구학적, 사회적, 기술적 변화로 인해 공공서비스에 대한 수요는 역사적으로 가장 높은 수준에 도달할 것이다. 이렇게 되면 매우 고통스러운 정책 선택과 우선순위 설정이 이루어져야 한다(Pollitt, 2016).

경제성장률의 저하, 인구구조의 변화, 4차 산업혁명, 혁신경제, 사회적 갈등의 증폭, 재정건전성의 문제 등 한국 행정을 둘러싼 거시적 변화들은 각각이 개별적으로 한국 행정에 영향을 미치기보다는 상호간 매우 복잡한 상호작용을 거치면서 한국 행정에 중대한 도전을 던져줄 것으로 예상된다. 아무리 환경변화가 급격하고 커다란 도전이 닥쳐오더라도 정책을 결정하고 집행하는 주체는 여전히 정부이다. 민주주의의 제도화와 사회의 다양성 증가에 따라 정부가 정책결정과 집행을 독점하는 시대는 지나가고 이른바 네트워크 사회 혹은 거버넌스 개념이 중시된다 하더라도 여전히 네트워크와 거버넌스의 중심에는 정부가 있다. 그러므로 새로운 도전에 효과적으로 대응할 수 있기 위해서는 정부의 역량이 향상되어야 하고 '정부의 질'이 높아져야 한다. 동시에 사회문제 해결을 위해 정부가 중심적인 역할을 수행하기 위해서는 정부에 대한 국민들의 '신뢰'가 뒷받침되어야 한다. 그런데 국민들로부터 '신뢰'받는 정부가 되기 위해서는 정부의 역량이 뛰어나야 하고 정부의 질이 높아야 한다. 정부의 역량과 정부의 질 향상이야말로 한국사회가 직면하고 있는 미증유의 도전에 효과적으로 대응할 수 있는 핵심적인 요소인 것이다.

II. 책의 구성

이 책은 한국 행정을 둘러싼 도전에 대한 정부의 대응을 다섯 가지 큰 주제로 살펴보고 있다. 공직사회와 정부의 혁신, 사회통합, 혁신과 정책방향의 재설정, 포용과 복지, 재정과 행정개혁이 바로 그것이다. 제1부 공직사회와 정부혁신에서는 미래정부의 모습, 공직사회의 개혁방안, 그리고 정부조직개편의 방향을 제시하고 있다. 먼저, 제1장 '4차 산업혁명 시대에 미래정부를 그려라'에서 문명재 교수는 4차 산업혁명을 주도하는 와해기술(disruptive technologies)에 주목하면서, 초연결성과 초지능성을 특징으로 하는 와해기술 기반의 미래정부의 구조적 특성과 운영방식을 살펴보고 있다. 특히, '복합문제해결능력'을 갖추면서 빅데이터를 적극적으로 분석하여 사회문제에 선제적으로 대처할 수 있는 초연결지능형 예견적 정부(Hyper-connected Intelligent and Anticipatory Government) 모델의 가능성과 도전요소를 살펴보고 있다. 또한 연결성 특징에 기반한 플랫폼 정부 모형과 함께 전통적인 경직된 관료제(Bureaucracy)를 대체 · 보완할 수 있는 자율적 조직형태인 홀라크라시(Holacracy)와 민첩정부(Agile Government) 등 미래정부의 조직구조적 특징을 제시하고 있다.

제2장 '침체된 공직사회의 진단과 개혁방안 모색'에서 조윤직 교수는 우수한 인재들이 치열한 경쟁을 거쳐서 공직에 들어감에도 불구하고 시민들이 기대하는 공공부문의 개혁과 혁신은 왜 잘 일어나지 않는지를 진단하고 그 해결책을 제안한다. 우선 그러한 문제의 원인을 한국 공무원의 기본적인 성향과 정치적 리더십의 집단사고문제의 결합에서 찾는다. 한국 공무원들의 기본적인 성향이 안정지향적이어서 실

적주의 관료제와는 잘 부합하는 반면 도전적이거나 혁신적인 성향은 아닌데, 이는 공공부문의 개혁과 혁신을 이루어 가는 데 불리한 요인일 수 있다. 더욱 심각한 원인은 우리나라의 정치리더십이 많은 경우 정책문제와 과제의 해결을 위해서 하향적 방식을 고수했으며 그 영향력이 크게 작용해 왔다는 것이다. 그런데 정치리더십은 대개 유사한 성향의 인물들로 구성되어 있어 의사결정에 있어서 집단사고의 문제를 가져올 수 있다. 공무원들의 안정지향적인 기본적 성향에 더해 상층부의 집단사고가 이루어진다면, 공무원 집단의 반응은 위험회피적 성향의 강화일 것으로 예상해 볼 수 있다. 그리고 이러한 위험회피적 성향의 강화는 흔히 이야기하는 복지부동의 형태로 나타날 가능성이 높다. 이러한 소극행정의 문제를 해결하기 위해 대통령을 위시한 정치리더십의 결단이 필요함을 조윤직 교수는 주문하고 있다. 공직사회를 통제하려들기보다는 충분한 권한을 부여하고 자발적으로 혁신을 이룰 수 있는 유인체계를 만들어 주어야 한다. 또한 국무회의를 비롯한 상층부 회의의 참여구성원들을 다양화하여 집단사고를 방지하는 노력을 기울이는 것도 중요하다. 공직 내부에서는 공무원의 자율성을 보장하고 혁신역량을 키우기 위한 훈련과 경력관리 프로그램을 마련함과 동시에 적극행정을 유도하기 위한 유인을 마련하는 것을 제언한다.

제3장 '정부조직개편의 현황, 문제점 그리고 개선방향'에서 유상엽 교수는 그동안의 정부조직개편에 따른 문제점을 바탕으로 정부조직개편의 방향을 제시한다. 우선, 법률사항인 정부조직개편을 시행령 수준으로 개편함으로써 정치적으로 무리하게 정부조직개편을 추진하는 문제를 바로잡을 필요가 있다. 또한, 대부처주의를 통한 작은 정부 추구는 지표상 소기의 목적을 달성하지 못한 반면 오히려 통합된 부처의 공무원 간 갈등과 전문성 저해문제를 야기한바, 오히려 기능중심의 소부처주의를 정부조직개편의 원칙으로 정하되 부처 간 칸막이는 일하

는 방식의 혁신 등을 통해 협업을 활성화하는 소프트웨어적 접근으로 풀어가는 방안을 모색할 필요가 있다고 주장한다.

제2부는 한국 사회의 사회적 갈등에 주목하면서 이에 대한 해결책을 제시하고 있다. 제4장 '갈등의 시대, 사회통합을 위한 정부의 역할'에서 나태준 교수는 사회갈등을 완화하고 공적 신뢰를 높이기 위해 정부는 사회통합을 하고자 노력하고 있지만, 정작 정부가 신뢰 형성을 위한 모범을 보이지 못하는 아이러니가 발생하고 있다고 진단하고 있다. 정부가 스스로 공적 신뢰를 떨어뜨리고 있으므로, 사회통합을 위해 특히 정부가 강화해야 할 내용을 법 질서의 공정성 확립, 정부의 정책 신뢰 강화, 갈등조정을 위한 제도적 역량 강화, 행정부의 투명성과 정보공개, 언론보도의 객관성 제고 등으로 요약적으로 제시하고 있다.

제5장 '사회적 가치를 통해 본 한국 사회 난제풀이: 공공가치 융합과 사회혁신 전략'에서 장용석 교수는 한국 사회가 직면한 사회문제들의 특성을 분석하고, 해결과정에서 발생한 여러 갈등상황에서 정부, 시민, 시장 영역 내 다양한 주체들의 역할을 재조명한다. 관료제로 대표되는 정부의 전통적 문제 접근방식은 근대국가 형성 이후 발생된 여러 사회문제를 해결하는 데 소정의 효과를 거두면서 그 효용성을 입증해 왔지만, 사회문제가 과거와는 다른 양상으로 복잡화되면서, 기존 문제 해결방식은 한계에 봉착하게 되었다고 진단한다. 특히 정부 단일 주도의 접근이 더 많은 사회문제를 양산하는 모순적 상황들이 여러 정책 영역에서 발견되고 있다. 장 교수는 사회적 가치를 높이는 사회혁신을 통한 난제 해결을 해법으로 제시한다. 정부는 수요자중심의 문제 해결 방식인 정책랩(Policy Lab)을 활용하여 변화하는 정책 환경에 대응할 것을 제안한다. 이에 더해, 경제적 가치 혹은 사회적 가치 제고를 위한 일방향적 편향이 우리 사회에 가져온 역효과를 되짚어 보고, 공공가치 융합의 방안을 모색할 것을 제안하고 있다. 마지막으로 지속가능한 사

회적 가치 창출의 방안으로서 '이중순환 공동가치 창출(double-loop co-creation) 전략'의 가능성을 검토하여 정부를 비롯한 여러 공공부문에 적용하는 새로운 노력이 필요함을 주장하고 있다.

정헌주 교수가 집필한 제6장 '지구적 차원의 공적 가치 창출과 한국: UN 지속가능발전목표의 국내 이행 진단과 전략'에서는 기존의 새천년개발목표(MDGs)와 구분되는 지속가능발전목표(SDGs)의 중요한 특징은 전자가 선진국에 의해서 제시된 개발도상국의 발전목표였다면, 후자는 그 대상이 개발도상국과 선진국 모두를 포함한다는 점임을 설명하고 있다. 한국 사회가 해결해야 할 다양한 문제들과 많은 부분 중첩되는 SDGs의 목표들을 어떻게 이행하는가는 국제사회에 대한 한국의 책무와는 별개로 그 자체로도 매우 중요한 정책과제이다. 이 장은 향후 한국의 지속가능한 경제 · 사회발전 모델을 어떻게 구축할 것인가, 그리고 그러한 경제 · 사회발전이 어떻게 국제사회에 기여할 것인가를 고민하는 가운데 K-SDGs의 국내 이행이 추진되어야 하며, K-SDGs의 세부목표, 지표, 목표치가 오히려 새로운 모델 구축에 질곡으로 작용해서는 안 된다고 주장한다. 즉, UN SDGs의 국내 이행을 우리 사회문제의 창의적 해결을 위한 기제로 발전시킴으로써 한국 사회의 지속가능한 발전과 국제사회에의 기여라는 두 가지 목표를 조화롭게 달성하기 위해 노력해야 할 것이라고 제안하고 있다.

제3부 혁신과 정책의 미래에서는 정책을 둘러싼 합리성과 권력, 혁신적 과학기술정책, 소프트파워 문화정책, 그리고 대도시문제의 해결책을 다루고 있다. 제7장 '정책의 합리성과 권력: 정무적 판단의 오용과 과잉'에서 이종수 교수는 본질적으로 정무적 판단은 권력자의 정책의지를 그대로 수용하는 것이 아니라, 다수 국민의 이익과 공익을 보호하고 증진하는 방향으로 우선순위를 조정해야 할 때 사용되어야 하는 개념임을 강조하고 있다. 정무적 판단의 오용과 과잉을 제어하기

위해서는 무엇보다 분석 · 평가 기관이 권력으로부터 지배를 받지 않도록 독립성을 강화하는 일이 긴요하다. 만일, 분석 · 평가 조직이나 기관의 독립성을 제고하는 것이 어렵다면, 차선책으로 분석 · 평가 기관이나 조직에 대한 모니터링을 강화하는 전략이 활용될 수 있다. 분석 · 평가 기관과 조직 자체를 넓은 의미의 모니터링 기관이라 한다면, 모니터링 기관에 대한 모니터링을 강화하는 것이다. 마지막으로는 다양한 국민의 참여를 확대하는 전략이 바람직하다. 현재에도 국민 참여 요소가 존재하지만, 대부분 국민이 직접 참여하는 것이 아니라 대상 집단의 만족도를 반영하거나, 혹은 국민 참여 요소로 볼 수 있는 시책들을 전문가들이 평가하는 과정에서 반영하는 수준에 머물고 있다.

제8장 '한국의 과학기술정책, 창조적 파괴가 필요하다'에서 이삼열 교수는 과학기술정책의 창조적 파괴를 위한 과제로서 네 가지를 제시하고 있다. 먼저, 과학기술정책에서 지나친 정부개입을 지양하고 정부 주도성을 재정의하여 간접적 지원체계로 전환할 필요가 있다. 둘째, 과학기술정책을 정치의 논리에서 최대한 격리하여 중장기적이고 합리적인 관점을 유지해야 한다. 과학기술정책의 정치화는 중장기적 정책 정합성을 무너뜨리기 때문이다. 셋째, 과학기술정책의 관점에서 정부출연연구소와 대학의 구조조정이 필요하다. 정부출연연구소의 미션 재설정과 이를 통한 대학과의 임무조정이 이루어질 필요가 있다. 마지막으로 연구개발 주체 간 제도적 신뢰를 형성해야 한다. 주체 간 신뢰의 부재는 정책 수행에 있어 비효율과 제도적 복잡성을 낳고 있기 때문이다.

제9장 '우리나라 소프트파워 문화정책의 미래 방향'에서 정철현 교수는 우리나라 소프트파워 문화정책의 문제점은 보편적 문화복지를 실현하지 못하여 국민의 문화적 삶의 질이 계층에 따라 불균형적이며, 예술가들에게 최소한의 경제적 생활을 제공해 주지 못하고, 예술지원

은 팔길이 원칙이 지켜지지 않는 관 주도의 정치적 성격의 지원이 대부분이라는 점을 지적하고 있다. 소프트파워 문화정책 성공의 열쇠는 주민참여이므로, 주민과 함께 지역예술가들이 지역변화의 핵심적 역할을 해야 한다고 강조하고 있다.

제10장 '한국 대도시문제의 해결책: 전통적 시각과 대안적 접근'에서 배현회 교수는 도시의 특성 중 가장 중요한 두 가지, 밀도와 다양성이라는 틀에서 도시문제를 분석하고 이에 대한 해결책을 모색하고자 하였다. 우선 현대 도시계획방식의 근간을 이루는 세 가지 아이디어인, 하워드의 전원도시, 르코르뷔제의 빛나는 도시, 페리의 근린주구 이론을 소개하고 이 접근방식이 우리나라의 도시계획에 어떻게 영향을 미쳤는지 검토하였다. 최근 이러한 현대 도시계획의 전통적 방식의 한계점에 대한 비판으로 여러 대안적 도시계획 아이디어가 다양하게 논의되고 있는데, 복합용도 개발, 대중교통 및 보행중심 개발이나 고밀 압축 개발을 통한 도시집중 등이 그러한 움직임이라고 할 수 있다. 한국의 대도시 역시 최근 이러한 대안적 접근을 적극적으로 받아들여 현대 도시계획의 한계를 극복하고 한국적 맥락에서의 도시문제 해결과 경쟁력 강화를 모색하고 있음을 밝히고 있다.

제4부 사회적 포용과 복지에서는 지속가능한 노후소득보장체계, 사회서비스의 효과성 제고 방안, 근로빈곤 해결을 위한 정책 수단들을 살펴보고 있다. 제11장 '초고령사회, 지속가능한 노후소득보장체계 구축'에서 양재진 교수는 65세 이상 고령인구가 인구의 절반 가까이 되고, 생산가능인구는 이에 미치지 못하는 상황에서 지속가능한 노후보장제도는 어떻게 만들어야 할까?라는 질문에 답하기 위해 한국의 노후소득보장제도를 개괄하며 국민연금을 중심으로 고령화사회에 재정적 지속가능성을 분석한 후, 다층체계하 연금제도의 지속가능성을 높일 수 있는 개혁 방안을 논하고 있다.

제12장 '사회서비스의 난맥상 탈출하기: 공공화, 분권화, 그리고 혁신화'에서 최영준 교수는 한국의 사회서비스 확장과 난맥상의 배경을 살펴보고, 앞서 사회서비스를 발전시켰던 선진 복지국가의 사례를 통해서 향후 정책발전 방향을 모색하고 있다. 서구와 달리 한국 사회서비스는 민간에 의해서 대부분 공급되고 있으며, 국가는 감시자/규제자에 머물러 있고, 중앙정부의 비대한 정책결정에 비해서 지방자치단체의 역할이 적은 점, 그리고 민간의 자율성이 부족한 점을 문제점으로 지적하였다. 이에 향후 발전 방향에 있어서 국가의 직접서비스 공급을 증가시키면서 공공성을 확보하고, 더 작은 단위인 지역의 역할을 강화하며, 민간의 자율성을 늘려 사회혁신이 가능하도록 하는 '공공화-분권화-혁신화'를 대안으로 제시하였다.

제13장 '근로빈곤 해결을 위한 정책: 최저임금과 근로장려세제'에서 홍순만 교수는 근로빈곤 해결을 위한 정책대안으로 최저임금 합리화와 근로장려세제(EITC) 혜택의 인상을 제시하고, 예상되는 효과 및 부작용에 대해서 논의하였다. 근로장려세제는 정부가 저소득층에게 근로를 조건으로 장려금을 지급하는 제도로 현재까지 선진국에서 추진된 많은 탈빈곤정책 중 매우 효과적이었던 정책 중 하나로 평가받고 있다. 근로장려세제는 저소득층의 근로 의욕을 높이고 가정을 꾸려나갈 수 있는 수준의 소득을 보장하는 반면, 전통적인 복지제도에 비해서 부정수급 등 도덕적 해이 문제가 적은 것으로 알려져 있다. 또한 이 제도는 공급자에게도 유리한데 근로자들이 정부로부터 장려금을 받아 더 낮은 임금에도 일할 용의가 있게 되어 기업들은 인건비를 낮출 수 있다. 경제 전체적으로 보면 노동공급 증가로 인한 고용 증대와 기업의 투자 증대를 통한 경제성장을 기대해 볼 수 있다. 이러한 근로장려세제의 긍정적 효과를 충분히 활용하기 위해서는 노동시장의 유연성이 확보되어야 한다. 특히 최저임금이 지나치게 높은 수준으로 설정되

어 있을 경우, 기업들이 고용을 충분히 늘릴 수가 없어서 정책의 효과를 기대하기 어려울 수 있다. 이 장에서는 근로장려세제와 최저임금제가 어떻게 상호작용하는지를 설명하였다. 구체적으로 근로장려세제를 확대할 때 최저임금이 유지되어야 하는지 여부, 유지된다면 어떤 수준으로 설정되는 것이 바람직한가에 대해서 논의하였다. 또한, 홍 교수가 제안한 정책대안의 예상되는 장점과 잠재적 단점에 대해서도 소개하며, 정부정책의 효과가 다차원적일 수 있음을 설명하였다.

제5부 정부재정과 행정개혁에서는 한국의 미래재정 이슈와 극복 방안, 정부회계와 예산제도 개혁의 효과성, 행정개혁의 추진 방안 등에 대해 살펴보고 있다. 제14장 '한국의 재정: 어떻게 변화할 것이며 어떻게 혁신해야 하나?'에서 하연섭 교수는 미래의 한국 재정은 끊임없이 재정건전성 확보와 유지를 위해 힘든 싸움을 벌여야 할 것으로 예상하고 있다. 이러한 미래의 재정위험에 대처하기 위해서는 무엇보다도 재정운용의 기본으로 돌아가야 한다고 제안하고 있다. 즉, 장기적 · 거시적 · 포괄적 · 전략적 차원에서 재정을 운영함과 동시에 국민이 원하는 지출수준과 국민이 지불할 용의가 있는 세부담수준의 격차를 줄여 나가야 한다는 것이다. 정부 지출과 국민들의 조세부담수준의 격차를 줄이는 유일한 방법은 정부에 대한 국민들의 신뢰수준을 제고하는 것이므로 정부에 대한 국민들의 신뢰를 높이기 위해서는 정직하고, 투명하며, 역량 있는 정부를 만드는 것이 가장 중요하다고 강조하고 있다. 미래 재정에 대한 준비를 위해서는 바로 오늘부터 정부의 질을 높이는 노력을 시작해야 한다는 것이다.

제15장 '정부회계 및 예산제도 개혁: 효과가 미진한 이유'에서 엄태호 교수는 기존의 품목별 예산제도는 사업예산제도로 대체되었고, 현금주의 · 단식부기 회계제도의 한계를 극복하기 위해서 발생주의 · 복식부기 회계제도가 새롭게 도입되었지만, 이러한 혁신적인 재정관리

제도의 도입에도 불구하고 실효성에 대한 의문이 지속적으로 제기되고 있는 원인을 분석하고 있다. 현재 운영 중인 사업별 예산제도는 과거의 품목별 예산제도의 틀에서 완전히 벗어나지 못한 채 모호하게 정립된 상태로 운영되고 있어, 개별 사업의 정의 및 위계 구조가 불명확하고, 이마저도 매년 변경되는 경우가 많으므로 회계정보로서의 가치가 매우 낮은 상태라고 진단하고 있다. 성과 평가를 위한 회계정보로서 활용되기 위해서 확보해야 하는 연도별 · 지자체별 비교가능성이 현재의 사업예산제도의 틀에서는 사실상 불가능하다는 것이다.

제16장 '행정개혁, 어떻게 제대로 추진할 것인가?'에서 이정욱 교수는 역대 정부는 성과평가의 전략적 성격을 간과 또는 과소평가하거나, 그 전략적 중요성을 인지하였다 하더라도 정치(精緻)한 성과평가 실행 방안을 마련하고 이를 성공적으로 실행하는 단계에까지 이르지는 못하였다고 지적한다. 실제로 1990년대 후반 이후 행정개혁 과제 이행과 관련하여 기관 간 경쟁을 촉진한다는 차원에서 성과평가가 본격화되었으나, 서열화를 위한 정보를 생성하는 수준 이상의 유의미한 성과평가를 설계하고 성공적으로 운영하는 단계에까지 진일보한 사례는 사실상 부재하다. 행정개혁의 성공적 추진과 관련한 성과평가의 전략적 중요성에 착안하여 기획된 본 장은 가장 최근에 추진된 행정개혁인 '정부3.0'을 사례로 다룬다. 범정부적 행정개혁으로 추진된 정부3.0이 어떠한 성과평가체계하에서 어떠한 방식으로 관리되었는지를 상세히 살펴보고, 바람직한 성과평가의 관점에서 해당 사례를 비판적으로 분석한다. 더 나아가 여기서는 이러한 분석 내용을 바탕으로 향후 유사한 성격의 행정개혁을 보다 성공적으로 관리하기 위한 성과평가 고도화 방안에 대해 논의한다.

참/고/문/헌

Pollitt, Christopher. (2016). *Advanced Introduction to Public Management and Administration*. Cheltenham: Edward Elgar.

Roberts, Alasdair. (2014). *Large Forces: What's Missing in Public Administration*. Creative Independent Publishing Platform.

제1부

공직사회와 정부혁신

제1장 4차 산업혁명 시대에 미래정부를 그려라

제2장 침체된 공직사회의 진단과 개혁방안 모색

제3장 정부조직개편의 현황, 문제점 그리고 개선방향

제1장

4차 산업혁명 시대에 미래정부를 그려라[1]

I. 문제 제기

세계경제포럼(WEF)이 '4차 산업혁명'을 화두로 제시한 이후 이에 대한 관심이 뜨겁다. 특히 다양한 4차 산업혁명 기술로 인한 자동화가 가져올 파급효과, 특히 '미래의 직업' 관련 보고서의 내용은 충격적이다. 이 보고서에 따르면 500만 개 이상의 일자리가 줄어들 것이며 초등학교에 입학하는 65%의 학생이 성년이 되면 지금은 없는 새로운 형태의 직업을 가지게 될 것이라는 예측이다. 물론 4차 산업혁명의 파급효과가 지나치게 과장되었다는 신중론자도 많다. 그러나 인공지능(AI), 로봇, 드론, 사물인터넷(IoT) 등 다양한 기술발전이 가져올 산업구조 변화와 제반 사회변화를 과소평가하기보다는 적극적으로 고민하고 현명하게 대처해 나가야 한다.

혹자는 4차 산업혁명을 인터넷, 인공지능 그리고 빅데이터의 합작품으로 본다. 즉, 4차 산업혁명은 '인터넷'이라는 고속도로 위에 '인공지능'의 엔진을 장착하고 '빅데이터' 연료를 주입하여 빠른 속도로 주행하는 것과 같다고 비유한다. 최근 알파고의 등장으로 인공지능에 대한 관심이 폭발적이듯이 4차 산업혁명을 특별히 인공지능혁명이라고 부르기도 한다. 18세기 증기엔진의 발명으로 인한 1차 산업혁명, 전기발명으로 인한 2차 산업혁명 그리고 컴퓨터와 다양한 정보통신기술의 발전으로 인한 3차 산업혁명보다 4차 산업혁명은 변화의 속도, 범위 그리고 강도 면에서 이전의 산업혁명보다 더욱 클 것이라는 것이 중론이다.

1 이 장은 저자가 한국행정연구원의 「행정포커스」(2017)와 한국행정학회의 「한국행정포럼」(2019)에 투고한 기고문을 중심으로 재작성되었음을 밝힙니다.

사실 4차 산업혁명은 새로운 기술에 기인한다기보다는 기존의 기술이 복합적으로 상승작용을 일으킴으로써 산업구조와 일하는 방식에 큰 변화를 가져오는 현상이다. 4차 산업혁명이 현실로 다가온다면 정부도 복합적 정보기술을 지금보다 더욱 적극적으로 활용할 뿐만 아니라 일하는 방식이나 조직구조에서도 큰 변화가 일어날 가능성을 무시할 수 없다.

미래를 준비하는 과정에서 정부는 먼저 4차 산업혁명을 견인하는 인공지능, 블록체인, 그리고 사물인터넷 등 소위 와해기술(disruptive technologies)의 특성과 활용성을 파악해야 한다. 한편 국내외적 환경변화로 인하여 다양한 차원에서 급격하게 변하는 미래사회를 예측하고 효과적으로 난제적 사회문제를 해결해 나갈 수 있는 유능한 미래정부를 설계해 나가야 한다. 이러한 관점에서 와해기술의 활용 범위는 넓으며 유용성도 매우 높다. 기본적으로 초연결성과 초지능성을 특징으로 하는 와해기술은 정부의 질(quality of government)을 제고하고 새로운 국정운영 방식과 고품질의 공공서비스를 제공할 수 있는 잠재력을 가지고 있다는 점에 주목할 필요가 있다.

이 장은 먼저 미래사회와 4차 산업혁명의 본질을 살펴보고 관련하여 와해기술 기반의 미래정부의 구조적 특성과 운영방식을 살펴본다. 특히, '복합문제해결능력'을 갖추면서 빅데이터를 적극적으로 분석하여 문제를 미리 분석 · 파악 · 대처할 수 있는 초연결지능형 예견적 정부(Hyper-connected Intelligent and Anticipatory Government)로 진화해야 한다. 초연결지능형 예견적 정부의 특징과 난제해결을 위한 예견적 정부의 모델의 가능성과 도전요소를 함께 살펴본다. 그리고 연결성 특징에 기반한 플랫폼 정부, 그리고 이를 위해 자율적 조직형태인 홀라크라시(Holacracy)를 중심으로 살펴보고자 한다.

II. 4차 산업혁명 시대의 와해기술과 세 가지 미래

1. 4차 산업혁명 시대와 미래사회[2]

2016년 1월 세계경제포럼의 슈밥(Klaus Schwab) 회장은 "인공지능과 사물인터넷(IoT) 등의 기술이 모든 것을 연결하는 초연결사회를 만들어 산업에 새로운 혁명을 일으킬 것"이라며 제4차 산업혁명 시대를 강조했다. 한편 4차 산업혁명은 디지털 혁명을 기반으로 물리적 · 생물학적 · 가상적 공간의 경계가 흐려지는 융합의 시대로 특징된다(World Economic Forum, 2016). 정보통신기술을 바탕으로 빅데이터와 인공지능(AI)이 연계되고, 사물인터넷(IoT)과 클라우드 컴퓨팅 기술이 융합됨으로써 초연결성(Hyper-connectivity)과 초지능성(Hyper-intelligence)이 실질적으로 구현되는 것이다. 전문가들은 4차 산업혁명을 견인하는 다양한 기술은 복합적으로 초연결지능형 플랫폼 기술(Hyper-connected Intelligent Platform Technology)로 이어질 가능성이 높다(권동승 · 황승구, 2017)고 말한다.

먼저 4차 산업혁명을 견인하는 다양한 와해기술의 성숙 시기는 서로 다르다. 다음 〈표 1〉에 요약된 바와 같이 한국과학기술기획평가원(2018)은 주요 이슈별로 미래기술의 수와 기술적 실현 시기를 예측하였다. 40개의 주요 이슈와 관련된 대다수 기술들의 경우 2021~35년 사이에 실현될 수 있을 것으로 예측되었으며 기술에 따라서 구현 시기에는 다소 편차가 있는 것으로 나타났다. 예를 들어, 자동화(automa-

2 4차 산업혁명의 와해기술과 사회변화 관련 사항은 문명재 외(2019)에서 발췌되었음을 밝힙니다.

tion), 로봇, 그리고 빅데이터와 관련된 기술은 2025~30년 사이에 대부분 실현될 것으로 예측한 반면 원자력 안정성, 뉴로 정보 활용, 우주항공 산업 등의 경우 다른 기술들에 비해 상대적으로 5년 정도의 시간이 더 걸릴 것으로 예측된다. 이 예측대로라면 빅데이터, 인공지능, 그리고 로봇 등과 같은 주요 기술은 상당부분 향후 10년 내에 기본적으로 구현되어 다양하게 활용될 수 있을 것으로 보인다.

표 1〉〉 주요 이슈별 미래기술 수 및 실현 시기 분포

구분	주요 이슈	미래 기술 수	기술적 실현 시기(국내, 년)				
			2017~20	2021~25	2026~30	2031~35	2036~40
1	사회인프라 노후화로 인한 대형 재난 발생 가능성	8	0	4	3	1	0
2	공공안전 인프라에 대한 사회적 관심 고조	14	0	11	3	0	0
3	원자력 안전성	6	0	0	4	1	1
4	식품 안전성	4	0	4	0	0	0
5	기후 변화로 인한 생태계 변화	10	0	5	5	0	0
6	첨단 생명공학 기술 적용 범위	8	0	1	7	0	0
7	뉴로 정보의 활용	12	0	1	8	2	1
8	기후 변화 대응을 위한 물 관리 고도화	12	0	8	4	0	0
9	친환경 산업구조로 재편	14	0	7	6	1	0
10	디바이스 간 지능화된 의사소통	12	0	8	4	0	0

11	무인로봇 부대 등 국방체계 변화	3	0	1	2	0	0
12	가사 및 서비스 로봇의 대중화	7	0	3	4	0	0
13	자동화 시스템의 확산과 부작용	3	0	2	1	0	0
14	무인 이동체로 인한 물류 및 교통 체계 개편	9	0	3	6	0	0
15	백신의 무기화	4	0	1	3	0	0
16	초고속 이동을 위한 운송 시스템 개편	8	0	1	7	0	0
17	자원의 무기화	9	0	2	5	2	0
18	식량의 무기화	6	0	4	2	0	0
19	신재생 에너지 개발 보급 확대	9	0	4	5	0	0
20	새로운 非(비)전통 자원 탐색	2	0	1	1	0	0
21	가상공간에서의 사람 간 연결성 확대	5	0	3	2	0	0
22	데이터의 빠른 확산 및 막대한 정보 유통	12	1	7	3	1	0
23	초연결 기반 빅브라더 출현	2	0	2	0	0	0
24	IT 기술을 이용한 범죄	7	0	6	1	0	0
25	교육체계 개편	2	0	1	0	1	0
26	도시 집중화 · 거대화 문제	21	0	10	10	1	0
27	전통적 제조방식의 전환	12	0	4	6	2	0
28	고숙련 정밀 제조 및 첨단 제조 기술의 중요성	16	0	11	5	0	0

29	우주 항공 산업 성장	11	0	0	2	5	4
30	재해 피해 최소화를 위한 대응	10	0	4	6	0	0
31	우리나라 주력 기술 및 산업 경쟁력이 추월당할 가능성	12	0	11	1	0	0
32	산업 간 및 기술 간 융합 가속화	6	0	3	2	1	0
33	신소재, 나노물질 등의 안전성 문제	5	0	2	3	0	0
34	고령층 대상 산업 기회 확대	5	0	4	1	0	0
35	고품질 의료 서비스에 대한 수요 확대	19	0	12	6	1	0
36	불임 및 난임 문제	3	0	0	3	0	0
37	감염병 확산 속도 증가 및 신종 감염병 출현	3	0	2	1	0	0
38	남북한 격차의 지속적 심화	3	0	1	2	0	0
39	양성평등 가치의 실현	1	0	1	0	0	0
40	자아중심으로 거주 및 가족 개념 변화	1	0	0	1	0	0

출처: 한국과학기술기획평가원(2018).

2. 미래사회와 세 가지 미래

이 세상에는 세 가지 미래(futures)가 있다. '정해진 미래'와 '다가올 미래' 그리고 '만드는 미래'가 그것이다. '정해진 미래'는 한 인구학자가 언급하듯이 인구와 같이 특정한 통계치와 트렌드를 분석하면 거의 정확하게 예측할 수 있는 미래이다. '다가올 미래'는 불확실성과 복잡성으로 인해 정확하게 예측하기는 어렵지만 시나리오, 환경스캐닝, 델파이 기법 등 다양한 예측방법을 활용하여 어느 정도 예측할 수 있는 미래이다. 한편, '만드는 미래'는 막연하게 예측하며 기다리는 미래가 아니다. 소극적인 예측에 머무르지 않고 선제적인 조치를 통해 궁극적으로 예측된 사회문제를 피할 수 있는 미래이다. 예측과 정책적 행위의 유기적 조화를 통해 설계된 미래라고 할 수 있다.

불행하게도 우리나라가 맞이할 미래는 점차 복잡해지고 쉽게 해결할 수 없는 난제들로 가득할 가능성이 높다. '정해진 미래'와 '다가올 미래'의 모습을 보면 유독 희망의 빛보다는 절망의 그림자가 짙다.[3] 무엇보다도 우리 사회는 모하메드 엘 에리언(Mohamed El Erian)이 「새로운 부의 탄생」(2008)에서 언급한 뉴노멀 시대에 이미 들어선 지 오래다. 뉴노멀 시대는 높은 성장세를 경험했던 경험을 뒤로하고 저성장, 저금리, 저물가, 부채 증가 등 다양한 대내외적 요인으로 인한 저성장 상황을 전제한다. 우리나라의 경우, 한강의 기적을 이루며 연간 8%의 경이로운 경제성장률을 이루었던 1980년대와 달리 연간 3%에도 채 못 미치는 저성장시대에 이미 진입했다. 저성장은 소비와 경제활동 위축으로 이어지고 저성장으로 인한 실업문제와 양극화 문제가 만성화될 가능성이 높다.

한편, 고령화 및 저출산 문제는 대표적인 정해진 미래이다. 1960년대 2.9%에 불과했던 노인인구 비율이 2000년에 접어들면서 7%로 급증하였다. 2017년에 이미 고령사회로 접어들었으며 2026년에 초고령사회에 진입할 예정이다. 고령화는 세계적으로 일어나는 범국가적 현

3 자세한 사항은 문명재(2016), "뉴노멀시대와 미래정부"를 참조하여 재작성됨.

상이지만 우리나라의 경우, 지속적인 출산율 감소와 맞물려 다른 국가에 비해 진행속도가 훨씬 빠르다는 게 문제이다. 이는 예측이 가능했던 '정해진 미래'였음에도 불구하고 정책적 관성(policy inertia)과 소극적인 대처로 인하여 적시에 대비하지 못했다. '정해진 미래'에 대한 대처를 하지 못한다면 어떻게 예측이 어려운 미래사회문제를 해결할 수 있을까? 행정학을 공부하는 우리가 고민해야 할 문제이다.

미래사회에서는 시민의 참여도가 더욱 높아지고 역능화될 것이다. 역능화된 국민은 보다 빠르고 투명한 고품질의 서비스를 요구하고 기대한다. 동시에 개인의 특정한 상황에 맞는 개별적인 맞춤형 서비스를 요구하게 된다. 그러나 공공서비스의 질적 수준이 아무리 높아진다 해도 국민의 기대를 충족시키기 어렵고 국민의 대정부 신뢰는 점차 저하될 가능성이 높다. 이러한 신뢰적자는 전반적으로 정책효과를 저하시킬 가능성이 높다.

미래사회에 대한 전망이 밝지 않다면 우리 정부는 어떻게 미래를 맞이해야 할까? 국민이 바라는 것은 명확하다. 정부가 무력하게 손 놓고 있다가 맞이하는 '정해진 미래'를 바라지는 않는다. 그렇다고 정부가 소극적으로 미래문제를 예측하면서 막연하게 예측한 대로 '다가올 미래'도 원하지 않는다. 국민이 염원하고 기대하는 것은 과학적으로 미래문제를 예측하고 선제적으로 이를 해결함으로써 희망을 '만드는 미래'다. 즉 예측된 미래에 선제적 정책이 덧붙여져 달라진 미래를 원한다.

III. 미래사회를 준비하는 미래정부 모형

1. 초지능성 · 예견적 정부

'만드는 미래'를 구체적으로 구현하기 위한 대안으로 소위 예견적 정부(Anticipatory Government) 그리고 지능적 정부(Intelligent Government)에 대한 관심이 높아졌다. 물론 예견적 정부나 지능적 정부에 대하여 구체적으로 합의된 정의나 내용은 없다. 그러나 많은 선진국들이 최근 사물인터넷, 빅데이터 분석과 인공지능을 활용함으로써 정보 수집력, 분석력, 그리고 정책적 예견력을 제고하고 선제적으로 사회문제를 해결하기 위해 노력하고 있다. 그 결과로 정책의 효율성과 공공서비스의 질을 제고하는 다양한 혁신 사례가 등장하고 있는 것은 고무적이다. 앞서 언급했듯이, 미래정부가 해결해야 할 사회문제가 복합적이고 예측하기 어려운 소위 복합적 난제일수록 사후대처 방식으로는 해결하기 어렵다. 정부가 4차 산업혁명의 핵심인 빅데이터 분석과 인공지능 등을 활용하여 초지능성(hyper-intelligence)을 갖춘 예견적 정부를 구축해야 하는 이유이다.

예견적 · 지능형 정부는 전통적 전자정부 개념을 뛰어넘는다. 인공지능을 활용하여 다양한 정책 관련 데이터를 분석하고 학습할 수 있는 시스템을 구현하는 것을 말한다. 학습형 인공지능의 유용성은 의료계에서는 왓슨(Watson)을 통해서 이미 증명되었다. 정부부문에서도 빅데이터를 활용하여 정책수요를 분석하고 해결책을 모색하는 것은 새로운 것이 아니다. 인공지능뿐만 아니라 클라우드 컴퓨팅과 모바일 기반 통신기술과 같은 정보통신기술을 폭넓게 활용하면서 예견적 · 지능형 정부가 빠르게 진화하고 있다.

소위 딥러닝(deep learning)이라는 메커니즘을 통해 빠른 속도로 학습하는 인공지능이 정부부문에서 다양하게 적용되고 있다. 예를 들면 범죄 관련 빅데이터를 인공지능을 통해 분석하고 이를 범죄예방에 적용하여 예측적 폴리싱(predictive policing: PredPol)을 도입한 미국과 영국의 사례는 잘 알려진 사례이다. 물론 완벽한 시스템은 아니지만 날씨와 지역적 특성 그리고 범죄 관련 데이터를 종합적으로 연계·분석하고 특정한 조건에서 범죄가 발생할 가능성이 높은 지역에 미리 경찰을 배치하고 순찰활동을 강화함으로써 범죄를 예방하는 데 효과가 있는 것으로 알려져 있다. 이 시스템을 도입한 캘리포니아 산타크루즈의 경우에 절도와 강도 사건이 각각 10%와 20% 이상 감소한 것으로 알려져 있다. 또한 미국의 환경청(EPA)과 대기해양관측청(NOAA), 우주항공청(NASA)이 보유한 환경 관련 정보를 연계하여 산불 등 환경에 미치는 영향요인을 분석하고 예측하는 시스템인 GEOSS(The Global Earth Observation System of Systems)도 빅데이터 분석을 활용하여 지능적 정부를 구현한 사례라고 볼 수 있다.

이웃나라 일본의 경우에는 NHK의 사회문제해결형 인공지능시스템인 네브라(Nebra)를 통하여 미래 일본의 사회문제에 대한 빅데이터 분석과 함께 중요한 사회문제를 예측한 결과, 여러 가지 사회현상 중에서도 점차 높아지는 미혼문제가 결국 미래의 고독사, 빈곤율 등 사회적 비용을 초래하는 문제와 밀접하게 연결되어 있다는 점을 밝히고 이에 대한 해결책을 모색하고 있다. 이러한 빅데이터 기반의 행정시스템 활용은 행정의 효율성을 제고할 뿐만 아니라 행정의 효과성은 물론 결국 정부의 질(Quality of Government)을 높일 수 있을 것으로 기대된다. 최근 우리나라도 뒤늦게나마 데이터 기반 행정을 표방하면서 데이터 플랫폼을 구축하고 예견적·지능형 정부를 설계하고자 다양한 노

빅데이터 분석과 지방정부의 요식업소 위생점검

일선 행정기관이 빅데이터 분석기법을 적극적으로 정책에 활용하고 있다. 예를 들면, 요식업계에 대한 위생검사의 효율성을 획기적으로 제고한 사례도 시사하는 바가 크다. 작년에 출간된 한 논문에 의하면 기존 방식대로 시카고의 요식업계에 대한 위생검사를 실시한 경우에는 검사한 4개의 식당 가운데 한 군데가 위생문제가 있는 것으로 나온 데 반하여 소셜미디어 정보 등 다양한 정보 분석에 기초하여 고위험군 식당을 대상으로 위생검사를 실시한 경우에는 2개의 식당 중에 하나는 위생문제가 있는 것으로 나타났다. 즉 위생문제가 있는 요식업체 적발률이 25%에서 50%로 두 배 정도 높아졌다는 것이다.

출처: Sadilek *et al.*(2018).

력을 기울이고 있는 점은 다행이라고 할 수 있다.

한편 예견적 · 지능형 정부의 모습을 갖출수록 공무원들도 점차적으로 단순한 업무보다는 창의적이고 복합적인 행정업무를 담당하게 될 가능성이 높다. 이는 미래사회의 공무원의 역할과 역량 변화에 대해서 시사하는 바가 크다. 한 연구보고서에 따르면 미국 연방정부 공무원들의 경우에 업무시간의 20%를 비핵심적인 일에 사용한다고 한다. 그중에서도 소위 문서작성에 할애하는 시간은 평균적으로 전체 업무 시간의 10% 정도를 차지한다고 한다. 미국 콜로라도 아동복지국에 근무하는 복지담당 공무원의 경우에 사회복지 혜택이 필요한 아동이나 가족을 실제 만나는 데 업무시간의 9%를 사용한 반면, 문서작성 및 행정에는 네 배가 넘는 37.5%의 시간을 사용하는 것으로 나타났다. 향후 인공지능을 활용한다면 문서작성에 사용하는 시간을 줄이고 보다 창의적이고 생산적인 일에 집중할 수 있을 것이다.

예를 들면 덴마크 코펜하겐시의 경우에는 세계적인 인공지능솔루션 회사인 블루프리즘이라는 회사와 함께 사회복지 관련 서류 심사과정을 인공지능으로 대체하는 사업을 이미 추진하고 있다. 얼마 전에 인터뷰한 담당 국장에 따르면 현재 약 15%의 심사과정이 인공지능에 의해 이미 대체되었다고 한다. 물론 심사결과를 기반으로 최종적인 판단은 담당 공무원이 내리지만 점점 공무원이 하던 일을 알고리즘 기반의 인공지능이 서서히, 어쩌면 우리가 막연하게 생각하는 것보다는 빠르게 대체되기 시작할 가능성이 높다. 올해 3월 말에 호주의 수도 캔버라에서 개최된 공공부문혁신 컨벤션에서는 이미 여러 솔루션 업체들이 개발한 인공지능 기반의 정부업무 관련 시스템을 소개하고 있다는 점에 주목할 필요가 있다.

지능성 · 예견적 정부는 인공지능이나 빅데이터 분석과 같은 기술응용뿐만 아니라 사람의 행태에 대한 이해를 기반으로도 구현될 수 있다. 최근 전통적인 규제와 재정지원을 넘어서 행동경제학에 대한 관심을 바탕으로 넛지(Nudge)적인 요소를 정책수단으로 적극적으로 활용하는 데 주목할 필요가 있다. 기술에 대한 이해와 응용과 함께 사람에 대한 이해도 지능형 정부 구현의 핵심적인 요소라고 할 수 있다. 정책목표를 달성하기 위하여 규제보다는 정보제공과 같은 현명한 개입을 통해서 개인들이 자연스럽게 올바른 행동을 취할 수 있도록 정부의 일하는 방식을 지능적으로 바꾸어 나가야 한다. 최근 영국의 경우에 '넛지 조직'인 BIT(Behavioral Insights Team)를 통하여 정부혁신을 지속적으로 추구하고 있다는 점에 주목할 필요가 있다. 미국의 오바마 정부도 행동경제학의 기본원리를 적용하여 국민의 이해도와 참여도를 높일 수 있는 정보제공방식을 도입하여 정책효과를 높이고자 다각적인 노력을 기울였다.

2. 연결성을 중심으로 한 개방형 플랫폼 정부모형

인공지능이나 빅데이터 분석 그리고 인간의 행태분석에 기반을 둔 지능적 정부뿐만 아니라 미래정부는 다양한 행위자들이 당면한 사회문제를 협력적으로 해결할 수 있는 형태로 발전해야 한다. 혹자는 이를 플랫폼 정부라고 일컫는다. 플랫폼에 기반을 둔 비즈니스 모델은 민간부문에서는 오래전에 도입되었다. 예를 들면, 애플이 아이폰 앱스토어라는 플랫폼을 제공하고 앱개발업자들이 자기들이 개발한 다양한 앱서비스를 제공함으로써 앱서비스의 새로운 생태계를 조성한 것이다. O'Reilly *et al.*(2010)은 다양한 사회문제를 해결하는 과정에서 많

[그림 1] 플랫폼 정부유형

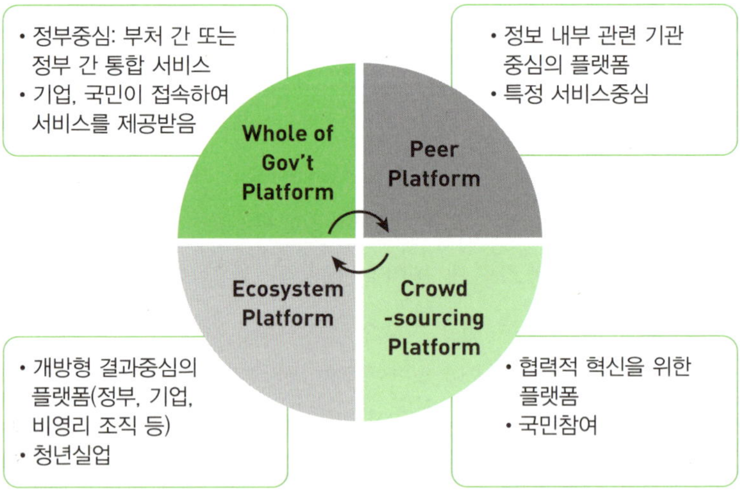

출처: Accenture(2017)에서 수정 · 보완.

은 이해관계자가 정부와 함께 문제를 발견, 진단, 그리고 해결하는 과정에 참여할 수 있는 플랫폼 정부를 주창했다. 최근에 액센츄어(Accenture)는 플랫폼 정부를 서비스 설계와 생산에 참여하는 행위자의 범위와 내용에 따라서 네 가지 유형으로 구분하여 제시하고 있다(Accenture, 2017).

첫째는 정부중심의 플랫폼인 정부연계 플랫폼(whole of government platform)이다. 이는 부처 간 그리고 중앙정부와 지방정부를 연계하는 플랫폼으로 시민과 기업은 이를 활용하여 플랫폼에 접속하여 서비스를 제공받는다. 둘째는 특정한 서비스중심의 수직적 통합형태인 관련기관 간의 플랫폼(peer platform)이다. 이 플랫폼은 관련된 공공부문 내의 몇몇 기관을 중심으로 특정한 서비스의 제공을 목적으로 정보를 공유하여 서로 협력하는 경우에 만들어지는 플랫폼이다. 셋째는 생태계 플랫폼(ecosystem platform)으로 개방적 결과중심의 플랫폼이다. 정부가 기업, 비영리기관 등 다양한 이해관계자와 함께 협력하는 경우에 형성하는 플랫폼이다. 예를 들면 청년실업의 문제를 해결하기 위하여 정부가 단지 중간에서 조정하는 지휘자의 기능을 수행하는 것처럼 정책이 복잡하여 한 행위자가 단순하게 수행하기 어려운 경우에 해당된다. 마지막으로는 국민공동생산 플랫폼(crowdsourcing platform)이다. 이는 다양한 혁신을 위하여 시민, 기업, 정부 등 다양한 채널로부터 새로운 아이디어를 공급받기 위한 플랫폼 정부형태이다. 미래정부는 향후 이러한 네 가지 유형의 플랫폼 정부형태를 적극적으로 수용하며 진화할 가능성이 높다.

3. 자율운영조직인 홀라크라시(Holacracy) 모형

4차 산업혁명 시대를 맞이하면서 전통적인 관료제(Bureaucracy)에 대한 회의론이 다시 고개를 들고 있다. 물론 관료제의 장점이 많고 대안적 조직형태가 마땅하지 않은 것이 사실이다. 관료제는 1차 산업혁명기에 탄생된 조직이다. 베버가 제시한 대로 인간이 만든 가장 효율적인 조직형태로 정부뿐만 아니라 민간기업에서도 폭넓게 뿌리내렸다. 계급제, 문서주의, 공사분리, 전문성을 특징으로 효율성과 책임성을 담보할 수 있었다. 그러나 관료제는 조직 환경에 대한 변화적응성이 낮은 한계를 드러냈다. 변화에 민감한 민간기업들은 전통적인 관료제를 탈피하고자 대안적 조직형태를 적극적으로 고민해 왔다. 반면 안정성이 중요한 정부는 변화에 대한 사회적 요구에도 불구하고 여전히 관료제에 기반을 둔 조직형태를 유지하고 있다.

최근 4차 산업혁명이 강조되면서 유연성과 창의성을 제고할 수 있는 자율관리(self-management)시스템으로 제시된 홀라크라시(Holacracy)에 주목할 필요가 있다. 홀라크라시는 Bernstein과 그의 동료(2016)가 *Harvard Business Review*에 소개한 조직형태다. 그들은 Zappos라는 기업이 도입한 홀라크라시를 변화 적응성(adaptability)과 조직 신뢰성(reliability)을 균형적으로 확보할 수 있는 관료제의 대안으로 제시하였다. 물론 홀라크라시가 완전하게 새로운 개념은 아니다. 전통적 관료제의 문제를 극복하고자 그동안 유기적(organic) 조직, 후기관료제적(post-bureaucratic) 조직, 후기-구조주의적(post-structuralist) 조직, 정보기반(information-based) 조직 등에 대한 연장선에서 홀라크라시를 이해할 수 있다(Bernstein *et al.*, 2016).

기본적으로 홀라크라시는 전통적인 관료제의 문제점으로 지적된 권한 집중으로 인한 경직성과 동기결여 등의 문제를 극복하기 위하여 설계된 대안적 조직이다. 특히 자율관리시스템에 기반을 둔 의사결정구조와 효율적인 소통을 통한 유연성과 자율성을 제고함으로써 전통적인 칸막이구조와 계급구조의 한계를 벗어나고자 하였다. 전통적 관료제는 개인과 개인이 담당하는 역할이 구분되지 않는 데 반하여 홀라크라시는 개인과 개인이 담당하는 역할을 구분한다. 미리 정해진 부서에서 구성원인 개인이 임무를 부여받기보다는 조직이 달성해야 할 목적과 이를 달성하기 위하여 필요한 역할이 먼저 정의된 후에 이에 가장 적합한 사람을 배치하는 유연한 조직형태라고 볼 수 있다.

홀라크라시에서 역할은 조직의 세포와 같다. 역할의 통합이 조직체를 구성한다고 볼 수 있다. 전통적인 관료제가 계급제를 중심으로 한 삼각형태의 조직구조적 특성을 가진 데 반하여 홀라크라시는 자기조직화(self-organizing)하는 특성을 갖추고 나름대로 자율성을 지닌 서

[그림 2] 홀라크라시에서 서클 간의 상호관계

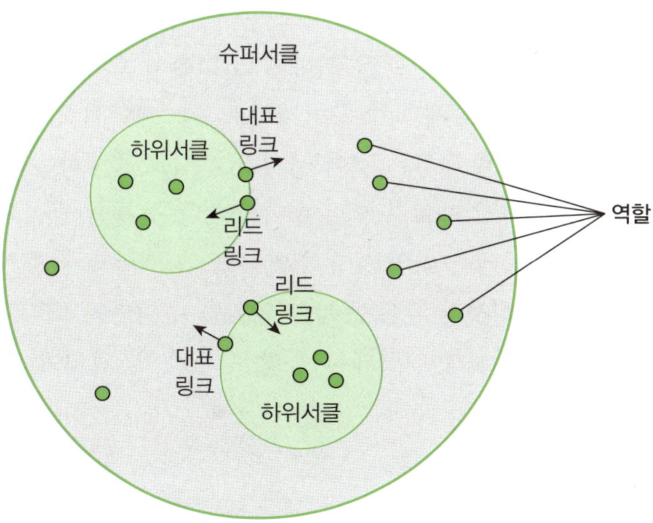

출처: Robertson(2015).

클(circle)로 구성되어 있다. 개별 서클은 다른 서클과 완전하게 독립적으로 운영된다기보다는 목적에 따라서 자율적으로 작동하지만 보다 상위의 목적을 달성하는 슈퍼서클(super circle) 내에서 유기적으로 연계되어 작동하는 특징을 갖는다. 그리고 개별 서클 내에는 슈퍼서클과 유기적인 소통을 위한 대표링크(representative link)와 하위서클에서 슈퍼서클의 입장을 대변하기 위하여 슈퍼서클이 임명한 리드링크(lead link)가 있어 하위목적을 위하여 자율적으로 작동하는 하위서클과 상위목적을 달성하기 위하여 작동하는 슈퍼서클이 유기적으로 연계될 수 있다(Robertson, 2015).

자율성을 강조하는 홀라크라시와 함께 조직의 민첩성을 제고하기 위하여 최근 실험적으로 도입되고 있는 민첩조직(Agile Organization)에도 관심을 기울일 필요가 있다. 최근 미국의 행정지원부(Government Service Administration)는 미국 정부의 디지털 서비스에 대한 수요에 민첩하게 대응하기 위하여 '18F'라는 민첩조직(Agile Organization)을 만들어 운영하고 있다. '18F' 조직은 정부의 다양한 정보시스템 개발과 정보기술 관련 조달 등을 위하여 2014년에 오바마 정부가 출범시킨 조직이다. '18F' 조직은 디지털 서비스라는 제한적 영역이기는 하지만 정해진 임무를 수행하는 것이 아니라 수시로 발생하는 다양한 부처들의 요청에 따라서 새로운 업무를 수행하는 독특한 방식으로 운영되고 있다. 정부 내에서 다양한 부처의 시스템 개발과 정보기술 조달과 관련한 컨설팅 회사와 같은 독특한 역할을 수행하는 18F와 같은 민첩조직을 다른 분야에서 어떻게 적용할 수 있는지 고민할 필요가 있다.

IV. 맺는 말

4차 산업혁명은 현재진행형이다. 정부는 어떤 방향으로 4차 산업혁명의 진행방향과 궤를 같이할 것인지를 고민해야 한다. 4차 산업혁명의 특징인 초연결성과 초지능성을 미래정부의 특징으로 승화시킬 수 있도록 다양한 대안을 모색해 나가야 한다. 미래정부는 다양한 4차 산업혁명의 기술을 적극적으로 활용하여 지능형 정부로 진화하여 다양한 사회문제를 효과적으로 해결할 수 있는 역량을 갖추어야 한다. 사회 내 다양한 행위자와 정부 내 다양한 부처 그리고 국민들과 연계하여 문제를 해결해 나갈 수 있도록 개방적 연결형인 플랫폼 정부를 다양하게 모색해야 한다. 전통적 관료제의 한계를 극복하고 자율성과 신뢰성을 제고하는 차원에서 홀라크라시와 민첩조직의 접목가능성도 적극적으로 살펴볼 필요가 있다. 4차 산업혁명이 진행 중이라면 정부도 지속적으로 진화 · 발전해야 한다.

이제 우리 정부도 막연하게 4차 산업혁명으로 인한 노동시장 변화와 경제적 영향에 대해서만 관심을 둘 것이 아니다. 소위 인공지능, 사물인터넷 등을 포함한 와해적 기술로 인한 행정과 행정서비스의 변화에 대해서 고민하고 준비해야 한다.[4] 무엇보다도 기술발전으로 인한 행정환경 변화에 따른 정부 기능과 역할을 재정립해 나가야 한다. 정부 · 국민 · 기업 간 연계를 강화할 수 있는 장을 마련하는 한편, 정부업무를 기능별로 분화시키고 유사 기능별로 유연하게 연계하고 자원을 공유할 수 있도록 해야 한다. 미국의 18F 조직과 같이 특정한 기능을 적시에 수행할 수 있는 민첩조직(Agile organizations)을 활성화시킬 필요

4 문명재(2017) '제4차 산업혁명과 초연결 지능형 미래정부'를 참고하여 작성됨.

가 있다. 이런 측면에서 최근에 행정안전부가 실험적으로 도입한 벤처형 조직을 주목할 필요가 있다.

또한 데이터와 인공지능을 기반으로 한 과학적 · 자동화된 의사결정에 정합한 정부조직 및 운영시스템 구축이 필요하다. 전자정부를 뛰어넘어 파괴적 기술을 적극적으로 활용한 예견적 · 지능형 정부를 설계하고 준비해야 한다. 장기적으로는 인공지능기술 도입과 정부기능의 변화를 반영하는 인력재편성이 필요하다. 향후 전통적인 피라미드형 관료제가 어떻게 변화할 것인지 그리고 어떻게 변화해야 하는지 고민해야 한다. 인공지능 기반 관료제에서의 공무원의 역량을 재정의하고 채용을 비롯한 공무원 인사제도에 대한 종합적인 검토가 필요하다.

빅데이터 분석과 인공지능을 활용한 예견적 · 지능형 정부가 장밋빛 '만드는 미래'를 보장해 주지는 못하기 때문에 여전히 넘어야 할 산이 높다. 첫째, 예견적 정부는 데이터에 기반한 알고리즘에 의존하기 때문에 데이터의 질을 담보하는 것이 관건이다. 한 보고서에 따르면 빅데이터 분석과 관련된 90% 이상의 노력은 오염된 데이터 클리닝에 소요된다고 한다. 둘째, 인공지능과 빅데이터 분석을 활용한 예견적 정부시스템이 편견이 있는 예측결과를 생산할 경우에 대비해야 한다. 최근 미국에서 PredPol을 활용한 예측적 · 예방적 방범활동이 특정한 소수인종이나 집단에 대한 편견을 보여주어 사회적 쟁점으로 부각되었다는 점은 시사하는 바가 크다. 셋째, 인공지능 기반시스템이 예측한 결과를 바탕으로 실제 정책결정이 실패할 경우에 생기는 책임성 문제도 어려운 과제이다. 정책실패의 책임이 시스템 (또는 알고리즘) 개발자에 있는지 아니면 최종적 판단을 한 공무원에 있는지의 문제이다. 마치 자율자동차가 사고를 낼 경우에 자율자동차 생산자, 허가자인 정부, 그리고 운전자 중 누가 어떻게 사고에 대한 책임을 질 것인가 하는 문제와 유사하다. 이는 인공지능이 인간의 지능을 초월하는 소위 특이

점(singularity) 상황에 이를 경우에 과연 공무원이 인공지능시스템이 제시한 제안을 거부할 수 있을 것인가에 대한 문제는 인공지능 시대의 관료행태와 밀접한 관련성이 있다.

앞으로 예견적 · 지능적 정부와 관련된 다양한 행정적 · 정책적 문제를 풀어나가야 한다. 예견적 · 지능형 시스템을 통해서 예측된 '정해진 미래'와 '다가올 미래'가 '만드는 미래'로 이어질 수 있도록 정책결정 지연과 왜곡을 초래하는 이익정치, 정책관성, 부처 이기주의, 정파적 갈등 문제를 해결해야 한다. 알고 있는 정답이 정치적 왜곡과정을 거치면 오답이 될 수 있기 때문이다. 이제 예견적 · 지능형 정부의 빛과 그림자를 동시에 살피고 '만드는 미래'를 준비하기 위해 지혜를 모아야 할 때이다.

같이 생각해 볼 문제

1. 4차 산업혁명의 와해기술이 정부의 일하는 방식이나 공공서비스를 제공하는 방식에 어떠한 영향을 미칠 것인가?
2. 4차 산업혁명의 와해기술이 미래정부와 관련해서 기회요인과 위협요인으로 어떻게 작용하는가?
3. 지능형 · 예견적 정부를 구현하기 위해서 어떻게 데이터 거버넌스를 구축해야 하는가? 지능형 · 예견적 정부에 필요한 데이터의 질과 양을 어떻게 제고할 것인가?
4. 플랫폼 정부를 구현하는 과정에서 겪을 수 있는 장애요인은 무엇인가?
5. 자율형 조직구조인 홀라크라시를 관료제도에 접목할 때 발생할 수 있는 문제점은 무엇인가?

참/고/문/헌

권동승 · 황승구. (2017). “초연결 지능 플랫폼 기술.”「전자통신동향분석」 32(1): 1-12.

로버트슨, 브라이언 J. (2017).「홀라크라시」. 홍승현 역. 서울: 흐름출판.

문명재. (2017). “제4차 산업혁명과 초연결 지능형 미래정부.”「행정포커스」 16-22. 한국행정연구원.

______. (2019). “세 가지 미래와 예견적 · 지능형 정부: 정해진 미래, 다가올 미래, 그리고 만드는 미래.”「한국행정포럼」 165: 4-9. 한국행정학회.

슈밥, 클라우스. (2016).「제4차 산업혁명」. 송경진 역. 새로운 현재.

한국과학기술기획평가원. (2018).「제5회 과학기술예측조사」.

Accenture. (2017). *Government as a Platform*.

Bernstein, E., J. Bunch, N. Canner, and M. Lee. (2016). “Beyond the Holacracy Hype.” *Harvard Business Review*. (July-August 2016).

O'Reilly, Tim, Daniel Lathrop, and Laurel Ruma. (2010). *Open Government*. California: Oreilly.

Robertson, Brian J. (2015). *Holacracy: The New Management System for a Rapidly Changing World*. Henry Holt and Co.

Sadilek, A., S. Caty, L. DiPrete, R. Mansour, T. Schenk, M. Bergtholdt, and E. Gabrilovich. (2018). “Machine-learned Epidemiology: Real-time Detection of Foodborne Illness at Scale.” *Digital Medicine* 1(1): 36.

제2장

침체된 공직사회의 진단과 개혁방안 모색

I. 문제 제기

'공무원'이라는 단어를 접하면 언제부턴가 '철밥통', '밥그릇 챙기기'와 같은 단어들이 함께 연상되기 시작했다. 재미있는 것은 그렇게 질타의 대상이면서도 공무원 시험의 응시인원은 줄어들 줄 모르고, 여전히 청년세대들에게는 선망의 직업이라는 것이다. 이는 미국에서 우수한 인재들이 민간부문을 더 선호하고, 공공부문에서는 유능한 인재들을 유치하기 위해 지속적으로 노력하는 현상과 차이가 크다. 여기서 드는 의문은 우리나라의 경우, 공무원이 되고 싶어 하는 사람들이 그렇게 많고 치열한 경쟁을 거쳐서 우수한 인재가 공직에 들어가는데도 시민들이 기대하는 공공부문에서의 개혁과 혁신은 왜 그렇게 이루어지기 힘든 것일까 하는 점이다. 어느 순간부터 공무원들은 많은 사람이 되고 싶어 하는 선망의 직종인 동시에, 무사안일을 추구하고 책임을 회피하는 자리의 대명사가 되어버렸다. 각종 매체들을 통해 보는 공직사회의 모습들은 개혁과 혁신논의가 활발하게 이루어지며 현장의 문제해결이 원활하게 이루어지는 모습이기보다는, 문제해결에 소극적이고 침체되어 있으며 책임회피에 급급한 경우가 훨씬 더 많다. 이렇게 활력 없이 침제되어 있는 공직사회의 원인은 어디에 있으며 그 해결의 실마리는 어디에서부터 찾아야 할 것인가? 이 장에서는 이렇게 침체되어 있는 공직사회를 초래하는 원인을 몇 가지 측면에서 진단해 보고 그에 비추어 침체된 공직사회를 개혁할 방안을 고민해 보고자 한다.

II. 한국 공무원의 기본적 성향: 누가 무엇을 원해서 공무원이 되길 원하는가?

공직체계와 관련해서 많은 나라들에서 공통적으로 관찰되고 있는 것은 관료제가 국가를 운용하는 기본적인 틀로 채택되는 경우가 일반적이라는 것이다. 특히 과거 엽관제의 폐해를 경험한 나라들에서 실적에 기반한 직업공무원제를 도입하기 시작한 이래, 많은 나라들에서 공개채용의 형식을 거치는 직업공무원제도에 바탕을 둔 관료제 조직을 가지고 있다(이종수 · 윤영진 외, 2012; 강성철 외, 2001). 이러한 관료제 체제가 이루고자 하는 목적은 기본적으로 국가의 안정적이고 효율적인 운영이다. 과거 엽관제가 성행하던 때는 제대로 전문성을 갖추지 못한 인물들이 정부업무를 맡아 그 효율성이 떨어졌으며, 정권의 교체에 따라서 행정부 내 각종 업무들도 잦은 교체로 인해 안정적으로 운영되지 못했다(이종수 · 윤영진 외, 2012). 즉, 이러한 엽관제의 폐해와 한계를 보완하고 한 국가의 가장 큰 고용주 중 하나인 행정부 수반의 리더십 아래에서 국정을 보다 안정적이고 효과적으로 해 나가기 위해서 도입된 것이 실적주의 관료제라고 할 것이다.

이에 따라 국가에서 원하는 공무원상은 공직을 평생직장으로 삼고 안정적으로 국정을 운영해 나갈 수 있는 능력 있는 인재가 되었고, 그러한 사람들이 공직에 선발되었다. 더군다나 강력한 신분보장이 따라오는 국가공무원이라는 자리는 안정성을 중요하게 생각하는 사람들에게는 매우 강력한 유인으로 작용한다. 이는 경제가 어려운 때일수록 공무원 시험 경쟁률이 올라가는 것과도 무관하지 않다. 이러한 공직의 안정성이 우리나라에서 공무원 시험에 대한 지원경쟁의 치열함을 상당부분 설명할 수 있다고 여겨진다. 급속한 경제발전을 이루었음에도 사회안전망이 아직 다른 국가에 비해서 취약한 탓에 안정적인 직장을 잡는 것이 사회에 진출하는 젊은 세대들에게는 매우 중요한 가치로 작용한다. 더군다나 일단 선발되면 직업공무원제의 취지에 따라 큰 과실이 없는 한 정년까지 보장된다는 점에서 치열한 경쟁이 이루어지고 그에 따라 퇴출될 수 있는 민간과 달리 경쟁이 거의 존재하지 않는 체제 아래에서 일하게 된다는 것도 개인 입장에서는 공직의 매력을 상승시키는 유인으로 작용할 수 있다.

그렇다면 공개선발시험을 통해 선발된 우리 나라 공무원들의 성격유형은 어떨까? 다양한 성격검사 중 세계적으로 공인되고 가장 널리 활용되는 검사로 MBTI(마이어스-브릭스 모델)라는 검사가 있다. MBTI는 특정 상황에서 사람들이 어떻게 느끼고 행동하는지에 대한 문항으로 성격을 테스트하며 성격의 유형을 크게 네 가지 차원—외향적(extraverted)-내향적(introverted), 감각적(sensing)-직관적(intuitive), 사고적(thinking)-감정적(feeling), 판단적(judging)-지각적(perceiving)—으로 구분하여 총 16가지 성격유형을 제시한다(Boyle, 1995). 안광일(1994)의 연구에 따르면, 이 성격검사 도구를 이용해서 우리나라 공무원들의 성격을 알아본 결과, ISTJ가 32%로 가장 높은 비율을 차지했다. 지방공무원을 연구대상으로 한 보다 최근 논문인 권경득 · 최연택(2010)의 연구에서는 ISTJ의 비율이 전체의 14.8%로 낮아지기는 했으나 16가지 성격 유형 중에서는 가장 높은 비율이었다. 이런 결과로부터 전체 공무원의 성격유형을 규정하는 것에는 주의해야 할 필요가 있으나 이들 연구들의 분석을 통해서 우리나라 공무원들은 일반적으로 안정지향의 성격유형을 갖는 것으로 이해할 수 있다. ISTJ 유형은 내부지향적이고 현재의 상태와 안정을 강조하는 성격유형으로, 앞서 언급한 실적주의 관료제에 잘 부합하는 성격유형이라고 볼 수 있다. 그러나 일반적으로 ISTJ는 도전적이거나 혁신적인 성향을 보이는 성격유형은 아니다(안광일, 1994; 권경득 · 최연택, 2010). 즉, 현재지향적이고 안정적인 것을 추구하는 성격유형이 과거 개발주의 시대의 관료제의 역할에는 잘 부합하는 성격일 수 있으나, 새로운 것을 추구하고 현재를 극복해야 하는, 4차 산업혁명 시대에 요구되는 혁신과 도전을 추구하는 데는 다소 한계가 있을 수 있음을 추론해 볼 수 있다.

이러한 점을 고려할 때, 공공부문에서의 혁신은 시작부터 쉽지 않을 수 있다. 우리나라가 가지고 있는 인사관리의 큰 틀은 실적주의에 기반한 관료제이고, 또한 우리나라는 직업공무원제를 통해 유능한 인재를 선발하여 공직을 평생직장으로 삼아 일하게 하는 시스템을 가지고 있다. 이러한 시스템과 함께 사회적으로 안정적인 직장에 대한 국민 개개인들의 열망도 큰 편이어서 공직에 대한 높은 채용경쟁률을 보이고 있다. 그리고 이러한 과정에서 안정을 중요하게 생각하는 사람들이 공직에 지원하게 될 가능성이 높아지고 실제 입직하는 사람들의 기본적인 성격이 안정지향주의적인 모습을 보인다. 다른 한편으로는 공직에 몸담고 일하는 가운데 공무원들의 성향이 점점 안정지향적으로 변화되어 가는 것도 하나의 이유일 수도 있겠다. 개방형 임용제를 함께 운용함으로써 직업공무원제가 가지는 단점을 보완하려는 시도를 하고는 있지만, 지금까지는 외부에서 유입된 인재들의 기존 공직문화 적응에의 어려움, 외부인사와 내부공무원 간의 갈등 등 풀어야 할 과제들이 존재하고 있다(최순영, 2015). 공직을 평생직장으로 삼고 안정적으로 일할 수 있는 우수한 인재들을 성공적으로 유치함으로써 우리나라가 개발도상국을 넘어 선진국의 문턱까지 왔음은 부인할 수 없는 사실일 것이다. 그러나 과거 우리나라의 발전요인이었던 안정지향적인 성격의 관료제가 지금은 보다 과감한 개혁에 걸림돌이 되는 상황이 될 수도 있음을 주지할 필요가 있다. 당장 공직사회의 성향부터가 변화를 추구하는 모험지향적이라기보다는 안정지향적이라는 것에서 적극적

개혁과 혁신의 어려움이 있을 수 있다.

III. 정치적 리더십과 집단사고의 문제

공직사회 내에서 혁신이 더딘 더 심각한 원인으로 우리나라의 정치리더십을 생각해 볼 수 있다. 실효성 높은 혁신과 개혁은 업무를 직접 처리하는 현장에서 문제점을 발견하고 충분한 재량권과 권한에 바탕하여 그 해결책을 고안하는 상향적 방식(bottom-up)으로 이루어지는 경우가 많다. 하지만 우리나라의 공직사회는 그간 많은 정책문제와 개혁의 과제를 하향적 방식(top-down)으로 해결하려는 경우가 많았으며 관료제의 중하위층에서 문제해결을 위한 충분한 재량이 행사되지 못했다(박천오 · 주재현, 2007). 더군다나 상위의 정치리더십이 자신들의 정책과제를 우선순위에 두고 국정을 운영하는 과정에서 집권적 경향은 더욱 강해지고 이들 정치리더십은 의사결정에 있어서 집단사고의 문제를 가지고 있다. 이러한 문제들이 복합적으로 작용하는 가운데 공직사회의 자발적인 개혁과 혁신은 더욱 요원해진다고 볼 수 있다. 아래에서 이러한 문제들을 하나씩 짚어보고자 한다.

첫째로 정치리더십의 집권적 국정운영 성향을 생각해 볼 수 있다. 엽관제가 성행하던 과거에 전문성이 떨어졌음에도 자기 사람을 공무원에 앉혔던 중요한 이유 중의 하나는 자신의 뜻대로 따라 주는 집행조직을 원했기 때문이다. 선거에서 자신을 잘 도와준 사람들에게 포상으로 공직을 준다는 의미도 있었지만, 정치리더십이 원하는 정책방향이 있을 때 관련 정책을 입안하고 그 방향대로 실행하는 '말 잘 듣는 집행자'를 원했기 때문에 엽관제가 성행했다고 볼 수 있다. 공무원을 실적에 기반해서 선발하는 직업공무원제가 도입된 이후에도 정치리더십의 영향력이 사라졌다고 보기는 힘들다. 오히려 오늘날에도 그 영향력은 대단히 크며, 상위직급으로 올라갈수록 직접적인 영향을 받는다고 보는 것이 보다 정확한 평가일 것이다. 이러한 정치리더십의 뜻이 합리적이지 못할 때에도 관료제가 이에 맞추어 따라가는 모습을 보일 때, 이를 비판적으로 바라보는 시각에서는 '영혼 없는 공무원'이라는 표현으로 공직사회를 비판하기도 한다.

그렇다면 정치권에서는 이런 '영혼 없는 공무원'에 대해서 어떤 시각을 가지고 있을까? 명시적으로 그렇게 표현하지는 않지만, 아무래도 여권일 때와 야권일 때 입장이 달라지는 것 같다. 야권일 때는 영혼 없는 공무원에 대해서 비판의 날을 세우다가도 일단 정권을 잡으면 내 뜻을 따라주기를 은연중에 바라는 모습들을 많이 볼 수 있다. 즉, 공직사회를 자신들의 정권의 목적성취를 위한 도구 정도로 인식하는 정치권의 인식도 '영혼 없는 공무원'을 만들어 내는 하나의 원인이라고 볼 수 있다. 공무원들이 정권의 뜻에 잘 따라주지 않는 모습을 보면서 레임덕의 신호로 받아들이는 경우도 있다. 직업공무원제라고는 하지만, 여전히 고위직들은 정치적 임명직이고 이들은 정권이 바뀌면 자기 색깔에 맞는 인사들로 물갈이 되는 것이 관례이다. 넓은 의미에서 뜻을 같이하는 리더십 체제를 만들어 가는 일은 효율적인 국정운영을 위해서 필요한 일이다. 다만 우리나라에서는 그 구성이 지나치게 극단적이고 배타적이라는데 문제가 있다고 보여진다.

두 번째로 정치리더십의 집단사고문제에 대해 생각해 볼 수 있다. 대통령제 국가에서는 당연한 일일 수 있지만, 청와대로 대표되는 우리나라의 정치리더십이 국정운영의 핵심역할을 담당하고 있다는 측면에서, 그리고 그 구성이 매 정권마다 유사한 정치성향의 인물들로 배타적으로 이루어지고 있다는 측면에서 가장 우려스러운 것은 집단사고(groupthink)의 문제이다. 집단사고는 Janis(1972)가 주창한 개념으로 유사한 사람들로 이루어진 집단 내에서는 서로 뜻이 잘 맞고 내부에서의 협력이 잘 이루어지는 분명한 장점이 있는 반면에, 합리적인 의사결정에 크게 실패할 확률도 함께 높아지게 된다. 즉, 집단사고의 정도가 심화될수록 집단 내부에서 합리적인 문제제기를 점점 하기 힘들어지는 분위기가 조성되고 외부에서의 비판 역시 단순한 비난으로 치부하는 가운데 받아들이지 않게 된다. 이로 인해 의사결정에서 고려해야 할 정보들을 충분히 고려하지 못하게 되고 이는 의사결정의 패착으로 이어지게 된다(Janis, 1972). 이러한 집단사고가 청와대와 정치적 임명직인 각 부처 장관들을 포함하는 정치리더십에서 일어난다면, 외부와는 단절된, 실제 고려되어야 할 정보와 요인들이 생략된 채로 각종 정책이나 의사결정이 일어날 가능성이 대단히 높아지게 될 것이다.

이러한 집단사고가 위험한 이유는 폭포효과와 집단극단화의 문제를 통해서도 알 수 있다. 「와이저(*Wiser*)」라는 저서를 쓴 선스타인과 헤이스티(2015)에 의하면, 흔히 집단의 의사결정은 개인의 의사결정에 비해서 여러 사람들의 혜안을 고려할 수 있고 다양한 정보들을 포함하게 되어 우수한 경우들이 많지만, 오히려 집단의사결정이 개인의 의사결정보다 더 열등한 것이 되는 경우도 존재한다고 경고한다. 그중 대표적인 것으로 폭포효과가 있는데, 이는 사람들이 서로 영향을 미쳐서 자신의 개인적 지식을 무시하고 공적으로 알려진 남들의 판단에 전적으로 의존하는 경우에 발생하게 된다. Salganik과 그 동료들의 연구에 따르면, 새로운 신규밴드의 음악을 자유롭게 다운로드받게 하면서 한 집단에는 다른 사람들이 다운로드받는 곡이 무엇인지를 알게 한 반면, 다른 집단에는 그 정보를 주지 않고 자신의 독자적 판단에 따라 다운로드받도록 했다. 실험결과 다른 사람들이 다운로드받은 곡을 알고서 다운받은, 다시 말해 사회적 압력이 존재하는 집단에서는 초기 다운로드 횟수가 많은 노래가 계속 상위권에 머무르고 초기에 주목을 받지 못한 노래는 하위권을 벗어나지 못했다(Salganik *et al.*, 2006). 현실에서 음원 사재기와 같은 문제가 불거지는 이유 중의 하나는 이러한 초기 순위가 음원의 성패를 좌우할 수 있기 때문일 것이다. 이러한 폭포효과의 영향력이 비단 음반이나 서적의 사재기 문제에만 국한되지는 않는다. 만일 어느 집단의 의사결정 상황에서 초기 발언권자들이 특정한 방침을 선호한다면, 집단 전체가 그 입장을 지지하는 것으로 굳어질 가능성이 높다는 것을 시사한다. 즉 처음에 발언하거나 행동하는 누군가에 의해 집단의 의사결정이 영향을 받을 수 있다는 것이다.

집단극단화의 문제는 어떤 이슈에 대해서 집단구성원들이 서로 논의한 결과, 논의 전에 선호하던 방향으로 한층 극단화된 결론을 도출하게 되는 현상을 지칭하는 것으로 생각이 비슷한 사람들로 구성된 집단에서 더욱 심각하게 그 문제가 나타나는 경향이 있다(선스타인 · 헤이스티, 2015). Schkade, Sunstein, and Hastie(2006)의 연구에서는 콜로라도에서 정치적 성향이 다른 Boulder와 Colorado Springs에서 각각 좌파성향과 우파성향의 시민들을 선발해서 특정 이슈에 대해서 각자의 생각을 기록하게 한 후 그 이슈에 대해서 집단으로 의사결정을 내리게 하였다. 집단별 의사결정 이후에는 각자의 생각을 다시 기록하여 제출하게 했다. 실험결과 Boulder 시민들은 논의 이전보다 훨씬 진보적으로 변화했고, Colorado Springs 시민들은 논의 이후 훨씬 보수적으로 변화하였다. 즉, 이전보다 정치적 성향이 더욱 강화되는 방향으로 움직였는데, 이는 집단의 의사결정 그 자체도 더 극단적인 방향으로 움직였을 뿐 아니라 그 의사결정에 참여한 개인도 논의 이후 더욱 극단적인 방향으로 변화되었음을 시사한다. 그 결과 논의 이전에는

Boulder와 Colorado Springs 시민들 간에 유사한 의견들도 많았지만, 논의 후에는 그러한 중복 의견들이 확연하게 줄어들었다(Schkade *et al.*, 2006).

이러한 폭포효과와 집단극단화에 대한 실험결과들이 시사하는 바는 무엇일까? 그것은 유사한 정치성향을 지닌 인물들로 구성되어 있는 우리나라 정치리더십이 집단사고에 빠질 위험성이 높으며, 그 양상이 한쪽으로 치우진 정책입안과 불통의 모습으로 나타날 확률이 크다는 것이다. 대통령과 그 최측근을 위시한 유사한 성향의 인물들로 청와대의 인적 구성이 이루어지고, 더 나아가 정치적 성향이 유사한 부처장관들이 국무회의에서 논의하게 될 때, 그 논의의 방향이 더욱 한쪽 방향으로 쏠릴 위험이 있으며, 이러한 정책방향에 대한 외부의 비판이나 다른 의견들과 제대로 소통하기보다는 일방적인 홍보에 치우치거나 밀어붙이기식 정책추진이 나타나게 될 가능성이 높아지게 된다. 또한 일부 구성원들이 외부의 비판이나 다른 의견들에 동의한다고 해도, 전체의 분위기에 압도되어 반대의사를 제대로 표명하지 못한 채 의사결정이 진행될 가능성이 크다.

IV. 위험회피적 성향의 강화와 복지부동: 공무원 개인의 입장에서 가장 합리적인 선택은?

위에서 논의한 바와 같이 국무회의에서 집단사고가 발생하게 될 경우에 그러한 결정은 각 부처의 상부에 직접적인 영향을 미칠 가능성이 높다. 국무회의의 구성원인 장관이 대통령의 뜻으로 정해진 정책방향을 지시할 때 이에 대해서 이의를 제기할 수 있는 공무원은 그리 많지 않을 것이다. 만일 각 부처 내의 고위직 공무원들도 장관에게 맹목적으로 충성을 하는 인물들로 이루어져 있는 경우에는 집단사고가 각 부처 내의 상층부에서도 얼마든지 일어날 수 있다. 이렇게 상부의 의견이 한 방향으로 정해지면, 관료제의 특성상 상명하달식의 정책집행이 일어날 가능성이 크다. 이와 같은 상황 속에서 대다수의 중하위직 공무원들은 어떤 행태를 보이게 될까?

앞서 논의했었던 우리나라 공무원들의 기본적인 성향은 안정지향주의적이라는 것이다. 즉 위험회피적 성향이 강해서 웬만한 유인책이 주어지지 않고서는 혁신이나 개혁적인 모습을 보이기보다는, 현재 체제를 유지하고 안정적으로 운영해 나가는 데 더 큰 강점을 갖는다. 이러한 기본적인 성향 위에 상층부의 집단사고가 더해지게 될 때 예상할 수 있는 공무원 집단의 반응은 위험회피적 성향의 강화일 것이다. 그리고 이러한 위험회피적 성향의 강화는 흔히 말하는 복지부동의 행태로 나타날 가능성이 높다. 물론 앞서 논의한 '영혼 없는 공무원'의 관점에서 본다면, 정책결정의 내용에 상관없이 무조건 성실하게 주어진 업무에 임하는 모습도 상정해 볼 수 있을 것이다. 하지만 '영혼 없는 공무원'과 '복지부동'의 두 가지 모습이 충돌하게 될 때, 후자가 더욱 힘을 얻을 것이라는 것이 저자의 예상이다. '영혼 없는 공무원'이 되기 위한 중요한 조건 중 하나가 현재의 정권이 추진하는 주력사업에 열심히 임했던 경력이 공무원 본인에게 득이 될지언정 해가 되어서는 안 된다는 것이다. 합리적 결정 주체로서 공무원 개인의 입장에서 자신의 경력경로를 고려할 때에 현 정권에 충실히 일한 전력이 향후 도움이 되지 않거나 자칫 해가 될 수 있다고 여겨질 때에는 오히려 복지부동하는 모습을 보이게 될 가능성이 클 것이다. 이는 후술할 사회적 학습이론과도 연계되어 설명할 수 있다.

그렇다면 복지부동의 행태를 보일 것이라고 예상할 수 있는 이유는 무엇일까? 여기서는 크게 두 가지 상황으로 나누어 설명하고자 한다. 복지부동 행태가 나타나는 주된 이유는 뭔가 개혁적인 안을 시도하는 것이 공무원 개인의 입장에서는 그러한 일 자체에 대한 선호가 적거나 그렇게 하는 것이 큰 유인이 되기보다 오히려 해가 될 수도 있기 때문일 것이다. 이와 관련해서 복지부동의 첫 번째 원인은 정해진 정책의 방향이 공무원 개인의 선호와 다른 경우로 볼 수 있고, 두 번째 원인은 정해진 정책방향이 개인의 선호와 같은 경우라고 할지라도 열심히 노력한 결과가 좋지 않을 수 있기 때문이다.

첫 번째의 경우, 집단사고로 이미 정해진 정책방향은 앞서 논의한 바와 같이 더욱 극단으로 치우친 것일 확률이 높고 이는 공무원들 대다수의 지지를 얻기 힘들 수 있다. 주어진 정책방향을 지지하지 않는 경우에는 공무원이라는 입장에서 자신에게 주어진 일을 처리하기는 하겠지만, 그 일에 대한 동기가 클 가능성은 그리 크지 않다. 즉, 일 자체에서 성취감과 기쁨을 느끼는 내재적 동기가 크지 않을 것이다. 그런 상황에서 일을 할 때에 높은 몰입의 상태에서 업무에 임하지 않을 것이고 더 많은 노력과 시간 투입이 필요한 개혁이나 혁신을 이루어 내는 데 그리 큰 관심을 갖지 않을 것이다. 원래도 안정지향적인 공무원들의 성향이 현실에 안주하는 가운데 상부에서 시키는 일의 최소한을 하는 것으로 나타날 가능성이 크다. 이러한 모습은 앞서 언급한 바와 같이 흔히 공무원 집단을 비판하는 용어인 복지부동의 형태로 나타날 것이다. 이 경우는 공무원으로서의 개인이 해야 하는 일과 시민으로서 선호하는 정책방향이 다르기 때문에 그 일에 대한 선호가 낮아서 나타나는 것으로 이해할 수 있겠다.

두 번째의 경우, 정책방향이 공무원 개인의 정책선호와 일치해서 열정을 가지고 요구되는 것 그 이상으로 정책을 수행할 경우, 다양한 혁신안의 구상과 실천이 뒤따를 수 있을 것이다. 문제는 정치리더십의 변화, 즉 정권의 교체가 일어나는 경우에 자칫 전 정권의 주력사업에 몸담았다는 이유로 현정권에 맞지 않는 인물로 낙인찍히는 경우이다. 심한 경우, 해당 사업 자체가 감사나 국정조사의 대상이 되면서 관련 공무원도 처벌받는 경우에 공무원 본인으로서는 회복하기 힘든 경력상의 흠결로 남을 수 있고, 자칫 공직을 떠나야 할 수도 있다. 이미 우리는 현실에서 이러한 사례들을 수차례 목도했으며, 이는 공무원들도 마찬가지이다. 사회적 학습이론에 따르면 사람은 자신이 직접 경험한 사례를 가지고 학습하기도 하지만, 주변 동료들의 경험으로부터도 자연스럽게 학습한다(Bandura and Walters, 1977; Bandura, 1986). 주변에 그 능력을 인정받은 인재가 전 정권에서 발탁되어 주력사업에서 역량을 발휘했음에도 정권이 바뀌고 나서는 오히려 처벌의 대상으로 낙인찍히는 것을 볼 때 동료 공무원들은 무슨 생각을 하게 될까? 몇 차례 유사한 사례들을 직접 혹은 간접적으로 경험하고 난 후에는 섣불리 앞줄에 서서 개혁을 선도하는 일이 위험하다는 것을 공무원들 스스로 깨닫게 될 것이다. '고시'라는 커다란 비용을 지불하고서 얻게 된 공직의 기회를 한때 업무를 잘못 맡은 것으로, 그리고 그 일에 남보다 열심이었다는 이유로 날려버리고 싶지 않을 것이다. 그렇다면 공무원 개인의 입장에서 합리적인 처신은 남보다 심하게 뒤처지지 않지만, 그렇다고 너무 앞서 나가지도 않는 소위 말하는 '중간만 하자.'는 식의 중위성과자(middle performer)가 되고자 하는 전략일 것이다.

적극행정 면책제도

“적극행정 면책제도는 공직자가 공공의 이익을 위하여 성실하고 적극적으로 업무를 처리하였는데 결과가 잘못되었을 경우 고의나 중대한 과실이 없는 이상 책임을 면제 · 감경해 주는 제도입니다. … (중략)

감사원은 2009년 1월 당시 국가적 경제위기 상황을 극복하기 위해서는 공직자의 적극적인 업무자세가 필요하다는 인식하에 「적극행정 면책제도 운영규정」을 제정 · 시행함으로써 적극행정 면책제도를 처음 도입하였고, 2015년 2월 적극행정 면책에 관한 근거규정을 「감사원법」에 마련한 후 구체적인 면책기준, 운영절차 등은 「적극행정 면책 등 감사소명제도의 운영에 관한 규칙」으로 정하여 운영하고 있습니다. … (중략)

한편, 그간 감사원의 면책제도 운영 실적을 살펴보면 2009년부터 2018년 5월 현재까지 총 161건에 대하여 적극행정을 사유로 면책하였습니다. 그중 116건은 감사원에서 직권으로 면책한 것이고, 45건은 감사를 받은 공직자 등으로부터 적극행정 면책신청을 받아 면책한 것입니다.”(감사원, 2018: 9-10)

적극행정 면책제도 사례

“인정된 사례: 경제활성화를 도모한 경우로 일시적 자금난을 겪고 있는 사업자에게 대체산림자원 조성비의 분납을 허용한 사례

- 지적내용: ○○군에서 산지전용허가에 따른 대체산림자원조성비 부과 업무를 처리하면서 도시계획시설사업자가 ‘국토의 계획 및 이용에 관한 법률’ 제88조와 제92조의 규정에 따라 산지전용허가를 의제받은 경우 ‘산지관리법’ 제19조 제1항의 규정에 따른 대체산림자원조성비 분납 대상에 해당하지 않는데도 ○○군

은 일시적으로 자금난을 겪고 있는 도시계획시설사업자로부터 대체산림자원 조성비를 분납할 수 있도록 해 달라는 요청을 받고 이를 허용

- 신청취지: 분할납부를 허용하지 않을 경우 사업이 지연되는 등 도시계획시설사업의 진행에 차질을 빚게 될 우려가 있고, 이 경우 도시계획시설(레저시설 등)로 이용객을 유치하여 낙후된 지역의 주민소득을 증대하고자 한 당초 목적을 달성하기 어려울 수 있어 부득이 분납을 허용함
- 인정여부: 도시계획시설사업이 정상적으로 진행될 경우 낙후 지역에 이용객 등 인구가 유입되어 지역경제 활성화라는 공익이 달성될 수 있는 것으로 보이고 사업의 정상적인 진행을 위해 일시적으로 자금난을 겪고 있는 도시계획시설사업자에게 대체산림자원조성비의 분납을 허용한 것이므로 공익목적 행위임이 인정됨

위 사례는 '업무처리의 공공의 이익' 등 모든 면책기준을 충족하여 당초 '주의요구'에서 불문(처분요구하지 않는 것)하는 것으로 변경됨"(감사원, 2018: 28-29)

출처: 감사원(2018). 적극행정면책 사례집. 감사원 적극행정지원단.

정부에서 이러한 문제를 모르는 것은 아니다. 이러한 공무원들의 소극행정의 문제를 해결하고 개혁과 혁신을 이끌어 내고자 시행되고 있는 대표적인 제도가 적극행정 면책제도이다. 그러나 그 좋은 취지에도 불구하고 적극행정 면책제도의 한계는 뚜렷해 보인다. 이 제도 자체는 개혁이나 혁신에 대한 긍정적인 유인을 제공하는 제도가 아니다. 만약

적극적인 행정으로 인해 손해가 발생했을 때, 그로 인한 책임을 면제해 주거나 경감시켜 주겠다는 것이다. 적어도 이 제도에만 비추어 본다면, 적극적인 행정으로 인해 국가에 큰 이익을 가져다주었다고 해도 해당 공무원에게 돌아갈 금전적 혹은 비금전적 혜택은 없다. 가뜩이나 안정적인 것을 선호하는 우리나라 공무원들에게서 개혁과 혁신을 이끌어 내려면 더 적극적인 유인을 제공하는 제도를 고민해 볼 필요가 있다. 요약하면, 현재 우리나라 관료제가 처해 있는 구조에서 공직사회의 자발적인 개혁과 혁신이 일어나기란 쉽지 않아 보인다.

V. 해결방안의 모색

이러한 공직사회의 위험회피적 · 소극적 행태를 변화시켜 개혁을 촉진하기 위한 방안은 무엇일까? 앞에서 진단한 문제들을 풀어가는 것에서 그 실마리를 찾을 수 있을 것이다. 우선, 공무원들을 단순한 정책 집행의 도구로 여기는 관행을 깨고 협력의 대상으로 바라볼 필요가 있다. 여기에는 무엇보다 대통령을 위시한 정치리더십의 결단이 필요하다. 공직사회를 통제하려들기보다는 공직사회에 충분한 권한을 부여하고 이들이 자발적으로 개혁과 혁신을 이룰 수 있는 유인체계를 만들어 주어야 상향식의 실효성 있는 개혁이 가능할 것이다.

또한 정치리더십의 집단사고 문제를 해결하는 것이 필요하다. 집단사고의 위험성을 인지하고 의식적으로 이를 타파하려는 노력을 기울여야 한다. 여기에서도 대통령의 정치적 결단이 중요한 역할을 하게 되는데, 대표적으로 대통령부터 여러 가지 정책현안들에 대해 특정 정책방향에 대한 자신의 선호도를 내려놓을 필요가 있다. 국무회의와 같은 집단의사결정 상황에서 리더가 먼저 자신의 선호도와 우선순위를 밝히게 되면, 집단 내에서 반대 의견이 제기되기 굉장히 힘들어진다. 가뜩이나 정치적 성향이 유사한 집단으로 구성되어 있어서 집단 내 동조압력이 높은 상황에서 대통령의 선호가 처음부터 분명하게 전달된다면 국무회의를 비롯한 각종 의사결정의 장에서 다양한 의견이 테이블 위에 올려지기보다는 참여자들이 획일적인 의견에 대한 단순한 거수기로 작동할 가능성이 크다(선스타인 · 헤이스티, 2015). 따라서 대통령은 처음부터 자기 의견을 내세우거나 고집하기보다 회의의 참여자들이 의견을 자유롭게 개진할 기회를 먼저 부여하는 것이 필요하다. 무엇보다 그 문제에 전문성을 갖춘 관계부처의 이야기를 비중 있게 들어보아야 할 것이다. 대통령의 내려놓음과 의사발언의 양보가 앞서 언급한 폭포효과를 줄여서 집단의사결정이 패착으로 흐르는 것을 방지할 수 있을 것이다.

가능한 국무회의의 참여구성원들을 다양화하는 것도 바람직할 것이다. 자기 사람들을 앉혀서 속도감 있는 정책집행을 하려는 유혹이 클 것이고 그 중요성 또한 인정되지만, 속도보다 중요한 것은 방향일 수 있다. 바르고 균형잡힌 정책방향을 잡으려면 당장 불편하더라도 다른 생각을 가진 인재들을 의식적으로 등용할 필요가 있다. 이러한 의식적인 노력이 집단 극단화를 방지할 수 있을 것이다. 대다수의 대통령들이 취임식을 하면서 모든 국민의 대통령이 되겠다는 이야기를 하지만, 그 이야기가 실제 국정운영과정에서 제대로 지켜진 적은 많지 않은 것 같다. 진정 모든 국민의 대통령이 되려면, 사회계층을 골고루 아우르는 정책방향성을 정립해야 할 필요가 있고, 이는 정책수립에 있어서 특정한 당파성을 가진 인물들의 의견만 반영하는 것이 아니라 보수와 진보를 포괄하는 인사들을 포함시키고 다양한 의견들을 반영하는 정책을 실제로 만드는 것에서부터 시작되어야 한다.

다음으로 공직 내부에서의 조치들도 병행되어야 할 것이다. 우선, 공무원의 자율성이 보다 잘 보장되어야 하고, 혁신역량을 키우기 위한 훈련과 경력관리 프로그램이 마련될 필요가 있다. 당장 공무원에 대한 자율성과 재량권만 늘린다고 혁신과 개혁이 자동적으로 일어날 것을 기대해서는 안 된다. 주변의 동료들 혹은 선배들이 적극행정에 임하다 처벌이나 불이익을 받은 사례를 학습한 공무원들에게 당장 재량권만 늘려준다고 이들이 적극행정에 나설 것이라고 생각하는 것은 순진한 믿음일 것이다. 그러한 조치가 공무원들의 실제적인 개혁행동으로 이어지려면 장기적인 시각에서 공직문화를 변화시켜 가야 한다. 적극행정을 하는 것이 나의 경력관리에 해가 되지 않고 도움이 될 것이라는 믿음, 그렇게 행동하는 것이 국가를 위해 가치 있는 일이 될 것이라는 믿음, 정권의 교체와 관계없이 이러한 인적 자원의 관리가 일관되게 이루어질 것이라는 믿음을 확신시켜 줄 수 있어야 한다. 이와 더불어 중요한 것이 제대로 된 혁신역량을 키우는 일이다. 공무원들이 제대로 된 혁신역량을 갖추지 못한다면 혁신을 유도한 결과가 오히려 수많은 불필요한 규제로 나타날 수도 있기 때문이다.

마지막으로 적극행정과 개혁을 유도하기 위한 유인체계를 마련해야 한다. 앞서 언급한 바와 같이 적극행정 면책제도는 개혁을 효과적으로 유도하기에는 미흡한 면이 있다. 공무원들이 제시한 개혁안이 좋은 성과를 거두었을 때 보다 적극적인 혜택을 주는 일이 필요하다. 개혁안을 고안하는 과정에서 그 유효성을 높이기 위해, 인큐베이팅 조직으로 소규모의 팀을 만들어서 파일럿 테스트를 많이 활용하도록 하는 방안도 고려해 볼 만하다(성지은 외, 2017). 초기부터 개혁에 대한 기대감을 지나치게 크게 키우면서 많은 자원을 배분하는 것은 참여하는 공무원들에게 큰 부담으로 작용할 수 있고 실패하지 않아야 한다는 부담감에 개혁안이 충분히 개혁적이지 않게 될 위험도 있다. 실패에 대한 부담감 없이 하고 싶은 바를 마음껏 실행할 수 있는 장을 마련해 주는 일이 필요하고 이는 작은 파일럿 프로그램들의 지속적인 활용으로 가능할 수 있다.

VI. 결론

공무원의 위험회피와 소극행정의 문제는 비단 공직사회의 침체에만 머무르지 않는다. 이는 곧 우리 정부의 경쟁력과 민간부문의 경쟁력, 국민의 삶의 질이 함께 영향을 받는 문제이다. 가장 우수한 인재들을 공직에 선발해 놓고도 이들의 역량을 제대로 활용하지 못하는 것은 국가적인 손실이 아닐 수 없다. 입직할 당시에는 다른 어느 나라에 비해서도 우수한 인적 자원으로 평가받는 우리나라 공무원들이 시간이 지남에 따라서 그 경쟁력이 지속적으로 떨어지는 것으로 평가받는 것은 매우 안타까운 일이다(이주호 · 최슬기, 2015; 이주호 외 2016). 움직이지 않는 공무원들을 탓하기 전에, 왜 공무원들의 입장에서는 적극행정을 실천하고 개혁의 주체가 되기 힘든지도 고려해 보아야 한다. 이들이 기대되는 역할을 수행할 수 있도록 필요한 여건과 유인체계를 갖추어 주는 일을 대통령의 리더십하에 정부가 관리해 나갈 필요가 있다.

정권이 바뀔 때마다 개혁되어야 할 대상으로만 공직사회를 취급하는 것에서 벗어나 국정관리의 개혁을 함께 이루어 나갈 개혁의 파트너로 공무원들을 대하면 어떨까? 대통령의 뜻을 그대로 집행하는 것으로 공무원의 역할을 한정시키지 말고, 개혁안을 제안하고 실천해 가는 주체로서 인정하고 그에 걸맞는 자율성과 재량권을 부여하는 인적 관리의 개혁을 고민해 보면 좋겠다. 정치리더십의 독단과 독선을 내세우기보다 집행의 주체가 되는, 그리고 해당 분야의 전문성을 가지고 있는 공무원들의 의견을 충분히 수렴하는 정책결정이 이루어져야 한다. 직업공무원제의 원래 취지에 맞도록 공무원들이 자긍심을 가지고 자신의 업무에 매진하는 가운데, 새로운 개혁안을 제안할 수 있도록 관련 유인체계를 정비할 필요도 존재한다. 이러한 종합적인 접근에 기반하여 침체된 공직사회의 악순환을 끊고 현재의 공직침체와 소극행정의 문제가 조금씩 개선되기를 희망한다. 보다 적극적이고도 혁신적인 공무원의 자세와 실천이 뒷받침될 때 우리 정부와 사회, 국가의 지속적인 발전과 성장이 가능할 것이다.

같이 생각해 볼 문제

1. 공직사회 침체의 다른 원인은 어떤 것들이 있겠는가?
2. 실패를 두려워하지 않는, 위험을 감수할 수 있는 혁신인재들을 공직사회로 끌어들이기 위한 적정한 유인책은 무엇일까?
3. 어떻게 게임의 규칙을 바꾸어야 공무원들의 위험회피적 성향을 누그러뜨릴 수 있을 것인가?
4. '영혼 없는 공무원'과 '무사안일주의' 중 어느 것이 더 위험하다고 생각하는가?
5. 개혁과 혁신의 과정에서 불가피하게 발생하는 실패의 문제를 어떻게 다루어야 할 것인가? 어떤 구체적인 유인체계를 마련하는 게 필요할 것인가?
6. 우리나라 정치리더십의 모습은 어떻게 변화되어야 할 것인가? 또한, 우리나라 행정리더십의 모습은 어떻게 변화되어야 할 것인가?
7. 집단사고문제의 해결을 위해서 정치리더십과 행정리더십이 어떻게 상호작용해야 할 것인가?

참/고/문/헌

감사원. (2018). 「적극행정면책 사례집」. 감사원 적극행정지원단.

강성철 · 김판석 · 이종수 · 최근열 · 하태권. (2001). 「새인사행정론」. 서울: 대영문화사.

권경득 · 최연택. (2010). "지방공무원의 성격유형, 직무행태 및 조직성과에 관한 연구: MBTI 의사결정유형을 중심으로." 「한국지방자치학회보」 22(4): 265-287.

박천오 · 주재현. (2007). "정부관료제와 민주주의: 정부관료제의 책임과 통제 확보를 통한 조화의 모색." 「행정논총」 45(1): 221-253.

선스타인, 캐스 R. · 리드 헤이스티. (2015). 「와이저: 똑똑한 조직은 어떻게 움직이는가」. 경기: 위즈덤하우스.

성지은 · 송위진 · 정병걸 · 최창범 · 윤찬영 · 정서화 · 한규영. (2017). 「국내 리빙랩 현황 분석과 발전 방안 연구」. 과학기술정책연구원 정책연구 2017-09: 1-194.

안광일. (1994). "MBTI이론에 따른 한국공무원 의식구조의 진단분석." 「한국행정학보」 28(1): 151-168.

이종수 · 윤영진 외. (2012). 「새 행정학」. 서울: 대영문화사.

이주호 · 김석호 · 김현준 · 문명재 · 박진 · 이시욱 · 최슬기. (2016). "한국인의 역량: 실증분석과 개혁과제." 「한국경제포럼」 9(1): 25-39.

이주호 · 최슬기. (2015). 「한국인의 역량: 실증분석과 미래전략」. 한국개발연구원.

최순영. (2015). 「직위분류제 확대와 연계한 공무원 인사관리의 개선방안」. 기본연구과제 2015: 1-525.

Bandura, Albert. (1986). *Social Foundations of Thought and Action*. Englewood Cliffs, NJ: Prentice-Hall.

Bandura, Albert and Richard H. Walters. (1977). *Social Learning Theory*. Englewood Cliffs, NJ: Prentice–Hall.

Boyle, Gregory J. (1995). "Myers–Briggs Type Indicator(MBTI): Some Psychometric Limitations." *Australian Psychologist* 30(1): 71–74. doi:10.1111/j.1742–9544.1995.tb01750.x

Janis, Irving L. (1972). *Victims of Groupthink: A Psychological Study of Foreign-policy Decisions and Fiascoes*. Oxford, England: Houghton Mifflin.

Salganik, Matthew J. and Duncan J. Watts. (2009). "Web–based Experiments for the Study of Collective Social Dynamics in Cultural Markets." *Topics in Cognitive Science* 1(3): 439–468.

Salganik, Matthew J., Peter Sheridan Dodds, and Duncan J. Watts. (2006). "Experimental Study of Inequality and Unpredictability in an Artificial Cultural Market." *Science* 311(5762): 854–856.

Schkade, David, Cass R. Sunstein, and Reid Hastie. (2006). "What Happened on Deliberation Day?" *U Chicago Law & Economics, Olin Working Paper* No. 298: 06–19; AEI–Brookings Joint Center Working Paper No. 06–19. *Available at* SSRN: https://ssrn.com/abstract=911646 or http://dx.doi.org/10.2139/ssrn.911646

제3장

정부조직개편의 현황, 문제점 그리고 개선방향

I. 문제 제기

우리나라의 정부조직법에 따르면 정부조직법의 목적을 "국가행정사무의 체계적이고 능률적인 수행을 위하여 국가행정기관의 설치 · 조직과 직무범위의 대강을 정함"이라고 밝히고 있다. 즉, 국가행정사무의 각각 부분 업무를 일정한 원리에 따라 짜임새 있게 조직하여 효율적으로 수행을 하기 위한 수단으로 정부조직을 이해할 수 있다. 따라서, 정부조직법에 기초한 정부조직개편의 목적은 국가행정사무를 짜임새 있게 조직하여 보다 효율적으로 처리함에 있으며 그 방법으로 행정기관을 설치 · 조직하고 그 직무범위를 정하는 것으로 이해할 수 있다.

그러나 그동안 우리나라 정부조직개편은 주로 새로운 정부가 출범하거나 혹은 정치적 난제가 존재할 때 이를 타개하기 위한 정치적인 목적으로 사용된 점도 인정하지 않을 수 없다. 이에 대하여 일부 학자들은 정부조직개편의 동인을 크게 행정적 목적과 정치적 목적으로 구분하며 행정적 목적으로 행정과 정부조직의 효율성 제고 및 정책 추진의 효과성 제고를, 정치적 목적으로 전략적 편의 추구와 정책 우선순위의 재조정을 꼽았다(박천오, 2011). 또한 정부조직개편을 통한 행정수반의 통제력 강화는 행정적 목적과 더불어 정치적 목적도 함께 존재한다고 보았다(박천오, 2011).

다양한 법률적 · 행정적 · 정치적 목적에도 불구하고 그동안 우리나라 정부는 여러 차례에 걸쳐 정부조직개편을 단행하였고 이에 대해 소기의 목적한 바를 이루었다는 평가가 있는 반면, 그에 따른 다양한 비판도 존재한다. 따라서 그동안 정부조직개편이 어떻게 이루어져 왔는지를 살펴보고 이와 관련한 다양한 이슈를 살펴봄으로써 정부조직개편에 대한 이해의 폭을 넓혀보고자 한다.

II. 정부조직개편 연혁

정부조직개편은 개편의 규모에 따라 전면개편과 부분개편으로 구분된다(박대식, 2009; 박용성 외, 2014). 전면개편은 대개 새로운 정권이 들어서면서 행정수반의 새로운 국정철학을 구현하기 위해서 다수의 정부조직을 개편하는 방식을 의미한다(박용성 외, 2014). 반면, 부분개

표 1» 김영삼 정부의 조직개편

구분	제1차 개편	제2차 개편	제3차 개편	제4차 개편
설치	문화체육부, 상공자원부	재정경제원, 건설교통부, 통상산업부, 정보통신부, 보건복지부, 환경부	중소기업청	해양수산부
명칭변경				농림부
소속변경		공정거래위원회		해양경찰청
폐지	체육청소년부, 상공부, 문화부, 동력자원부	경제기획원, 상공자원부, 체신부, 건설부, 교통부, 재무부	공업진흥청	해운항만청, 수산청, 수로국

출처: 이병태(2001)에서 발췌.

편은 일부 정부조직의 기능을 조정하기 위한 목적으로 부분적으로 개편이 이루어지는 것을 뜻한다(박용성 외, 2014).

특히, 김영삼 정부가 출범한 이후로 대통령선거 주기에 따라 대체적으로 전면적인 정부조직개편이 이루어져 왔다. 김영삼 정부는 '깨끗하고 작은 정부'라는 취지 아래 유사한 부처기능을 통합하고 실무부처를 축소하는 내용을 골자로 하는 총 4차례에 걸친 조직개편을 단행하였는데 제1차와 제2차 개편은 부처의 통폐합으로 과거 정부와의 절연을 위한 개편이었으나 관료들의 저항으로 인해 뒤이은 제3차와 제4차 개편은 부처별 개혁과제를 바탕으로 이루어졌다(김윤권 외, 2011; 문명재, 2009).

김대중 정부의 조직개편은 외환위기 극복과 세계적인 신자유주의적 흐름에 영향을 받아 '작고 강력한 정부'의 실현을 위해 정권 초기 전면적 조직개편을 포함하여 총 3차례의 조직개편을 단행하였다(김윤권 외, 2011). 특히 정권 초기에 대통령 비서실 축소를 통한 작은 청와대를 추구하였으나 과거 정권들과 마찬가지로 시간이 지나면서 점진적으로 확대되는 과정을 반복하였다(김윤권 외, 2011).

표 2 » 김대중 정부의 조직개편

구분	제1차 개편	제2차 개편	제3차 개편
설치	식품의약품안전청, 예산청, 행정자치부, 기획예산위원회, 여성특별위원회, 중소기업특별위원회, 외교통상부	국정홍보처, 문화재청, 기획예산처, 중앙인사위원회	여성부, 부총리제

명칭변경	재정경제부, 통일부, 과학기술부, 산업자원부, 문화관광부		
소속변경			
폐지	부총리제, 평화통일자문회, 사무처, 공보처, 재정경제원, 내무부, 총무처, 통일원	예산청, 기획예산처	

출처: 문명재(2009)에서 발췌.

노무현 정부는 과거 김영삼 정부나 김대중 정부가 추진하였던 '작은 정부 구현'을 국정의 목표로 설정하지 않았다(김윤권 외, 2011). 따라서, 소수의 부처를 대상으로 조직개편을 하였을 뿐 대체적으로 김대중 정부의 정부조직을 계승하였다(김윤권 외, 2011). 그보다 정부기능을 재조정하고 '일하는 방식'을 개선하는 등 소프트웨어적 개혁에 초점을 두었다(문명재, 2009; 이창원 · 임영제, 2009).

표 3» 노무현 정부의 조직개편

구분	제1차 개편	제2차 개편
설치	소방방재청	방위사업청

출처: 문명재(2009)에서 발췌.

이명박 정부는 '일하는 정부'라는 기치를 걸고 업무조정력 제고를 통한 효율성 향상이라는 조직통합의 원리와 기능 재조정을 통한 조직통합이라는 원칙 아래 비교적 개편규모나 방향측면에서 공격적으로 정부조직개편을 추진하였는데 한 번의 전면개편과 두 번의 부분 개편을 단행하였다(김윤권 외, 2011).

표 4 이명박 정부의 조직개편

구분	제1차 개편	제2차 개편	제3차 개편
설치	기획재정부, 지식경제부, 농림수산식품부, 문화체육관광부, 국토해양부, 교육과학기술부, 보건복지가족부, 행정안전부	여성가족부, 보건복지부	고용노동부
명칭변경	여성부		
소속변경			
폐지	재정경제부, 기획예산처, 산업자원부, 정보통신부, 과학기술부, 농림부, 해양수산부, 국정홍보처, 문화관광부, 건설교통부, 교육인적자원부, 보건복지부, 여성가족부, 행정자치부	여성부, 보건복지가족부	노동부

출처: 대통령기록관.

'창조경제 구현을 통한 경제부흥과 국민생활안정'이라는 국정목표 아래 출범한 박근혜 정부의 정부조직개편의 핵심 내용은 기본적으로 부문별로 컨트롤 타워 기능을 수립하고 협업을 통해 부처 간 칸막이를 낮추고 행정 효율화를 달성하며, 공공정보 개방과 공유를 통해 국민들에게 맞춤형 서비스를 제공하는 것으로 정부출범 당시 한차례 전면적 정부조직개편 이후 세월호 사고를 거치며 이를 수습하기 위해 두 번째 정부조직개편을 단행하였다(홍성걸, 2013).

표 5» 박근혜 정부의 조직개편

구분	제1차 개편	제2차 개편
설치	미래창조과학부, 해양수산부, 식품의약품안전처	행정자치부, 국민안전처, 인사혁신처
명칭변경	안전행정부, 산업통상자원부, 교육부, 국토교통부, 농림축산부	
소속변경		소방방재청, 해양경찰청
폐지	지식경제부, 행정안전부, 교육과학기술부, 국토해양부, 농림수산식품부	

출처: 행정안전부(2018).

박근혜 대통령의 탄핵으로 대통령인수위원회 활동 없이 출범한 문재인 정부는 탄핵 이후 불안한 정국을 조기에 수습하고 시급한 국가적 현안을 해결하기 위한 최소한의 조직개편을 추구하여 출범 당시 부분적 정부조직개편을 단행하였다(행정안전부, 2018).

표 6» 문재인 정부의 조직개편

구분	제1차 개편
설치	과학기술정보통신부, 행정안전부, 중소벤처기업부
명칭변경	
소속변경	
폐지	미래창조과학부, 행정자치부, 국민안전처

출처: 행정안전부(2018).

III. 기존 정부조직개편의 한계와 문제점

김영삼 정부 출범 이후 노무현 정부나 박근혜 정부를 제외한 나머지 정부들은 '작은 정부'를 추구하며 정부조직개편 시 대부처주의를 지향하였다. 이로써 정부조직개편을 거치면서 부처의 통폐합이 자주 일어났고 그 빈도는 새로운 정부가 들어서는 출범 초기에 가장 높게 나타났다. 이는 한편으로는 기능의 통폐합에 따른 정부조직의 기능적 효율성 추구의 목적으로 이해할 수 있지만 다른 한편으로는 전임 정부와의 차별성을 위한 정무적 판단으로 이해할 수 있다.

대부처주의 표방을 통한 전임 정부와의 차별성은 그 자체로 정무적 의의가 있을 수 있다. 김대중 정부 때 외교기능과 통상기능을 통합하여 외교통상부를 설치한 것과 이명박 정부 때 행정자치부와 중앙인사위원회, 비상기획위원회 및 정보통신부의 전자정부기능 등을 통합하여 행정안전부를 설치한 것, 박근혜 정부 때 과학기술기능과 ICT기능을 통합하여 미래창조과학부를 설치한 것 등이 그 예이다. 실제 정부기능의 통폐합으로 어떠한 행정적 · 기능적 효율성을 달성하였는지와는 별개로 이러한 통폐합을 실시함으로써 이전 정부의 색깔을 지우고 현 정부의 차별성을 부각했다는 점은 그 자체로 정무적 의미가 있을 수 있다.

그러나 통합의 원리에 근간을 둔 행정적 · 기능적 차원에서의 대부처주의는 복합적인 행정수요에 대응하고 부처 간 조정비용을 감소시키는 본래의 효율성과 효과성 향상의 목적 달성에 실패하였으며 오히려 다음과 같이 의도하지 않은 부작용을 낳았다.

1. 작은 정부 실현의 실패

우선 대부처주의의 기본 목적은 작은 정부 실현이었다. 그러나 '작은 정부'를 어떻게 측정할 것인가에 대해서는 통일된 기준이 없다. 공무원의 수나 정부의 재정지출 규모, 정부 부처의 개수 혹은 규제의 개수 등 다양한 기준들이 사용되고 있으나 각 정권별로 이들 기준들의 변화추이를 보면 '작은 정부'와는 상관이 없다.

우선 각 정권별 출범 당시를 기준으로 중앙부처 수의 변화 추이를 보면 김영삼 정부는 14부 5처 14청으로 출범하였고 이어 출범한 김대중 정부는 17부 2처 16청으로 정부조직 운영을 시작하였다. 이전 정부와 큰 틀에서 유사하게 정부조직을 운영하였던 노무현 정부는 18부 4처 17청으로 출범하였고 작고 효율적인 정부를 표방한 이명박 정부는 15부 2처 18청으로, 박근혜 정부는 17부 3처 17청으로 문재인 정부는 18부 5처 17청으로 시작하였다. 각 정권별 초기 중앙행정기관의 개수는 다음의 〈표 7〉 및 [그림 1]과 같다. 〈표 7〉에서 볼 수 있듯이 전체 중앙행정기관의 개수는 33~40개의 분포를 가지고 있었고 특히 대부처주의를 통해 작은 정부를 표방한 김영삼 정부와 김대중 정부, 이명박 정부는 부처의 개수가 거의 유사하고 명시적으로 큰 정부를 표방하지 않았지만 할 일은 하겠다는 노무현 정부나 박근혜 정부, 그리고 인수위원회 없이 출범한 문재인 정부와 비교해도 중앙행정기관 개수의 차이는 김영삼 정부(33개) 기준, 4개(박근혜 정부)~7개(문재인 정부) 부처 정도이다. 즉, 대부처주의를 통해 정부조직의 크기가 줄었다는 것은 4~7개 부, 처, 청 정도의 차이를 의미하는 것으로서 과연 대부처주의를 통한 작은 정부를 구현했느냐 여부에는 이견의 여지가 있다.

또한, 각 정부의 출범 초기와 달리 정권의 중·후반으로 가면서 조직개편에 따라 부처의 수가 늘어나기도 하였다. 김영삼 정부의 경우 집권 후반기에 중소기업청, 해양수산부, 해양경찰청 등이 신설되어 초기의 작은 정부 추진 의지와 상반된 모습을 보여주었고 김대중 정부에서도 정권 후반기에 기획예산처와 국정홍보처, 여성부가 신설되었다. 이렇게 작은 정부 추구를 목표로 단행된 정부조직개편은 중앙행정기관의 개수 차원에서 소기의 목적을 달성했다고 보기 어렵다.

표 7» 김영삼 정부 이후 정권 초기 중앙행정기관(부, 처, 청) 개수의 변화 추이

	김영삼 정부	김대중 정부	노무현 정부	이명박 정부	박근혜 정부	문재인 정부
부	14	17	18	15	17	18
처	5	2	4	2	3	5
청	14	16	17	18	17	17
총합	33	35	39	35	37	40

출처: e-나라지표.

[그림 1] 정부기구 변화 추이

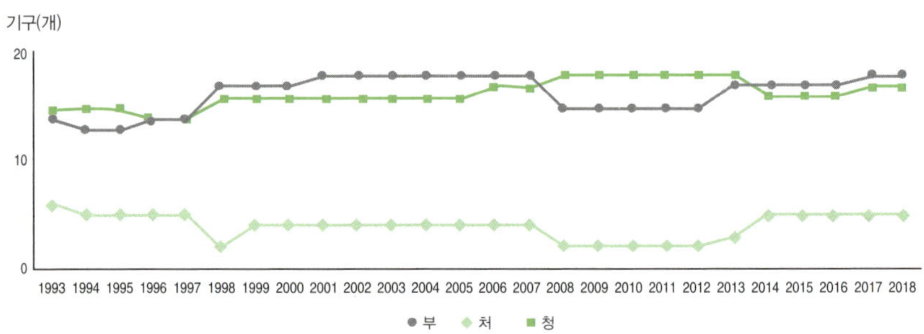

출처: e-나라지표.

공무원의 수를 기준으로 정부의 크기 변화 추이를 분석해 보면 다음과 같다. 우선 김영삼 정부가 출범한 1993년 당시 중앙공무원의 숫자는 교육, 경찰, 일반행정 포함 56만 8천 명 수준이었다. 이후 김대중 정부, 노무현 정부, 이명박 정부, 박근혜 정부, 문재인 정부 출범 당시 행정부 국가공무원 숫자는 55만 6천, 57만 9천, 60만 7천, 61만 5천, 63만 9천 명으로 전반적으로 공무원의 숫자가 늘어난 것을 확인할 수 있다([그림 2] 참고). 즉, 정부조직개편에 따라 작은 정부를 추구했다는 점은 공무원 숫자에 의해 측정되는 정부조직 크기 차원에서도 성공하지 못한 셈이다.

[그림 2] 국가공무원의 변화 추이

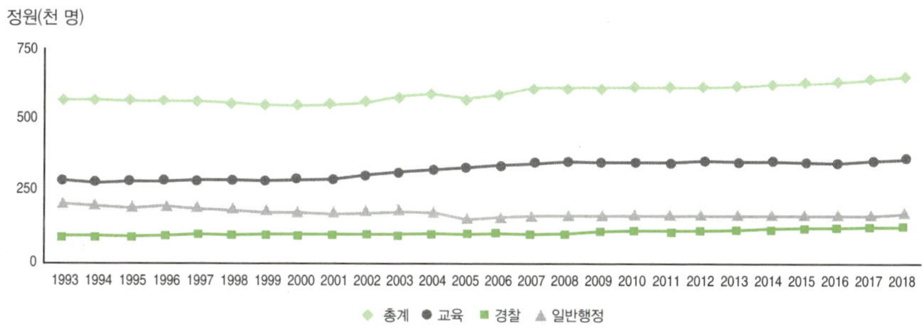

출처: e-나라지표.

다음의 [그림 3]에서 확인할 수 있듯이 GDP 대비 정부지출 규모 역시 세부적으로는 증감이 있었으나 전반적으로는 증가하는 추이를 보여주고 있어 조직개편을 통한 작은 정부 목표 실현은 성공한 것으로 판단하기 어렵다.

결론적으로 대부처주의를 통해 작은 정부실현을 목표로 이루어진 정부조직개편은 작은 정부의 측정 방식과 상관없이 그 소기의 목적을 달성했다고 보기에는 무리가 있으며 오히려 부처 통합으로 인하여 다음에서 다룰 문제점을 야기했다.

[그림 3] GDP 대비 정부지출 규모

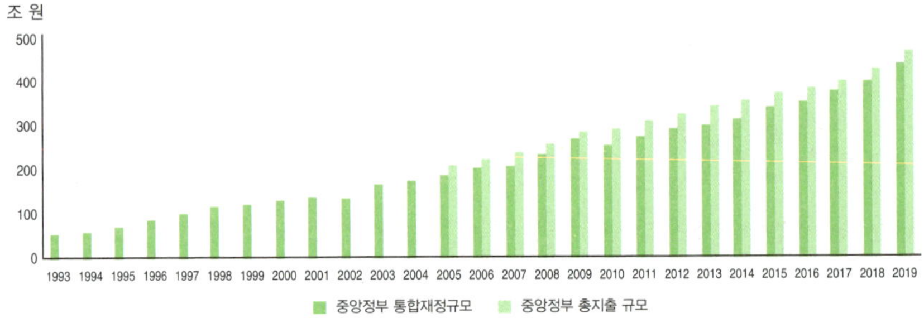

출처: e-나라지표.

2. 부처 통합으로 조직 내 출신 부처 간 갈등

대부처주의는 서로 기능과 문화가 다른 부처들을 물리적으로 통합하면서 필연적으로 구성원 간 갈등을 유발하는 문제점을 낳았다. 실례로 김영삼 정부 당시 경제기획원과 재무부를 통합하여 탄생한 재정경제원의 경우, 각 부처 간 이질적 문화로 인해 1997년 외환위기 당시 대처과정에서 실기를 했다는 평가가 있다(박천오, 2011). 즉, 환율안정에 대해 시장의 기능을 중시하여 시장자율을 강조하는 정책논리를 편 경제기획원 출신 공무원들과 시장실패를 우려하고 정부의 점진적 개입을 중시하는 재무부 출신 공무원 간의 대립이 심각하여 제대로 대응을 하지 못했다는 것이다(최성욱, 2001).

이와 유사하게 김대중 정부 때 내무부와 총무처를 통합하여 행정자치부를 출범시켰는데 여기서 내무부 출신 공무원과 총무처 출신 공무원 간의 갈등이 대표적이다. 2003년 11월 18일자 '관료사회-행정자치부' 제하의 기사에서 이와 관련한 내용을 자세히 다루고 있다.[1] 즉, 총

1 이하 행정자치부 관련 내용은 동아일보 2003년 11월 18일자 '관료사회-행정자치부'

무처가 정부조직과 공무원 인사 관리를 해 오면서 자유롭고 합리성을 중시하는 문화였다면 내무부는 지방행정과 치안을 관리해 왔기 때문에 지휘계통과 위계질서를 중시하고 일사분란하게 움직이는 문화를 가지고 있었다. 이렇게 이질적인 문화의 두 부처를 행정자치부로 통합하다 보니 구성원 간의 갈등은 명약관화했다. 양 부처를 통합하는 과정에서 2국 5과를 줄이게 되었고 이 과정에서 총무처 쪽이 희생되었다. 주요 보직들도 내무부 출신 공무원들이 독식하면서 일방적으로 주도권을 잡았다는 평이 나온다.

그동안 정부조직개편을 거치면서 재정경제원이나 행정자치부뿐만 아니라 여러 부처들이 통폐합된 사례가 있다(국토부 + 교통부 → 국토교통부, 교육인적자원부 + 과학기술부 → 교육과학기술부 등). 그러나 공무원들은 이러한 물리적 부처 통폐합에 부정적이다. 이렇게 서로 다른 조직문화를 가지고 있는 부처들을 소속 공무원들의 융합가능성을 배제한 채 정무적 판단 혹은 기능적 판단하에 물리적으로 통합하는 조직개편은 외관상 통합의 원리를 이루었을지 모르지만 실질적 통합을 저해하고 결과적으로 정부성과에 부정적 효과를 가져올 수 있다.

3. 부처의 개편(확대, 축소, 이동)으로 인한 전문성 저해[2]

정부조직개편에 따라 주관 부처가 달라질 경우 정책의 연속성과 전문성이 떨어지는 문제가 발생하기 마련이다. 대표적인 조직이 통상조

기사에서 발췌한 내용임(http://news.donga.com/View?gid=8002395&date=20031118).

2 이하 내용은 한국경제신문 2017년 2월 1일자 기사 내용을 참조한 것임(http://plus.hankyung.com/apps/newsinside.view?aid=2017013121241&category=NEWSPAPER).

직이다. 대외의존도가 높은 우리나라의 경우 통상업무가 중요한데, 김영삼 정부가 출범하기 전 통상 관련 업무는 상공부와 외무부, 경제기획원 등에 분산되어 있었다. 이후 김영삼 정부는 정부조직개편을 통해 상공자원부를 통상산업부로 개편하면서 통상 전담 부처를 발족하였다. 그러나 김대중 정부가 출범하면서 외국과의 협상 시 정치(외교)와 경제(통상)를 분리할 수 없다는 논리에 따라 통상업무를 산업부에서 외교부로 이관하며 당시 외교부가 외교통상부로 바뀌었다. 당시 외교통상부 내에는 장관인 외교통상부 장관과 장관급인 통상교섭본부장이 동존하고 있었다. 이후 박근혜 정부가 출범하면서 다시 통상기능을 외교통상부에서 분리하여 산업부에 흡수함으로써 산업통상자원부가 되었다. 이렇게 정부조직개편에 따라 20여 년간 통상조직이 제자리를 찾지 못하고 여러 부처에 붙었다 떨어졌다 하다보니 전문성이 떨어졌다는 지적이 나온다.

김대중 정부 당시 중국과의 마늘 파동이나 박근혜 정부 당시 고고도미사일방어체계(THAAD) 배치에 따른 중국의 통상압력 등에 적절한 대처를 하지 못한 것도 통상조직이 산업부와 외교부를 오가며 통상전문가를 키우지 못한 데서 기인한다는 지적이 있다.

4. 조직개편에 따른 비용 발생

정부조직개편의 비용과 편익에 대한 셈법에서 비용이 쉽게 간과되는 경향이 있다(박정수, 2008). 작은 정부를 표방하여 정부조직개편을 통해 정부조직을 줄이거나 기능을 통폐합하여 정부조직개편에 따른 편익이 발생한다고 생각할 수 있다. 그러나 앞서 살펴본 바와 같이 정부조직개편에 따라 정부규모가 줄었다는 실증적 증거는 미약하다. 편익 발생은 과장된 측면이 있다(박정수, 2008). 오히려 조직개편에 따라 발생하게 되는 비용에 대한 관심이 적은 것이 문제가 된다(박정수, 2008). 우선, 단순하게 부처의 통합 또는 분리, 이관 등의 이유로 부처 현판, 정부의 서류 등의 서식, 부처 로고, 직인, 깃발 등을 교체해야 한다. 실제로 박근혜 정부 때 행정안전부를 안전행정부로 바꿈으로써 약 6,000여 만 원의 비용이 발생했을 것으로 추정된다.[3] 그 밖에 정부 부처개편에 따라 정부조직법뿐만 아니라 부처 이름이 들어가는 법령 개정 등 다양한 비용이 발생한다. 공무원이 짐을 싸고 사무실을 이동하는 비용과 시간 손실 등은 더더욱 그러하다. 이를 두고 소위 메뉴비용이라고 하는데, 이것은 식당에서 음식값을 올리면 비용을 지불하고 메뉴판을 교체하는 데 드는 비용을 말한다. 박정수(2008)는 조직개편에 따른 비용에 대하여 메뉴비용 이상의 비용에 더욱 관심을 가져야 한다고 주장한다. 그는 공무원이 한 부처에서 오랜 시간 동안 시행착오를 거쳐 습득한 지식과 경험을 정부조직개편에 따라 새로운 부처로 옮김으로써 포기하거나 활용하기 어렵게 되고 새로운 부처에서 다른 공무원들과 새로운 관계를 맺고 적응하는 과정에서 비가시적 비용이 발생하게 되는데 이러한 비용은 추산하기도 어려울 뿐만 아니라 정부조직개편에 있어서 관심의 대상이 되지 못한다고 지적한다. 따라서 정부조직개편은 신중하게 접근할 필요가 있다.

5. 그 밖의 한계점들

앞서 언급한 문제들 이외에 섣부른 조직개편에 따른 문제점으로 선

3 한국경제신문 2013년 12월 1일자(http://sgsg.hankyung.com/apps.frm/news.view?nkey=18376&c1=04&c2=01).

행연구들은 다음과 같은 사항들을 지적하고 있다.

① 인력 축소 위주의 조직개편은 행정서비스의 질을 떨어뜨리고 조직구성원들의 사기를 떨어뜨려 행정의 비효율성을 야기한다(박천오, 2011).

② 부처의 통폐합으로 부처 간의 힘의 균형과 평준화가 깨지고 과도하게 특정 부처에 기능이 집중될 경우 업무 과부하가 생기거나 합리성에 기반한 정책결정보다는 힘의 논리에 따른 정책결정이 이루어질 가능성이 있다(박천오, 2011).

③ 정치적 목적이 강하여 행정적 효과성에 대한 고려 없이 상징적 효과나 국면전환용으로 조직개편이 이루어질 경우 원래의 목적과 다른 방향으로 진행된다(박천오, 2011). 또한 그 비용은 국민이 부담하게 된다. 여성의 표를 의식하여 여성부를 만든 경우나 과학기술인들의 표를 의식하여 과학기술처를 과학기술부로 격상한 경우, 부산지역 유권자들의 표를 의식하여 해양수산부를 신설한 것도 같은 맥락이다(임도빈, 2017).

IV. 효과적인 정부조직개편 방안 제언

1. 정부조직법 개정

우리나라 정부조직은 정부조직법에 근거하고 있으며 이에 따라 정부조직을 개편하기 위해서는 국회를 통해 정부조직법이 개정되어야 한다. 정부조직을 법으로 정함으로써 법적 안정성을 꾀하는 차원의 긍정적 부분도 있겠으나 오히려 법으로 정부조직을 정함으로써 복잡한 행정환경과 행정수요에 적절하게 대응하는 데 있어서 소위 골든타임을 놓칠 수도 있다. 특히 정부조직을 법으로 정하게 되어 정부조직개편이 정치적으로 악용되는 경우도 발생한다. 정부조직개편의 상징성을 이용하여 대통령 입장에서는 국면전환용으로 정부조직개편을 한 사례가 있는가 하면(조재현, 2013) 초기 정부조직개편안이 국회와의 타협으로 인해 본래의 모습을 갖추지 못하는 경우도 다수 발생하였다. 또한, 국회의 통과가 필수적이다 보니 대통령 당선인이 취임일로부터 누리는 소위 '허니문' 기간 동안 정부조직법을 무리하게 통과시키기 위해 장기적 안목을 갖지 못한 채 급하게 정부조직개편이 이루어지는 경우도 발생한다.

따라서 정부조직법에서는 정부조직을 이루는 목적과 방법에 대한 사항을 정하되 그 세부사항에 대해서는 시행령으로 정함으로써 국무회의를 통해 정부조직이 개편될 수 있도록 그 절차를 간소화하는 방안도 고민해 볼 필요가 있다. 실제로 영국과 프랑스의 경우 별도의 정부조직법이 없으며 수상 또는 대통령이 필요에 따라 정부조직을 개편할 수 있다. 이렇게 정부조직의 방향성은 정부조직법으로 정하되 그 실질적인 개편을 시행령으로 정함으로써 정부조직에 따른 정부운영의 효율성과 효과성 재고 등의 행정적 목적을 달성하는 데 더욱 수월할 것으로 판단된다.

2. 기능중심의 소부처주의와 인사관리를 통한 조직기능의 융복합

그동안 50여 차례의 크고 작은 정부조직개편이 있었으나 국방부, 통일부, 외교부 등의 조직은 상대적으로 정부조직개편의 중심에서 제외되어 있었다. 이는 무엇보다도 각 기관 업무의 특수성이 인정되어 타 기관과의 융합이 어렵거나 실효성이 떨어졌기 때문으로 풀이된다. 그러나 이들 소수 부처를 제외한 다수의 부처들이 대부처주의라는 목적 아래 통폐합됨으로써 외형적으로는 통합을 이루었으나 앞서 살펴본 바와 같이 이질적 문화와 업무 특성으로 인하여 기능적 통합을 이루는 데에는 실패하였다. 또한, 대부처주의의 목적인 작은 정부 실현도 공무원의 숫자나 정부지출, 부처의 개수를 고려하면 성공했다고 보기 어렵다. 따라서 대부처주의에 입각한 조직개편은 재고의 여지가 있다.

오히려 잦은 조직개편에 따른 정책적 일관성과 전문성의 저하는 극복의 대상이다. 따라서 앞으로의 조직개편은 기능중심의 소부처주의를 추구하는 것을 고려해 볼 필요가 있다. 물론 급변하는 행정환경과 다양한 행정수요 속에서 모든 기능을 나열하여 부처화하는 것은 현실

표 8 》 중앙행정기관 정부기능 분류체계

연번	기능	연번	기능
1	공공질서 및 안전	10	산업, 통상, 중소기업
2	과학기술	11	일반공공행정
3	교육	12	재정, 세제, 금융
4	교통 및 물류	13	지역개발
5	국방	14	통신
6	농림	15	통일, 외교
7	문화체육관광	16	해양수산
8	보건	17	환경
9	사회복지		

출처: 행정안전부(2018).

적으로 어려울 수 있다. 따라서 우선적으로 〈표 8〉과 같이 행정안전부가 제공하는 중앙행정기관 정부기능 분류체계에 입각하여 정부조직을 구성하는 것을 시작점으로 고려해 볼 수 있다. 이를 토대로 기능중심의 소부처주의 형식으로 정부조직을 개편하되 부처 간 기능통합이 필요한 업무에 대해서는 일하는 방식의 변화를 통한 협업 활성화를 통해 부처 간 칸막이를 줄이는 소프트웨어적 접근을 이룰 필요가 있다.

이와 더불어 정부혁신 차원에서 그동안 정부조직개편만 다루어졌다면 이제는 보다 성공적인 정부혁신을 위해 정부조직이라는 축과 함께 인사개혁이라는 축이 고려될 필요가 있다.

앞서 언급한 대로 정부조직개편이 기능중심의 소부처주의를 택하되 서로 다른 전문성을 가진 인력을 배치하고 해당 인력은 부처중심이 아닌 전문성 중심으로 인사관리가 가능토록 할 경우 정부조직개편에 따른 정책의 비일관성이나 비전문성을 극복할 수 있을 것으로 판단된다.

특히, 4차 산업혁명을 목도한 이 시점에서 공무원에게 요구되는 것은 시장을 읽고 선제적으로 대응할 수 있는 능력이다. 이를 위해서는 무엇보다 전문성을 갖춰야 하는데 현재 우리나라 정부조직과 인사관리는 관료제 및 직업공무원제에 기반하여 전문가(specialist)보다는 단순 일반행정가(generalist)를 채용하고 육성하는 데 초점이 있다. 따라서 앞으로는 하드웨어 중심의 정부조직개편에 대한 지나친 관심을 낮추고 소프트웨어 중심의 인사혁신으로 정부혁신의 추가 이동할 필요가 있다.

같이 생각해 볼 문제

1. 김영삼 정부 출발 이후 통상의 기능을 산업의 관점에서 바라봐야 한다는 입장과 외교적 접근이 필요하다는 입장에 따라 조직개편이 여러 번 단행되었다. 전자는 통상산업부 내지는 산업통상자원부를 지지하는 입장이고 후자는 외교통상부를 지지하는 입장이다.

   국익을 극대화한다는 입장에서 통상기능은 어떤 방향으로 개편되는 것이 바람직할까?
2. 그동안 정부기능의 재조정을 목적으로 정부조직개편을 통해 부처명이 여러 번 바뀌었다. 그러나 기능이 바뀌지 않으면서 부처의 명칭이 바뀐 사례도 있다. 바로 행정안전부다. 이명박 정부 당시 '정부조직관리와 인사정책의 연계를 도모하고 분산된 안전관리정책의 총괄 · 조정기능을 통합하기 위하여' 기존의 행정자치부를 행정안전부로 개편하였다. 그러나 박근혜 정부가 출범하면서 행정안전부의 명칭을 안전행정부로 바꿨다. 그 개정 이유로 '국민행복의 필수조건인 국민생활 안전을 책임지는 안전관리 총괄부서로서의 위상과 기능 강화'를 들었다. 행정안전부의 명칭을 안전행정부로 바꾼 정부조직개편을 어떻게 평가해야 할까? 긍정적인 면과 부정적인 면을 함께 고민해 보자.
3. 그동안 정부조직개편은 기존의 부처가 가지고 있는 정책기능을 늘리고, 쪼개고, 합치는 방식으로 이루어져 왔다. 내무부와 총무처를 합한 행정자치부, 국토부와 교통부를 합한 국토교통부 등이 대표적이다. 이렇게 서로 다른 정책기능을 담당한 부처를 통합함으로써 시너지효과를 기대했으나 실제로는 '한 지붕, 두 가족'이란 비판이 나온다. 정부조직법 개정을 통해 부처 간 물리적 결합은 이루었으나 화학적 결합이 이루어지지 않았다는 비판이 나온다. 기존 부처의 통폐합을 통해 개편된 조직의 화학적 결합을 높일 수 있는 방안은 무엇이 있을까?

4. 다음의 정부조직도를 평가하시오. 만약 학생이 대통령이라면 다음 정부조직도를 어떻게 개편하겠는지 평가내용을 바탕으로 구상하시오.

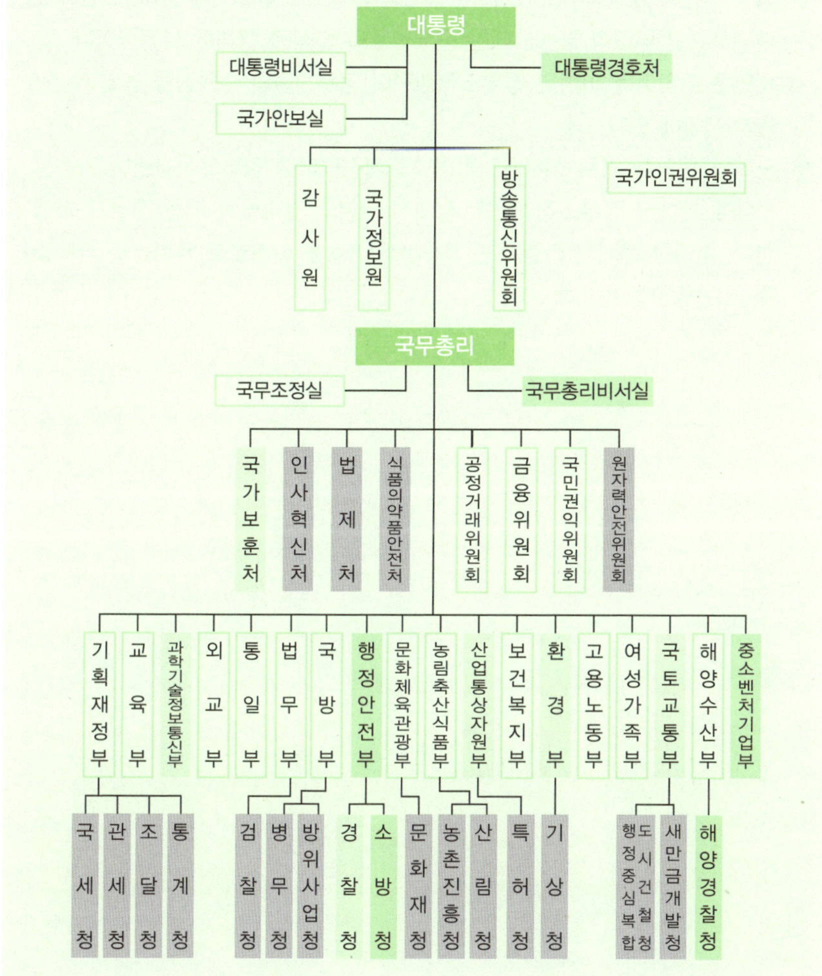

5. 학자들에 따르면 정부조직개편은 전략적 편의 추구와 정책 우선순위의 재조정과 같은 정치적 목적뿐만 아니라 행정과 정부조직의 효율성 제고 및 정책 추진의 효과성 제고와 같은 행정적 목적도 있다고 분석한다. 그럼에도 불구하고 정부조직개편에 대한 공무원들의 인식은 대체로 부정적이다. 그 원인은 무엇이며 어떠한 정부조직개편이 공무원들의 수용성을 높일 수 있을지 생각해 보자.
6. 국회의 동의를 거쳐 정부조직법이 재·개정되어야 정부조직개편이 가능한 법체계 내에서 정부조직개편이 정치적 타협의 결과물이 되는 경우가 발생한다. 이러한 정치적 타협의 순기능과 역기능을 살펴보고 역기능을 극복할 수 있는 방안을 논의해 보자.

참/고/문/헌

김윤권 · 윤수재 · 최호진 · 이재호. (2011). "글로벌 행정환경의 변화에 따른 미래 정부조직 재설계 연구."「KIPA 연구보고서」 2011-10.

대통령기록관. "이명박 정부 국정운영백서." http://president.leemyungbak.pa.go.kr/(검색일: 2019.11.11.).

문명재. (2009). "정부조직개편의 정치주기적 반복성과 실제."「한국공공관리학보」 23(4): 23-41.

박대식. (2009). "정부조직개편 결정과정 비교분석."「한국조직학회보」 6(3): 143-172.

박용성 · 이근주 · 최정우. (2014). "대부처 중심의 조직개편이 조직효과성에 미치는 영향분석: 정책, 민원만족도를 중심으로."「한국인사행정학회보」 13(2): 299-319.

박정수. (2008). "기획예산재정분야의 조직개편: 쟁점과 과제."「한국공공관리학보」 22(1): 1-25.

박천오. (2011). "한국 정부조직개편에 대한 비판적 고찰."「한국조직학회보」 8(1): 1-30.

이병태. (2001). "한국중앙정부조직개편의 성격."「한국정책과학학회보」 5(3): 225-252.

이창원 · 임영제. (2009). "우리나라 민주화 이후의 정부조직 개편의 특성에 대한 고찰."「한국정책과학학회보」 13(4): 1-17.

임도빈. (2017).「정부 조직 개편: 문제점과 대안」. 정책&지식 포럼.

조재현. (2013). "정부조직의 개편의 목적과 방향."「한국부패학회보」 18(1): 173-193.

최성욱. (2001). "정부조직개편에 있어 문화통합 논리의 모색."「한국정책학회보」 10(3): 17-42.

행정안전부. (2018).「2017 정부조직개편 백서」.

홍성걸. (2013). “박근혜정부의 정부조직개편: 평가와 전망.”「한국정책학회 하계 학술발표논문집」 2013(1): 563-575.

e-나라지표. http://www.index.go.kr

제2부

사회통합과 사회적 가치

제4장

갈등의 시대, 사회통합을 위한 정부의 역할

I. 문제 제기

최근 한국 사회에서 사회통합에 대한 정책적 중요성이 높아지고 있다. 우리 사회는 현재 여러 개의 다른 층위와 집단으로 나누어져 대립하고 있는 양상을 보이고 있다. 다양성의 증가로 인한 문화적 갈등, 인구구조 변화로 인한 세대 간 갈등, 경제침체로 인한 일자리를 둘러싼 계층갈등, 촛불과 태극기의 대립에서 극명하게 나타나는 이념갈등 등 그야말로 사회적 갈등의 수렁에 빠져 있다 할 만하다(나태준, 2017). 이러한 갈등현상의 뒤에는 여러 원인들이 숨어 있는데, 대체로 과거 발전주의 시대 경제성장 위주의 효율성 패러다임에서 기인한 측면이 크다. 즉, 성장위주의 발전국가 시대에는 눈부신 경제성장을 이루었으나, 인권, 환경, 노동, 다양성, 복지, 삶의 질 등의 또 다른 측면에서는 미흡한 결과를 낳게 되었고, 특히 사회적 도태와 낙오가 발생함에 따라 사회적 혐오 현상과 묻지마 범죄 발생 등 심각한 부작용도 눈에 띄게 증가하고 있다. 현대 사회에서 보이는 나와 남과의 명확한 구별, 개인주의화 현상과 타자에 대한 사회적 무관심, 직접적 소통의 부재와 인터넷의 익명성 등도 사회통합을 저해하는 주요인으로 손꼽을 만하다.

우리나라의 갈등현상은 1990년대 중반 이후 사회적 이동성 감소, 개인주의화에 따른 사회적 고립의 증가, 사회적 신뢰 약화에 따른 사회자본의 감소, 사회적 불만 증가 등에 기인하고 있다고 보기도 한다(한준 외, 2017). 문제는 사회적 갈등이 빈발하는 국가에서 공적 신뢰수준이 높기를 기대하기는 힘들다는 점이다. 특히 우리나라와 같이 정부가 사회발전을 위해 깊숙이 개입을 하는 국가에서는 정부에 대한 공적 신뢰가 중요한데, 우리의 경우는 계층갈등, 이념갈등, 세대갈등 등

사고방식이 극적으로 대립하여 갈등수준이 매우 높으며, 정부를 비롯한 공공기관에 대한 전반적 신뢰는 매우 낮은 현상을 보이고 있다. 현재 우리 정부는 다양한 가치와 사회계층을 껴안을 수 있는 포용국가를 표방하여 사회적 갈등을 완화하고 공적 신뢰를 제고하고자 노력하고 있다. 포용국가의 핵심은 사회적인 배제를 없애고 모든 구성원들을 포용한다는 점에서 사회통합과 직결되어 있다. 따라서 사회통합을 통해 비로소 포용국가가 건설될 수 있다고도 할 수 있다.

II. 사회통합의 개념과 우리나라의 통합수준

사회통합에 대해서는 다양한 논의가 이루어졌으나 명확한 개념 정의는 없다. 우선 사회통합(social cohesion)은 사회 내 모든 구성원의 포용을 지향하며, 좁은 의미로는 공식적인 사회보장제도의 사각지대에 있는 소수자에 대한 사회적 포용, 넓은 의미로는 모든 사회구성원들을 빈곤이나 실업과 같은 사회적 위험으로부터 보호하고자 하는 것을 의미한다(OECD, 2012; Friedkin, 2004). 사회통합은 사회적 흡수(social integration)의 개념과도 상통한다. 사회적 흡수는 사회 내 집단 간 다양성에 초점을 맞추어, 서로 다른 성격을 가진 여러 집단이 고유의 성격을 유지하면서 조화를 이루고자 한다는 측면에서 사회통합의 개념을 가지고 있다(Smith *et al.*, 1994). 또한, 사회적 포용(social inclusion)으로 논의되기도 하는데(Warschauer, 2004), 사회 내 개인과 집단의 소속감 및 비전 공유를 통해, 배경이 다른 구성원들이 동등한 기회를 누리고 강한 긍정적 관계를 형성하고자 하는 것을 골자로 한다.

이러한 사회통합 관련 개념은 모두 신뢰, 귀속감, 결속력 등 사회자본(social capital)에 기초하고 있다는 점에서 맥을 같이한다고 할 수 있다(Maxwell, 1996; McCracken, 1998; Berger-Schmitt and Noll, 2000; 노대명 외, 2010). 사회통합은 차이와 불평등, 갈등과 분열 등 사회적 배제를 감소시키고, 사회적 관계, 연결, 공동체에 대한 헌신 등을 통해 사회적 자본을 강화시킬 수 있는 것으로 알려져 있다(Berger-Schmitt and Noll, 2000). 사회통합은 제도의 품질 향상을 통해 경제성장(Easterly *et al.*, 2006; Foa, 2011), 삶의 만족도(Helliwell and Wang, 2011), 주관적 웰빙(Delhey and Dragolov, 2016)은 물론, 정신적 · 육체적 건강(Kawachi and Berkman, 2001)에도 긍정적 영향을 미친다.

사회통합의 구성요소는 수평적 · 수직적 요소와 주관적 · 객관적 요소 등 크게 두 가지 차원으로 나누어 볼 수 있다. 우선, 수평적 차원은 개인 간 관계로서 타인에 대한 신뢰 혹은 단체에 대한 가입 의지 등 동일한 차원에서의 관계를 의미하는 반면, 수직적 차원은 개인과 정부(상위기관) 간 수직적 관계로서 정부에 대한 시민의 신뢰를 의미한다. 이에 비해, 주관적 · 인지적 요소는 타인에 대해 믿을 수 있고 도움이 필요할 때 의지할 수 있다는 나의 주관적 믿음이다. 반면, 객관적 · 행위적 요소는 개인이 타인과 연결되거나 정치 혹은 시민 활동에 참여하는, 사실에 기반한 경향을 의미한다(〈표 1〉 참고).

한편, 사회통합에 미치는 영향요인은 긍정적 · 부정적 요인으로 나누어 볼 수 있는데, 교육(Helliwell and Putnam, 2007)은 대표적인 긍정적 영향요인이다. 반면, 부정적 영향을 미치는 요소로는 인종, 민족 다양성(Easterly *et al.*, 2006),[1] 경제적 불평등(Kawachi *et al.*, 1997) 등을 들

1 인종적 다양성이 사회통합에 미치는 영향은 문화나 역사적 경로에 따라 달라진다

표 1》 사회통합의 구성요소

	주관적	객관적
수평적	• 타인에 대한 일반적 신뢰 • 타인에 대한 협력 의지 • 공동체 소속감, 정체성[2] • 다양성에 대한 관용[3]	• 각종 단체, 모임에 소속(회원) • 지역사회 참여, 기부 • 사회적 규칙에 대한 존중
수직적	• 제도, 기관에 대한 신뢰 • 지도자, 공인에 대한 신뢰 • 청렴도 인식 • 공정성 인식 • 국가에 대한 자긍심	• 시민적 · 정치적 참여 (포용적 성장, 사회보장)

출처: Chan *et al.*(2006); Dragolov *et al.*(2013); Grimalda and Tänzler(2018)를 참조하여 저자 재작성.

수 있다. 역사적 사건의 경우는 긍정적일수도 부정적일수도 있다는 점에서 중립적이다(Nunn and Wantchekon, 2011; Putnam *et al.*, 1993).

그렇다면 우리나라의 객관적 사회통합수준은 어떨까? 36개국에 달하는 OECD 국가 전체와 비교해 볼 때 우리나라는 삶의 만족도가 29위에 그치고 있다(〈표 2〉 참고). 정부에 대한 신뢰 역시 31위로 매우 낮은 수준이다. 오직 28%의 국민만이 정부 신뢰에 대해 긍정을 표하고 있는 반면, OECD 평균은 42%를 상회하고 있어 큰 격차를 보이고 있다(OECD, 2016).

사회적 결속(social cohesion) 측면에서도 형편은 크게 다르지 않다.

(Alesina and La Ferrara, 2002; Putnam, 2007; Nannestad, 2008; Hooghe *et al.*, 2009).

2 개인이 맺고 있는 관계의 객관적 숫자만큼 관계의 친밀도가 중요하다(Williams and Solano, 1983).

3 사회통합의 구성요소로서 사회가 공유하는 가치에 대한 논의가 있으나, 여기에서는 사회 내 다양한 집단의 서로 다른 가치에 대한 관용과 존중을 강조하고자 한다(Grimalda and Tänzler, 2018).

표 2 우리나라 사회통합수준: OECD 국가와 비교

지표		순위 (전체 36개국)	우리나라 수준	OECD 평균
삶의 만족도 (10점 만점)		29위	5.8점	6.6점
신뢰	타인	24위	26.59%	36.02%
	정부	31위	28%	42.3%
투표		5위	80.35%	65.63%
범죄와 재소자 (인구 10만 명당 재소자 비율)		18위	107명	147명
사회적 네트워크 (사회적 지원)	15~29세	30위	93.29%	95.21%
	30~49세	35위	78.38%	90.34%
	50세 이상	36위	60.91%	87.08%

출처: OECD(2016).

스위스국제경영개발원(IMD)의 국가경쟁력지수 평가결과에 따르면 우리나라는 2013년에는 3.83점으로 전체 조사 대상 61개국 중 44위에 머물렀으며, 2014년 이후 계속 점수가 하락하여, 2016년에는 4.17점을 기록하였다(IMD, 2016). 사회적 결속이 높을수록 사회구성원들이 함께 공공복지와 상호신뢰, 긍정적 동기부여 등을 높이기 위해 노력하기 때문에 갈등비용이 적게 들게 마련이다(http://www.munhwa.com/news/view.html?no=2016071801070130115001). 한 연구에 따르면 한국의 사회갈등지수(0.72)가 OECD 회원국 평균인 0.44로 완화될 경우 1인당 GDP가 7~21% 증가할 것으로 분석되었는데, 이를 금전으로 환산하면 약 82~246조 원에 달한다(박준 외, 2009). 그야말로 갈등이 곧 돈인 셈이다. 갈등을 예방하고 관리하여 사회통합을 이루는 것이 금전적으로도 국익에 부합하는 것이다.

그 외에도 다양한 관련 평가가 존재한다. 우선, 경제 · 인문사회연구회에서 제시한 국민통합지표의 경우 우리 사회의 국민통합 현황을 객관적으로 파악하기 위하여 OECD 국가들과 비교분석을 시도하였는데, 사회포용, 사회자본, 제도기반의 대분류를 기준으로 1990년 이후 큰 순위변화 없이 하위권에 위치하고 있는 것으로 밝혀졌다(조병구 외, 2015). 또한, 보건사회연구원의 사회통합지수 연구에서는 사회적 포용, 사회적 자본, 사회이동, 사회갈등과 관리 등 네 가지 영역으로 구성하여 OECD 30개국과 비교한 결과, 1995년부터 5년 주기로 2015년까지 5회의 관측 시점 모두 29위를 기록하였다(정해식 외, 2016). 경제 · 인문사회연구회에서는 제도적 측면에서 절차적 공정성(법질서, 기회균등)과 상태를 나타내는 결과적 공정성(자유보장, 형평, 사회안전망 구축)으로 구성하여 사회적 공정성을 분석하였는데, 그 결과에 따르면, OECD 30개국 중 덴마크가 가장 높고, 터키가 가장 낮았으며 한국은 26위에 위치하였다. 한마디로 우리나라의 사회통합수준은 여러 평가 결과에서 공통적으로 매우 저조한 것으로 진단되고 있다.

III. 정부 신뢰의 중요성과 우리나라의 신뢰수준

정부에 대한 신뢰는 왜 중요한가? 민주주의 사회에서 정부에 대한 본질적 통제 주체가 국민이기 때문이다(이창원 · 조문석, 2016). 신뢰받지 못하는 정부의 정책은 국민들의 저항에 직면하여 권위가 약화될 가능성이 높은 반면, 신뢰받는 정부는 국민들의 수용성을 제고하여 정책의 효율적 집행과 거시적인 정책 추진이 가능하다(이승종, 2010; 이상신, 2010). 또한, 정부 신뢰는 정부가 지닌 재량적 권한과 정부에 대한 국민들의 책임성 요구 사이에 상시적으로 발생할 수 있는 긴장을 일정 부분 해소하는 기능으로 작용한다(Cooper *et al.*, 2008; 이승종, 2010). 즉, 국민들이 서로 신뢰하고, 정부가 하는 일에 대해 믿음직하게 여길 때 협력과 단합이 잘 되어 국정의 운영이 원활하게 이루어질 수 있을 뿐 아니라 민간 및 공공 갈등도 예방할 수 있고 일단 발생한 갈등도 원만히 잘 해결될 수 있다(한준, 2015).

그러한 맥락에서, 최근 일부 공무원들의 비윤리적 행위와 일탈적 행태, 특히, 가시성이 높은 고위공직자들의 위선과 편법적 행위들은 깨끗하고 투명한 정부, 공정하고 정의로운 사회를 기대하는 일반국민들의 신뢰를 저버리는 데 크나큰 해악으로 작용하고 있다. 이러한 현상은 다시 사회적 일체감의 형성, 즉 사회적 통합에 부정적 영향을 미치게 된다. 사회갈등을 완화하고 공적 신뢰를 높이기 위해 정부는 사회통합을 하고자 노력하고 있지만, 정작 정부가 신뢰 형성을 위한 모범을 보이지 못하는 아이러니가 발생하고 있다. 정부가 스스로 공적 신뢰를 떨어뜨리고 있는 것이다.

2016년 기준, 우리나라 국민들의 정부 신뢰수준은 24%에 불과하다(OECD, 2017). OECD 평균이 42%이고, OECD 36개국 중 우리나라보다 정부 신뢰수준이 낮은 나라는 그리스(13%)와 칠레(20%)뿐이라는 사실에 비추어 볼 때 경제규모 11위의 대국이라고 자부하는 우리나라의 정부 신뢰수준은 참사에 가깝다([그림 1] 참고). 비록 경제적으로는 비약적 발전을 이루었으나, 신뢰로 대표되는 우리나라의 사회적 자본수준은 그 취약성을 면치 못하고 있다 할 수 있다. 그 외에 다양한 국가간의 비교평가 조사결과를 보아도 상황은 엇비슷하다. 공공부문에 대한 부패인식지수는 5.3점(10점 만점)으로 180개국 중 51위에 머물고 있다(Transparency International, 2017). 우리나라의 정부 투명성은 3.5점으로, 일본(5.50점), 영국(5.47점), 미국(4.98점), 호주(4.92), 전체평균(4.15점)보다 현저히 낮은 수준이다(World Economic Forum, 2017).

[그림 1] 중앙정부 신뢰수준: 2016년 신뢰수준과 2007년 이후 변화

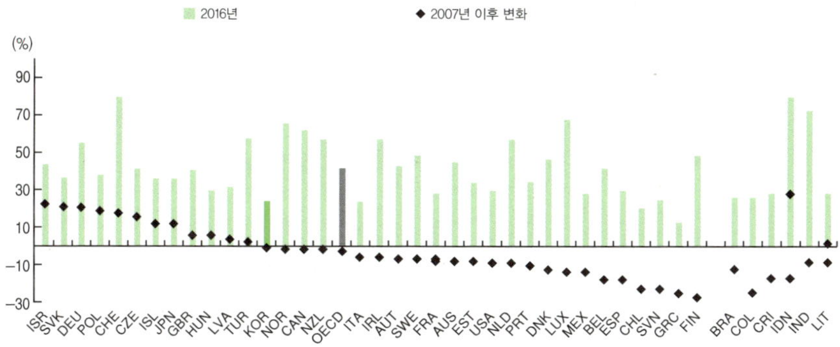

출처: OECD(2017) 재인용.

정부 업무성과에 대한 국민 인식 조사결과(미래정부연구센터, 2018)를 보면 정부에 대한 국민의 신뢰수준이 낮음을 잘 알 수 있다. 그 결과에 따르면 정부가 국민의 세금을 낭비하지 않고 사용하고 있다고 보는 사람은 10.8%에 불과한 반면, 낭비하고 있다고 보는 사람은 무려 57.5%에 달한다(〈표 3〉 참고). 같은 맥락에서 정부는 예산을 지출한 이상의 업무성과를 내지 못한다고 보는 부정적인 시각이 52.8%에 달하며, 의도한 정책목표를 효과적으로 달성하지 못한다고 보는 사람의 비중이 39.4%에 달하는 등 전반적인 정부 업무성과에 대한 인식이 매우 낮다.

공공기관 청렴도에서도 평균이 3점(보통, 5점 만점)을 넘는 기관은 없어, 전반적으로 기관에 대한 국민들의 청렴도 인식이 낮은 편이다. '의

표 3》 **정부 업무성과에 대한 인식**

(단위: 사례수/비율(%))

문항	사례수(명)	① 매우 반대	② 반대	B2 (①+②)	③ 보통	④ 동의	⑤ 매우 동의	T2 (④+⑤)	평균(점)
1. 정부는 국민의 세금을 낭비하지 않고 사용한다.	1,006	243 (24.2)	335 (33.3)	578 (57.5)	320 (31.8)	75 (7.5)	33 (3.3)	108 (10.7)	2.32
2. 정부는 예산을 지출한 이상 업무성과를 낸다.	1,006	191 (19.0)	340 (33.8)	531 (32.8)	359 (35.7)	96 (9.5)	20 (2.0)	116 (11.5)	2.42
3. 정부는 의도한 정책목표를 효과적으로 달성한다.	1,006	127 (12.6)	269 (26.7)	396 (39.4)	453 (45.0)	140 (13.9)	17 (1.7)	157 (15.6)	2.65

출처: 미래정부연구센터(2018).

료기관'이 2.88점으로 가장 높고, 다음으로 '청와대'(2.86점), '교육기관'(2.75점), '금융기관'(2.74점), '중앙정부부처'(2.65점) 등의 순이며, '국회'의 청렴도 수준이 1.79점으로 가장 낮다(미래정부연구센터, 2018). 공공기관의 공정성 측면에서는 '일선 행정기관'이 2.91점으로 가장 높고, 다음으로 '중앙정부'(2.74점), '외교부'(2.66점), '지방자치단체'(2.65점) 순을 보이고 있으며, '법원'(2.42점), '검찰'(2.40점) 등 사법기관의 공정성에 대해서도 부정적 인식을 가진 것으로 나타나고 있고, '국회'(2.07점)의 공정성 수준이 가장 낮은 것으로 조사되었다(미래정부연구센터, 2018).

이와 같이, 우리 사회의 전반적 신뢰수준은 낮은데, 조금 더 자세히 들여다 보면 유형에 따라 신뢰는 달리 나타난다고 할 수 있다. 우리나라는 부모, 형제, 동문 등 사적 신뢰는 매우 높지만 정부, 국회, 언론, 경찰, 사법부 등 공공기관에 대한 신뢰는 매우 낮은 편에 속한다. 다음 〈표 4〉는 신뢰수준에 따른 사회유형을 보여주고 있는데, 우리나라는 현대 사회와는 거리가 먼 전통적인 공동체 혹은 연고주의 사회에 머물고 있는 것이다. 미국 스탠퍼드대 교수 후쿠야마는 사적 신뢰가 공적 신뢰를 견인하여 양자 모두 높은 수준을 보이는 사회가 가장 이상적인 신뢰사회라고 보고 있는데, 이상적 신뢰사회를 달성하기 위해 우리나라는 공적 신뢰를 높이는 데 더욱 노력을 기울여야 한다.

표 4》 신뢰와 사회유형

	높은 공적 신뢰	낮은 공적 신뢰
높은 사적 신뢰	I. 신뢰사회(후쿠야마식)	II. 전통적인 공동체, 혹은 연줄사회
낮은 사적 신뢰	II. 자유방임적 경쟁사회 혹은 복지형 전체주의 사회	IV. 홉스적 자연상태, 혹은 전제적 감시사회

출처: 이재혁(1998).

IV. 사회적 갈등의 현황과 양상

우리나라의 사회갈등에 대한 국제비교평가 결과 역시 갈등수준이 상당히 높게 나타나고 있다. 우리나라 사회갈등지수는 OECD 25개국 중 5위로, 터키, 그리스, 칠레, 이탈리아를 제외하고는 전 세계에서 가장 높은 갈등수준을 기록하고 있다(정영호 · 고숙자, 2014). 터키나 그리스와 같이 정국이 불안하거나 내전이 존재하는 경우에는 갈등이 높은 것이 당연하다. 그러나 우리나라는 내전상황도 아니고 정국이 비교적 안정적으로 운영되고 있는데도 사회갈등수준이 높게 나타나고 있는 점은 의미심장하다. 이념적 대립과 계층 간 위화감 등 다양한 요인이 존재하나, 대체로 공권력에 대한 불신과 권력층의 비윤리적이고 부정직한 태도에 대한 반발이 밑바탕에 깔려 있다.

힘 있고, 돈 있고, '빽' 있는 권력층과 유산계급의 불법 · 편법행위, 중요한 고급정보가 '그들만의 리그'에게만 국한되는 제한적 정보접근성, 은밀하고 사적인 네트워크를 통해 일반인보다 훨씬 넓게 열려 있는 성공의 기회의 창 등 소위 사회지도층에 대한 전반적 혐오와 불신, 사회적 좌절감이 공적 신뢰를 저하하고 사회적 갈등의 씨앗이 되고 있는 것이다. 인사청문회를 통해 나타난 공직자 후보의 비양심적, 비윤리적 편법행위에도 불구하고 공직에 임명되는 경우 정부에 대한 국민 신뢰를 더욱 저하하게 된다. 한마디로, 공적 신뢰적자가 공공갈등을 유발하게 되는 것이다. 따라서 우리나라에서 나타나는 높은 사적 신뢰는 이러한 공적 신뢰적자에 대한 일종의 보험적 성격을 지니고 있다. 결국 불신의 사회에서 믿을 만한 사람은 부모, 형제, 자식 등 핏줄이거나, 같이 공부하면서 얼굴을 익힌 동문 등으로 지극히 편협하게 제한되는 것이다. 따라서 이러한 높은 사적 신뢰는 우리사회의 기현상에 해당하며 결코 건전하다고 볼 수 없다.

한국행정연구원(2018)이 수행한 사회통합실태조사는 유형별 갈등 현황과 추이를 잘 보여주고 있다. 이에 따르면, 우리 국민의 사회갈등에 대한 인식수준은 대체로 높은 편이다. 여러 사회갈등의 유형 중 보수와 진보 간 이념갈등이 가장 심하다고 인식하고 있다. 최근 격화되고 있는 촛불과 태극기 간의 격화된 시위와 집회, 진보적 여당과 보수적 야당세력 간의 지속적 대립은 이러한 이념갈등 양상을 잘 보여준다. 환경갈등, 세대갈등, 종교갈등, 성별갈등에 대한 인식은 2017년에 비해 0.1점 상승하여 갈등이 심화된 반면, 계층갈등에 대한 인식은 0.1점 하락하여 완화된 것으로 조사되었다([그림 2] 참조). 그 원인으로는 개인, 집단 간 상호이해 부족이 27.5%로 가장 높게 나타났으며, 전년도 대비 9.9%포인트 상승하여 가장 큰 폭으로 증가하였다. 그 외, 이해 당사자들의 이익 추구(24.8%), 빈부격차(20.5%) 순으로 높게 나타났다.

[그림 2] 사회갈등의 정도 연도별 추이

(단위: 점, 척도: 1~4점)

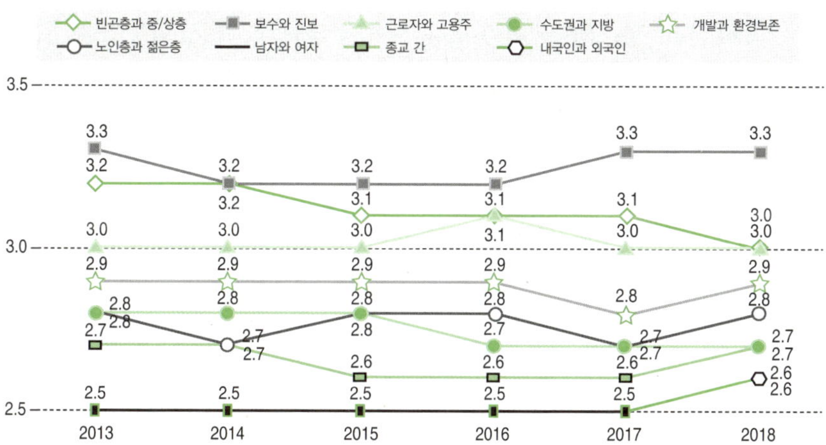

출처: 한국행정연구원(2018).

갈등은 곧 돈이다. 불법 폭력시위로 2014년까지 5년간 총 18조 원가량 사회적 비용이 발생한 것으로 추산된 바 있다(박주희, 2015). 삼성경제연구소에 따르면, 2010년 1인당 GDP의 27%를 갈등 해소 비용으로 지불하였으며, 사회갈등지수가 10% 하락하면 GDP가 7.1% 증가하는 것으로 보고되고 있다(박준 외, 2009; 박준, 2013). 따라서 한국의 사회갈등이 OECD 평균수준으로 완화된다면 1인당 GDP가 27% 늘어나 약 5,000달러 이상 오르는 효과가 있을 것으로 전망되고 있다(박준 외, 2009; 박준, 2013).

V. 사회통합을 위한 개선방향

우리 국민은 정부와 국회가 사회갈등을 해소하고 사회통합을 위해 중심적 역할을 해야 할 것으로 인식하고 있다(한국행정연구원, 2018). 사회통합을 위해 특히 정부가 강화해야 할 내용을 요약적으로 제시하자면 다음과 같다.

1. 법질서의 공정성 확립

우선, 법 적용의 일관성과 공정성이다. 사법부에서 판결 시 유사사례 형량의 일관성을 제고하는 문제는 오래된 논란거리이다. 굳이 사법부까지 거론하지 않더라도 경찰이나 검찰 등 정부기관에서의 법집행과 위법행위 처벌 시 일정한 원칙과 기준에 의거하여 국민의 법 감정에 상응하는 공정하고 철저한 적용이 이루어져야 한다. 처벌을 위하여 국민안전 위협 범죄, 사회지도층 범죄 등에 관한 처리기준 수립 및 추징금 집행노력은 여전히 미흡하여 많은 개혁이 필요한 부분이다(국민대통합위원회, 2014). 정의롭고 공정한 제도 구축을 통하여 노력에 따른 성공 가능성이 높다는 인식이 증가할 경우 입법부, 행정부, 사법부, 행정서비스 등에 대한 전반적인 신뢰수준이 증가하는데(이창원 · 조문석, 2016), 법 적용 대상자의 사회적 지위의 높낮이나 법 적용자와의 친소 관계, 법을 집행하는 공무원의 역량이나 의지 등에 따라 법 집행 수위가 달라지는 사회에서 국민통합을 기대하기는 어렵다. 따라서 노력의 대가가 공정한 결과로 나타나도록 사회를 구성하기 위해서는 공정한 법제도 마련과 집행상의 일관성 확보가 그 무엇보다 선행되어야 할 것이다.

2. 정부의 정책 신뢰 강화

좋은 정책은 이념이나 이상이 아니라 현실에 착근하고 있어야 한다. 집행 시 효과성 달성을 위한 면밀한 사전적 분석과 전문성에 입각한 정책적 판단이 필요하다. 그렇지 않다면 오히려 정책의 승자는 없고, 패자만 양산하게 되는 정책실패가 나타난다. 정부는 정책방향을 세우고 관련된 세부적 사업을 추진할 때 어떠한 결과가 도출될지에 대한 검토에 신중을 기하여야 한다. 현실에 부합하지 않는 이상적인 아이디어에 기반한 정책은 탁상공론이 되며 필패하기 마련이다. 문제는 그러한 정책실패의 부메랑이 국민에게 돌아온다는 데 있다. 국민은 실험실의 쥐가 아니며, 납세자는 정책실패에 대한 채무자가 아니다. 정책 실패에 따른 정치적 책임 이외에도 응분의 행정적 책임을 정부에게 물을 수 있는 구도가 마련되어야 한다.

또한, 정부는 정책결과에 겸허히 승복하는 용기와 합리적 환류과정을 통해 정책을 개선해 나가는 지혜도 필요하다. 최저임금제의 속도를 초단기간으로 무리하게 실시하고 업종이나 지역에 상관없이 일률적 기준을 적용함으로써 가뜩이나 취약한 소상공인에게 오히려 큰 압박으로 작용하는 현상이나, 시간강사의 법적 지위를 강화했으나 실제로는 대학에서 시간강사 고용 자체를 기피하게 되는 등의 결과는 정책방향성은 옳은 데도 현실적으로는 적절하게 개정하기 어려운 현실상의 난점을 잘 보여준다. 우리나라는 가히 평가공화국이라고 할 정도로 다양한 정책평가제도를 활용하고 있는데, 정책 평가과정에 있어서도 적절히 부합하지 않는 기준을 제시함으로써 결국 평가대상기관에서는 엉뚱한 세부사업을 하게 되는 웃지 못할 일들도 발생하고 있다.

예를 들어, 정부의 일자리창출이라는 이상적 목표 달성을 위해 평가대상기관에서는 기존의 일자리를 나누어 일자리 숫자가 증가되어 일자리가 새로 창출된 것처럼 보이지만 정작 현장에서 피부로 체감하는 일자리의 질은 더 나빠지는 경우가 이에 해당된다. 이는 모두 정책적 이상과 현실이 부합하지 않는 데서 나오는 비극적 결과이다. 최근 예비타당성 조사 면제 대상이 발표되었는데, 이는 균형발전이라는 미명 아래 합리적인 제도가 훼손된 대표적인 사례이다. 이러한 조치는 향후 공적 제도에 대한 도전이 강해지고, 기존 결과에 대해서도 타당성이 폄하되거나 재평가가 소추될 수 있기 때문에 매우 부적절하며, 제도운영의 안정성을 저해하게 된다.

선출직 공직자들이 현실적으로 무리한 공약을 내세우고 이를 강행하거나 혹은 반대로 당선 이후에는 발뺌하고 후보자 시절의 공적 약속을 저버리는 것 모두 사회통합에 부정적 갈등요소로 작용한다. 또한, 내로남불식의 이중적 잣대 적용도 사회신뢰를 저버리는 행위이다. 특히, 고위공직 후보자 인사검증 원칙을 제시하였으면서도 그 원칙을 위반한 인사를 임명하는 것은 정부의 공적 신뢰를 스스로 훼손하는 매우 부정적 결과를 낳으며 정부를 조롱거리로 전락시키는 것이다. 국민들이 납득할 수 없는 하자를 지닌 후보가 공직자로 임명되어 시행하는 정책에 영(令)이 서지 않는 것은 전혀 이상할 것이 없다.

3. 갈등조정을 위한 제도적 역량 강화: 공론조사

갈등을 방지하고 합의를 형성해 나가기 위해서는 합리적 사실에 근거하여 적극적으로 설득하고 당당하게 설복될 수 있는 담론 문화가 필요하다. 우리나라에서도 최근 공론조사제도가 도입되어 실시되었다. 공론조사제도, 즉 공론화는 일반적으로 시민에게 참여와 숙의 기회를 제공하고 논의를 통해 결정된 의견을 이해관계자의 요구, 전문가의 식견, 국회 논의와 리더의 통치철학과 결합하여 공론을 도출하는 과정이다. 하지만 최근 진행된 신고리 5, 6호기 공론화위원회는 원래 요청되었던 역할 이상의 내용을 보고서에 포함하여, 작은 제안내용이 침소봉대되어 본래 지향했던 큰 결과가 오히려 퇴색되는 결과를 낳았고 이는 다시 갈등 요소로 작용했다. 신고리 5, 6호기 재개여부를 묻는 본래의 핵심질문 이외에 원전 축소여부 항목을 부가하고 그에 대한 비율이 높다고 해서 마치 원전 축소에 대한 공감대가 형성된 것처럼 발표하는 것은 과도한 해석이다. 공론화를 공론조사와 등치시키면서 이 과정에서 국회, 이해관계자, 전문가가 소외되었고, 공론조사에 지나친 의미부여가 오히려 핵심 이슈를 정치적으로 변질시키는 원인으로 작용한 것이다(박태순, 2017).

향후 공론화의 품질을 제고하기 위해서는 공론화의 목적이 공론 형성을 통해 사회통합에 기여해야 한다는 점을 명확히 해야 하고, 공론 형성과정에서 소외되는 집단이 없도록 절차를 설계하고, 보다 사회통합적인 조사 수단을 발굴 · 선택해야 할 것이다. 시민참여에서 전문성과 민주성 대립은 시민참여의 한계로 작용한다. 우리나라는 갈등조정을 위해 시민참여를 제도적으로 도입하고자 매우 다양한 형태의 노력을 기울이고 있는데, 그 과정에서 전문적 식견이나 합리적 의견이 다수의견의 지배라는 민주주의의 원칙에 의해 상대적으로 묻히는 경우도 종종 발생하고 있다. 아울러, 공무원의 국민에 대한 정치적 책무성과 자신이 맡은 업무에 대한 전문적 책무성(Romzek and Dubnick, 1987) 간의 균형도 필요하다.

4. 행정부의 투명성과 정보공개

우리나라의 낮은 신뢰수준은 급속한 성장과정에서 목적과 수단이 경도되고, 비공식적인 연고를 중시하는 등 투명성 · 청렴성을 경시해 온 풍조에 많은 부분 기인하고 있다(국민대통합위원회, 2017). 정부의 부패를 막고 국민의 신뢰를 제고하기 위해 정부의 정책 결정과정에 대한 투명성 확보가 필요하며 이를 위해 적절한 정보공개는 필수적이다. 정보공개의 목표는 정보공개 건수나 전자정부 구축 자체가 아니라, 부패문제나 시민참여와 같은 열린 정부의 근본적 이슈에 맞추어야 한다. 일선기관의 정보 역량강화, 정보품질 개선 노력, 정부부처 간 정보개방 및 공유 노력이 요구된다.

5. 언론보도의 객관성 제고

소셜미디어의 급속한 성장으로 소위 '가짜뉴스'의 문제가 표면화되고 있다. 이 문제에 개입하는 것은 표현의 자유를 제한할 위험이 있기 때문에 매우 복잡하다. 실제, 최근 인도 정부가 사실상 언론에 대한 검열을 목적으로 가짜뉴스 문제를 다루어 문제가 되고 있기도 하다. 따라서 정부에 의한 직접적인 금지조치보다는 정부와 시민사회, 언론 간 국가적 · 국제적 차원에서 논의할 필요가 있다. 정부는 언론이 자발적으로 가짜뉴스 현상을 근절하기 위한 윤리규정이나 행동수칙에 동의

하도록 촉진할 수 있다. 특정한 뉴스 출처의 신뢰성에 대해 정부로부터 독립적인 기관이 감시나 인증을 수행하게 할 수 있다(예: Journalism Trust Initiative). 잘못된 정보 보도를 확인하고 확산하는 '팩트체크' 기관을 지원하는 것도 유사한 접근 방법이라고 볼 수 있다(Grimalda and Tänzler, 2018).

같이 생각해 볼 문제

1. 국가별 사회통합수준에 영향을 미치는 주요 요인은 무엇일까?
2. 남북통일 이후 사회통합을 위해서는 어떤 점을 미리 준비해야 할까?
3. 이념갈등은 상대적으로 빈발하고 있는 반면, 지역갈등은 상대적으로 완화되고 있는 이유는 무엇일까?
4. 소셜미디어로 인해 발생하는 갈등을 방지할 수 있는 방안은 무엇일까?
5. 정책평가를 통해 정부 신뢰를 강화할 수 있을까?

참/고/문/헌

국민대통합위원회. (2014). 「국민대통합 종합계획」.

______. (2017). "국민통합 실현을 위한 사회적 신뢰 제고 방안." 「국민대통합위원회 화합과 상생 포럼 활동보고서」.

나태준. (2017). "국민통합을 위한 공공갈등 조정원칙과 방향." 이숙종 · 박형준 공편. 「2017 대통령의 성공조건」 181–210.

노대명 · 강신욱 · 김호기 · 이동원 · 유진영. (2010). "한국 사회통합의식에 대한 연구." 「사회통합위원회」 2010–1.

미래정부연구센터. (2018). 「정부의 질과 정부신뢰 통계조사 결과보고서」.

박주희. (2015). "불법폭력시위의 사회적 비용과 사후책임에 대한 진단." 바른사회시민회의.

박준. (2013). "한국 사회 갈등 현 주소." 제2차 국민대통합 심포지엄 발표자료.

박준 · 김용기 · 이동원 · 김선빈. (2009). "한국의 사회갈등과 경제적 비용." 「CEO Information」 710: 1–21. 삼성경제연구소.

박태순. (2017). "신고리 5, 6호기 공론화의 네 가지 문제와 한계." 프레시안. 11월 6일자.

윤건 · 서정욱. (2016). "사회통합이 정부신뢰에 미치는 영향에 대한 실증연구." 「한국조직학회보」 13(3): 21–44.

이상신. (2010). "정부신뢰의 위기: 천안함 사건을 중심으로." 「한국정치학회보」 44(4): 97–117.

이승종. (2010). "정부신뢰에 대한 종교의 영향." 「한국행정학보」 44(1): 99–119.

이재혁. (1998) "신뢰의 사회구조화." 「한국사회학」 32(SUM): 311–335.

이창원 · 조문석. (2016). "정부성과, 정치이념, 사회가치가 정부신뢰에 미치는 영향에 대한 탐색적 연구." 「한국조직학회보」 12(4): 153–181.

장용석 · 이영섭 · 박명호 · 오완근 · 한상범 · 김보경 · 신선 · 조희진. (2011). "한국 경제 · 사회 선진화의 조건(III): 공정사회지표." 경제 · 인문사회연구회.

정영호 · 고숙자. (2014). "사회갈등지수 국제 비교 및 경제성장에 미치는 영향." 한국보건사회연구원.

정해식 · 정홍원 · 구혜란 · 김성근 · 김성아 · 우선희. (2016). "사회통합지수 개발 연구." 한국보건사회연구원.

조병구 · 이용수 · 이경영 · 이승주 · 어수하 · 박명호 · 오완근 · 장용석 · 박찬열 · 김신주 · 김미현. (2015). "국민통합 지표의 개발과 응용." 경제 · 인문사회연구회.

차미숙 · 임은선 · 김혜승 · 윤윤정 · 이현주 · 강신욱 · 전지현 · 박수진. (2011). "사회통합을 위한 지역적 대응과제: 지역사회통합지수 개발 및 활용방안." 국토연구원.

한국행정연구원. (2018). 「2018년 사회통합실태조사」.

한준. (2015). "정부신뢰에 대한 OECD 국가들의 비교 및 정책방향." 「KIPA 조사포럼」 15(Winter): 26-31.

한준 · 김석호 · 윤건 · 이희길 · 권시정 · 박수민 · 하헌주. (2017). "사회통계 프레임워크 작성 및 국가주요지표 체계 영역별 진단연구 III: 교육 · 훈련, 문화 · 여가." 사회통합. 통계개발원.

Alesina, A. and E. La Ferrara. (2002). "Who Trusts Others?" *Journal of Public Economics* 85(2): 207-234.

Berger-Schmitt, R. and H. Noll. (2000). "Conceptual Framework and Structure of a European System of Social Indicators." *EuReporting Working Paper* No. 9. Centre for Survey Research and Methodology (ZUMA).

Chan, J., H. P. To, and E. Chan. (2006). "Reconsidering Social Cohesion: Developing a Definition and Analytical Framework for Empirical Research." *Social Indicators Research* 75(2): 273-302.

Cooper, C. A., H. G. Knotts, and K. M. Brennan. (2008). "The Importance of Trust in Government for Public Administration: The Case of Zoning." *Public Administration Review* 68(3): 459-468.

Delhey, J. and G. Dragolov. (2016). "Happier Together. Social Cohesion and Subjective Well-being in Europe." *International Journal of*

Psychology 51(3): 163–176.

Dragolov, G., J. Lorenz, J. Delhey, K. Boehnke, and Z. Ignácz. (2013). *Social Cohesion Radar: Measuring Common Ground-An International Comparison*. Bertelsmann Foundation.

Easterly, W., J. Ritzen, and M. Woolcock. (2006). "Social Cohesion, Institutions, and Growth." *Economics & Politics* 18(2): 103–120.

Foa, R. (2011). "The Economic Rationale for Social Cohesion–The Cross–Country Evidence." *OECD International Conference on Social Cohesion and Development*.

Friedkin, N. E. (2004). "Social Cohesion." *Annual Review of Sociology* 30: 409–425.

Grimalda, G. and N. Tänzler. (2018). "Understanding and Fostering Social Cohesion." *Policy Briefs*. July 25. G20 Insights. https://www.g20–insights.org/policy_briefs/understanding–and–fostering–social–cohesion/

Helliwell, J. F. and R. D. Putnam. (2007). "Education and Social Capital." *Eastern Economic Journal* 33(1): 1–19.

Helliwell, J. F. and S. Wang. (2011). "Trust and Wellbeing." *International Journal of Wellbeing* 1(1): 42–78.

Hooghe, M., T. Reeskens, D. Stolle, and A. Trappers. (2009). "Ethnic Diversity and Generalized Trust in Europe: A Cross–national Multilevel Study." *Comparative Political Studies* 42(2): 198–223.

Kawachi, I. and L. F. Berkman. (2001). "Social Ties and Mental Health." *Journal of Urban Health* 78(3): 458–467.

Kawachi, I., B. P. Kennedy, K. Lochner, and D. Prothrow-Stith. (1997). "Social Capital, Income Inequality, and Mortality." *American Journal of Public Health* 87(9): 1491–1498.

Maxwell, J. (1996). "Social Dimensions of Economic Growth." *Eric John Hanson Memorial Lecture Series*, Vol. VIII. Alberta: University of Alberta.

McCracken, M. (1998). "Social Cohesion and Macroeconomic Performance." *Centre for the Study of Living Standards(CSLS)*

Conference, Oct. 30–31. Ottawa, Ontario/Canada.

Nannestad, P. (2008). "What Have We Learned about Generalized Trust, If Anything?" *Annual Review of Political Science* 11: 413–436.

Nunn, N. and L. Wantchekon. (2011). "The Slave Trade and the Origins of Mistrust in Africa." *American Economic Review* 101(7): 3221–3252.

OECD. (2012). *Perspective on Global Development 2012: Social Cohesion in a Shifting World*.

______. (2016). *Society at a Glance 2016: OECD Social Indicators*.

______. (2017). *Government at a Glance 2017*.

Putnam, R. D. (2007). "E Pluribus Unum: Diversity and Community in the Twenty-first Century the 2006 Johan Skytte Prize Lecture." *Scandinavian Political Studies* 30(2): 137–174.

Putnam, R. D., R. Leonardi, and R. Y. Nanetti. (1993). *Making Democracy Work: Civic Institutions in Modern Italy*. Princeton: Princeton University Press.

Romzek, B. S. and M. J. Dubnick. (1987). "Accountability in the Public Sector: Lessons from the Challenger Tragedy." *Public Administration Review* 47(3): 227–238.

Smith, K., J. Olian, H. Sims, D. O'Bannon, and J. Scully. (1994). "Top Management Team Demography and Process: The Role of Social Integration and Communication." *Administrative Science Quarterly* 39(3): 412–438.

Transparency International. (2017). *Corruption Perceptions Index 2017 Dataset*.

Warschauer, M. (2004). *Technology and Social Inclusion: Rethinking the Digital Divide*. Cambridge, MA: The MIT Press.

Williams, J. G. and C. H. Solano. (1983). "The Social Reality of Feeling Lonely: Friendship and Reciprocation." *Personality and Social Psychology Bulletin* 9(2): 237–242.

World Economic Forum(2017). *The Global Competitiveness Report 2016-2017*.

제5장

사회적 가치를 통해 본 한국 사회 난제풀이: 공공가치 융합과 사회혁신 전략

I. 문제 제기

산업화와 정보혁명을 거치며 거대한 부를 축적한 많은 국가에서 사회문제는 빠르게 증가하며 복잡하게 변화하고 있다. 불평등, 빈곤, 환경오염, 고령화 등 그 규모와 전개 속도가 폭발적인 사회문제를 명확히 정의하는 것 자체가 어려워졌다.[1] 이에 더해, 한 사회의 문제는 그 시대를 살고 있는 구성들의 공통된 관심과 태도, 시대정신에 의해 규정된다. 시공간적 맥락에 따라 강조되는 가치가 다르듯이, 사회문제 또한 그 시대의 보편적 규범과 이를 인식하는 구성원의 인지에 따라 내용과 양상이 달라진다.

한국 사회의 사회문제 역시 역동적으로 변화하고 있다. 1960~70년대의 경우, 경제적 빈곤으로부터 벗어나기 위한 국가주도의 발전전략이 사회를 견인해 나갔다. 당시엔 빈부격차나 양극화는 주요한 사회문제로 제기되지 않았다. 하지만 2000년대 이후 최근 상황은 어떠한가? 만약 경제가 발전하려면 양극화나 빈부격차는 문제되지 않으며, 정부는 성장중심의 적극적 정책을 펼쳐야 한다고 주장한다면, 국민들의 공감을 얻지 못할 것이 자명하다. 오히려 큰 반감과 비난의 대상이 되는 논의로 낙인찍힐 것이다. 이처럼, 사회문제는 그 사회를 관통하는 기존의 가치와 새롭게 떠오르는 가치가 충돌하는 과정에서 발생하는 시대적 산물이라고 할 수 있다. 현재 사회구성원들은 국가 전체의 성장과 번영을 원하지만, 그 과정에서 동시에 복지, 행복, 삶의 질 등 인간중심의 가치도 존중받길 요구한다. 이러한 다면적 속성의 요구와 기대

1 일반적으로 사회문제는 "사회구성원들에게 부정적인 영향을 미치는 객관적 상태 및 조건"이라고 정의할 수 있다(장용석 외, 2018).

가 충족되지 못할 때 발현되는 불안정한 상태를 사회문제라 칭할 수 있다.

과거와 현재의 사회문제들이 어떠한 차이가 있는지에 대해 이 장에서는 사회문제의 영역(locus)과 대상(target)의 두 가지 측면에 주목하여 설명하고자 한다. 발전과 번영이라는 단일가치가 중심이던 발전국가 시대와 비교할 때, 최근 들어 우리가 사회문제라고 인식하는 영역의 범위가 크게 확장되고 있다. 사회문제는 다차원적으로 확대되어 경제중심에서 사회, 환경 문제까지 넓어지고 있다. 또한 과거 취약계층에 국한되어 조명되었던 사회문제의 대상 역시 점차 개인, 국가 전체, 세계사회로 보편화되고 있다(장용석 외, 2018). 개인의 빈곤, 국가 내부의 집중화, 전 지구적 불평등 등 사회문제 대상의 지속적인 확대는 물질적 풍요와 경제적 번영의 영역뿐 아니라, 삶의 질적 향상, 사회통합, 지속가능한 환경 등으로 그 영역의 확장을 수반하고 있다. 성장우선주의 경제개발이 아닌 이웃, 환경, 사회를 함께 돌보는 지속가능한 공생에 전 세계가 공감하고 있으며, 이를 달성하기 위한 다양한 시도들이 전 세계 곳곳에서 동시다발적으로 일어나고 있다.

그렇다면 이렇게 복잡다기화된 사회문제 해결은 누구의 책임인가? 시장, 정부, 사회 중 한 주체를 특정하여 책임지기를 기대하는 것은 더 이상 적실치 않다. 그럼에도 불구하고, 정부는 사회문제 해결 주체로서 주된 기대의 대상인 동시에 비난의 표적이 되어 왔다. 정부는 왜 비난받을 수밖에 없었나? 증가하는 사회문제에 대해 정부가 아무런 대응을 하지 않은 것은 아니다.

그동안 한국 정부는 변화하는 사회문제에 대해 정부혁신 방안 및 국정과제를 제시하면서 적극적 대응을 보였다. 경제발전이 최우선으로 여겨지던 시절에도 우리나라 정부는 각종 사회문제를 해결하기 위해 다양한 혁신 활동을 추진하였다. 그러나 정부신뢰도, 국가청렴도, 정부서비스 만족도 등이 지속적으로 하락하고, 성장 위주의 정부혁신에 대한 피로감 누적의 문제가 잇따라 제기되었다. 또한 체계적인 정부혁신 시스템의 부재는 시의적절한 근본적 대응책을 내놓는 데 장애가 되었고, 정부혁신이 국민생활 개선에 긍적적 영향을 미치지 못했다는 평가로 이어졌다(박상욱 외, 2018). 따라서 정부가 난제에 대한 대응을 적실히 못하는 것에 대한 점검뿐 아니라 대응하는 과정에서 파생하는 문제들에 대한 심도 있는 고민과 함께, 사회문제 정의, 해결방법, 해결주체의 역할에 대한 근본적인 재검토가 필요하다.

사회문제의 발생양태가 다변화되었을 뿐만 아니라, 사회문제의 해결 주체도 변화되고 있다. 시민사회의 성숙과 더불어 세계화(globalization)라는 보편화된 규범 질서의 확산은 정부의 배타적 지위와 권위를 해체시키는 촉매가 되었다. 국가와 정부에 독점되었던 공공성과 권력이 시민, 시장, 제3섹터로 이전되면서, 이들이 지닌 권위와 영향력이 크게 격상되었다. 이제 더 이상 공익의 실현과 사회문제 해결은 정부 단일 주체가 독점할 수 없는 과제로 전환되고 있다. 특히, 사회문제 대응을 위해 고안된 정책과 해결방안이 이해관계자 간의 새로운 갈등을 야기하며 부정적 외부효과에 의한 연속적인 사회문제를 발생시키는 경우를 흔히 찾을 수 있다.[2] '사회문제–해결방안–새로운 문제 발생'의 순환적 고리를 과연 정부 단일의 주체가 해결할 수 있을까라는 의문이 드는 것은 어찌 보면 자연스러운 것이다.

역사적으로 살펴보면 정부만 사회문제의 독점적 해결자 역할을 해왔던 것은 아니다. 시장과 기업은 정부 못지않게 사회문제 해결의 주

2 대표적으로 주거문제만 봐도 그렇다. 과거 주거문제는 수요–공급의 불균형에서 비롯되었다. 최근 들어 주거문제에는 교육격차, 재산권 침해, 지역불균형 등 상충적인 이해관계가 내포되어 있다. 과거의 방식처럼 주택의 양적 보급에만 초점을 맞출 경우, 앞서 언급한 문제를 더욱 악화시키게 된다.

요한 주체로 거동해 왔다. 전 세계적 파장을 미쳤던 경제위기에 직면한 주요국들은 자본주의 시스템 운영주체의 주도권을 변화시키면서 그 위기를 돌파해 갔다. 예를 들어, 1920년 경제 대공황은 시장이 주도하던 자유방임주의에서 정부중심의 수정자본주의를 탄생시켰으며, 1970년대 오일쇼크는 시장중심의 신자유주의 체제로 회귀시키는 계기가 되었다. 하지만 자본주의 시스템의 운영권을 두고 벌인 정부와 시장의 주도권 경쟁은 2008년 미국발 금융위기 이후 난항을 맞이하였다. 반복된 실패를 교정하기 위해서는 기존의 정부와 시장에 의존하는 것만으로 부족하다는 공감대가 힘을 받기 시작하였고, 사회문제를 지속가능하게 풀이할 수 있는 새로운 시스템에 대한 논의가 증대되었다.

문제가 발생하는 상황이 가변적이면 해결방식도 그에 맞게 변화해야 한다. 현재 정부는 전통적 역할범위를 넘어서는 시민사회 및 지역사회의 새로운 정책수요에 대응해야 하고, 더욱 복잡해진 사회문제에 대한 해결 요구를 받고 있다. 국민들이 기대하는 사회문제 해결사로서의 정부 역할과 사회문제 해결 우선순위는 점차 기존에 정부가 감당해오던 범위를 벗어나고 있다. 최근 들어, 시민들이 인지하는 시급한 국가적 과제로 경제성장 외에 정치문제, 물가안정, 삶의 질, 생태계 보전 등 다각적 영역의 이슈가 부각되고 있다(미래정부연구센터, 2018). 시대와 사회의 요구와 수요변화에 따라 재편되는 사회문제의 발생양태를 파악하고 이를 해결하기 위한 새로운 혁신 전략의 수립이 필요하다. 이 장에서는 우리 사회 및 산업이 처한 문제를 파악하고 이를 해결하는 과정에서 발생하는 딜레마에 대해 정부가 시민과 시장 영역의 주체들과 함께 수립해야 할 전략들을 제시하고자 한다.

II. 사회문제의 근원과 해결의 딜레마

앞서 살펴본 바와 같이 현대 사회에서 발생하는 사회문제는 과거와 다른 양상으로 전개되고 있다. 때문에 전통적인 문제 해결방식인 일방향적 정책집행이 유효하지 않고, 오히려 예기치 못한 문제를 만들어 내고 있다. 이는 곧 사회문제의 본질적인 속성이 무엇이고, 기존 해결방식에 대한 성찰과 반성이 필요함을 의미한다. 그렇다면 우리가 주목해야 할 사회문제의 근본적 딜레마와 해결책은 무엇인가?

1. 행위자의 역할: Government와 Governance의 사회문제 해결 정체현상

근대 국민국가(nation-sate)의 탄생과 함께 정부는 관료제라는 소프트웨어를 장착하여 경제성장과 산업화 과정에서 발생하는 여러 사회문제들을 해결해 왔다. 법률, 규정, 원칙, 절차는 우리 사회를 통제하는 주요한 수단으로 자리매김했고, 관료제는 여기에 가장 큰 기여를 했다. 특히, 전문가들이 정부운영의 주체로 급부상하며, 이들의 과학적 지식을 기반으로 의사결정과정의 합리성을 제고하면서, 여러 사회문제를 해결하는 데 소정의 효과를 거두었다(Meyer *et al*., 1997; 한세억, 2013). 하지만 이러한 전문가 주도의 사회문제 해결방식은 하향적 · 관료제적 접근을 통해 시민을 수동적 정책 수용자로 규정하는 경우가 많다. 수요자에 대한 적극적 피드백이 결여된 채 정부정책의 적실성을 홍보하고, 그것이 시민을 위한 것이라며 당위성을 부여했다.

또한 관료 특유의 경직성은 창의적인 문제 해결방안을 고안해 내는 데 있어 걸림돌이 되었다. 민주화 및 정보화를 통해 급격한 사회변화가 진행되면서, 관료제중심의 국정운영 패러다임은 대중의 기대를 충족시키지 못하였고 새로운 체제의 출현에 대한 요구는 증가하였다.

시민사회의 성숙과 함께 등장한 협력적 다수가 함께 다스리는 국정운영 패러다임인 거버넌스(governance)[3]는 관료제의 대안으로서 21세기 초반까지 사회문제 해결의 동력으로 활용되었다. 특히 이 거버넌스 체계는 정부 주도의 해결방식이 갖지 못했던 민주성과 절차적 타당성을 회복시켰다는 긍정적 평가를 받으면서 여러 공공부문에서 주목을 받았다. 하지만 이 방식 역시 절차적 정당성 확보에 기여한 과정중심적 접근이라는 강점에도 불구하고, 실제 당면한 문제해결의 지연과 이해관계자 간의 갈등이 고조되는 등 다각적 문제점을 드러내고 있다.

앞서 언급했다시피 현 시대의 사회문제는 영역과 대상의 확장적 변화를 주요 특징으로 삼는다. 변화의 속도 또한 감지할 수 없을 정도로 빠르다. 정부와 거버넌스 시스템은 나름의 장점이 존재하고 그 유효성이 역사적 · 실증적으로 증명되었다. 그러나 빠르게 심화되는 사회문제에 대응함에 있어서 두 방식은 여전히 해결해야 할 숙제가 많고, 의도하지 않은 새로운 문제를 야기하고 있다. 결국, 늘어가는 사회적 난제의 해결을 위해선 기존 방식과 차별화된 새로운 접근이 요구된다. 정부가 가진 해결능력에 많은 의구심이 드는 것은 사실이나, 역설적이게도 명확한 책임성이 부여된 정부 이외의 문제 해결 주체를 떠올리는

3 거버넌스는 다양한 학문분야에서 '협치'를 의미하는 개념으로 널리 활용되고 있다. Campbell *et al.*(1991)에 따르면 거버넌스는 "사회구성원들의 행동을 조정하는 정치적 · 경제적 절차"를 의미한다(이명석, 2002). Pierre와 Peters는 거버넌스를 "정부 주도의 정책 결정 · 관리에서 벗어나 다양한 이해관계자가 협의와 합의를 통해 정책을 결정하고 집행하는 사회적 통치 시스템"으로 정의하고 있다(Pierre and Peters, 2000).

것도 쉽지만은 않다. 거버넌스 해결방식으로 적극적인 전환을 꾀하여 민간에게 그 책임을 떠넘기기엔 결과에 따른 책임소재가 불명확하다는 단점이 있고, 시민사회 또한 문제 해결의 단일 주체로서 충분한 역량을 갖추고 있지 못하다. 빠르게 진화하는 사회의 난제 해결을 위한 창의적이고 혁신적이 해법이 필요한 시점이다.

2. 가치융합의 이슈: 공공가치의 상호 배타성과 융합

사회문제는 특정한 가치의 일원적 추구 속에서 발생하는 경우가 많다. '효율성'을 강조하는 발전국가 시대를 거치면서 불평등, 양극화, 인권 침해, 환경 파괴 등 심각한 사회적 부작용을 경험하였다. '책임성'에 주목한 민주국가 시대에 접어들어 시도된 사회정의 구현을 위한 노력들은 경제 · 재정위기를 만날 때마다 또 다른 정부실패를 야기하였다. 과거 우리 사회는 효율성과 책임성을 상호 공존할 수 없는 배타적 관계로 인식하고, 두 가치의 동시실현은 불가능한 것이라고 인식하였다(장용석 · 조희진, 2013). 현재 우리가 직면하고 있는 사회문제들의 확장경로를 면밀히 분석해 보면, 효율성과 책임성 중 하나를 우선적으로 추구하면서 발생한 것임을 알 수 있다.

전통적으로 책임성을 근간으로 하던 정부와 효율성을 추구하던 시장에서 서로의 가치를 받아들이는 상호 학습이 발생하면서, 경제적 가치와 사회적 가치 간 융합 현상이 증가하고 있다. '공공부문 효율화', '경제민주화', '기업의 사회적 책임', '사회적 기업', '지속가능발전', '자본주의 4.0' 등이 바로 가치의 융합적 추구에서 오는 새로운 패러다임의 실례라 할 수 있다. 공공가치의 융합은 이분법적으로 확연하게 구분되어 왔던 효율과 책임, 성장과 복지, 경제발전과 환경보호 등의 서로 다른 논리들이 균형과 조화를 이루어 결합한 형태를 의미한다(장용석 · 조희진, 2013). '공공성'으로 대표되는 정부와 '효율성'으로 축약되는 시장의 역할구분이 뚜렷한 사회체제 속에선, 시대가 요구하고 구성원이 열망하는 복합적 가치 창출에 한계가 존재한다(조희진 · 장용석, 2016). '정부–민간–시민사회'의 상호 배타적 역할 구분과 편향된 가치 추구는 사회문제의 정체현상을 지속시킬 뿐이다.

발생양태가 불예측적인 사회문제에 능동적으로 대처하고 실질적으로 시민들이 체감할 수 있는 해결책을 도출하기 위해서는 정부를 비롯한 여타 사회 주요 행위자들의 참여와 인식전환이 무엇보다 중요하다. 정부는 공공서비스 공급의 독점적 지위를 스스로 내려놓고 민간과 시민사회의 역량을 적극적으로 활용하는 혁신방안을 모색해야 한다(장용석 외, 2015). 또한 공익실현의 주체가 공공에서 민간, 시민사회로 확장됨에 따라 각자의 편익추구에서 탈피하여 공동번영을 위해 다양한 역할을 수행할 수 있는 대안적 모색이 절실하다.

국가운영의 목표가 다변화되고 시민들의 의식수준이 높아짐에 따라 정부는 역량의 크기 여하에 관계없이 이전보다 높은 책무를 요구받고 있다. 이제는 경제도 발전시켜야 하고 환경문제도 해결해야 하는 이른바 효율성과 책임성, 경제적 가치와 사회적 가치 간의 융합을 통한 긍정적 파급효과가 필요하며, 특히 균형과 조화의 관점에서 두 가치를 동시에 실현할 수 있는 새로운 사회혁신 전략이 요구된다.

3. 문제 해결 전략: 다각화를 통한 길 찾기

편향된 가치추구에서 오는 난제와 단일 문제 해결 주체의 한계를 극복하기 위해, 우리나라를 비롯한 세계 각국은 차별화된 혁신 전략을 모색하고 있다. 최근 다수의 협력을 바탕으로 사회문제 해결을 위한 열린 실험이 시도되는 가운데 인본주의적 가치를 표방하는 '인간중심 디자인(Human Centered Design)'[4]이 주목을 받고 있다. 정책설계에 있어서 인간중심 철학이 스며들면서 사용자중심의 접근 방법이 새롭게 부상한 것이다.

이와 같은 맥락에서 세계 각국은 다양한 가치를 동시 창출하기 위해 사회혁신 플랫폼 체제를 구축하고, Policy Lab 운영을 통해 창의적인 문제 해결을 시도하고 있다. Policy Lab은 정부혁신의 한 방법론으로서, 우리나라에서는 소위 '정책랩' 혹은 '정부랩' 등으로 알려져 있다(조세현 외, 2019).

기본적으로 정책랩은 모든 이해관계자를 정책설계 프로세스에 참여시키는 혁신적인 방법을 통해 공공정책을 설계하는 조직을 의미한다. 공공서비스의 최종 사용자, 특히 시민을 정책결정 프로세스 각 단계에 두어 혁신적인 디자인 기법과 증거기반의 접근방식(evidence-based approaches)을 구현하는 것이 정책랩의 가장 큰 특징이다(Fuller and Lochard, 2016). 정책랩은 공공부문 외에도 기업, 대학, 시민사회 등 다양한 이해관계와 배경을 갖는 주체들이 참여하여 최적의 정책대안을 발굴하기 위한 일종의 실험장이라 할 수 있다(McGann, Blomkamp, and Lewis, 2018). 세계 주요 선진국들에서는 정부의 혁신 전략과 정책랩을 연계하여 정부의 사회적 대응성을 높이고 실효성 높은 정책 발굴을 위한 시도를 확대하고 있다(한국행정연구원, 2017).

대표적으로 영국 Policy Lab[5]은 정책결정의 새로운 수단과 기술을

4 인간중심 디자인(Human Centered Design)은 "인간의 권리와 존엄성을 포함하는 인간 존재의 첫 번째 원칙"을 의미한다(Buchanan, 2001; 구유리, 2016).

5 영국은 2014년부터 내각사무처(Cabinet office) 산하에 Policy Lab을 설치 · 운영하고 있다(Bailey and Lloyd, 2016). 영국 Policy Lab은 현재까지 5,500명 이상의 공무원이 참여하여 치안, 보건, 육아, 주택 등 다양한 정책영역에서 20여 개 이상의 대규모

실험하며 정책과정의 혁신을 촉진하고 있다(Bailey and Lloyd, 2016). 특히 행동과학 방식을 바탕으로 시민의 경험과 정책 현장에서의 증거들을 데이터화해 증거기반·시민중심의 정책을 수립하고 있다. 이에 영국 Policy Lab은 정부와 시민사회의 정책 공동결정을 넘어 공동생산(co-production)의 가능성을 보여줬다는 평가를 받는다(한국행정연구원, 2018).

정책랩을 비롯하여 정부혁신의 방법과 형태는 개별 국가가 처한 상황과 목적에 따라 다를 수 있다. 공통적으로 이들은 협력적 거버넌스를 기반으로 하여 참여와 실험을 강조하고, 혁신적인 정책설계과정을 지향하며, 근본적 문제 해결을 위한 총체적·시스템적 접근을 시도한다는 특성이 있다(조세현 외, 2019). 공공서비스 분야에서 시민의 역할이 새롭게 강조됨에 따라, 과거 정책 설계와 집행의 대상자이던 피동

[그림 1] 해외의 정책랩 운영 현황

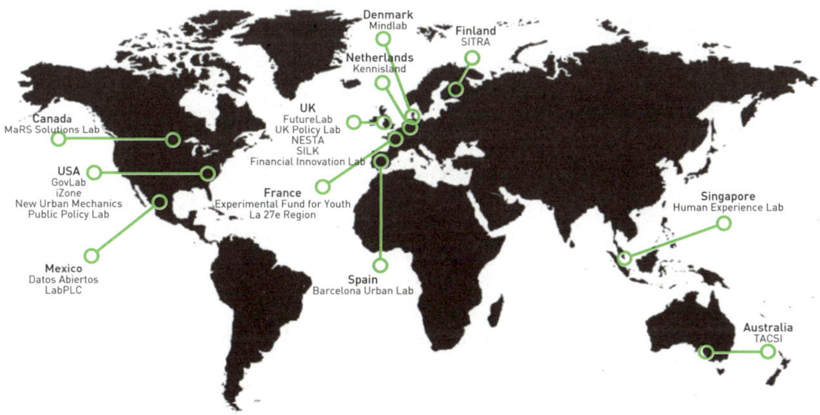

출처 : McGann, Blomkamp, and Lewis(2018); 조세현 외(2019) 재인용.

프로젝트를 수행하였다(조세현 외, 2019).

적 시민이 능동적인 문제 해결사로 변모하고 있다. 시민이 주도가 되어 사회문제를 직접 발굴할 뿐만 아니라, 정책대안을 개발 · 채택하고, 마지막으로 집행의 영역까지 참여하는 것이다. 이처럼 주체의 다각화를 통해 사회문제를 해결하려는 시도가 확대되면서, 시민과 정부가 함께 공공서비스를 생산하는 체계가 각광받고 있다.

III. 사회혁신 전략을 통한 한국 사회 난제에 대한 도전

한국 사회는 급속한 산업화와 민주화를 거치면서 가치 혼란과 불균형을 경험하고 있다. 국가가 지향하는 가치와 시민사회가 요구하는 가치의 간극이 커지고 불균형을 이루는 경우가 다반사지만 어느 한쪽 가치의 일방적 희생을 강요할 수 없다. 정부 공공성의 핵심 성과가 전체주의적 관점의 국가발전이 아닌 개별 국민이 향유하는 행복의 총량으로 전환되어 감에 따라 공공성 훼손을 방지하는 새로운 접근의 모색이 요구된다. 그렇다면 한국 사회의 이러한 난제를 풀어 갈 새로운 혁신 전략은 무엇일까?

1. 공감으로 사회를 춤추게 하라: 수요자중심의 문제 해결

우리 사회의 주요 목표와 관심이 국가 전체의 경제적 번영에서 시민 개개인의 행복 추구와 지속가능한 사회 만들기로 이동하고 있다(장용석 · 조희진, 2013; Sachs, 2015). 일상 속 개인이 체감하는 삶의 질이 국가 전체의 번영보다 중요시되며, 성장과 분배, 개발과 보존이 공존하는 지속가능성의 가치가 존중받는 이때, 전체주의적 공공성에 기반한 정부주도의 단일 가치추구는 사회구성원 모두가 열망하는 경제적 · 사회적 가치융합에 걸림돌이 될 수 있다(엄영호 외, 2018). '정부-민간-시민사회'의 협력과 이를 통한 융합가치의 구현은 시대의 요구이자 우리가 지향해야 할 혁신의 기본적 방향이 되고 있다. 결국, 사회문제 해결에 있어서 정부 단독의 의지와 역량은 한계에 도달하였고, 정부 역시 현실을 인정하고 독점적 지위를 스스로 내려놓고 있다. 특히 시민, 시장, 제3섹터의 역할과 영향력이 커지면서, 이들이 중심이 되는 혁신 방안이 대안으로 제시되고 있다(장용석 외, 2015). 이 장에서는 정부의 새로운 역할을 다음과 같이 주문하고자 한다.

첫째, 이제 효율성과 책임성의 동시추구에 있어서 정부는 스스로 그 역할과 권한을 축소해야 한다. 필요에 따라 민간부문의 역량을 십분 활용하기도 하며, 정책수요자인 시민을 직접 사회정책 집행과정에 끌어들여 협력이 가져오는 이점을 극대화시키는 노력을 경주해야 한다.

둘째, 그동안 쌓아 온 조직력과 행정력을 바탕으로 정부는 사회문제의 중심에서 이익집단 간의 충돌을 완화시키고 민간과 시민사회의 협력을 증대시킬 수 있는 문제 해결 조정자(coordinator)로 역할을 전환해야 한다. 현대 사회에서 정부만큼 대표성과 정당성을 부여받은 조직체는 드물기 때문에, 정부는 조정자 역할에 적임자라 할 수 있다. 효율성과 책임성을 동시에 수용해야 하는 가치의 역설적 융합과정은 필히 혼선과 갈등을 수반하게 된다. 이때 정부는 시민으로부터 위임받은 권한을 바탕으로 소외된 가치를 살피고 이해관계자들 간의 서로 다른 견해를 아우를 수 있는 조정자로서 역할을 적실히 소화할 수 있을 것이다.

마지막으로, 정부 스스로가 사회문제 해결의 참여자(co-participant)

가 되어야 한다. 정부는 사회문제 해결의 사령관(commander)으로서의 지위 부담을 탈피하고, 조정자(coordinator)로서의 역할 전환은 물론 궁극적으로 정책수요자들과 함께 호흡하는 참여자(co-participant)가 되어 사회문제 해결에 창의와 재량을 발휘해야 한다.

2. 혁신과 문제 해결의 길을 모색하라: 기술혁신과 사회문제의 결합

기술의 진보 속에서 우리는 이전과 비교할 수 없을 정도로 편리한 삶을 영위하고 있다. 또한 과학기술의 눈부신 발전은 그동안 구현 불가능했던 정책대안을 실현시킬 수 있는 토대를 만들어 주었다. 기술의 올바른 활용이야말로 당면한 여러 사회문제를 타개할 주요한 돌파구가 될 수 있다. 이를 위해선 기술혁신이 생성해 내는 사회적 파급효과에 대한 인식이 선행되어야 하고, 과학기술과 사회문제를 지속해서 결합시킬 수 있는 시스템이 구축되어야 한다.

그동안 과학기술 정책과 투자는 주로 경제적 성과나 기술적 효용성을 극대화하기 위한 방향으로 이루어졌다. 최근 들어, 기술의 사회적 가치 측면이 강조되면서, 과학기술이 담당하는 역할과 시민들이 요구하는 기대가 기술의 진보를 통한 경제적 효율성 도모에서 건강, 안전, 환경 등 삶의 질 향상으로 확대되고 있다. 또한 지속가능한 과학기술과 사회통합 시스템의 융합이 전 세계적 과제로 대두됨에 따라, 과학과 사회를 결합하는 여러 정책적 시도들이 확산되고 있다(윤일영, 2017). 우리나라에서도 국민이 체감할 수 있는 사회문제 해결 성과를 창출하고, 현 정부의 국정철학인 '국민참여형 국정운영' 구현을 위한 정책들이 추진되고 있다(황기하 외, 2018). 정부가 5년마다 수립하는 과학기술 분야 최상위 계획인 '제4차 과학기술기본계획(2018~22)'에서는 'ICT R&D 혁신 전략'을 통해 ICT의 새로운 역할로 '국민의 삶과 직결되는 사회문제 해소'를 제시하였다(강호석, 2018).

정부혁신의 목표가 시민참여와 협력을 통한 사회적 가치 창출로 전환되면서, 과학기술의 패러다임도 이에 조응하는 방향으로 변하고 있

표 1》 기존 R&D와 사회문제 해결형 R&D의 차이

	기존 R&D	사회문제 해결형 R&D
목표	• 국가 전략 또는 경제성장 • 산업경쟁력 강화	• 공공 · 사회문제 해결 • 삶의 질 향상(과학기술 혜택을 모든 국민에게)
기획	• 기술수요 조사와 기술기획 • 공급자(전문가)중심의 기획	• 사회 · 공공문제 도출과 사회 · 기술 통합기획 • 다양한 이해관계자(수요자)가 참여하는 거버넌스형 기획 • 기술+인문사회+법제도 융합
개발과 실증	• 통제된 연구실에서 엔지니어 중심의 기술개발 • 제품개발 후 실증작업 실시	• 거리, 양로원, 가정 등 개방된 생활공간(real-life setting)에서 이루어지는 혁신 활동 • 사용자로부터 지속적으로 피드백되는 개념 및 제품설계, 실증
사업주관	• 산학연 등 전문조직	• 산학연 시민사회, 지자체가 참여하는 컨소시엄
사용자 역할	• 기술개발 결과물의 수동적 테스터 및 사용자	• 문제현황 정보제공 • 개념설계 및 제품개발, 실증 참여로 아이디어 제공
모니터링	• 기술혁신 → 논문, 특허, 매출증가와 같은 경제적 성과	• 사회 · 기술혁신 → 공공 · 사회문제 해결

출처 : 미래부 보도자료(2015.02.03.); 윤일영(2017) 수정 인용.

다. 특히 ICT, 빅데이터, AI 등 새로운 디지털 협업도구를 필두로 한 행정서비스 혁신 생태계가 조성되고 있다(한국행정연구원, 2017).[6] 정부는 다양한 ICT 기술을 활용한 혁신 플랫폼을 구축하여 시민들의 의견과 수요를 보다 정확하게 파악하고, 이를 반영한 사회문제 솔루션을 제시할 수 있어야 한다. 혁신적 문제 해결 구현이 가능한 플랫폼 구축을 통해 기술적 진화, 경제적 가치 향상은 물론, 사회적 가치 창출 또한 기대할 수 있다. 결국, 기술과 사회의 조화는 공공가치의 융합을 구현시킬 수 있는 가장 현실적 수단이다.

3. 지속가능한 사회적 가치를 창출하라: 이중순환 공동가치 창출(double-loop co-creation) 전략

'지속가능발전'이 전 세계를 관통하는 중요한 국가 운영 패러다임으로 부상하면서 경제, 사회, 환경이 조화롭고 균형 있게 증진될 수 있는 발전방안이 요구되고 있다(조희진 · 장용석, 2014). 개발 패러다임하에 우리 사회를 오랫동안 지배했던 가치는 경제적 가치였으나, 최근 들어, 삶의 질 향상과 생태계 보존에 주목하는 사회적 가치의 창출이 무엇보다 강조되고 있다. 경제적 가치와 사회적 가치가 융합된 공공가치를 추구하는 사회혁신 전략이 그럴싸한 시도로 끝나지 않고, 실제 문제 해결 수단으로서 정착되려면, 무엇보다 정부의 차별화된 노력이 선

6 미국 시카고의 스마트데이터 플랫폼(Smartdata Platform)은 빅데이터를 활용하여 정책문제를 발견한 대표적인 사례다. 빅데이터 플랫폼을 통해 우범지역에 특수팀을 집중적으로 배치하여 총기사건을 포함한 강력범죄를 2012년에 40% 감소시켰다. 스마트데이터 플랫폼은 공공데이터를 위치기반 정보로 전환시키고, 이를 시민들에게 개방하여 시민 간 정보공유의 장을 만들고 시민들이 직접 문제 해결방안을 모색할 수 있는 환경을 조성하는 데 기여했다(조세현 외, 2017).

행되어야 한다.

경제적 가치와 사회적 가치가 융합되는 패러다임의 대전환은 이미 시작되었다. 그러나 정부를 비롯한 공공부문 전체가 어떠한 방법으로 시대의 흐름에 발맞추어야 하는지 아직 명쾌한 답을 제시하지는 못하고 있다. 어쩌면 시시각각 변화하는 사회에서 유일한 대안을 제시하는 것은 무의미한 노력일지 모른다. 이 장에서도 완결된 해결책을 내놓을 순 없다. 다만 앞으로 공공부문에서 제시될 여러 대안들의 이론적 단초를 제공하는 데 의의를 두고자 한다.

문제가 변하면 대응도 그에 맞게 변화해야 한다. 정부와 시장의 연속된 실패에서 특정 사회문제는 해결의 기미가 보이지 않고 정체되어 있다. 이제는 정부와 시장을 비롯한 다양한 사회구성원이 힘을 모아 각자가 가진 특장점을 발휘하는 집단지성의 노력이 필요하다. 이를 위해, 소통과 협력을 기본골자로 하고, 임시방편이 아닌 지속적인 가치 창출이 가능한 '공동가치 창출(co-creation)' 전략을 고려할 수 있다. Prahalad와 Ramaswamy 교수는 2004년 그들의 저서 *The Future of Competition: Co-Creating Unique Value With Customers*에서 '공동가치 창출' 개념을 제시하였다. 여기서 co-creation이란 소비자와 생산자가 공동의 서비스 생산경험을 통해 새로이 결합된 가치를 창출하는 것을 뜻한다(Prahalad and Ramaswamy, 2004). 이 장에서는 기존 공동가치 창출 개념을 응용하여 확장한 '이중순환 공동가치 창출(double-loop co-creation)' 전략을 제안한다.

① 정부, 기업, 비영리단체는 배타적 경쟁자가 아니라 상호 협력하는 동반자로서 '공동'의 가치 창출

② 경제적 가치와 사회적 가치를 동시에 증진하기 위해 정책의 근원적 목표와 전략까지 수정이 가능한 '이중순환학습'의 가치 창출

최근까지 정부는 책임성이라는 명분하에 사회문제 해결을 주도하는 독점 주체로 자리하였다. 하지만 사회문제와 정부가 제시한 해결책 사이의 부조화와 불완전한 미봉책이 반복되면서, 그 피해가 정책대상자인 국민에게 돌아오는 경우가 생겼다. 이제 정부는 시민, 기업, 비영리단체 등 다양한 사회구성원과 협력 · 소통하며 공동의 가치를 창출할 수 있어야 한다. 이를 위해 상호 협력적 관계를 구축하고, 지속적인 소통의 장이 마련되어야 한다.

이에 더해 가치융합의 패러다임에 입각하여 경제적 가치와 사회적 가치가 동시에 추구될 수 있는 공공가치 융합 전략이 필요하다. '경제적 번영'과 '삶의 질 향상'은 결코 배타적 관계에 놓여서는 안 되며, 국가 전체의 성장을 위해 개별 개인의 희생과 봉사를 강요할 수 없다. 이러한 융합가치에 대한 이해를 근간으로 만들어진 전 지구적 노력의 결과물이 바로 지속가능발전목표이고, 이제 우리 사회에서도 가치추구의 편향성에서 벗어나 균형과 조화 속에서 공공가치를 증진시킬 수 있는 근본적 변화가 절실하다.

이중순환(double-loop) 개념은 하버드 비즈니스 스쿨의 Argyris 교수가 제안한 이중순환학습(double-loop learning) 논의에서 착안하였다. 단일순환학습(single-loop learning)은 특정 문제 상황에서 기존의 목표, 규칙의 틀을 유지한 채 조직의 행동 및 대응방안을 수정해 나가는 학습활동을 일컫는다. 반면, 이중순환학습은 조직이 규정한 근본적인 규범, 규칙, 목표 등을 수정하면서 동시에 조직의 구조 · 행동에 반영하는 학습활동을 의미한다(Argyris, 1991). 즉 문제에 대한 대응이라는 일차원적 구조가 단일순환이라고 한다면, 이중순환은 근원적인 가정에 의문을 제기함으로써 조직의 정체성, 목표, 정책에 변화를 가져오는 것이다. 따라서 문제에 대한 표면적 대응 이상의 근원적 부분까지 조정하고 수정함으로써 문제를 해결하는 것이 이중순환이라고 개념화할 수 있다. 이 장에서는 조직의 근본적 정체성, 미션, 목표 등의 수정을 수반한 문제 해결과 이를 통해 새로운 가치를 창출하는 여러 행위주체 공동의 노력을 이중순환 공동가치 창출 전략(double-loop co-creation strategy)이라고 정의한다.

단일순환 가치 창출이 사회문제 해결을 위한 공동체 구성원의 단순 참여를 통한 절차적 정당성 확보의 과정이라면, 이중순환 공동가치 창출 전략은 수요자가 문제 해결 전 과정에서 구심점이 되어 문제로부터 학습하고 또 변화에 대응하는 것을 의미한다. 즉, 정책 제공자와 수요자가 지속적인 상호 교류와 환류(feedback)의 과정을 통해 문제를 재정의하고, 문제 해결의 방향성을 제시하면서 융합된 공공가치를 창출하기 위한 전략이다. 덴마크의 MindLab[7]은 정책랩을 통해 혁신의 시스템적인 접근을 시도하여 의도치 않은 결과에 대한 위험을 예방하고 더 나아가 사회적 갈등을 해소하는 토론의 장으로도 활용되고 있어 이중순환 공동가치 창출의 선도적 예라고 할 수 있다.

궁극적으로 사회문제 해결이 경제적 가치와 사회적 가치를 융합적으로 창출하는 지속가능한 선순환 구조가 정착되기 위해서는 사회구성원들의 인식전환과 관심이 필요하다. 심화되는 사회적 난제의 불확실성에 대응할 수 있는 최적의 대안은 구성원들의 적극적 참여와 창의적인 협력이다. 공유된 가치의 이해 속에서 사회적 목적을 달성하고 여기서 파생된 문제와 가치가 또 다른 사회적 혁신을 불러일으킨다면, 우리 사회는 보다 안정적이고 지속가능한 문제 해결 전략을 구비할 수 있을 것이다.

7 덴마크의 Mindlab은 덴마크 중앙정부에 의해 2002년 설치되어 2018년까지 운영된 조직이다. 정부, 기업, 시민사회의 협업을 바탕으로 다양한 정책실험과 정부혁신을 시도하였다(조세현 외, 2019). Mindlab은 사회문제 해결을 위한 혁신적 정책개발에 그치지 않고, '사고방식, 문화, 리더십의 창출'에 집중하는 등 공공부문의 근본적인 정체성 · 목표 변화를 시도하였다(한국행정연구원, 2017).

같이 생각해 볼 문제

1. 사회문제를 해결하는 데 있어서 관료제는 어떠한 측면에서 도움이 되고 어떻게 방해가 되나?
2. 문제 해결 주체의 다변화(협력적 거버넌스)가 가져올 장점과 문제점은 무엇이 있을까?
3. 경제적 가치와 사회적 가치의 융합이 현실적으로 가능한 것일까? 실제 예는 무엇이 있을까?
4. 지속가능한 사회적 가치 창출을 위한 이중순환 공동가치 창출(double-loop co-creation) 전략의 예시는 무엇인가?

참/고/문/헌

강호석. (2018). "사회문제해결형 R&D 개선 방향 제언." 「정보통신기획평가원 주간기술동향」 1874호. 정보통신기획평가원.

구유리. (2016). "공공 정책 수립 및 서비스 실행에 있어 '인간 중심 디자인' 역할에 대한 고찰." 「Archives of Design Research」 29(4): 167-183.

미래정부연구센터. (2018). "초변화사회의 신뢰받는 미래정부 통계조사 결과 보고서."

미래창조과학부. (2015). "사회문제해결을 위한 '시민연구사업' 본격추진." 2015.02.03. 보도자료.

박상욱 · 윤태범 · 이민창 · 윤기찬 · 김보미 · 김선희. (2018). 「사회적 가치 실현을 위한 정부혁신방안 연구」. 한국행정학회.

성지은 · 송위진 · 김종선 · 박인용. (2015). 「ICT 분야의 한국형 리빙랩 구축 방안 연구」. 미래창조과학부.

엄영호 · 손선화 · 장용석. (2018). "지방정부의 사회혁신 정책 균형잡기 역할의 모색." 「지방정부연구」 21(4): 369-389.

윤일영. (2017). 「사용자 주도의 혁신 플랫폼, 리빙랩(Living Lab)」. 융합연구정책센터.

이명석. (2002). "거버넌스의 개념화: '사회적 조정'으로서의 거버넌스." 「한국행정학보」 36(4): 321-338.

장용석 · 김회성 · 황정윤 · 유미현. (2015). 「사회적 혁신 생태계 3.0」. CS컨설팅 & 미디어.

장용석 · 조희진. (2013). "공공-민간 경영 패러다임의 융합적 전환: 변화의 추세와 조직의 대응." 「인사조직연구」 21(3): 69-104.

장용석 · 조희진 · 김보경 · 황정윤 · 이영동. (2018). 「사회적 가치의 재구성: 대한민국 사회문제 지도로 사회적 기업의 미래를 그리다」. 문우사.

조세현 · 김은주 · 박선주. (2017). 「국민주도 공공혁신 국내외 사례와 정책적 시사점」. 한국행정연구원.

조세현 · 정서화 · 함종석. (2019). 「정책랩(Policy Lab)의 개념, 동향 그리고 시사점」. 한국행정연구원.

조희진 · 장용석. (2014). "성과평가제도의 운영 요인 및 조직 효과성 분석–공공기관의 전략적 선택과 제도적 조응을 중심으로." 「한국정책학회보」 23(1): 343–372.

_____. (2016). "사회적 기업의 지속가능성과 사회적 기업가 정신." 「한국정책학회보」 25(4): 329–258.

한국행정연구원. (2017). 「사회적 가치 실현을 위한 정부혁신 방안 연구」. 경제 · 인문사회연구회 협동연구총서.

_____. (2018). 「시민 참여형 정책협업모델 연구: 열린정책실험 운영」. 경제 · 인문사회연구회 협동연구총서.

한세억. (2013). "공공문제 해결을 위한 Co–creation 접근의 가능성과 한계." 「행정논총」 51(3): 107–133.

황기하 · 용태석 · 이새롬. (2018). "제2차 과학기술 기반 국민생활(사회) 문제 해결 종합계획(2018~2022) 주요 내용." 「KISTEP InI 제26호」. 한국과학기술기획평가원.

Argyris, C. (1991). "Teaching Smart People How to Learn." *Harvard Business Review* 69(3).

Bailey, J. and P. Lloyd. (2017). "The Introduction of Design to Policy Making: Policy Lab and the UK Government." *Annual Review of Policy Design* 5(1): 1–14.

Bason, C. (2018). *Leading Public Sector Innovation: Co-creating for a Better Society*. Policy Press.

Buchanan, R. (2001). "Human Dignity and Human Rights: Thoughts on the Principles of Human–centered Design." *Design issues* 17(3): 35–39.

Campbell, J. L., J. R. Hollingsworth, and L. N. Lindberg(eds.). (1991). *Governance of the American Economy* 5. Cambridge University Press.

Carstensen, H. V. and C. Bason. (2012). "Powering Collaborative Policy

Innovation: Can Innovation Labs Help." *The Innovation Journal: The Public Sector Innovation Journal* 17(1): 1–26.

Fuller, M. and A. Lochard. (2016). *Public Policy Labs in European Union Member States*. Publications Office of the European Union.

Gryszkiewicz, L., I. Lykourentzou, and T. Toivonen. (2016). Innovation Labs: Leveraging Openness for Radical Innovation? Available at SSRN 2556692.

McGann, M., E. Blomkamp, and J. M. Lewis. (2018). "The Rise of Public Sector Innovation Labs: Experiments in Design Thinking for Policy." *Policy Sciences* 51(3): 249–267.

Meyer, J. W., J. Boli, G. M. Thomas, and F. O. Ramirez. (1997). "World Society and the Nation-state." *American Journal of Sociology* 103(1): 144–181.

Pierre, J. and B. G. Peters. (2000). *Governance, Politics and the State*. New York: St. Martin's.

Prahalad, C. K. and V. Ramaswamy. (2004). *The Future of Competition: Co-creating Unique Value with Customers*. Harvard Business Press.

Sachs, J. D. (2015). *The Age of Sustainable Development*. Columbia University Press.

Williamson, B. (2015). "Governing Methods: Policy Innovation Labs, Design and Data Science in the Digital Governance of Education." *Journal of Educational Administration and History* 47(3): 251–271.

제6장

지구적 차원의 공적 가치 창출과 한국: UN 지속가능발전목표의 국내 이행 진단과 전략

I. 문제 제기

2019년 현재 우리 사회는 정치, 경제, 사회 등 제 분야에서 다양한 문제에 직면하고 있다. 1997년 금융위기 이후 약 20여 년의 시간 동안 이러한 문제들에 대하여 새로운 해법을 찾으려는 시도가 개혁, 혁신, 변화, 구조조정 등 다양한 이름으로 전개되었다. 하지만, 그 과정에서 오히려 악화하거나 하나의 문제가 해결되면 또 다른 문제가 발생하는 등 해결책을 찾기 어려운 문제는 계속해서 증가하고 있다. 특히 그간 한국 사회의 경제적 번영을 가능케 하였던 자유무역체제는 최근 세계 각국에서 점증하고 있는 보호무역주의 경향과 미 · 중 갈등, 한 · 일 갈등 등으로 인해서 위협받고 있다.

다양한 난제의 증가는 한국 사회에서만 아니라 지구적 차원에서도 관찰되고 있는 현상이다. 이를 해결하기 위한 다양한 시도 중에서 매우 중요하게 평가되고 있는 것은 국제사회가 공동의 목표를 세우고 이러한 목표 달성을 위해 노력하기로 한 일련의 약속들이다. 국제정치에서 약속은 때로는 무의미한 것으로 여겨지기도 하지만, 한편으로는 매우 강력하게 국가와 사회, 집단, 개인의 행동을 변화시키고, 그 변화를 통해 난제 해결에 한 걸음 다가설 수 있도록 한다. 특히 한 국가 또는 사회의 문제와 그 해결이 반드시 해당 국가 또는 사회의 경계와 일치하지는 않으며, 이러한 현상은 날이 갈수록 심화하고 있는 것이 현실이다(정헌주, 2015). 따라서 다양한 난제에 대한 해결방안을 모색하는 입장에서는 이러한 난제의 탈영토성 또는 초영토성을 인식하고 해결방안을 모색할 필요가 있다.

이러한 맥락에서 국제사회는 모든 국가와 사회가 추구해야 할 가치는 무엇일까를 고민하고 이를 구체화하기 위해 노력하였다. 이러한 노력의 결실 중 대표적인 것이 2015년 9월 UN 총회에서 합의된 지속가능발전목표(Sustainable Development Goals: SDGs)이다. 2001년부터 2015년까지 국제사회의 발전목표이자 전략이었던 새천년개발목표(Millennium Development Goals: MDGs)를 계승 · 발전한 SDGs는 사람(people), 지구환경(planet), 번영(prosperity), 평화(peace), 파트너십(partnership) 등 발전을 통해 추구해야 할 핵심 가치로서 5P를 제시하고, 이러한 가치들을 실현하기 위하여 17개 목표와 169개 세부목표를 수립하여 2016년부터 2030년까지 달성하기로 합의하였다.

기존의 MDGs와 SDGs를 구분하는 중요한 차이 중 하나는 발전목표의 적용대상이 확대되었다는 점이다. MDGs가 선진국에 의해서 제시된 개발도상국의 발전목표였다면, SDGs는 그 대상이 개발도상국과 선진국 모두를 포함한다. 다시 말해 UN 회원국이라면 모두가 이러한 가치와 목표를 이행할 의무를 지닌다. 이러한 의무는 강제적이지는 않지만, 자발적 이행의무를 지니고 있으며 마땅히 따라야 할 국제규범으로 자리 잡고 있다. 한국 역시 2016년 UN 고위급정치포럼(High-level Political Forum: HLPF)에 자발적 국별평가(Voluntary National Review: VNR)를 제출한 바 있다. 이러한 점에서 한국 사회가 해결해야 할 다양한 문제들과 많은 부분 중첩되는 SDGs의 목표들을 어떻게 이행하는가는 국제사회에 대한 한국의 책무와는 별개로 그 자체로도 매우 중요한 정책과제이다.

SDGs라는 국제규범의 국내 이행이 지닌 중요성에도 불구하고, 구체적 이행계획, 세부목표, 지표 및 추진체계, 로드맵, 모니터링 및 평가 계획 등은 4년이 지난 2019년 현재에도 여전히 명확하게 수립되지 않은 실정이다. 이 장은 현재 진행 중인 SDGs 국내 이행의 현황과 문제점을 살펴보고, 우리 사회의 문제를 해결하는 방안으로서 이를 한국형 SDGs(또는 K-SDGs)와 연계하기 위한 방안을 고려한다.

II. SDGs와 국내 이행의 의미와 현황 및 문제점

UN은 지구적 차원에서 인류가 공동으로 추구해야 할 지속가능한 발전을 위해 경제, 사회, 환경, 여성, 평화 등 광범위한 분야를 아우르는 지속가능발전목표(SDGs)를 2015년 채택하였다. 새천년개발목표(MDGs)에 비해 SDGs의 경우 핵심목표가 8개에서 17개로, 세부목표가 21개에서 169개로 증가하였을 뿐만 아니라, 개발도상국과 선진국을 포괄하여 모든 UN 회원국이 자국의 국내 정치, 경제, 사회적 조건

표 1≫ 새천년개발목표와 지속가능발전목표

구분	MDGs(2001~15년)	SDGs(2016~30년)
구성	8개 목표, 21개 세부목표	17개 목표, 169개 세부목표
대상	개발도상국	개발도상국과 선진국 모두 포함(보편성)
분야	교육, 빈곤, 보건 등 사회개발분야 중심	경제성장, 기후변화 등 경제·사회·환경의 지속가능발전 고려(변혁성)
참여	정부중심	정부, 시민사회, 민간 등 모든 이해관계자 참여(포용성)
재원	공적개발원조(official development assistance: ODA) 재원중심	ODA를 포함하는 공공 및 민간 재원

출처: 지속가능발전포털(http://ncsd.go.kr/app/index.do)

에 맞게 발전목표 달성을 이행하기 위해 노력해야 한다고 명시하였다는 점에서 한층 진일보한 발전목표라고 할 수 있다.

보다 주목해야 할 점은 목표, 대상, 분야, 참여, 재원 등 모든 부문에 있어서 다양성이 증대하였으며, SDGs 달성을 위해서는 기존의 방식과는 다른 새로운 형태의 전략과 거버넌스가 필요하다는 점이다. 따라서 일부 국가들은 이미 UN SDGs를 자국의 환경과 맥락에 맞게 이행하기 위한 국별 SDGs를 마련하여 실행하고 있다. 한국 역시 UN 회원국이자 OECD 개발원조위원회(Development Assistance Committee: DAC) 회원인 원조 공여국으로서 한국적 환경과 발전목표에 조응하는 한국형 SDGs인 K-SDGs를 2018년 12월 수립하였다.

K-SDGs는 수립 초기 단계에서부터 정부중심의 수직적 의사결정구조를 탈피하여 SDGs 달성을 위한 새로운 거버넌스를 형성하려 시도하였다. 구체적으로 살펴보면, 행정부를 중심으로 계획을 수립하고 집행하던 기존의 방식이 아닌 민·관·학계를 대표하는 192명의 전문가로 구성된 총 14개 작업반이 참여하여 한국 사회의 지속가능한 발전을 위해 필요한 세부목표와 지표(안)를 마련하였다. 또한, 여성, 청소년, 노동자, 농민, 장애인 등 사회 각계각층을 대표하는 90개 이상의 관련 단체와 기관으로 구성된 이해관계자그룹(Korea Major Groups and other Stakeholders: K-MGoS)을 2018년 4월부터 운영하였고, 2차례의 국민 대토론회를 개최하여 각계각층의 의견을 수렴한 뒤 관계부처 간 협의를 거쳐 최종 K-SDGs가 수립되었다(관계부처 합동, 2018).[1]

1 K-SDGs 수립과정에서 다양한 이해관계자의 입장을 반영하려는 시도에도 불구하고, 적절한 정보 제공이나 심도 깊은 토론의 자리가 마련되지 않았다는 점에서 국민 대토론회 등 참여적 거버넌스가 파행적으로 운영되었다는 비판이 제기되었다. 한국 시민사회 SDGs 네트워크(SDGs시민넷), "성명서: 부실과 파행으로 점철된 K-SDGs 국민대토론회 참여 거부와 K-SDGs 체계 및 내용의 전면 수정 요구" 2018년 10월 30일, https://sdgforum.org/80?category=711245(검색일: 2019년 8월 10일).

K-SDGs는 '모두를 포용하는 지속가능국가'를 비전으로 하고, '모두가 사람답게 살 수 있는 포용사회 구현', '모든 세대가 누리는 깨끗한 환경보전', '삶의 질을 향상시키는 경제성장', '인권보호와 남북평화구축', '지구촌 협력'이라는 UN의 5P를 한국적 맥락에 변형시킨 5대 전략을 구축하고, 이러한 전략을 달성하기 위하여 17개 목표와 122개 세부목표를 제시하였다. K-SDGs의 17개 목표는 (1) 빈곤감소 및 사회안전망 강화, (2) 식량안보 및 지속가능한 농업 강화, (3) 건강하고 행복한 삶 보장, (4) 교육 증진, (5) 성평등 보장, (6) 건강하고 안전한 물관리, (7) 에너지의 친환경적 생산과 소비, (8) 좋은 일자리 확대와 경제성장, (9) 사회기반시설 구축, R&D 확대 및 경제성장, (10) 불평등해소, (11) 포용적이며 안전하며 회복력 있는 도시와 주거지 조성, (12) 지속가능한 소비 · 생산 증진, (13) 기후변화 대응, (14) 해양생태계 보전, (15) 육상생태계 보전, (16) 인권 · 정의 · 평화, (17) 지구촌 협력 강화이다.

K-SDGs가 UN SDGs라는 국제규범의 국내 이행을 위한 중요한 발걸음이라는 점에는 이견의 여지가 많지 않다. 하지만, 한국 사회의 문제를 해결하고, 국제사회에 이바지할 수 있는 전략과 목표설정 및 지표선정인가에 대해서는 의문의 여지가 있다. 첫째, K-SDGs는 그 중요성과 위상, 한국 사회에 미칠 영향 등에도 불구하고 국가의 중장기적인 지속가능발전이라는 비전을 달성하기 위한 법 · 제도적 기반 및 이행의지가 부족하다고 지적된다. 예를 들어, 한 연구는 2017년 SDGs 관련 전문가, 공무원, 시민사회활동가 등 15명의 전문가 인터뷰를 통해서 사회 전체의 중장기적 발전목표를 담는 SDGs의 국내 이행에 필요한 리더십의 부재와 법 · 제도적 미비점을 지적하였다(박정호 · 정소윤 · 김은주, 2017: 49-60).

이러한 한계는 K-SDGs가 이미 수립된 2019년 현재에도 여전히 유효하다. K-SDGs는 한국 사회가 직면한 다양한 도전들에 대한 전략과 목표를 설정한다는 점에서 전사회적, 범부처 이슈임에도 불구하고 환경부 주관하에 수립되었다. 중앙정부 내에서 환경부의 위상과 역량 및 부처 간 관계 등을 감안한다면 K-SDGs의 수립에서 이행까지 의미 있는 변화가 도출되기는 어려울 것이다. 예를 들어, K-SDGs의 핵심기구 중 하나인 지속가능발전위원회는 환경부 산하 위원회로서 범정부적, 범사회적 목표인 SDGs의 국내 이행을 효과적으로 추진하기에는 어려움이 있다.[2] 법 · 제도적으로 살펴보았을 때, 「지속가능발전법」, 「저탄소녹색성장기본법」, 「국제개발협력기본법」 등이 SDGs의 국내 이행과 관련된 국내법이다. 하지만 각 법이 다루는 내용이 중첩되어 혼선이 있으며, 각 법에 의해 설치된 위원회 역시 그 위상 및 역할과 권한이 중복되어 있다. 녹색성장위원회와 국제개발협력위원회(국무총리실 소속, 국무조정실 주관)는 지속가능발전위원회보다 상위에 있지만, K-SDGs 수립은 하위에 있는 위원회가 주도한 격이 되었다([그림 1] 참조).

둘째, K-SDGs의 17개 목표 간 정합성과 세부목표 및 지표의 적절성에 관한 문제이다. SDGs는 다양한 행위자들, 이해관계자들의 정치적 협상의 결과로서 탄생하였다는 점에서 목표가 모호하고 상호 연관되어 있다. 이러한 모호성과 상호연관성은 K-SDGs의 국내 이행에 있어서 충분한 자율성을 보장 · 제공하여 준다는 점에서 일견 긍정적으

2 지속가능발전위원회는 김대중 정부, 노무현 정부에서는 대통령 직속 위원회였으나, 이명박 정부 이후 환경부 산하 위원회로 격하되었다. 문재인 정부 초기 지속가능발전위원회를 대통령 직속으로 다시 격상시키려는 움직임이 있었고, 2019년 5월 지속가능발전지방정부협의회에서 이러한 내용을 담은 '지속가능발전기본법'의 제정을 촉구하는 결의문을 발표하였다. 하지만, 2019년 현재 지속가능발전위원회는 여전히 환경부 산하 위원회이다. 문화일보, "지속가능발전지방정부협의회, '지속가능발전 기본법' 제정 촉구 결의문 2일 국회에 전달 예정" 2019년 5월 1일, http://www.munhwa.com/news/view.html?no=20190501MW140246137983(검색일: 2019년 8월 12일).

[그림 1] SDGs 관련 정부위원회

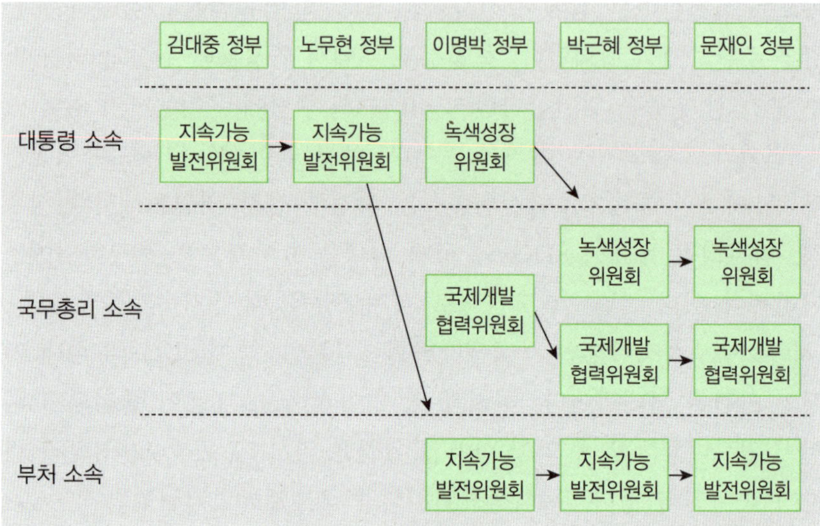

출처: 김태균 외(2016)를 기반으로 재구성.

로 볼 수 있다. 하지만, 이러한 자율성이 우리 사회가 당면한 문제를 해결하는 방향으로 적극적으로 활용되고 있는가에 대해서는 회의적이다.

예를 들면, K-SDGs의 8번째 목표인 '좋은 일자리 확대와 경제성장'은 다른 중요한 목표인 '빈곤감소', '건강하고 행복한 삶 보장', '불평등 해소', '지속가능한 소비 · 생산' 등과 밀접히 상호 연관되어 있으며, 7개의 세부목표와 11개의 지표를 두고 있다. 이러한 8번째 목표의 7개 세부목표의 경우, 정책목표와 대상, 수단이 명확하게 제시되어야 함에도 매우 추상적이고 모호하게 설정되어 있다. 또한, 산업구조개편, 혁신성장, 동반성장, 금융개혁 등 경제성장과 관련된 중요 목표는 포함되지 않은 대신, 관광진흥정책 개발과 이행이라는 다소 지엽적인 목표가 포함되어 있다. 이는 K-SDGs에서 문화체육관광부의 역할이 거의 없어서 특정 부처의 역할을 만들어 주기 위한 부처 간 타협의 산물이라는 느낌을 지우기 어렵다.

세부지표 역시 세부목표와의 연계성이 낮다는 점에서 효과적인 성과관리와는 다분히 동떨어져 있다. 이는 K-SDGs 전반에 나타나는 현상인데, 단편적인 예를 들어 세부목표 8-1 "모두가 행복해지는 경제성장을 한다"의 경우, '행복한 성장'이라는 정성적 목표를 '연간 일인당 실질 GDP 성장률'이라는 정량적 지표로만 측정하는 문제가 있다. 2019년 현재 SDGs 이행을 위한 로드맵 구축이나 모니터링 및 평가 계획의 미흡함은 이러한 목표 간 정합성과 적절성의 문제와 밀접히 연계되어 있다는 점에서 이러한 문제점을 인식하고 해결하는 것은 매우 중요하다.

셋째, 중앙정부와 지방정부, 중앙부처 간, 정부-민간 협력체계가 미흡하다. K-SDGs 수립에 있어 약 90여 개의 관련 기관과 단체가 포함된 이해관계자그룹을 운영하였다는 점이 강조되고 있지만, 실제로 산업계와 시민사회, 계층, 세대 전반을 포괄하여 협력체계를 구축하고 그들의 의견을 충분히 반영하였다고 보기는 어렵다. 특히 중앙정부와 지방정부 사이 협력체계의 부재는 중장기적인 문제를 초래할 수 있다. 서울시는 서울형 SDGs를 제시하였고, 경기도는 2019년 1월 17개 목표, 68개 세부목표, 138개 지표를 포함한 '경기도 지속가능발전목표(G-SDGs)'를 발표하였다. 다른 지방자치단체 역시 유사한 지방 지속가능발전목표(Local SDGs: L-SDGs)를 준비하고 있다. 지역맞춤형 SDGs 및 지표를 설정하는 것 자체는 장려되어야 하지만, K-SDGs와 L-SDGs의 중복, 경합, 대립을 방지하기 위해서는 긴밀한 협력체계의 구축이 절실히 필요하다. 즉, 중앙-지방정부 간, 그리고 지방정부 간 상충하는 목표의 설정을 방지하거나, 목표 간 상호 보완성을 이룰 수

표 2» K-SDGs 목표 8: 좋은 일자리 확대와 경제성장

번호	세부목표 7	지표 11(UN 대비 신규 4)	소관부처
8-1	모두가 행복해지는 경제성장을 한다.	• 연간 일인당 실질 GDP 성장률	기재부
8-2	좋은 일자리 창출을 위한 정책을 강화한다.	• 인구집단별 고용률(성별, 연령별, 장애여부별)	고용부 여가부
8-3	자원을 효율적으로 활용하여 경제성장으로 인한 환경훼손을 억제한다.	• 물질 발자국	환경부 산업부
		• 국내 자원소비량(백만 톤)	
8-4	동일한 가치노동에 대해 동일한 임금을 지급한다.	• 여성고용률(%)	고용부 여가부
		• 남녀 임금격차(%) (남성 대비 여성급여)	
8-5	청년 고용률을 증가시킨다.	• 공공기관 청년고용 의무제 이행비율	고용부 기재부
		• 중소기업 고용보험 피보험자 증가율(%)	
8-6	모든 근로자의 권리를 보호하고 안전하고 건강한 근로 환경을 조성한다.	• 사고사망 만인율(%)	고용부
8-7	지속가능한 관광진흥정책의 개발과 이행을 통해 일자리 창출에 기여한다.	• 전체 GDP에서 관광분야의 기여율(%)	문화부
		• 전체관광산업 일자리 중 지속가능한 관광산업 일자리 비중(%)	

출처: 관계부처 합동(2018).

있도록 상호 충분한 논의가 이루어지는 체계에 대한 고민이 필요하다.

정리하자면, K-SDGs의 중요성에도 불구하고 이를 실질적으로 이행할 법·제도적 기반은 여전히 취약하다. K-SDGs 자체가 목표중심

적인 성격을 갖고 있음은 부인할 수 없다. 하지만, K-SDGs를 어떻게 달성할 것인가라는 과정중심적 관점에서 보자면, 이를 효과적으로 이행하기 위한 제도적 디자인이 매우 중요하다. 이러한 맥락에서 보다 효과적인 K-SDGs 이행을 담보하기 위한 제도적 변화와 더불어, K-SDGs의 목표, 세부목표, 지표 간 정합성을 제고하기 위한 노력이 필요하다. 이미 제시된 K-SDGs를 전면적으로 수정하는 것은 어렵지만, 이를 금과옥조(金科玉條)처럼 받들 필요는 없다. 한국 사회의 현실을 반영하고 실질적으로 지속가능한 발전을 위한 더 나은 목표와 지표가 있다면 이를 빠르게 수정하는 편이 더 효과적이다. 이를 위해서는 민관, 중앙-지방 등 다양한 행위자 간의 협력체계를 구축할 필요가 있다.

III. 우리 사회문제의 해결과 SDGs 국내 이행 연계

SDGs의 국내 이행은 단순히 과거의 경제발전 5개년 계획에 현재의 새로운 가치를 더한 발전계획을 세우는 것 이상의 의미를 지니고 있다. 그럼에도 불구하고 K-SDGs는 국민적 관심은 물론이거니와 정부부처나 정치권, 개발협력 관련 민간단체에서도 큰 반향을 불러일으키지 못하고 있다. 문제는 UN SDGs를 이행하기 위한 K-SDGs를 수립하는 것 자체에만 급급하였다는 것이다. 이를 극복하기 위해서는 우리 사회의 문제 해결을 위한 방안으로 SDGs를 준거삼아 K-SDGs를 수정 및 보완하는 것이다. 즉, 하향식 방식으로서의 발전목표 수립이 아니라 쌍방향적 방식으로서 발전목표를 수립할 필요가 있다. 이를 위해서는 첫째, 경제발전에 대한 근본적인 논의와 K-SDGs의 연계, 둘째, 이행을 위한 거버넌스 구축, 셋째, 다양한 파트너십의 강화가 필요하다.

첫째, K-SDGs에는 경제발전에 대한 비전과 전략, 목표가 보다 체계적이고 적극적으로 통합될 필요가 있다. 정부와 시장 간의 관계에 대한 무수히 많은 논의와 상반된 의견에도 불구하고, 한국의 경제발전에 있어서 정부는 매우 중요한 역할을 하였고, 앞으로도 그러할 것이다. 우리 사회의 가장 중요한 문제 중 하나이지만 K-SDGs에서 상대적으로 간과된 문제는 지속가능한 '경제발전'이다. K-SDGs에서는 정부의 구체적 정책목표와 수단을 제시하지는 못하더라도 최소한 경제발전에 대한 미래 비전과 혁신의 방향, 정부의 의지 등을 제시하는 지시적인(indicative) 역할은 수행해야 한다. 즉, 4차 산업혁명이라는 거대한 패러다임적 변화와 혁신의 흐름에서 미 · 중 갈등, 한 · 일 갈등 등으로 발현되고 있는 글로벌 시장 및 국제정치경제적 환경의 변화와 더불어 대기업 · 중소기업 관계 및 기업지배구조 개선, 금융산업재편, 저출산, 노령화, 이주 등 국내 경제 · 사회적 변화를 고려한 정책적 방향을 제시할 필요가 있다.

먼저 최근의 글로벌 정치 · 경제적 상황은 지속가능한 경제발전을 위한 새로운 패러다임이 필요함을 잘 보여준다. 1960년대 이후 한국의 급속한 경제성장은 시장, 산업에 대한 강력한 국가개입, 유능하고 자율적인 경제관료, 국유화된 은행을 통한 국가와 자본의 위험 분산 등이라는 다양한 요인들의 결합이 만들어 낸 산물이다(Jung, 2012). 하지만, 이러한 경제성장을 가능하게 하였던 국제적 · 국내적 맥락은 빠르게 변화하였다. 재벌의 성장과 민주화, 탈냉전은 이러한 경제성장의 지속가능성에 도전장을 내밀었고, 1997년 금융위기는 한국으로 하여금 국가-시장의 관계를 재구성할 것을 강제하였다. 위기극복과정에서 신자유주의적인 개혁으로 불리는 1990년대 후반 이후의 경제개혁정책은 한국 경제를 되살리는 데 성공하였지만, 재벌의 경제집중력 강화라는 기존의 문제는 악화하였고, 노동시장 유연화 등으로 인한 경제적 불평등이라는 문제가 추가되었다. 2008년 글로벌 금융위기와 뒤이은 경기침체는 보다 평등한 소득재분배에 대한 목소리를 높이게 하였고, 이는 경제민주화라는 강력한 개혁 담론으로 이어졌다. 그러나 경기하락에 대한 불안과 이로 인한 규제완화와 친기업적 정책의 필요성에 대한 요구가 증대함에 따라 경제민주화를 위한 모멘텀은 약화되고 있다.

이러한 상황에서 국제정치경제적 상황은 한국 경제의 패러다임적 전환을 더욱 요구하고 있다. 미국 트럼프 행정부의 중국에 대한 경제적 압박과 이에 대한 중국의 반발로 대표되는 미 · 중 간 경제적 갈등은 단순한 경제적 갈등이 아닌 지구적 · 지역적 패권을 둘러싼 경쟁이라는 점이 갈수록 명확해지고 있다. 문제는 미국이라는 전통적인 우방국과 중국이라는 최대의 경제파트너 사이에서 한국의 운신 폭은 갈수록 좁아지고 있다는 점이다. 게다가 무역의존도가 높은 한국 경제구조의 특성상 향후 미 · 중 무역갈등과 보호무역주의 경향의 심화는 한국 경제의 험난한 앞날을 예고하고 있다. 일제 강제징용 피해자에 대한 일본 기업의 배상 의무를 인정한 한국 대법원의 판결 이후 이에 대한 일본의 경제보복으로 시작된 한 · 일 간 갈등 역시 한국 경제의 전환 필요성을 보여준다.

2030년 달성을 목표로 하는 K-SDGs는 이러한 국내외 정치 · 경제 · 사회적 변화를 반영하여야 한다. 물론 K-SDGs를 통해 경제성장을 위한 구체적 목표와 방안 전반을 제시하기에는 분명한 한계가 있다. 하지만, 앞서 설명한 국가 간 무역갈등의 양상이 한국의 지속가능한 경제발전에 지대한 영향을 미칠 것임이 자명하다면, 앞으로의 지속가능한 발전의 방향성과 달성방안에 대한 최소한의 고민을 K-SDGs에 녹여낼 필요가 있다. 특히 4차 산업혁명이 진행되는 상황에서 세계 각국은 과학기술적 혁신을 통한 산업경쟁력, 국가경쟁력 제고에 사활을 걸고 노력하고 있다. 이러한 점에서 보다 적극적인 산업정책적 요소들을 K-SDGs에 어떻게 결합할 것인가에 대한 고민과 범정부적 노력이 필요하다.

둘째, SDGs의 국내 이행은 하나의 정해진 정책을 수립하고 이행하는 것이 아니라 지속가능발전을 위해 한국에 적합한 경로를 찾는 과정이다. 따라서 다양한 이해관계자를 포용함과 동시에 이들의 이해관계를 조정하고 책임 있게 추진하는 거버넌스를 구축해야 한다. 먼저 국가적 차원에서는 SDGs 국내 이행과 관련된 지속가능발전위원회, 국제개발협력위원회, 녹색성장위원회 사이의 관계를 재설정할 필요가 있다. 2019년 현재까지의 상황을 보았을 때, 조직의 위상이나 역량 관점에서 지속가능발전위원회의 주도적 역할을 기대하기는 힘들다. 이러한 상태가 지속될 경우, K-SDGs는 선언적 의미를 넘어선 실질적 효과를 거두기 어렵다. 따라서, K-SDGs를 주도하는 거버넌스를 새롭게 구축하거나 변경하는 방안, 지속가능발전위원회를 대통령 산하 혹은 국무총리 산하에서 활동하도록 하면서 다른 두 위원회와의 관계를 재설정하는 방안 등 실질적인 효과를 발휘할 수 있는 변화가 필요하다. 동시에 인력과 예산 등의 확대 역시 고려되어야 한다.

이와 관련하여 일본의 사례를 주의 깊게 관찰할 필요가 있다. 일본의 경우, SDGs 국내 이행을 위해 2016년 5월 총리를 의장으로 하고 모든 성청 장관이 참여하는 'SDGs 추진본부(SDGs Promotion Headquarters)'를 설립하였다. 추진본부를 내각 내에 설립함으로써 성청 사이의 협력과 조정을 제고하고 종합적이고 효과적으로 SDGs 관련 조치들을 이행하기 위해 노력하고 있다. 추진본부는 SDGs 이행의 컨트롤타워로서 이행프레임워크와 SDGs 이행지침원칙(Implementation Guiding Principles)을 만들고 향후 이행과정을 평가하고 모니터링하는 의무와 권한을 가지고 있다. 추진본부는 다양한 관련 정부부처와의 협의뿐만 아니라 SDGs 추진원탁회의(The SDGs Promotion Roundtable Meetings)를 활용한다. 즉, 시민사회, 민간기업, 학계, 국제기구 등 다양한 이해관계자들이 참여하는 원탁회의를 통해서 이들의 의견을 수렴하고 이들을 통해서 SDGs 국내 이행수준을 점검받는 것이다(Japan SDGs Promotion Headquarters, 2017; 홍은경, 2018: 17). SDGs의 국내 이행의 효과성을 제고하고 SDGs를 주류화(mainstreaming)하기 위해서는 다양한 해외사례를 참조하여 이행추진체계를 재구축할 필요가 있다.

또한, 국가적 차원의 추진체계도 중요하지만, 보다 실질적인 SDGs 이행은 지방정부수준에서 이루어진다는 점에서 중앙정부와 지방정부, 그리고 지방정부 간 이행체계의 정합성도 함께 고려되어야 한다. 한국 내에서도 지역별로 지속가능한 발전을 위한 선행조건이나 환경, 문제점 등이 상이하다. 따라서 지방자치단체별로 맞춤형 SDGs를 선정하고 지표를 개발할 필요가 있으며, 이 과정에서 K-SDGs와의 정합성 역시 고려되어야 한다. 이러한 점에서 서울형 SDGs, 경기도의 G-SDGs 등을 지자체별 특징을 반영한 SDGs를 제시하는 것은 긍정적인 현상이라 할 수 있다.

지역별 SDGs 뿐만 아니라 이행체계에 대한 고민 역시 필요하다. 어떤 지역은 시민사회의 활동과 역할이 미미하여 지방정부가 SDGs 수립과 이행을 주도할 필요가 있는 반면, 다른 지역은 시민사회가 핵심적 역할을 수행할 능력과 의지를 보유하고 있을 수 있다. 이러한 점에서 지역별로 이를 추진할 거버넌스 역시 상이할 수밖에 없다. 하지만 현재 지방정부의 SDGs 설정과 이행은 대체로 하향식 수행체계를 통해 이루어지고 있으며, 시민사회-기업-지방정부 사이의 협력체계 구축은 요원하다. 이러한 점에서 수원시-SDGs 거버넌스 구축 사례는 시민사회와 수원시가 어떻게 협력적 거버넌스를 구축하였는지와 함께 SDGs의 국내 이행을 위한 노력은 광범위한 사회적 합의와 협력의 기반이 필요함을 보여준다.

수원시의 SDGs 거버넌스 구축

2017년 11월 수원시는 민 · 관이 협력하여 「수원시 2030 지속가능발전목표」를 공동선언하고 이러한 목표를 달성하기 위하여 노력할 것을 공표하였다. 아울러 실질적으로 이를 이행할 제도적 근거를 마련하기 위하여 동월 「수원시 지속가능발전 기본 조례」(이하 기본 조례)를 제정하였다. 수원시의 SDGs는 "인간과 환경이 공존하는 지속가능한 도시 수원"이라는 비전을 달성하기 위하여 3대 분야(환경, 경제, 사회), 10개 목표, 57개 세부목표, 그리고 133개의 평가지표로 구성되었다. 이러한 수원시-SDGs의 특징은 목표를 설정하고, 구체적 세부목표를 제시하며 이에 대한 평가지표를 만드는 과정에서 다양한 이해관계자가 참여하였으며, 이러한 이해관계자들의 의견을 반영하고 역량이 충분히 발휘될 수 있는 거버넌스를 형성하였다는 점이다. 즉, 2030년까지 달성해야 할 목표를 중심에 두는 것이 아닌 정량 · 정성적인 목표를 설정하고 이루는 과정에 초점을 두었다는 점에서 다른 지방자치단체의 SDGs 이행체계와는 차별적이다.

수원시-SDGs를 형성하고 향후 이행하기 위한 수평적 거버넌스는 '수원지속가능발전협의회', '수원시 지속가능발전위원회', '수원시 기획조정실 정책기획과 지속가능전략팀'으로 구성되어 있다. 첫째, 수원시-SDGs의 시민참여 플랫폼이라고 할 수 있는 '수원지속가능발전협의회'(이하 지속협)는 1997년부터 활동한 시민사회 네트워크조직으로 수원시-SDGs 형성을 위한 기초작업을 수행하고 다양한 행위자를 대상으로 한 의견수렴, 모니터링, 옹호활동(advocacy), 조사 · 연구 및 교육을 시행하였다. 지속협은 2016년 수원형 SDGs를 제시하기 위한 기본 방향 중 최우선으로 민관거버넌스 구축이 필요하며, 이를 위해 행정(행정력, 인력, 예산), 시민사회와 산업경제계의 제도적 참여가 필요하다는 점을 강조하였다. 2017년 수원시-SDGs에 대한 시민, 공무원 등에 대한 설문조사와 전문가 그룹, 기업가조직, 중간지원조직, 이해당사자조직, 시민사회단체, 공무원설명회, 시민토론회 등을 통한 의견수렴을 거쳐 수원시와의 조율을 통해서 최종적으로 민관 합의를 이뤄냈다. 지속협은 시민사회에서 지속가능성 평가와 모니터링, 시민 대상 홍보 및 교육을 수행함으로써 수원시-SDGs 이행에 기여할 것으로 기대된다.

둘째, '수원시 지속가능발전위원회'(이하 위원회)는 수원시-SDGs 이행을 위한 의사결정기구로서 SDGs 관련 정책을 관리하고 점검 및 감독하는 역할이다. 「기본 조례」에 따르면, 위원회는 SDGs 기본전략, 이행계획의 수립 · 변경, 이행계획 추진상황 점검, 정책의견 제시, 지속가능발전지표의 작성 · 보완, 지속가능성 평가 및 지속가능성 보고서 등에 관한 사항을 심의 · 자문한다. 2018년 10월 출범한 위원회의 장은 수원시장이 맡고 위원은 29명으로 구성되었다.

셋째, 수원시 정책을 SDGs와 연계하고 SDGs 기본전략 및 이행계획을 수립하고 이행과제를 추진하는 수원시 지속가능전략팀을 포함한 관련 부서이다. 지속협은 수원시-SDGs 작성 초기부터 이행력을 담보하는 것이 매우 중요하다는 점을 인식하고, 수원시 공무원이 SDGs 형성과정에 참여하도록 하고 이에 대한 이해도를 높이기 위해 노력하였다. 이러한 과정에서 수원시는 SDGs의 체계적 추진을 위하여 이를 담당할 전담팀을 기획조정실 산하에 2018년 7월 설치하였다. 전담팀의 주요 역할은 SDGs 이행체계 구축을 위한 기반 마련, SDGs 관련 정책 추진과 민간활동 지원 등이다.

수원시-SDGs 이행을 위한 거버넌스의 중요한 특징은 각각의 행위자가 서로 소통하고 이해관계를 효과적으로 조정할 수 있도록 상호보완적 인원 구성이 되어 있다는 점이다. 예를 들면, 위원회의 위촉직 위원 중 1명 이상은 지속협에서 추천하는 협의회 위원이 참여하도록 「기본 조례」에 명시되어 있다. 위원회의 당연직 위원에는 본청 실·국장이 포함되어 있어서 행정적 차원의 협력 역시 가능하도록 제도화되어 있다. 또한, 2019년 현재 지속협에는 수원시 제1부시장이 공동회장을 맡고 있으며, 지속협 운영위원회 및 산하 위원회(지속가능발전연구위원회, 환경적지속가능성위원회, 경제적지속가능성위원회, 사회적지속가능성위원회)에 25명 이상의 실장, 팀장급 공무원이 위원으로 참여하고 있다. 여기에 수원시 출연·출자기관에서 참여하는 인원을 포함하면 35명 이상이 참여하고 있다. 이러한 수원시와 지속협의 협치체계를 통해서 만들어진 수원시-SDGs는 2018년 최우수상(국무총리상)을 수여하였다. 무엇보다 수원시-SDGs의 이행을 위한 거버넌스가 수원시-SDGs를 둘러싼 다양한 행위자의 의지와 역량, 그리고 상호보완적 관계를 고려하여 구축되었다는 점에서 긍정적으로 평가할 수 있다.

출처: 수원시(2017); 전국지속가능발전협의회(2018) 참조.

마지막으로, 국제사회에 대한 기여와 ODA를 통한 파트너국가와의 상생협력을 강화할 필요가 있다. K-SDGs는 SDGs의 국내 이행에 초점을 맞춘 나머지 국제사회와의 협력 및 국제사회에 대한 기여를 과소

평가하고 있다. SDGs의 성공적인 국내 이행을 위해서는 다양한 행위자 중 다른 국가, 특히 개발도상국과의 협력이 중요하다. 즉 K-SDGs의 17번째 목표인 '지구촌 협력 강화'에는 개발도상국의 SDGs 이행에 대한 지원강화가 강조되고 있지만, 사실상 K-SDGs의 다른 목표 달성에도 개발도상국과의 협력은 중요하다.

한국은 2010년 OECD/DAC 가입 이후 원조의 규모를 꾸준히 증가시켰다. 2013년 한국은 17억 5천5백만 달러의 원조를 제공하였지만, 2017년 그 규모는 22억 달러 이상으로 증가하였으며, 한국 정부는 2020년까지 국민총소득(GNI) 대비 ODA 비율을 2017년 0.14%에서 2020년에는 0.20%까지 늘리기로 하였다. 나아가 K-SDGs에서는 동 비율을 OECD/DAC 회원국의 현재 평균인 0.30% 수준까지 높이기로 하였다. 하지만, 최근 추이를 살펴보았을 때, 상기 목표를 달성하는 데

[그림 2] 한국의 공적개발원조(ODA) 규모 및 GNI 대비 ODA 비율(순지출기준)

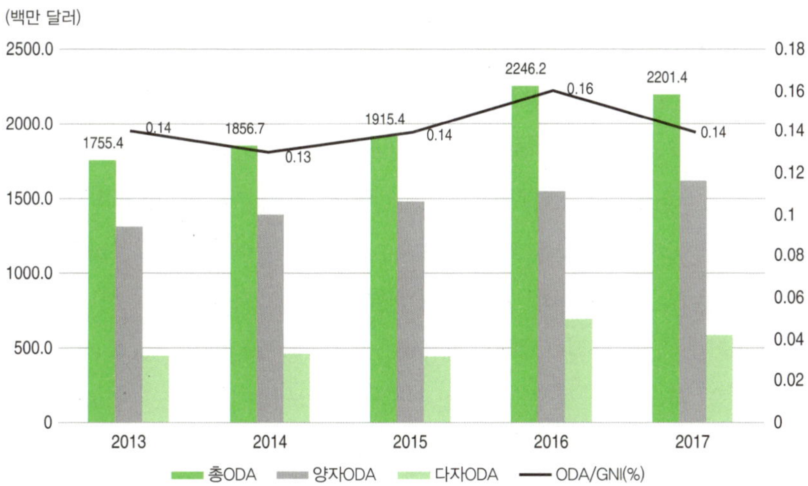

출처: 대한민국 ODA 통합홈페이지(www.odakorea.go.kr).

는 막대한 노력이 필요하다.

물론 원조 규모와 함께 원조의 질적 제고 역시 중요하다. 한국의 공적개발원조는 높은 구속성 원조(tied aid)의 비율로 인해 국내외에서 비판받고 있다. 수원국이 원조를 활용하여 조달하는 데 공여국이나 특정 국가의 기업들만 참여할 수 있도록 함으로써 수원국의 원조 활용에 대한 공여국의 통제를 통해 수원국의 의존도를 높이고 주인의식을 저해하며, 국제경쟁입찰에 비해 조달비용을 증가시킨다는 점에서 구속성 원조는 비판받고 있다(Jepma, 1991). 이러한 점에서 국제사회는 원조를 비구속화하기 위하여 노력하였지만, 양자원조의 경우, 2010년대 중반 현재 20% 이상이 여전히 구속성 원조이다. OECD에 따르면, DAC 국가들의 양자원조 총액에서 구속성 원조의 비율은 2010년 25.8%에서 2014년 21.4%로 낮아졌지만, 2015년 다시 23.8%로 증가하였다(OECD, 2017).

한국의 경우, 높은 구속성 원조 비율에 대한 비판에 대응하여 2010년 '국제개발협력 선진화 방안'에서 2015년까지 무상원조의 경우 100%, 유상원조는 50%를 비구속화하겠다는 목표를 제시하였다(관계부처 합동, 2010). 하지만, 2015년 현재 무상원조의 82%, 유상원조의 44%만 비구속화되었다. 목표치 달성에 실패한 이후 한국 정부는 '제2차 국제개발협력 기본계획'에서 2020년까지 비구속성 원조의 비율을 무상원조의 95%, 유상원조의 55% 수준으로 높이도록 조정하였지만, 목표 달성여부는 여전히 불투명하다(관계부처 합동, 2015). 하지만, 비구속성 원조의 실질적 구속화(de facto tying of de jure untied aid) 현상을 보았을 때, 한국 정부의 원조 비구속화 노력에도 불구하고 구속성 원조가 여전히 한국 공적개발원조의 큰 부분을 차지할 것이라고 예상할 수 있다(남수정 · 정헌주, 2018).

더욱 중요한 점은 K-SDGs에서는 17번 목표인 '지구촌 협력 강화'

에 대한 세부목표 중 원조 규모를 제외한 목표에 대한 지표설정과 목표치를 제시하지 못하고 있다. 즉, 원조의 양은 답보하고 있고, 원조의 질 역시 향상되지 않는 상황에서 K-SDGs는 어떻게 이러한 문제를 극복하고 SDGs-17을 이행할 것인가에 대해서 명확한 방안과 목표치를 제시하지 못하고 있다는 점이다. 구체적으로, 한국 정부는 K-SDGs 17번째 목표 중 세부목표로 "다자무역체제를 촉진하고 개도국의 교역 및 투자증대를 지원한다(세부목표 17-2)", "개도국의 지속가능발전을 위한 다양한 글로벌 파트너십을 강화한다(세부목표 17-6)", "효과적인 공공, 공공-민간 및 시민사회 간 파트너십을 권장하고 촉진한다(세부목표 17-7)" 등을 제시하였다. 하지만 명확한 지표나 목표치는 제시되지 않고 있다. 예를 들면, 개도국과의 교역 비중이나 개도국에 대한 투자규모 확대가 세부지표로 제시되고 있지만, 2030년도에 달성할 목표치는 여전히 불명확하다.

또한, 개발협력을 위한 다양한 글로벌 파트너십에 대한 고려 역시 부족하다. 최근 원조 규모의 증가세가 주춤하는 맥락에서 국제개발협력의 중요한 논의는 어떻게 하면 개발협력을 위한 재원을 확보할 것인가에 대한 논의이다. 이러한 점에서 한국 정부는 개발도상국과의 국제협력에 대한 보다 체계적 · 전략적 관점에서 바라볼 필요가 있다. 개발도상국의 경제적 · 사회적 발전을 도모하고 동시에 원조의 질과 양을 높이기 위해서는 한국과 수원국의 다양한 행위자—기업, 시민사회, 지방정부 등—사이의 협력적 파트너십을 구축하는 것이 필요하다. 한국의 공적개발원조는 수원국의 지속가능한 발전을 목표로 하면서 기업의 무역과 투자를 촉진하는 방향으로 전개될 필요가 있다. 이를 위해서 한국 정부는 기업들이 개발도상국과의 교역 및 투자에 내재한 위험을 함께 나눔으로써 위험회피적(risk-averse) 태도를 위험추구적(risk-taking) 태도로 전환시키기 위한 노력이 필요하다. 금융적 지원이나 정보제공, 원조와의 연계 등 다양한 방식들이 제시될 수 있을 것이다. 이러한 과정에서 시민사회는 이러한 공적 원조와 사적 이익 추구의 결합이 수원국의 발전에 부정적 영향을 끼치지는 않는지를 감시하고 국제적 규범을 따르도록 노력해야 한다.

물론 국제적 규범은 전가의 보도는 아니다. 국제적 규범 역시 특정 국가나 집단의 이념이나 아이디어를 반영하고, 그들의 이익에 복무할 수도 있다. 물론 국제개발 관련 국제규범은 오랜 기간 동안 다양한 행위자들의 논의와 합의에 의해 이뤄졌다는 점에서 특정 국가나 집단의 이념과 이익을 반영하였다고 보기는 어렵다. 하지만, 동시에 원조 관련 국제규범은 특정 시기의 국가 간 힘의 관계, 다른 국제규범과의 상호작용, 그리고 당대의 지식과 연구결과를 반영하였다는 점에서 한계적이다. 따라서, 한국은 국제사회에서의 역할 증대와 함께 규범 형성에도 적극 참여하여야 한다. SDGs의 국내 이행은 그러한 점에서 한국이 책임 있는 행위자라는 점을 국제사회에 보여준다는 점에서도 매우 중요하다. 즉, SDGs의 성실한 국내 이행은 연성권력(soft power) 제고 및 공공외교적 효과가 있다는 점 역시 고려되어야 한다.

IV. 결론

UN SDGs는 2030년까지 지구적 차원에서의 발전 방향과 목표를 제시한 국제규범으로 선진국과 개발도상국뿐만 아니라 국제사회 모두가 책임 있는 행위자로서 체계적 이행을 위해 노력해야 한다. 하지만,

2019년 현재 그리고 예측가능한 미래의 국제정치경제 상황은 공통의 목표를 향해서 협력하기보다는 주요국이 자국의 이익 추구에 우선 순위를 둘 가능성이 크다. 한국 역시 이러한 국제정세에 밀접하게 연관되어 있다. 이러한 상황에서 K-SDGs를 이행하는 것은 중장기적인 국익에 반하거나 적어도 국익에 도움이 안 되는 것으로 간주될 수 있다. 하지만, UN SDGs와 K-SDGs의 정합성을 높이는 가운데 K-SDGs가 우리 사회의 문제를 해결하는 방식으로 재구성되고 추진된다면, 이러한 상충관계를 극복할 수 있다.

이러한 점에서 K-SDGs는 향후 한국의 지속가능한 경제 · 사회발전 모델을 어떻게 구축할 것인가, 그리고 그러한 경제 · 사회발전이 어떻게 국제사회에 기여할 것인가를 고민하는 것과 다름이 없다. 즉, K-SDGs의 세부목표, 지표, 목표치가 오히려 새로운 모델 구축에 질곡으로 작용해서는 안 된다는 것이다. 핵심은 K-SDGs가 새로운 발전 모델과 패러다임 창출에 촉매제 역할을 하는가이다. 하지만, 현재의 K-SDGs는 목표 달성이 되더라도 더욱 중요한 새로운 모델과 패러다임 창출에 전혀 기여하지 않을 수도 있고 오히려 목표 달성이 오래된 모델을 지속시킬 수 있다. UN SDGs의 국내 이행을 우리 사회문제의 창의적 해결을 위한 기제로 발전시킨다면 한국 사회의 지속가능한 발전과 국제사회에의 기여라는 상호 보완 가능한 목표를 조화롭게 달성할 수 있다고 기대한다.

같이 생각해 볼 문제

1. 국제규범의 국내 이행은 중요한가? 중요하거나 그렇지 않다면, 왜 그러한가?
2. 국가별로 국내 이행의 차이는 왜, 어떻게 발생하는가?
3. 한국의 지속가능한 경제발전을 위한 정책집행과 SDGs 달성은 어떠한 관계를 갖는가?
4. SDGs의 달성을 위해 국내 거버넌스는 어떻게 변화하여야 하는가?
5. 자유무역체제의 균열, 미 · 중 갈등이라는 맥락에서 한국의 SDGs 국내 이행과 새로운 지속가능한 경제 · 사회발전 모델은 어떻게 구축해야 하는가?

참/고/문/헌

관계부처 합동. (2010). "국제개발협력 선진화 방안." 2010.10.25.

______. (2015). "제2차 국제개발협력 기본계획(안)." 2015.11.10.

______. (2018). "국민이 체감하는 지속가능한 삶의 질 개선을 위한 국가 지속가능발전목표(K-SDGs) 수립 추진경과 및 세부목표지표 체계(안)." 2018.7.27.

김태균 · 심예리 · 김보경. (2016). "국제개발 규범의 국내화 과정에 관한 연구: 지속가능발전목표(SDGs)와 한국의 국내 이행 정책수립에 관하여." 「국제지역연구」 25(1): 81-125.

남수정 · 정헌주. (2018). "한국 비구속성 원조의 실질적 구속화 현상에 대한 탐색적 연구." 「한국과 국제정치」 34(4): 59-88.

박정호 · 정소윤 · 김은주. (2017). "지속가능발전목표(SDGs) 이행 실태 분석 및 개선방안 연구." 「KIPA 연구보고서 2017-28」. 서울: 한국행정연구원.

수원시. (2017). "지속가능발전 기본 조례." (시행: 2017.11.17.)

전국지속가능발전협의회. (2018). "지역형 지속가능발전의 씨앗-시민과 함께 만든 "수원시 2030 지속가능발전목표." 「2018년 제20회 지속가능발전대상 공모전 우수사례집」.

정헌주. (2015). "글로벌 사회에서의 위험." 하연섭(편저). 「위험사회와 국가정책」. 서울: 박영사.

홍은경. (2018). "국가별 SDGs 이행전략 및 프로그램-일본." 「개발과 이슈」 42.

Japan SDGs Promotion Headquarters. (2017). "Japan's Voluntary National Review." Report on the implementation of the Sustainable Development Goals. July 2017.

Jepma, Catrinus J. (1991). *The Tying of Aid*. Paris: OECD.

Jung, Heon Joo. (2012). "Corporate Restructuring and System Reform in South Korea." in Byung-Kook Kim, Eun Mee Kim, and Jean C. Oi (eds.). *Adapt, Fragment, Transform: Corporate Restructuring and System Reform in South Korea*. Stanford: The Walter H. Shorenstein Asia-Pacific Research Center.

OECD. (2017). "2017 Report on the DAC Untying Recommendation." DCD/DAC(2017)6/FINAL. Paris: OECD.

제3부

새로운 도전과 정책의 미래

제7장

정책의 합리성과 권력: '정무적 판단'의 오용과 과잉

I. 문제 제기

1. 모더니즘 시대의 합리성

정책의 합리성은 오래된 주제이다. 정책과 관련된 모든 측면을 이 개념이 함축하고 있다고 해도 과언이 아니다. 그래서 학문 연구자들로 구성된 정책학 학문 공동체에서는 정책의 합리성 중에서 분석 · 평가와 관련된 요소만을 분리하여 다루기도 한다. 연구 활동을 통한 전문성을 활용하여 다루고 기여할 수 있는 방안을 모색하고자 하는 뜻으로 해석된다.

그러나 분석 · 평가도 권력으로부터 자유롭지 못하다. 한국에서 관찰되었던 용인 경전철 사업, 이명박 정부의 4대강 사업과 자원외교 등은 수요의 예측, B/C분석, 환경영향평가가 얼마나 권력에 의해 영향을 받고 왜곡되는지 여실히 보여주고 있다. 더 크게 보면, 권력의 교체에 따라 정부가 바뀔 때마다 독자성의 과시와 이익의 독점을 위해 기존의 정책들을 단절시키고, 새로운 정책목표와 하위 프로그램들을 대거 출범시키는 일이 반복되고 있다. 여기서 비롯되는 사회적 비용은 막대하다. 그때마다 어김없이 '객관적' 수요예측과 비용–편익의 분석, 환경영향평가 등이 동원되고, 권력에 영합하여 합리성을 방기하는 결정이 정무적 판단이라는 이름으로 선택된다.

이 글은 정책의 합리성이 권력에 의해 어떻게 왜곡되며, 그 권력에 맹종하는 정치인과 관료들의 정무적 판단이 어떠한 사회적 비용을 초래하는지 논의하고자 한다. 오랫동안 정책학은 정책의 합리성에 영향을 주는 요인들로 기술, 자원, 대상 집단의 순응, 집단 간 상호작용 등을 다루어 왔지만, 이는 대단히 협소하고 편협하게 다듬어진 개념들이다. 정작 권력을 획득한 집단의 힘에 의해 이루어지는 합리성의 왜곡과 파괴는 거의 주목을 받지 못하였다. 실상, 정책의 합리성은 실질적으로 권력에 의해 왜곡되고 파괴되는 측면이 강하다.

정책의 합리성에 대한 논의는 사이먼(H. A. Simon)을 화두로 시작하는 게 안전하다. 그는 이른바 모더니즘 시대에 정립된 합리성의 개념을 최일선에서 이끌었던 연구자였다. 이성(理性)이 지배하는 영역에서의 합리성을 극대화하고자 정책결정 메커니즘을 해석하고 정형화시키려 시도한 노력이 오늘날까지 정책연구에서 주류로 지배하고 있기 때문이다. 합리성의 극대화가 실현될 수 있는 영역으로 사이먼은 일찍이 인공지능(Artificial Intelligence) 연구를 선도하기도 하였다. 그는 1956년 뉴햄프셔 하노버의 다트머스 대학교 수학과 조교수였던 매카시(John McCarthy)가 인공지능이라는 개념을 처음 사용하기 십여 년 전에 인공지능을 주목하였다(Kaplan, 2016). 1957년에 사이먼은 10년 안에 컴퓨터가 인간의 체스를 이길 것으로 예측하였다. 그의 예측은 실현되기까지 40년이 걸렸는데, IBM의 딥 블루가 러시아 출신 체스 챔피언 카스파로프(Garry Kasparov)를 1996년의 첫 번째 체스 대국에서 이기고, 1997년 Deeper Blue가 체스 토너먼트에서 그를 완전히 이겼기 때문이다. 그리고 체스보다 패턴이 복잡한 바둑에서 알파고가 중국의 커제(柯洁)를 이기기까지는 60년 걸렸다(이종수, 2018: 296).

사이먼은 합리모형의 한계를 인식하고 대안적 설명을 시도하였다. 객관적이고 절대적인 합리성을 의심하는 비판들을 받아들이고, 만족(satisfying)할 만한 또는 최적(optimal)수준의 합리성을 추구하는 정책분석 · 평가와 결정을 모형화하기도 하였다. 단순히 기술적 · 경제적 합리성을 넘어 만족 혹은 최적 수준의 의미를 포괄하는 뜻으로 합리성의 개념을 확장한 셈이었다. 그러나 이 경우에도 사이먼은 합리성을 가장 궁극적인 지향성의 본류로 상정했던 것은 분명하다. 사이먼 사후의 사회적 환경의 변화를 고려하여 판단하자면, 사이먼은 모더니즘 시대의 합리성 개념을 선도한 연구자였고, 모더니즘 사회의 이완과 해체에 따라 도전을 받게 되었다. 제2차 대전 이후 포스트모더니즘은 그 흐름이 형성되어 해체와 탈이성적 사고를 주장하기 시작한 후, 1960년대 프랑스와 미국을 중심으로 확산되었다. 문화와 철학 분야의 이러한 사조가 사회과학으로 전이된 시점을 기준으로 판단해 보자면, 사이먼의 사고와 합리성 개념은 다분히 모더니즘 시대의 산물이었다.

예를 들어, 근대성에 대한 평가로 널리 인용되는 바우만(Zygmunt Bauman, 1925년 11월 19일~2017년 1월 9일)의 견해를 보자. 바우만은 근대성을 종국적으로 '정형화된' 이라는 개념이 가장 잘 압축하고 있다고 평가했다. 이는 곧 잘 알려지지 않은 것들과 불확실한 것들을 제거하는 것이라고 바우만은 설명한다. 인간이 자연을 지배하는 것, 위계적 관료제, 법과 규정, 관리와 범주화가 이러한 작업을 위한 대표적 속성들이다.[1]

사회문화적 측면에서는 근대성이 강하게 해체되는 흐름이 나타나는 속에서도 정책에 대한 연구와 합리성의 개념은 매우 미미한 변화만을 경험하여 왔다. 대단히 광범한 사회적 합의를 추구하고, 평균적 사람들의 인식과 참여 그리고 그들이 수용하는 정당성의 근거를 중시하기 때문이다. 사회문화적 변화를 반영하는 데 한계가 있고, 실험적 시도를 회피하는 정책연구는 오늘날에 이르러서도 사이먼의 합리성을 크게 벗어나지 않으려 한다. 근대적 합리성의 개념을 일부 비판하는 정도에 그치고, 오히려 단순한 분석기법의 사용에 있어서 사이먼보다 보수적이고 미온적인 시각을 보여주기도 한다. B/C분석, PERT, CPM

1 Bauman(1989, 1991)을 참조할 것.

등 관리과학적 기법을 활용하는 경우 사이먼이 추구하고자 했던 합리성보다 협소하고 보수적인 입장을 유지하고 있다.[2]

다만, 사회정치적 변화를 수용하여 정책의 분석 · 평가와 결정에 개입되는 정치적 상호작용, 영향력, 정책 네트워크, 이익의 배분, 틀짓기, 금긋기, 그리고 전략 등의 용어들이 일반화되었다. 이러한 변화는 근대성을 전면적으로 수용하는 과거의 합리성 개념보다는 유연하고 개방적인 시각을 보여주고 있다.

이 같은 최근의 변화를 수용한다 할지라도 정책학은 전통적으로 정책의 합리성에 대한 시각을 정책과정중심으로 좁고 경직되게 설정하여 왔다. 순응, 사회적 수용성, 관련 이해관계자 집단 등의 개념을 사용하기는 하지만, 이에 대한 관심마저 압도적으로 좁은 의미의 정책과정 자체에 대한 관점에서 수용할 뿐, 보다 넓은 사회적 관점과 시장을 소홀히 취급하며 정책이 다루는 정책의 내용을 본격적으로 다루지 않으려는 성향을 보였다. 이는 정책학이 특정한 개별 분야를 내용적으로 세분화하지 않고 정형화된 정책과정을 추적하는 연구로 머무는 특성을 보이는 것과 동일한 현상으로 해석된다.

그 결과, 정책의 분석 · 평가와 결정에 개입된 합리성의 논의가 동태적 권력의 문제를 소홀히 다루는 문제를 야기한다. 기술적 · 경제적 합리성을 본류로 하면서도 그것을 경제학처럼 본격적으로 분석하지 않고, 정책이 보유하는 정치사회적 영향관계를 간과하는 모습이 관찰된다. 자연스러운 결과로 정책의 합리성을 지배하는 권력의 문제를 포착하거나 주목하기 어렵게 된다.

정책의 합리성이 근대성을 벗어나 포스트 모더니즘하에서 어떻게

2 정작 경제적 그리고 기술적 측면의 합리성은 경제학이나 공학에 맡겨 놓고 있는 실정이다. 비용-편익의 분석도 언급을 하지만, 본격적인 분석의 주체가 되거나 활용하는 단계에까지 이르지 않는 것이 대부분이다.

해체되고, 유연화되는지를 논하는 것도 흥미로운 주제이다. 합리성의 개념 자체가 유연하고 신축적인 개념으로 변모하고 있는 중이다. 그러나 이러한 변화를 보이는지 본격적으로 논하는 것은 이 글의 목적이 아니다.[3] 여기서는 하나의 문제 제기로서 한국의 현실에서 정책의 합리성이 권력에 의해 어떻게 왜곡되고 훼손되는지를 설명하려 한다. 기술, 예측, 대상집단의 불순응 등이 논의되지만, 정작 정책의 합리성은 권력에 의해 왜곡되는 것이 대부분이라는 시각을 딛고 있다. 이론적 논의에서 비합리적 감정, 정서, 인지능력의 한계 등이 정책의 합리성에 포함되어야 한다고 지적되고 있으나, 정작 권력에 대한 논의는 미미한 편이다. 권력은 이미 정책의 합리성에 과도하게 영향을 미치며 합리성을 왜곡하는 실체이고, 포스트 모던 시대에 요구되는 확장된 정책합리성의 출현을 방해하는 주범이다.

2. 합리성의 비합리적 토대 혹은 비합리성의 합리적 근원

모더니즘 시대의 기술적 혹은 경제적 합리성 개념을 비판하는 대표적 시각은 인간의 욕구와 감정을 조명하는 데서 출발한다. 최근 과거의 비합리성을 합리적으로 조명하는 시도에서 이는 잘 드러난다. 정책의 분석 · 평가와 결정에서 나타나는 '합리성의 비합리적 근원'이나 '비합리성의 합리성'을 조명하는 시도는 동일한 내용으로 볼 수 있다. 이들은 모두 인간의 감정과 욕구, 개별적 취향, 때로는 정치 등이 정책의 분석 · 평가와 결정을 좌우한다고 주장한다. 말하자면, '합리적 비합리성'을 규명하거나 비합리성의 합리적 근원을 설명하고자 하는 것이다.

3 정책 합리성 개념의 변화와 '유연 민주주의' 시대에 요청되는 합리성의 새로운 측면에 대해서는 이종수(2018); Bauman(2005)을 참조할 것.

다시 말해, 전자는 합리적 행동이 비합리적 결과를 초래하는 경우를 지칭하고, 후자는 비합리적 행동이 합리적 결과를 초래하는 경우를 지칭한다.[4]

자세히 보면 여기에도 두 가지 형태의 논의가 대세를 이룬다. 인간의 감정과 사적인 이익 그리고 무지 등의 비합리적 요인이 정책과정에서 작동하는데, 이것을 우리가 비합리적이라고 단정할 근거는 사실상 희박하다는 것이다(Stone, 2012), 또는 비합리성이 실제로 정책분석과 평가에 어떤 형태로 존재하며 어떤 역할을 하고 어떤 결과를 유발하는지 설명하고자 하는 입장이 관찰되고 있다(박흥식, 2018: 337).

비합리적 행위의 합리적 근원 혹은 합리적 행동의 비합리적 토대를 설명하는 데 빈번하게 인용되는 연구자는 스톤(Stone, 2012)이다. 정치학 배경을 보유한 그녀는 저서 *Policy Paradox: The Art of Political Decision Making*에서 정책의 문제와 과정 전체를 중립적인 분석의 문제로 보지 않고, 해석과 설득의 문제로 본다. 그녀에 따르면, 정책의 목표는 대개 능률, 형평, 자유, 안전 등 네 가지로 요약된다. 나라와 정부의 여건에 따라 조금씩 변용이 되기는 하지만, 대체로 정치권력은 이러한 네 가지의 범주 안에서 정책목표를 설정하고 구체적 프로그램을 설계한다. 여기서 스톤이 주목하는 것은 해석과 설득의 맥락이다. 중립적 분석과 객관적 합리성이 독자적으로 존재할 여지는 없다. 스톤의 틀은 기존의 정책학이 제공하는 정책과정 위주의 시야보다 넓은 사회정치적 맥락을 보여준다.

스톤(Stone, 2012: 11)은 정책의 합리성을 추구하고자 시도하는 차원을 세 가지로 분류한다. 그녀는 정책의 합리성을 추론의 차원, 사회모

---

4 넓게 보면, 두 개념은 동일한 현상을 지칭하는 것으로 이해할 수도 있다. 합리성과 비합리성이 순서적으로 혼재되어 있을 뿐 서로 섞여 있다는 뜻을 담고 있기 때문이다.

형의 차원, 그리고 정책결정모형의 차원에서 접근한다. 추론은 문제를 확인하고 목표를 설정하며, 대안을 모색하고 결정하는 일련의 분석과정이다. 정책의 기술적 실현가능성과 경제적 타당성을 제고하려는 분석이 여기에 해당한다고 볼 수 있다. 이에 비해, 사회모형은 이익을 극대화하려는 자율적이고 합리적인 사람들이 교환을 추구하는 장을 분석하는 것이다. 앞서 설명한 사회적 수용성 혹은 메타분석의 차원이 여기에 해당한다. 정책결정모형의 차원은 주로 분석 · 평가와 결정과정의 동태성을 주목한다(이종수, 2018).

스톤(Stone)의 설명에서 상호 중첩되는 부분을 단순화시켜 보면, 정책의 분석 · 평가와 결정에서 합리성이 문제시되는 맥락은 두 가지로 볼 수 있다. 첫째는 분석의 장이고, 둘째는 합의의 장이다. 먼저, 최적의 혹은 만족스러운 정책을 모색하기 위하여 모든 주체들은 분석을 한다. 절대적인 합리성을 신봉하든 아니면 만족스러운 수준의 이익을 확보하려 하는 경우이든 분석이 개입된다. 민주주의가 발달하지 못하거나, 부패가 횡행하는 곳에서도 분석은 설득의 기술로써 애용되고 있다. 민주주의가 진전된 나라에서는 정책의 결정과정이 지나치게 정치화하는 것을 예방하기 위하여 분석의 절차를 명시적으로 요건화하는 경우도 존재한다.

그러나 현실의 정책정보와 분석결과는 명료하지 않다. 불가피하게 해석을 필요로 하며, 이해관계에 따라 다르게 수용될 수밖에 없다. 예컨대, 위에서 언급된 정책목표로 안전이라는 가치를 중시하는 정권의 경우도 해석은 마찬가지로 불가결의 요소이다. 안전을 추구하고자 할 때, 그것이 누구의 어떤 안전인지 해석하여야 한다. 어린이, 여성, 노약자, 외국인, 장애인의 안전인지, 심리적 안전인지, 범죄로부터의 안전인지, 외적의 침입으로부터 국방을 튼튼히 하자는 목표인지 해석은 불가피하다. 나아가 누구의 비용으로 안전을 추구할 것이고, 어떤 전략을 채택할 것인지 계속 해석은 이어져야 한다.

해석은 자연스럽게 분석의 장을 합의의 장으로 이어지게 하는 중간적 위치에서 핵심적인 역할을 수행한다. 정책의 분석 · 평가와 결정을 해석하고 사회적으로 수용 혹은 합의하는 장은 보다 광범위한 요소들이 개입한다. 이념과 정치, 감정, 관계, 관성, 취향, 무지가 복합적으로 개입하기 마련이다. 합리성의 비합리적 근원 혹은 비합리성의 합리적 토대란 주로 여기에 대한 이해와 설명을 분석의 장과 연결해 동시적으로 설명하고자 할 때 등장하는 개념이다.

정책의 분석 · 평가와 결정과정에서 합의의 장에 다양한 요소들이 폭넓게 참여할 수 있도록 개방적 기제를 마련하고 그러한 관례를 축적해 온 나라들도 존재한다. 그러나 한국처럼 정책결정을 위한 합의의 장에서도 기술적 분석의 논리들을 중시함으로써 경제적 비용을 절약하는 국가들도 있다. 한국의 경우 현재 중앙정부나 지방정부에서 정책과제를 선정하는 경우 B/C분석을 의무적으로 거치도록 규정해 놓고 있다. 이것은 정책에 대한 합의과정에서 지나치게 정치적 해석이 충돌하는 것을 방지하기 위한 장치다. 사전에 B/C분석을 통한 결정기준을 마련하여 합의하고, 해석과 합의에서 충돌하는 사안에 대하여는 비용–편익 분석결과를 바탕으로 결정을 하겠다는 제도적 기제로 볼 수 있는 것이다.

II. 정책의 합리성에 대한 권력의 개입과 '정무적 판단'

1. 해석의 불가피성과 정무적 판단

앞에서 정책의 합리성을 논의하는 맥락을 분석의 장과 합의의 장으로 나누어 설명하였지만, 분석의 장이라고 해서 해석으로부터 자유로운 것은 아니다. 분석 역시 현재의 자료와 수식으로 완결되지는 않는다. 다수의 가정과 가설, 그리고 예측을 전제로 정책분석이 성립하기 때문이다. 그렇기 때문에 이에 대한 이해와 해석이 필요해질 수밖에 없다. 분석이 딛고 있는 전제와 가정에 동의하지 않는 경우에는 참여자들이 해석과 합의의 장에서 심각한 갈등에 노출될 수밖에 없다.

합의의 장에서는 해석이 더욱 중요해진다. 모호하고 단순한 정책목표, 그리고 분석의 결과를 어떻게 수용할 것인지 서로 충돌하게 된다. 예를 들어, 단순한 B/C분석의 경우에도 동일한 정책대안을 놓고 어떤 기준을 보유하고 있느냐에 따라 결정은 전혀 달라지게 된다. 비용의 변제기간, 단순 비용 · 편익의 비율, 순현재가치, 총이익 합계, 내부수익률 등 객관적인 기준을 어떻게 설정하느냐에 따라 완전히 다른 이익배분 결과가 나타나고 대안이 달라진다.

대개 정권이 교체되었을 때, 새로운 정권은 정책에 관한 규칙을 새로 만들고, 그 규칙을 적용하는 사람들을 자기 진영의 사람들로 교체한다. 후진국일수록 이러한 교체의 폭이 넓고 강제성이 크다. 권력자의 진영에 속한 사람들이 편익을 공유하려는 의지가 강력하기 때문이다. 선진국의 경우도 이와 비슷한 규칙의 교체와 인적 교체가 나타나기는 한다. 정책의 목표가 바뀌고, 이에 대한 해석을 변경하기 위한 것이다. 사회적 수요와 요구에 대응하기 위한 불가피한 해석의 변경이다. 그러나 정책과정에 관한 규칙의 변화와 인적 교체가 권력 참여자의 이익과 직결되는 정도에는 차이가 있다. 선진국일수록 권력 참여자의 개인적 이익의 수혜는 크지 않고, 정책적이고 이념적인 방향의 변화, 다시 말해 사회적 혜택과 부담의 주체를 교체하는 데에 역점을 둔다.

분석의 장과 합의의 장에서 '해석'은 불가피한 요소인데, 여기에는 기술과 자원 그리고 시간적 기간, 혜택과 부담의 대상 등 여러 가지 요인이 해석의 대상이 된다. 정책의 합리성을 다루기 위한 하나의 단일 정답(single answer)이 독립적으로 존재하는 것은 아니지만, 상황과 제약요건을 전제로 하는 담론은 소망스러운 답을 모색할 수 있다. 그러나 현실의 정책과정에서 이러한 해석은 '정무적' 판단으로 대체되기 일쑤다. 집권 정파와 지지세력에게 혜택이 돌아가거나 권력자가 제시한 정책 프로그램을 옹호하는 방향으로 무비판적 해석이 이루어지고, 하위의 정책결정들이 이루어지는 사례가 많다.

개념적으로, 정무적 판단이 무엇일까? 개념과 본질을 부정적으로 평가할 수는 없다. 그것의 본질은 다수 국민의 이익에 부합하도록 정책결정을 하여 공공성과 공익에 충실해야 한다는 당위를 지칭하는 말이다. 정책결정자 스스로의 판단이나 자원이나 기술적 요소에 대한 고려에서, 또는 딜레마 상황에서 거시적 공익, 다시 말해 다수 국민의 이익을 위해 판단을 하고 의사결정을 추구해야 한다는 기준을 지칭하는 말이다.

그러나 현실적으로 정무적 판단은 집권하고 있는 세력의 이익과 정책 프로그램에 부합하고자 하는 사고와 결정 내지는 사전적으로 집권자의 성향에 영합하려고 재량을 발휘하는 행위를 의미한다. 공무원이 보유한 광범한 재량행위가 정무적 판단이라는 미명 아래 합법적 테두리 안에서 집권 정당과 권력자에 봉사하는 결정을 내림으로써 사회적으로 발생하는 손실은 크다. 정책에서 균형 있게 고려되어야 하는 다양한 해석의 대상들이 생략, 축소, 왜곡, 은폐되기 십상이다. 형식적으로는 합법성을 보유하지만 내용적으로 권력자의 진영에 혜택을 주는 결정, 장기적 합리성을 훼손하면서 특정한 지역이나 집단을 우선적으로 고려하는 행동, 특정한 정책목표가 객관적 합리성을 인정받을 수 없음에도 불구하고 막대한 예산을 투입하는 무책임성이 정무적 판단에 의해 정당화된다.

실제로 최근 한국의 고위관료들에 의해 정무적 판단이 남용되거나 오용되는 경향이 크다. 예컨대, 이명박 정부의 4대강 사업과 자원외교, 박근혜 정부의 역사 교과서 국정화 사업은 대표적 사례다. 문재인 정부 초기의 소득주도 성장이라는 정책목표도 그렇게 평가될 가능성이 크다. 이러한 사례들에서 관료들은 무조건적 추종을 하였고, 이러한 행태는 잘못된 것이었음이 사후적으로 드러났으며, 천문학적 예산이 낭비되는 결과가 나타났다. 지방자치단체 차원에서는 용인의 경전철 사업을 비롯한 대규모 선심성 사업이 정무적 판단에 의해 타당성 분석의 면제, 견제와 감시 기능의 마비를 초래했다. 이러한 정책실패 사례들은 대부분 집권 세력의 권력에 무조건적으로 순응하는 정치인과 관료의 정무적 판단이 개입되어 있다. 권력에 영합하는 정치인과 관료들의 '정무적 판단'은 그들이 보유한 재량권 안에서 충분히 합법적이고, 합목적성을 표면적으로 보유하고 있다. 그러나 지역수준이나 국가 차원에서 대규모의 재정을 낭비하고, 사회적 갈등을 야기하며, 사회적 통합을 해치는 작용을 하였다.

2. 정무적 판단의 오용과 과잉 그리고 그 비용

정무적 판단으로 객관적 정책분석을 왜곡시킨 대표적 사례는 용인 경전철 사업이다(이종수, 2018: 300). 이 사례를 실패로 보는 판단의 근거는 세 가지다. 우선, 사업의 집행과 완료시점이다. 실시협약 체결 당시 용인 경전철은 2004년 7월 27일 실시협약을 체결하여 2009년 6월 준공 예정이었으나, 이보다 약 4년 늦은 2013년 4월 26일 개통하였다. 용인보다 2년 늦게 시작한 의정부 경전철이 개통한 이후에 개통한 셈이다. 실패의 또 다른 측면은 비용이다. 총공사비 1조 32억 원 가운데 6,354억 원의 민간자본이 투입된 용인 경전철은 2010년 완공됐지만, 최소 수입 보장에 부담을 느낀 용인시가 개통을 미루게 되었다. 결국, 법적 소송에서 용인시는 이자를 포함 약 8,500억 원을 시행사에 보전해 주고, 기존의 MRG(Minimum Revenue Guarantee) 방식계약에서 운영비 부족분을 보전해 주는 MCC(Minimum Cost Compensation) 계약으로 변경하여 2013년 개통할 수 있었다. 이후에도 연간 300~1,000억 원을 경전철에 투입하고 있는 상황이다. 마지막으로, 위 사업을 실패로 규정하는 세 번째의 측면은 갈등이다. 시와 시행사는 극심한 갈등으로 법정 공방을 이어가고, 시민들의 신뢰 추락과 시위 그리고 주민소송, 시의회 내에서의 갈등이 심각한 수준으로 지속되었다.

용인 경전철 사례는 자치단체장의 정치적 판단 착오와 부패혐의 사건으로 단순하게 규정할 수도 있다. 그러나 정책결정부터 집행까지 5년 넘게 이어진 다양한 정무적 판단과 그것에 의해 초래된 큰 손실을 간과할 수 없다. 정책의 분석과 결정, 집행 과정에서 투명하고 정상적인 절차들이 정무적 판단에 의해 왜곡 · 생략되었기 때문이다. 우선 권력의 개입이 정책분석 단계에서 수요예측을 크게 왜곡시켰다(이종수, 2018: 301). BTO(Built-Transfer-Operate) 방식을 전제로 수요예측을

한 초기 용역들을 보면, 2008년 운영기본계획에서 1일 이용객을 167,000명으로 예측하고 2004년 협약체결에서는 2010년 153,000명으로 예상하였다. 그러나 실제 초기 이용객은 당초 수요예측의 5.4%에 불과했다. 2014년에 이르러 이용객은 13,000명에 도달했고, 2018년 3만 명 선을 처음 달성했다.

중앙정부나 지방정부의 정책과정에서 권력의 지배가 얼마나 심각하게 나타나고, 정책의 분석평가 및 결정이 정무적 판단에 의해 얼마나 지배되는지 단적으로 보여주는 사례라 할 수 있다. 분석가들이 객관성을 견지할 수 있도록 독립성이 확보되어 있지 않고, 정책참여자들은 합리적 'No'를 하지 못하는 상태에 있다. 모니터링 제도는 존재하지만, 투명하고 민주적인 모니터링보다는 권력에 의해 허용된 역할에 그치고 있다.

이명박 정부가 추진하여 집행한 4대강 사업도 유사한 특징을 보인다. 대통령의 무리한 정책의지에 영합하기 위하여 기획재정부는 예비타당성 조사를 생략하고, 환경부는 환경영향평가를 2~3개월로 단축시켰으며, 국토해양부 장관은 수심의 깊이에 대한 타당성과 경제성 실태 자료를 의도적으로 보고하지 않았다. 그 결과 정권 교체 후 사업에 대한 조사로 사회적 에너지가 낭비되고, 경제적 손실이 컸다. 완공 후 50년간 4대강 사업의 편익은 6조 6,000억 원으로 예상했던 반면, 건설비를 포함한 총 비용은 31조여 원으로 추산되었다.

정무적 판단의 오용과 남용이라는 시각에서 볼 때, 심각한 문제점은 정책담당자에 대하여 위법과 과실의 책임을 묻기 어렵다는 점이다. 정치권력의 자의적 · 인위적 욕망으로 내려진 정책 방향에 대하여 동조, 추종하는 정무적 판단을 합법의 영역 내에서 했을 때, 커다란 실패와 비용에 대하여도 책임을 묻기 어려운 것이 사실이다. 표면적으로 이 문제는 정무적 판단을 한 정치인과 관료의 과실로 보이지만, 내용적으로는 위법이 은폐되어 있는 사안임에도 불구하고 현실적으로는 책임 추궁이 어렵다. 따라서, 단기적으로는 '성과평가'라는 기제 속에 정무적 판단의 실패와 책임요소를 강화하는 것이 대안이 될 수 있다.

III. 권력의 합리성 왜곡과 정무적 판단을 제어하기 위한 방안

1. 분석 · 평가 기관의 독립성

정책과정에 권력이 과도하게 개입하는 것을 방지하고, 정책 이슈에 대하여 지나치게 정무적 판단을 감행하는 것을 지양하기 위해 활용할 수 있는 유용한 장치가 기본적으로 분석 · 평가 시스템이다. 문제는 이러한 분석 · 평가 시스템 자체를 권력이 무력화하는 것이다. 현실적으로 권력에 영합하도록 분석 · 평가 기관과 연구자를 복종시키거나 활용하는 것이다. 결국, 이러한 문제를 해결하여 정책의 합리성을 제고하고 사회적 낭비를 줄이기 위해서는 분석 · 평가 기관의 독립성을 제도적으로 강화할 필요가 있다. 이것이 일차적으로는 권력에 의한 타당성 조사, 정책분석의 자의적 왜곡을 방지하고, 정치인과 관료의 정무적 판단을 제어할 수 있게 해 준다.

위에서 살펴본 것처럼 한국에서 관찰되는 정책의 실패와 비합리성을 초래하는 가장 큰 이유는 기술적 요인의 미흡보다는 권력에 의한 개입과 왜곡이다. 정책의 합리성에 대하여 제기되는 비판은 기초적으로 인간의 감정 같은 사념적인 요인들이 반영되어야 한다는 내용이지만, 실제 정책의 합리성을 저해하는 가장 큰 요인은 권력이다. 비판론자들의 지적처럼 분석 · 평가가 정치적 요인을 간과하거나 미흡하게 반영하는 것이 아니라, 실제는 권력의 영향과 개입을 과도하게 용인하고 수용하고 있다. 그래서 정책의 합리성이 심각하게 훼손되고 정책의 실패가 나타나기도 한다(이종수, 2018: 310).

만일, 합리성에 대해 비판론자들이 정책과 관련된 요인들의 정치적 함의를 반영해야 한다고 주장하기 위해서는, 지배적인 권력의 개입을 차단하고 대상 집단과 주민들의 비전과 선호를 더욱 반영해야 한다고 명백하고 구체적으로 말해야 한다. 우리가 주목해야 할 것은 합리성에 대해 비판론자들이 주장하는 정책분석과 평가에 가치의 개입이 불가피하다는 일차원적 불가피론이 아니라, 권력에 의한 부당한 왜곡과 통제를 제어해야 한다는 점이다.

한국에서 정책 분석 · 평가의 타당성을 높이고 정책실패를 예방하기 위해서는 분석 · 평가를 담당하는 조직이나 기관의 독립성을 강화하는 것이 중요하다. 지배적인 권력에 의한 합리성의 와해를 예방하고, 주권자인 국민과 대상 집단의 정통성 있고 타당한 권력에 분석평가를 순치시키는 과제를 동시에 추진하여야 한다. 그럼으로써 4대강 사업, 새만금, 시화호, 경전철 등의 사례에서 나타난 천문학적인 비용의 낭비를 예방하고, 정부의 정책이 신뢰를 회복할 수 있을 것이다.

2. 모니터링 기관에 대한 모니터링

만일, 분석 · 평가 조직이나 기관의 독립성을 제고하는 것에 어려움이 있다면, 차선책으로 분석 · 평가 기관이나 조직에 대한 모니터링을 강화하는 전략이 활용될 수 있다. 분석 · 평가 기관과 조직 자체를 넓은 의미의 모니터링 기관이라 한다면, 모니터링 기관에 대한 모니터링을 강화하는 것이다.

예컨대, 현재 한국의 모든 중앙정부 부처와 지방정부, 그리고 공공기관은 자체평가 담당 부서를 두고 자체평가를 시행하고 있다. 자체평가를 통해 성과급을 배분하고, 승진에 가점을 부여하며, 상위 기관에 의한 우호적 평가를 받을 수도 있다(국무총리실, 2019a). 그러나 각 기관이 실시하는 자체평가 결과를 신뢰할 수 있는가에 대한 문제는 아직도 의문으로 남아 있다. 예를 들면, 각 부처의 자체평가 결과의 순위는 그 부처 내의 국 혹은 과라는 평가단위가 보유하는 권력서열과 거의 일치한다. 중앙부처, 지방정부, 공공기관의 자체평가 결과는 시책을 수행하고 노력하여 결과를 창출한 세부 단위의 내역을 참고할 필요도 없이, 해당 부서의 조직 내 상대적 권력을 따라 평가결과를 제시해 놓은 것과 상이점이 없다고 착각을 일으킬 정도이다. 해당 조직 내에서 권력이 평가를 지배하는 현상으로 해석할 가능성이 존재한다.(국무총리실, 2019b)[5]

설령, 조직 내에서 각 부서의 상대적 권력과 선호를 따라 우수한 인재들이 배치되었다 하더라도, 정상적인 자체평가라면 자원의 투입과 노력, 그리고 여기서 창출된 결과와 영향을 따라 중립적으로 평가되어

5 조직 내에서 각 하위 세부 평가단위가 차지하는 권력의 서열과 자체평가 결과의 순위 사이에 상당한 일치가 존재하는 현상을 다르게 설명해 볼 수도 있다. 예를 들어, 선호 부서의 서열을 따라 우수한 인재들이 배치되었고, 그 구성원들의 역량에 따라 자체평가 결과가 도출되었다고 볼 수도 있다. 그러나 이 경우에도 평가단위 조직의 영향력과 권력에 따라 자체평가 결과가 결정되었다는 시각으로부터 완전히 자유롭기는 어렵다. 또 다른 대안적 설명은, 전체 기관의 미션과 업무상 중요성을 갖는 시책이 일정한 부서의 서열을 따라 배분되었고, 자체평가의 결과 역시 그러한 시책의 상대적 중요도에 따라 결과가 도출되었다고 볼 수도 있다. 이 경우도 역시 부서 사이의 권력의 서열, 업무의 상대적 성격이 갖는 비중, 그리고 자체평가 결과 사이의 상관성을 근본적으로 부정하기는 어렵다.

야 할 일이다. 아무리 다른 요인에 의해 부서 간 배치된 인력의 역량에 차이가 존재한다 할지라도, 이러한 차이를 반영하는 가중치가 존재하지 않는 한, 기존의 인력배치 상태를 전제로 각 부서가 사용한 자원과 노력 그리고 여기서 나타난 결과와 영향을 중립적으로 평가하는 것이 원칙이다. 그렇지 않다면, 업무의 상대적 중요도에 영향을 받는 후광효과(halo effect)와 각 부서의 권력이 직간접적 영향을 미친 것으로 볼 수밖에 없다.

중앙부처의 경우 국무총리실이 모든 기관의 자체평가를 모니터링하게 되어 있지만, 현재는 취합의 수준에 그칠 뿐 내용적 모니터링 수준에 이르지 못하고 있다(국무총리실, 2012). 각 기관 내의 권력에 배분, 혹은 선호부서 순서대로 자체평가 결과가 나타나는 현상을 심각하게 지적하고 본래적 의미의 능률성과 효율성을 독려한다면 개선은 어렵지 않게 이루어질 수 있다. 즉, 모니터링 기관이 내실 있게 분석 · 평가 기관을 모니터링한다면, 상당 수준 작은 권력에 의한 왜곡을 방지할 수 있다는 뜻이다.

3. 국민평가의 비중 확대와 내실화

현재에도 다양한 정책평가에는 대상집단의 만족도나 국민참여 비중이 할당되어 있다. 그러나 현실적으로 국민평가는 대부분 만족도를 내용으로 반영하는 실정이며, 국민들이나 대상집단 일부가 평가에 직접 참여하는 것이 아니라, 전문가들이 평가하는 과정에서 국민참여를 반영하는 수준이 어느 정도인지를 반영하는 간접적 방식이 존재하고 있다(이종수, 2018: 313). 집권세력이나 권력이 정책의 분석 · 평가를 일방적으로 지배하지 못하도록 하기 위해서는 대상집단과 일반 국민의 참여를 확대할 필요가 있다. 민주주의 국가에서 대상집단과 국민이 정책 분석 혹은 평가에 일정 수준 참여하는 것은 높은 타당성을 갖는다.

이때, 대상집단에게 국민의 개념은 단순한 고객수준에서 만족도를 수동적으로 평가받는 것이 아니라, 분석이나 평가 과정의 일정 단계에 직접적 주체로서 참여하는 것이 권력에 의한 정책 합리성의 왜곡을 예방하는 데 효과적이다. 이 경우에도 집권세력이나 정부에 의해 참여자가 인위적으로 선별되어 일방적으로 이용당하지 않도록 견제력을 보유하는 방향으로 참여자들을 결정하고, 집단지성이 발현될 수 있도록 제도를 설계하는 일이 중요하다.

IV. 미래를 위해 생각해 볼 수 있는 주제들

이 글은 정책과정에서 추구해야 하는 합리성이 권력에 의해 어떻게 왜곡되고, 어떻게 그것을 예방할 수 있는지를 살펴본 내용이다. 모든 정책은 의제의 설정이나 결정, 집행, 평가 단계에서 해석과 합의를 필요로 한다. 이러한 해석과 합의에서 '정무적 판단'이 권력에 봉사하는 방향으로 경사될 때, 정책은 합리성을 잃고 막대한 사회적 비용을 낭비하게 된다. 이것을 예방하고 제어할 수 있는 방법을 모색하고 활용하는 것이 한국의 중장기적 발전을 위해 매우 중요한 과제이다.

현실에서 정치인과 관료들은 정무적 판단이라는 용어를 빈번하게 사용하고, 그 뜻은 집권세력과 권력자의 목적 내지 의도에 부합하도록 정책을 구사하는 것이 바람직하다는 의미로 통용되고 있다. 그러나 용인 경전철, 이명박 정부의 4대강 사업과 자원외교, 문재인 정부의 소득주도 성장정책처럼 실질적 타당성은 취약한 데도 불구하고, 정치인과 관료가 일방적으로 순응하는 현상이 반복되고 있다. 이러한 과정에서 한국 사회가 지불한 비용은 천문학적 수준에 달한다.

비록 정책의 해석과 정무적 판단을 명백하고 단순하게 구분하기 어렵다 할지라도, 권력에 의해 정책의 합리성이 왜곡되는 현상을 예방하기 위해 그 개념을 분명하게 정립하는 것이 필요하다. 정무적 판단은 집권세력이나 대통령의 정책목표를 그대로 수용하거나 지지하는 방향으로 가치판단을 하는 것이 아니라, 다수 국민의 이익과 공익을 보호하고 증진하는 방향으로 우선순위를 조정해야 할 때 사용되어야 하는 개념이다. 또, 정무적 판단의 오용과 과잉을 제어하기 위해서는 무엇보다 분석 · 평가 기관이 권력으로부터 지배를 받지 않도록 독립성을 강화하는 일이 긴요하다. 정책의 분석 · 평가 기관이란 본래적으로 애초부터 포퓰리즘이나 권력의 지배를 줄이고 정책과정의 지나친 정치화를 막기 위하여 사회가 합의해 놓은 객관성의 담보장치라 할 수 있다. 이러한 분석 · 평가 기관이 객관적으로 타당성을 평가하고 독립적 시각을 제시할 수 있도록 일정 수준의 독립성을 보장해 주는 방안이 필요하다. 이는 감사원 같은 감사기구에 일정수준 독립성을 보유토록 하는 것과 동일한 이유를 갖는다. 대체로 감사원이 사후적으로 정책을 모니터링 및 점검하는 장치라면, 분석 · 평가 기구는 사전적 혹은 정책의 집행이 완료되는 일차적 시점에 동일한 기능을 수행하는 장치일 뿐, 그 중요성과 성격은 유사하다 할 수 있다.

같이 생각해 볼 문제

1. 기술, 자원, 제도, 권력 등의 요소가 정책의 합리성을 제약하는 경우를 생각해 보고 각 요소의 제약방식을 비교해 보자.
2. 권력이 객관적 타당성 평가와 정책 분석, 평가를 왜곡하는 사례를 살펴보자.
3. 정치인과 관료들이 정무적 판단으로 정책의 합리성을 저하시키는 실태를 찾아보자.
4. 정책에 대한 해석과 정무적 판단은 어떻게 다른가? 그리고 정무적 판단은 어떤 경우에 필요하고, 어떤 경우에 금해야 하는가? 정무적 판단을 다수 국민의 이익을 지향하는 방향으로 순치시키는 방법으로 어떤 대안들이 있을까?
5. 정무적 판단으로 인한 정책실패에 대하여 어떻게 책임을 추궁할 것인가? 정무적 판단에 의한 막대한 국고손실을 과실로 볼 것인가 아니면 위법의 문제로 볼 것인가?

참/고/문/헌

국무총리실. (2012). 「정부성과관리 운영실태 및 성과 분석」.

______. (2019a). 「2019년도 정부업무 성과관리 운영지침」.

______. (2019b). 「2019년('18년 실적)중앙행정기관 성과관리 및 자체평가 운영실태 점검결과」.

박홍식. (2018). "비합리성과 정책 평가." 「정책분석평가학회보」 28(4): 319–339.

윤견수. (2014). "비합리적 행동의 합리적 기원: Deborah H. Stone의 정책역설과 딜레마를 중심으로." 「한국정책학회보」 23(4): 503–525.

이종수. (2018) "정책의 합리성과 권력 그리고 기술." 「정책분석평가학회보」 28(4): 293–317.

Bevan, Gwyn and Hood Christopher. (2006). "What's Measured is What Matters: Targets and Gaming in the English Public Health Care System." *Public Administration* 84(3): 517–538.

Bauman, Zygmunt. (1989). *Modernity and The Holocaust*. Ithaca, N.Y.: Cornell University Press.

______. (1991) *Modernity and Ambivalence*. Ithaca, N.Y.: Cornell University Press.

______. (2005) *Liquid Life*. Cambridge: Polity.

Kaplan, Jerry. (2016). *Artificial Intelligence*. Oxford University Press.

Stone, Deborah. (2012). *Policy Paradox: the Art of Political Decision Making*. London: W.W. Norton & Company.

Strassheim, Holger and Pekka Kettunen. (2014). "When Does Evidence-based Policy Turn Into Policy-based Evidence? Configurations, Contexts and Mechanisms." *Evidence & Policy: A Journal of Research, Debate and Practice* 10(2): 259–277.

제8장

한국의 과학기술정책, 창조적 파괴가 필요하다

I. 문제 제기

2019년부터 시작된 일본의 수출규제로 우리 산업의 취약점이 드러났고, 이로 인해 기초연구 및 기술개발의 중요성이 다시 부각되었다. 특히 주요 산업 중 하나인 반도체 산업과 밀접히 관련된 소재, 부품 및 장비 분야는 기술의 축적이 무엇보다 중요한 분야임에도 불구하고 세계 산업의 분업구조상 일본에 지나치게 의존해 왔고 일본의 수출규제로 인해 구조적 문제가 드러났다. 이러한 취약점을 강화하기 위하여 정부는 과학기술의 발전으로 주요 산업의 일본 의존도를 낮추기 위해 2020년의 연구개발예산으로 24조 원을 배정하였다. 이는 근래 들어 가장 높은 수준의 연구개발증가율이다.

하지만 단순히 연구개발예산을 증가시키는 것만으로 구조적 문제를 충분히 해결하기는 어렵다. 단순투입을 늘리면 산출이 좋아질 것이라고 속단하는 것은 산출의 양적인 측면에만 해당되는 발상이다. 일본의 수출규제에 따라 드러난 우리 산업의 문제는 질적인 면에 보다 큰 문제가 있다. 유사한 제품을 만들 수는 있어도 제품의 질이 일본 제품에 미치지 못하기 때문에 기존의 문제점을 낳았다. 이러한 질적인 개선은 단순히 투입을 늘린다고 해소되기 어렵다. 그렇기 때문에 전환점에 다다른 한국의 과학기술정책은 체제의 '창조적 파괴(creative destruction)'가 필요한 시점에 서 있다(Schumpeter, 1942). 기존 체제의 유지를 통해 질적 전환을 낳기 어렵기 때문이다.

창조적 파괴는 경제학자인 슘페터(J. Schumpeter)가 혁신성장을 설명하면서 사용한 개념으로 이에 따르면, 새로운 기술과 개념을 활용한 혁신은 새로운 가치를 제공하여 경제발전을 이루어 낸다. 이 과정에서 기존의 질서가 무너지면서 커다란 사회, 경제적 변화를 초래한다. 창조적 파괴란 혁신으로 인한 발전과 기존 질서의 붕괴를 두 단어로 개념화한 것이다. 자동차의 발전이 마차의 몰락을 초래한 것과 총의 발명이 갑옷에 의존하던 기사를 무력화시키고 기사계급의 몰락을 초래한 것은 창조적 파괴의 예이다.

한국 과학기술정책의 창조적 파괴가 필요하다는 주장은 이전까지 유효하게 작동하였던 기존 체계가 산업환경과 사회경제체제의 변화로 인해 더 이상 유효하지 않은 상태가 되었으며 이를 타계하기 위해서는 정책생태계의 혁신이 필요하다는 것을 뜻한다.

II. 지식의 공공재적 특성과 정부연구개발정책

우리나라는 자체적으로 지식을 생산해 낼 수 있는 역량을 지니고 있지 못하였다. 서구의 과학과 기술의 발전을 촉진한 지식들은 서구 자체적으로 생산한 것으로 서구의 산업적 성공은 이러한 지식에 바탕을 두었다.

하지만 우리나라의 산업발전은 자체적으로 생산한 지식이 아닌 해외에서 도입된 지식을 바탕으로 이루어져 왔다. 지식은 공공재의 특징을 지니고 있다. 공공재에는 비경합성과 비배제성의 두 가지 특성이 있다. 비경합성은 재화의 사용이 재화의 동시사용과 다음 사용에 영향을 미치지 않는 것을 의미한다. 예를 들면, 서울 시청 앞 전광판의 뉴스를 내가 본다고 다른 사람의 시청에 영향을 주지는 않는다. 비배제성은 재화의 사용을 막을 수 없는 것을 의미한다. 예를 들어, 일광욕을 즐기려는 사람을 막을 수 없는 것을 의미한다.

지식의 경우 비경합적이기 때문에 다수의 사람들이 특정 지식을 사용하더라도 지식의 양이 줄어들지 않는다. 하지만 비배제성은 경우에 따라 높기도 하고 낮기도 하다. 예를 들어, 패션의 경우 제품을 보여주지 않고 제품을 팔 수 있는 길이 없다. 하지만 일단 제품을 보여주는 경우 디자인을 참고하는 것을 막을 수 없기 때문에 패션 상품의 경우 비배제성을 갖기 힘들다. 코카콜라 원액의 재료배합 비율은 여전히 비밀에 쌓여 있어 제조허가를 가진 이들만 이에 대한 지식을 갖고 있기 때문에 재료배합 비율의 지식은 비경합적이다. 재료배합 비율을 한 사업자가 사용한다고 해서 다른 사람이 재료배합 비율을 사용하는 데 지장을 받지 않기 때문에 이는 비경합적이다.

지식의 공공재적 특성 때문에 지식의 공급을 시장에만 맡겨둘 경우 과소공급이 일어나게 된다. 기초과학의 경우 연구의 성공여부가 매우 불투명하고 연구결과가 어떻게 산업에 활용될 수 있을지 불확실하기 때문에 연구에 투자한 기업이 투자의 결과를 충분히 향유할 수 없는 '전유성(appropriability)'의 문제가 발생하기 때문이다. 이로 인해 연구개발 특히 기초과학 분야의 경우 정부의 적극적인 투자가 요청된다.

지식의 공동재적 특성 때문에 한국의 산업은 스스로 연구개발을 통해 지식을 창출하지 않고 서구의 지식을 헐값에 사용할 수 있었다. 한국의 산업이 유용하게 활용한 지식 습득 방법 중 가장 대표적인 것은 '역설계(reverse engineering)'이다. 역설계는 기존의 제품을 분해하여 기술을 습득하고 이를 토대로 동일한 또는 유사한 제품을 설계하고 생산하는 방법이다. 역설계를 할 경우 원천설계를 위한 연구개발 예산을 지출하지 않기 때문에 매우 싼 값에 기술을 습득할 수 있으며 또한 시행착오(trial and error)를 거치지 않기 때문에 시간과 예산을 많이 절약할 수 있다.

역설계를 통해 습득할 수 없는 기술은 성숙기에 들어선 기술의 경우 시장에서 원활하게 유통되기 때문에 이를 시장에서 구입할 수 있다. 또는 원천기술을 지닌 외국 기업을 인수하기도 했다. 예를 들어 삼성전자는 전자오븐 생산에 필수적인 부품인 마그네트론 튜브 생산기술을 습득하지 못하다가 문을 닫은 미국 Amperex사의 생산장비를 모두 취득해 기술을 습득하였다(Magaziner and Patinkin, 1989).

III. 산업인력과 산업발전

한국전쟁을 거쳐 산업기반이 무너진 우리나라는 수출주도성장전략을 통해 경공업부터 중공업으로 이어지는 산업발전을 이루어왔다. 이러한 사례는 2차 대전 이후 독립한 신생국가들에서 거의 볼 수 없는 매우 이례적인 경우이다. 비서구권에서 경공업부터 중공업으로 산업구조를 전환하는 데 성공한 나라는 한국과 대만 정도라고 할 수 있다. 두 나라의 성공은 미국이라는 큰 시장이 냉전 이후 안보상의 이유로 활짝 열려 있었기 때문에 가능했다. 하지만 중국의 개방 이후 두 나라는 다른 길을 걸었다. 대만은 중국을 생산과 소비의 근거지로 삼기 시작했고 대부분은 기업의 핵심역량을 중국으로 이전하였으며, 한국과 같이 재벌을 중심으로 한 중공업산업을 발전시키지 못하였다. 한국의 경우 역시 중국을 생산의 근거지로 삼기도 했지만 한국 기업의 핵심역량은 여전히 한국에 유지하고 있으며, 재벌을 중심으로 한 중공업산업을 발전시켰다.

이러한 성공적인 산업전환을 통해 한국은 선박, 전자, 화학 산업 등에서 경제선진국들과 경쟁할 수 있는 기반을 마련하였는데, 한국의 교육체제는 이러한 산업적 수요에 충실히 조응하였다. 1980년대까지는 풍부한 산업기술인력을 교육시켜 공급하였고 1990년대 들어서는 대학의 확장을 통해 고급인력의 공급을 확대하였다.

경공업의 경우 손재주가 뛰어난 기술인력이 많이 필요했다면, 중공업의 경우는 높은 수준의 기술이 포함된 자본재를 효과적으로 운용할 수 있는 기술숙련인력이 필요했다. 한국의 교육제도는 산업발전에 필요한 양질의 인력을 안정적으로 생산할 수 있는 효율적인 체제로 발전하였다. 창조적인 생각보다는 주입식 교육에 집중했던 것도 이러한 산업의 특성을 반영한 것이라 할 수 있다. 정해진 공정을 성실히 집행할 수 있는 인력을 산업이 요구했기 때문에 교육체제는 요구된 인력을 효율적으로 제공하였다. 또한 서비스산업의 발달도 관련 고급인력의 공급확대를 유도하였고 이는 대학진학률의 상승으로 이어졌다.

한국 대학생의 엔지니어 비율은 OECD 나라 중에서도 매우 높은 편에 속한다. 이러한 꾸준한 엔지니어의 배출로 한국은 안정적인 제조업 중심의 산업구조를 형성할 수 있었다.

IV. 경로의존성과 한국의 연구개발 수행주체

경로의존성(path dependency)은 예전의 선택이 현재의 선택을 제약하는 상황을 뜻한다. 기술경제학의 관점에서는 일찍 택했던 기술의 선택이 특정한 경로를 만들고 이후의 기술적 발달이 만들어진 경로를 따라 움직이는 것을 뜻한다.

컴퓨터에서 널리 사용되고 있는 QWERTY 자판은 매우 흥미로운 예이다(David, 1985). 일반적으로 기계식 타자기의 휠 꼬임을 피하기 위해 고안된 자판은 이러한 기술적인 문제들이 해결된 이후에도 휴대폰에도 살아남아 있다. 경로의존성이 심하여 특정 기술에 강하게 종속될 경우 이를 '락인(lock-in)'이라고 한다. 영어 자판은 QWERTY에 락인되어 있다고 할 수 있다. 이에 비해 한글자판은 이러한 종속성이 휴대전화로 오면서 많이 약화되었고 특히 최근에는 휴대전화용 한글자판이 대중화되어 한글두벌식 자판을 거의 사용하지 않는 상황이 전개되었다. 새로운 천지인 자판이 컴퓨터용 한글두벌식 자판을 밀어낸 상황이라고 할 수 있다.

한국의 연구개발 생태계도 이러한 경로의존성에서 자유롭지 않다. 한국의 연구개발 역사는 그리 오래되지 않았다. 박정희 대통령이 군사쿠데타 후 미국 존슨 대통령의 지원을 받아 설립한 한국과학기술원(Korea Institute of Science and Technology)이 그 시초이다. 물론 이전에 연구를 담당하였던 대학들이 존재하였지만 현대적인 시설과 우수한 인력으로 본격적인 연구를 수행하였던 기관은 1966년에 설립된 KIST가 시초라고 할 수 있다(김근배, 1990). KIST는 산업기술과 응용과학에 초점을 맞춘 기관으로 미국으로부터 6백만 달러의 지원을 받아 설립되었는데 대학부설연구소로 설립되기보다는 별도의 법인으로 설립되어 향후 한국 정부출연연구소 체제의 전형이 되었다.

이는 국공립연구원에 의존하던 한국의 연구개발체계가 대학을 건너뛰어 정부출연연구소중심의 체계로 정립되는 계기를 마련한 결정이라고 할 수 있다. 한국 정부는 정부출연연구소를 중심으로 해외과학기술자를 유치하고 연구개발비를 제공하여 성공적인 연구개발정책을 수행하였다. 이러한 정부출연연구소중심의 발전전략은 성공적이었다고 평가되며 1990년 이후에는 대학의 팽창 결과 정부출연연구소와 대학이 함께 성장하는 특징을 보였다.

또한 한국기업들은 재벌 위주로 성장하였으며 기업의 규모가 커지고 해외수출로 성장하면서 자체 연구소들을 설립하기 시작하였다. 정부 또한 기업의 연구소 설립을 장려하고 연구개발과 관련된 다양한 세제혜택을 제공하여 기업 연구소의 성장을 도왔다. 현재 기업의 연구소는 기업의 규모가 커지면서 역량과 규모에 있어 정부출연연구소를 넘어서고 있기 때문에, 실질적으로는 더 이상 정부출연연구소의 도움이 필요치 않은 상황이다.

이러한 발전은 정부주도에 의해 이루어져 왔다. 즉 정부출연연구소의 성장과 대학의 확장, 그리고 기업의 발전 모두 정부가 취한 전략에 힘입은 바 크다. 이러한 정부주도적 거버넌스는 현재까지도 주요한 경로의존성을 보여주고 있다. 외부의 환경이 급격하게 변할 때마다 정부는 거대사업을 기획하고 이를 통해 열심히 과업을 수행하고 있는 것을 보여주려고 한다. 또한 대학이나 기업들도 어려움이 있을 때마다 습관적으로 정부의 대책을 요구하곤 한다.

V. 과학기술정책의 경로의존적 특징

과학기술정책의 혁신은 경로의존적인 기존 정책에서 벗어나 새로운 과학기술정책 체계를 구축하는 것을 뜻한다. 그렇다면 위에서 간략하게 언급한 기존의 경로의존적인 과학기술정책이 무엇인지 정리할 필요가 있다.

먼저, 과학기술정책에서 가장 두드러진 특징은 거버넌스 측면에서 정부주도성이다. 과거에 성공에 바탕을 둔 정부주도성은 외부환경의 변화와 기업과 대학의 역량강화에도 불구하고 여전히 변화하지 않고 있다.

둘째, 국가연구개발예산에서 출연연구소가 차지하는 비율이 대학의 성장에도 지속적으로 높다. 2017년 국가연구개발예산의 경우 총예산 19조 3,927억 원에서 수행주체별로 구분하면 출연연구소가 7.9조 원(40.7%), 대학이 4.4조 원(22.3%), 중소 및 중견기업이 4.1조 원(21.2%), 대기업이 0.4조 원(2.2%), 기타가 2.6조 원(2.2.%)을 집행하였다(과학기술정보통신부, 2018). 출연연구소의 비중이 전체 국가연구개발예산의 40% 이상을 차지하고 있어 환경의 변화에도 불구하고 출연연구소의 절대적인 비중은 지속적으로 유지되고 있는 상황이다.

셋째, 출연연구소와 대학, 그리고 기업 및 정부 간 신뢰의 부족이다. 기업의 지속적인 성장과정에서 대학은 인력공급에 강점을 보인 반면 지식의 창출에는 그리 큰 공헌을 하지 못하였다. 대학이 연구인력과 인프라를 보강하고 지식을 창출할 수 있는 준비가 되었을 때 우리나라 대기업들은 국제화되어 전 세계에서 지식을 조달할 수 있게 되었다. 또한 출연연구소도 산업발전의 특정 단계까지는 많은 도움을 제공하였지만 대기업들이 국제시장으로 본격적으로 진출하고 대형화되면서 큰 도움을 주지 못하는 한계를 드러냈다. 또한 대학의 성장으로 인해 출연연구소는 역할의 변화에 대한 압력을 받았지만 제도적 관성으로 인해 성공적인 변화를 이루지 못하였다. 이로 인해 서로 보완적인 역할을 수행해야 할 대학과 출연연구소는 국가연구개발예산을 놓고 서로 경쟁하는 관계에 놓이게 되었다.

넷째, 국가연구개발예산이 꾸준히 증가하여 2019년에는 20조 원을 돌파하였지만, 이러한 연구개발예산의 꾸준한 증가의 결과 연구개발 예산의 정치화가 초래되었다. 사례에서 알 수 있듯이 3개의 과학기술원이 균형발전이라는 정치적 논리에 의해 무분별하게 설립되고 최근 들어 한전공대(가칭)의 설립이 추진되는 등 과학기술정책의 정치화가 노골적으로 진행되고 있다. 이로 인해 과학기술정책의 목적이 불분명해지는 상황이 초래되고 있다. 국가의 주요 정책목표인 고용증가, 균형발전, 경제발전 등을 과학기술정책을 통해 이루려고 하는 무리한 사업기획과 오판이 지속되고 있다.

VI. 과학기술정책의 혁신 방향

우리나라의 과학기술정책 혁신은 익숙한 경로의존적인 특성을 '창조적으로 파괴'함으로써 이루어질 수 있다.

먼저, 과학기술정책에서 정부주도성을 다시 정의할 필요가 있다. 과학기술은 영어로 'science and technology'로 두 개로 구분되지만, 우리말은 한자어로 한 단어처럼 사용하고 인식하는 경향이 매우 크다. 이로 인해 과학정책과 기술정책의 특성이 무시되고 각 분야 정책의 논리를 무너뜨리는 우를 범하고 있다. 다시 한번 강조하지만, 과학정책과 기술정책의 논리는 매우 다르다. 과학정책은 정부주도성을 꾸준히 유지할 필요가 있다. 특히 민간이 진입하기 어려운 거대과학분야와 우수인력양성, 그리고 인프라의 구축 등은 정부가 꾸준히 주도권을 유지해야 한다. 하지만 기술정책의 경우 정부는 기업활동을 보조하고 지원하는 역할로 전략을 수정할 필요가 있다. 우리나라 주력산업의 경우 대기업들은 정부의 지도나 직접적인 지원이 불필요하거나 오히려 거추장스럽게 생각하는 경우가 많다. 또한 중소기업에 대한 직접적인 지원의 확대는 경쟁력이 약한 기업들을 가까스로 유지시켜 산업의 경쟁력을 약화시키는 역효과를 낳을 수도 있다. 그러므로 정부는 과학영역에서는 주도적인 역할을 꾸준히 유지하고 기술영역에서는 인력양성, 기반기술 연구 및 보급, 조달정책 등을 활용하여 간접적인 지원정책으로 전환해야 한다.

둘째, 과학기술정책을 정치의 논리에서 최대한 격리하여 중장기적이고 합리적인 관점을 유지해야 한다. 앞에서 언급한 바와 같이 과학기술정책이 지나치게 정치화되어 과학기술정책이 해결하기 어려운 정책목표들을 과학기술정책을 통해 이루려고 한다. 예를 들어, 고용증가, 지역균형발전, 청년실업해결, 지역산업발전 등을 과학기술정책을 통해 무리하게 이루려고 하기 때문에 무리한 정책논리가 세워지고 과학기술정책이 본연의 정체성을 잃어버려 오히려 비효율적이고 효과가 없는 정책이 남발되고 있다. 정치인의 시간은 국회의원의 경우 최대 4년, 대통령의 경우 최대 5년에 불과하기 때문에 중장기적인 관점이 필수적인 과학기술정책의 시간과 잘 어울리지 않는다. 정치인의 시간이 과학기술정책의 수립에 지나친 영향을 끼치면 과학기술정책의 근간이 흔들릴 수 있기 때문에 과학기술정책의 지나친 정치화는 반드시 지양되어야 하며, 이를 담보할 수 있는 제도적 장치의 마련이 필요하다.

과학기술정책의 정치화

과학기술정책의 정치화 사례로 현재 설립 진행 중인 '한전공대(가칭)'를 들 수 있다.

범정부 차원의 '한전공대 설립지원위원회'가 발표한 계획에 따르면 한전공대는 2022년 3월 개교를 목표로 학부생 400명과 대학원생 600명 등 학생 1,000명, 교수 규모 100명으로 시작할 예정이며, 대학 부지 40만㎡를 포함한 120만㎡의 부지에 설립될 전망인데, 부지는 부영그룹이 기부하면서 입지가 나주로 결정되었다.

한전공대 설립의 정책적 정당성은 지역균형적 발전과 에너지 산업 경쟁력 강화에서 찾을 수 있다. 전남권에 광주과학기술원과 전남대가 있지만 에너지 분야에 특화된 국제적인 수준의 연구중심 대학을 설립함으로써 대학을 핵심으로 한 지역혁신체제의 경쟁력을 강화할 수 있다는 취지다. 또한 한전 본사가 위치한 나주에 대학을 설립함으로써 에너지 분야에 대한 연구 집중도를 높이고 관련 기관의 집적화가 경쟁력 강화에 도움을 줄 것이라는 분석도 설득력이 있다.

하지만 한전공대와 같은 중요한 고등교육기관의 설립이 정치적 정당성에 기반하여 시작되었기 때문에 우려되는 점이 있다. 기본적으로 한전공대 설립은 한전이 자체의 계획에 따라 주도한 것이 아니다. 정부의 100대 국정과제에 포함된 것에서 알 수 있듯이 대통령의 선거공약으로 제시되었다. 한전 외부에서 주어진 것이다.

고등교육기관이 설립되고 탁월한 수준에 도달하기 위해서는 안정적이고 지속적인 행정적 · 금전적 지원이 필수적이다. 하지만 한전공대의 경우 주요 설립자인 한전의 사장 임기가 제한적이고 대통령의 임기도 5년 단임이다. 실질적으로 정부의 선호에 따라 사장이 임명되는 구조인 한전이 한전공대를 중장기적으로 이끌어 갈 의지와 역량이 있는지 의문이 제기된다.

한전이 고등교육과 관련된 어떠한 역량이 있는지도 의문이 제기된다. 한전공대가 참고로 삼고 있는 포항공대(POSTECH)의 성공은 포항제철의 설립자인 박태준 회장이 갖고 있었던 분명한 비전과 포항제철의 재정지원에 힘입은 바가 크다. 이는 양날의 검과 같아서 장단점이 존재한다. 최초의 설립자와 그의 유지를 이해하는 지도자층이 사라지면 고등교육에 대한 투자의 정당성에 대한 질문이 던져진다. 현재 상황에서 한전공대 설립의 논리와 철학은 상당히 빈곤하다. 한전공대가 어떤 철학과 비전을 지닌 대학이 될지 한전은 차별화된 그림을 제시해야 하지만 여전히 차별점이 뚜렷이 드러나지 않는다.

한전이 한전공대를 설립하고 운영할 수 있는 충분한 재력을 지니고 있는지 불분명하다. 한전공대는 설립에만 5,000억 원의 예산이 들고 운영비가 매년 500억 원 이상이 들 것이라고 한다. 하지만 한전은 현재 적자를 내고 있는 기업이며, 에너지 전환정책의 일환으로 원전의존도를 줄이면서 발전단가가 지속적으로 상승하고 있어 전기요금의 인상 없이는 재정상황의 타개가 어려운 형편이다.

한전은 중앙정부와 지방정부의 지원이 필수적이라고 주장한다. 만약 정부가 운영비를 지원한다면 기존의 광주과학기술원(GIST)과의 차별성이 약해지고 중복성의 문제가 대두될 것이다. 지방균형에 초점을 맞추면 국립대학인 전남대와 광주과학기술원 지원을 강화하는 것이 보다 타당해 보일 수 있다.

이미 정치적 논리에 따라 광주과기원(GIST), 대구경북과기원(DGIST), 울산과기원(UNIST) 등 다수의 기관이 설립된 상황에서 한전공대의 신규 설립은 과학기술의 정치화라는 우려를 낳고 있다.

출처: 이삼열(2019)을 참고하여 작성.

셋째, 과학기술정책의 관점에서 정부출연연구소와 대학의 구조조정이 필요하다. 먼저, 정부출연연구소와 대학 간의 보완관계가 이루어지도록 정부출연연구소의 미션과 연구분야를 재조정할 필요가 있다. 대학의 연구역량이 미약한 시절 세워진 정부출연연구소의 미션과 역할이 대학의 연구역량이 크게 강화된 현재까지 큰 변화없이 지속되는 것은 정상적이지 않다. 오히려 정부출연연구소가 대학과 국가연구개발 예산을 놓고 경쟁하는 것은 국가혁신시스템의 관점에서 효율적이지 못하다. 이와 더불어 경쟁력 없는 정부출연연구소의 축소 또는 폐지, 통폐합을 고려해야 한다. 한 번 만들어진 조직은 새로운 명분을 찾아서 지속적으로 생존을 도모하려고 한다. 정부출연연구소 중 이러한 상황에 빠진 기관들은 반드시 조정해야 한다. 지금까지 여러 대통령들이 정권 출범 시 정부출연연구소의 구조조정을 항상 과학기술정책의 주요 과제로 삼았지만 모두 실패한 경험이 있다. 중요성은 모두 인정하지만 난이도가 매우 높은 과제라는 반증이다. 반드시 창조적 파괴가 필요가 영역이다.

과학인프라와 방사광가속기

출연연구소는 과학인프라 구축 및 운영 등에 특화할 필요가 있다. 현재 우리나라에는 1995년 건설된 포항 방사광가속기 1기만 건설되어 있는데, 그동안 에너지소자, 반도체, 디스플레이용 신소재, 신약개발에 필수 핵심 연구장비로 쓰여져 왔다.

방사광가속기란 전자를 가속시키면 전자의 진행 방향으로 다양한 에너지를 가진 빛이 나오게 되는데, 전자를 원형으로 가속시켜 접선 방향으로 나오는 다양한 빛을 용도에 맞게 골라서 뽑아 쓰는 기술을 구현한 시설을 말한다. 방사광가속기는 가속기 중에서 산업체와 가장 밀접한 관련이 있는 과학시설이고 신물질을 개발하는 부품 · 소재 산업에선 필수적인 거대 연구시설이다.

현재 일본은 약 20기에 이르는 방사광가속기를 보유하고 있고, 중형급 이상 방사광가속기는 9기에, 신형 방사광가속기 3기를 추가로 구축하는 계획을 하고 있다. 영국은 방사광 전용 가속기를 1981년 세계 최초로 건설했고, 2008년에 28년간 운용을 훌륭히 했다고 자평하며 시설을 닫았다. 그동안 영국은 차세대 방사광가속기를 2001년부터 설계하기 시작해 2007년에 완공했고 향후 45년간 운영한다고 발표했다. 독일과 미국도 마찬가지로 하나를 짓고 업데이트하면서 다음 세대를 설계하고 설계가 끝나면 다시 구축을 시작한다. 중국은 방사광가속기를 이미 3기 보유하고 있다. 그리고 재작년에 4번째 방사광가속기 구축을 정부에서 승인했다. 대만도 2기를 보유하고 있다(이주한, 2019).

우리나라의 경우 2021년까지 중이온가속기를 과학비즈니스벨트에 건설할 예정이었지만 연구개발 부진과 관련 예산 미확보 등으로 인해 추진이 지지부진한 상태이다. 한국형 중이온가속기(라온 · RAON) 구축 사업은 입자를 표적과 충돌시켜 자연계에 존재하지 않는 희귀동위원소를 만드는 장치를 구축하는 사업으로 과학자들의 많은 관심을 받아왔다. 앞서 정부는 2011년 사업에 착수하면서 2017년을 완공 목표로 내걸었다가 연구개발(R&D) 미비 등을 이유로 중이온가속기 완공 시기를 두 차례나 연기한 바 있으며, 2019년 현재 관련 연구 및 계약의 파기로 상당한 연기가 불가피한 상황이다.

일본의 수출규제 등으로 인해 부품소재산업에 새롭게 4조 원의 예산이 투입될 예정이지만 이렇게 급작스럽게 나눠 먹기식으로 연구개발 투자가 이뤄지면 뚜렷한 성과 없이 예산이 낭비될 것이라는 우려가 매우 크다. 정부는 세부적인 정책목표에 바탕을 둔 잘게 쪼개진 연구과제 배분에서 벗어나, 중장기적인 관점을 지니고 과학인프라를 보강하는 것이 보다 효과적이라는 지적이 매우 타당하다고 판단된다. 현재 정부는 방사광가속기 1기의 신규 건립을 추진하고 이를 예비타당성 조사에 부칠 예정이다. 과학기술과 관련된 투자는 외부 환경에 일희일비하는 것보다는 보다 긴 호흡을 갖고 산업생태계 전반에 긍정적인 영향을 줄 수 있는 인프라와 인력개발사업에 투자하는 것이 보다 바람직할 것이다.

대학의 경우는 더욱 큰 규모의 구조조정이 필요하다. 사립학교 의존도가 매우 높은 우리나라 고등교육은 고급인력의 안정적인 공급을 위하여 국공립대학의 비율을 더욱 높여 가야 한다. 하지만 학령인구의 감소로 재정적 상황이 열악해진 많은 사립대학들은 이공계 교육을 충실히 수행할 수 있는 재정적 역량을 갖추고 있지 못한 상황이다. 인문계의 경우 교육인프라를 사립대학들이 어느 정도 감당할 수 있기 때문에 이공계를 중심으로 한 사립대학을 구조조정한 후 국공립대학으로의 전환을 고려해야 한다. 이러한 전환은 권역별로 수행하고 지역별·산업별 특성화를 고려해야 한다. 최근 활발하게 이루어지는 해외 학생의 유치를 통한 열악한 사립대의 현상 유지는 구조조정의 시기를 늦출 뿐이다. 유학생의 대다수를 차지하는 중국의 학령인구 또한 감소하고 있기 때문이다. 또한 추가적인 투자 없이는 양질의 이공계교육을 담보할 수 없는 것도 구조조정이 필요한 이유이다.

마지막으로 연구개발 주체 간 어떻게 제도적 신뢰를 형성할 것인가를 고민해야 한다. 이러한 제도적 신뢰는 역사적 경험에 근거한 것이기 때문에 단기간에 이를 형성하는 것은 거의 불가능에 가깝다. 하지만 제도적 신뢰 없이는 연구개발의 생산성을 높일 수 있는 방법이 그리 많지 않기 때문에 제도적 신뢰의 형성은 중장기 필수과제로 설정해야 한다. 특히 기업과의 협력과 정부와의 신뢰 형성도 매우 중요하다. 이는 상호 존중이 우선 되어야하는데 각각의 역할과 역량을 이해하고 분절의 한계를 체감할 때 이루어질 수 있다. 대학은 왜 사회에서 불신받는지 돌아보아야 하고, 정부출연연구소는 왜 정권마다 개편방안을 들고 나오는지 고민할 필요가 있다. 정부 부처는 왜 새로운 정책이 과거 정책을 표지갈이만 한 것이란 비판을 받는지 숙고할 필요가 있으며, 기업들은 왜 국제적 경쟁력에 걸맞은 리더십을 국내에서는 발휘하지 못하는지 스스로 비판할 필요가 있다.

같이 생각해 볼 문제

1. 국가연구개발예산이 2020년에는 약 24조 원으로 책정되었다. 국가연구개발예산이 20조 원일 때에도 예산의 효율성 및 효과성에 대한 비판이 매우 높았음에도 불구하고 일본의 수출규제에 대한 대책으로 국가연구개발예산이 큰 폭으로 증가하였다. 일본의 수출규제에 대한 근본적 대응은 중장기적으로 이루어질 수밖에 없는데 증가된 국가연구개발예산의 효율성 및 효과성에 대한 비판은 지속적으로 이루어질 것으로 판단된다. 국가연구개발예산의 효율성과 효과성을 제고할 수 있는 방안은 무엇인가?
2. 정부 차원에서 우주탐사에 대한 연구가 지속적으로 진행되고 있다. 정부는 달탐사를 위한 연구과제를 꾸준히 추진하고 있지만 과제의 진행속도가 예정보다 계속 늦어지고 있다. 일부에서는 민족주의적인 명분만 높고 실익은 낮은 우주탐사에 대한 예산지출을 보다 실질적인 편익을 낳을 수 있는 분야로 배정해야 한다고 비판한다. 우주탐사에 대한 연구는 지속되어야 할 것인가?

3. 학령인구의 감소로 인한 대학의 구조조정이 이루어지고 있는 가운데 정부는 지속적으로 국공립대학을 신설하고 있다. 정부는 수월성 위주의 교육을 담당하는 과학기술분야 고등교육기관을 신설하는 것이기 때문에 대학의 구조조정과는 상이한 차원의 문제라고 지적한다. 일부에서는 이러한 기관의 신설은 정치적인 동기에서 비롯된 것이고 국가의 영역을 지나치게 확대하는 것이라고 비판하면서 새로운 기관의 신설과 유지에 들어가는 예산을 사립대학의 인프라 개선에 투자하면 더욱 큰 편익을 얻을 수 있을 것이라고 지적한다. 새로운 고등교육기관의 신설은 정치적인 동기로 이루어진 것인가 아니면 이공계 수월성 유지를 위한 불가피한 선택인가?
4. 대학원 연구와 교육을 진흥하기 위한 BK21Plus 사업이 진행되어 국내 대학원에서 학위를 수여받는 우수한 석박사들이 다수 배출되고 있지만 비정규직의 정규직화 등으로 인해 기존 정부출연연구소들은 이들을 기대만큼 수용하지 못하고 있으며, 대학도 등록금 동결과 학령인구 감소로 인해 교원확충을 줄이고 있다. 또한 기업의 경우도 자동화 및 국제화 등의 영향으로 국내에 고용하는 인원이 줄어들고 있어 석박사 학위소지자의 진로전망이 그리 밝지 못한 상황이다. 또한 이들 중 우수한 인재들은 나라를 벗어나 외국기업에 스카웃되고 있다. 국가혁신시스템 관점에서 이들 우수인재들을 효율적으로 활용하기 위한 정책방안은 무엇인가?
5. 정부가 지원하는 중소기업 연구개발 지원예산이 소위 '좀비기업'들을 연명시켜 주는 역할을 한다고 비판받고 있다. 중소기업의 역량강화를 도우는 동시에 경쟁력이 떨어지는 한계기업들을 퇴출시킬 수 있는 방안은 무엇인가?

참/고/문/헌

과학기술정보통신부. (2018). "2017년도 국가연구개발사업 조사 · 분석 결과." 2018년 6월 25일.

김근배. (1990). "한국과학기술연구소(KIST) 설립과정에 관한 연구: 미국의 원조와 그 영향을 중심으로." 「한국과학사학회지」 12(1): 44–69.

이삼열. (2019). "한전공대 개교 시간에 쫓기지 말아야." 「디지털타임즈」 2019년 2월 11일자.

이주한. (2019). "굳건한 과학인프라에서 국력이 나온다." 「매일경제」 2019년 9월 4일자.

David, Paul A. (1985). "Clio and the Economics of QWERTY." *The American Economic Review* 75(2).

Magaziner, Ira and Mark Patinkin. (1989). "Fast Heat: How Korea Won the Microware War." *Harvard Business Review*. January–February 1989.

Schumpeter, Joseph. (1942). *Capitalism, Socialism, and Democracy*. New York: Harper & Brothers.

제9장

우리나라 소프트파워 문화정책의 미래 방향

I. 문제 제기

10년 전 유행했던 소프트파워가 최근 다시 등장하고 있다. 군사력이나 경제력과 같은 하드파워(hard power)보다는 문화예술과 스포츠의 영향력과 같은 소프트파워(soft power)가 그 국가를 더 매력적으로 만든다는 것이다. 소프트파워가 국가 경쟁력의 지표로 인식되면서 세계 각국이 다투어 국가 브랜드를 높이기 위한 노력으로 문화정책을 전개하고 있다. 매년 발표되는 국가별 소프트파워 순위에서 우리나라는 전체 조사대상 30개국 중 20위에 불과해 우리나라의 경제력을 감안하면 상대적으로 낮게 평가되고 있음을 알 수 있다. 반면 중국은 소프트파워 문화정책으로 계속 순위를 끌어 올리고 있고 일본 역시 소프트파워 문화정책으로 꾸준히 순위가 올라가고 있다. 우리나라는 2008년 문화체육관광부가 '소프트파워가 강한 창조문화국가'를 주요 사업계획으로 추진하였지만, 소프트파워와 문화예술의 관계에 대한 냉철한 고찰이 없었고, 소프트파워를 키우기 위한 실질적 사업들보다는 예전의 문화예술 사업을 그대로 답습한 정도에 불과하였다.

2017년 민주통합당 문재인 대선 후보는 소프트파워가 강한 나라를 위한 문화정책을 제안하고, 모든 국민이 문화로 행복한 보편적 문화생활시대를 열겠다고 공약했다. 문재인 정부가 들어서면서 '공정한 문화산업 생태계 조성 및 세계 한류 확산'과 '국민외교 및 공공외교를 통한 국익증진' 등의 국정과제가 선정되었고, 문화체육관광부의 2019년 사업계획도 '사람이 있는 문화, 함께 행복한 문화국가'로 하면서, 평화를 키우는 문화, 모두가 함께 누리는 문화, 공정한 문화 일터 조성, 성장하는 문화 콘텐츠 관광 스포츠 산업, 협력 안전 소통의 행정을 주요 사업으로 선정하였다. 그러나 국정과제와 사업계획의 문화정책이 어떻게 소프트파워를 키울 수 있는지 정확한 설명은 부족한 실정이다.

이 글은 소프트파워와 문화정책의 개념과 연관성을 명확히 하여 소프트파워 문화정책을 보다 잘 이해하고, 우리나라보다 앞서 소프트파워 문화정책을 실시하였으나 큰 성과를 거두지 못하고 있는 일본과 중국의 사례를 분석한 후, 우리나라의 소프트파워 문화정책의 문제점을 파악하고 개선방안을 제시하고자 한다.

II. 소프트파워 문화정책의 이해

소프트파워는 미국 하버드 대학의 나이(Joseph Nye) 교수가 처음 사용한 개념으로 "타인의 선호를 재단해 낼 수 있는 논쟁의 구도를 결정하는 능력과 매력적인 아이디어들을 가지고 정치적 어젠다를 설정할 수 있는 능력"이다(Nye, 1990). 권력(power)을 상대방의 행동에 영향력을 미치는 능력이라고 한다면, 하드파워(hard power)는 군사적 개입, 강압적 외교, 경제제재 조치 등의 강제력과 억지력의 물리적 힘으로 표현할 수 있고, 소프트파워(soft power)는 문화와 같이 상대의 자발적 동의를 유도하는 매력의 힘이라고 표현할 수 있다. 하드파워는 강제와 강압을 통한 명령이고, 소프트파워는 매력을 통해 상대방의 동의를 이끌어 내는 능력인 것이다. 한 마디로 소프트파워는 그 나라에 대한 국제적 평판이며 매력도라고 할 수 있다. 하드파워가 경제적 위협과 군사행동 등 직접적 힘이라면 소프트파워는 사회, 문화, 제도 등의 가치로서 간접적 힘이라고 할 수 있다.

소프트파워는 특히 2001년 9·11테러 이후 중요한 개념으로 등장하였는데, 이는 미국 부시 행정부의 이라크 전쟁과 아프가니스탄 전쟁이 하드파워의 한계점을 보여주었기 때문이다. 전쟁의 승리는 미국 하드파워의 승리이지만 세계인의 미국에 대한 매력 반감은 소프트파워의 패배인 것이다. 이제 미국은 더 이상 군사력과 경제력에 기반하여 세계 패권을 유지할 수 없음을 깨닫게 되었다.[1] 근대국가의 부국강병론이 하드파워 지향이라면, 현대국가의 문화강대국은 소프트파워 지향인 것이다. 초기 근대국가는 발전과정에서 국부, 병력, 과학기술 등의 하드파워가 중요하였다면, 현대국가는 정치, 사회, 문화 등의 소프트파워가 더 중요하게 된 것이다. 모더니즘(modernism)의 시대에서 포스트모더니즘(post-modernism)의 시대로, 대서사(grand narrative)의 시대에서 소서사(little narrative)의 시대로 변화하면서, 단기적인 효과의 하드파워보다는 장기적 효과의 소프트파워가 더 중요하게 된 것이다. 정보통신분야의 발전으로 세계가 글로벌화되고 디지털화가 급속히 진행되면서, 하드웨어보다 소프트웨어가 더 중요해지는 것과 같이, 소프트파워의 중요성은 날이 갈수록 심화될 것이다.

문화정책의 개념은 문화와 정책으로 나누어 볼 수 있다. 정책이란 많은 학자들의 다양한 정의가 있지만 대체로 '공공을 위해 특정 문제를 해결하기 위한 정부의 활동'이라고 할 수 있다(정철현, 2004). 그렇다면 문화는 어떻게 정의할 수 있을까? 우선 문화란 넓은 의미와 좁은 의미로 나눌 수 있다. 넓은 의미에서 문화는 한 시대 한 집단이 공유하는 생각이라고 할 수 있다(정철현, 2015). 타일러(E. B. Tylor)는 문화를

1 실제로 미국은 1960년대 냉전시대에 이미 소련의 정치공세에 대항하여 자유민주주의를 선전하기 위하여 전폭적으로 추상화가들을 지원하였다.

문명과 같은 것으로 보고, 인간 삶의 총체, 즉 생활양식으로 정의하였고, 아놀드(M. Arnold)는 문화를 인간 정신의 진수를 표현한 것, 즉 고급문화로 정의하였고, 윌리엄스(R. Williams)는 문화를 인간의 정신, 생활양식, 예술작품으로 정의하였다(정철현, 2015). 결국 타일러가 처음으로 문화를 인간의 삶과 연결시켜 정의하였다면, 아놀드는 문화를 인간의 정신적 가치와 연결시켜 고급문화만을 문화라고 하였고, 윌리엄스는 문화를 정신, 생활양식, 예술작품과 함께 대중문화까지 포함하는 것으로 정의하였다(정철현, 2015). 즉 많은 학자들의 문화의 정의는 넓은 의미에서 문화를 인간 삶 또는 생활양식의 총체라는 측면에서 본 것이다.

그런데 우리는 문화예술이라는 용어를 자주 사용한다. 이는 문화가 예술과 동일시되기 때문이다. 신문과 방송의 문화 관련 섹션이 음악, 미술, 문학, 영화, 연극 등 예술의 범주에 속하는 것으로 구성되는 것도 마찬가지이다. 우리가 일상생활에서 문화를 예술과 동일한 것으로 생각하는 것처럼 좁은 의미의 문화는 예술이라고 할 수 있다(정철현 2015).[2] 문화를 좁게 정의하여 예술이라고 한다면 문화정책은 공공을 위한 예술 관련 문제를 해결하기 위한 정부의 역할이라고 정의할 수 있다. 정책의 정의에서 얘기하는 특정 문제의 해결이란 문화, 즉 예술 관련 특정 문제의 해결인 것이다.

그렇다면 예술이란 무엇인가? 예술의 정의 역시 문화만큼 다양하고

2 좁은 의미의 문화로서의 예술은 문화의 보편적 의미보다 개별적 의미를 강조하여 문화를 정치, 경제, 사회 등의 영역과 구분하기 위한 것이었는데, 오히려 이런 좁은 의미로 문화를 정의한 것이 문화를 사회적 관계와 분리시켜 보편적 문화의 개념을 상실하게 했다는 비판을 받는다(정철현, 2015). 즉 문화를 예술에 국한시키면 우리의 일상생활에 다양하게 영향을 미치는 여러 정책에서 문화적 영향력을 무시할 수 있다는 것이다. 이러한 주장과 함께하는 일련의 학자들은 비판적 문화정책(critical cultural policy)이라는 용어를 선호한다.

어렵다고 할 것이다. 예술이라는 용어가 등장한 것은 19세기이고, 그 이전에는 기술(art)과 같은 의미로 사용되었다. 예술은 한마디로 아름다움의 추구와 인간 정신의 표현이다. 미술은 그림으로, 문학은 글로, 음악은 소리로, 무용은 몸으로 아름다움과 인간 정신을 표현하는 것이다(정철현, 2015). 아놀드가 주장하는 것처럼 고급문화만을 예술로 볼 것이냐, 아니면 윌리엄스의 주장과 같이 예술에 대중문화도 포함할 것이냐의 문제는, 2002년 UNESCO가 대중문화를 문화의 정의에 포함하면서 당연히 대중문화도 예술에 포함시키는 것으로 해결되었다. 만약 문화정책이 고급문화만을 대상으로 한다면, 문화정책은 클래식(classic)을 즐기는 소수의 국민만을 위한 것이고, 대중문화를 즐기는 대다수의 일반 시민은 정책의 혜택을 받지 못할 것이다(정철현, 2015). 정책의 목적이 공공을 위한 것인 만큼, 문화정책 역시 대다수의 국민을 제외한 정책이 될 수는 없다. 따라서 문화정책은 대중문화를 포함하는 예술 관련 특정 문제를 해결하려는 정부의 활동이라고 할 수 있다.

이처럼 문화와 예술의 정의가 어려운 만큼 문화정책의 정의 역시 다양한 학자들에 의해 다양하게 전개된다. 문화정책이 예술에 대한 정부의 개입(Gray, 2010; Mulcahy, 2006) 또는 규제(DiMaggio, 1983)라는 견해가 있는가 하면, 다학제적(multidisciplinary) 관점에서 다양한 학문의 이론적 분석틀의 종합으로 연구되어야 한다는 견해도 있으며(Paquette and Redaelli, 2015; Pyykkönen, Simanainen, and Sokka, 2009; Scullion and Garcia, 2005), 엘리트주의에 반대하여 넓은 의미의 문화의 정의를 수용하는 비판적 문화정책(Lewis and Miller, 2008)도 존재한다. 이 글에서는 문화정책을 정부개입과 규제의 관점이나 넓은 의미의 문화의 정의에 따른 비판적 문화정책의 관점보다는, 다학제적 관점 그리고 좁은 의미의 문화의 관점에서 공공을 위한 예술 관련 특정 문제를 해결하기 위한 정부의 활동으로 정의하기로 한다.

소프트파워는 정치적 가치(politcal values), 문화(culture), 외교(foreign policy)의 3개 유형에서 디지털(digital), 문화(culture), 기업(enterprise), 교육(education), 국제협력(engagement), 정부(government)의 6개 유형으로 분류되지만, 한 단어로 요약하면 한 나라의 매력도라고 할 수 있다. 그리고 매력도를 결정하는 것은 그 나라의 문화이다. 따라서 소프트파워의 본질은 문화이다. 문화는 정신, 물질, 행동으로 나타나는데, 정신은 지식, 가치, 이념, 세계관 등으로, 물질은 경제적 생산물로, 행동은 관습, 개인과 국가의 무의식으로 나타난다. 그런데 이러한 문화의 본질은 창조성(creativeness)이다. 창조성은 예술의 핵심 요소이다. 예술은 아름다움을 추구하기 위해서 창의적으로 인간 정신을 표현하고(정신), 그 결과로 예술작품을 생산하고(물질), 그 작품의 감상자에게 감동을 주어 무의식적 동조를 하게 한다(행동). 따라서 소프트파워 문화정책이란 좁은 의미의 문화정책, 즉 예술정책이라고 할 수 있다.

한 사회의 문화가치를 나타내는 문화력은 그 사회의 창의력, 즉 소프트파워 역량이다. 플로리다(R. Florida)의 창조도시는 외지 사람들이 그 지역에 살고 싶어 하도록 끌어들이는 매력적 문화의 도시이다. 소프트파워 역량이 큰 도시, 문화가 풍부한 도시, 예술로 창의력이 발현되는 도시가 창조도시인 것이다. 창조도시는 도시의 경제적 하부구조와 같은 하드파워가 아닌 창의성을 기반으로 하는 문화, 즉 소프트파워에 기반한다. 시드니, 바르셀로나, 밴쿠버, 시애틀 등과 같은 창조도시들의 성장은 창의성에 기반하였고, 이는 예술에 대한 너그러움의 문화가 있었기에 가능한 것이었다. 창의성의 예술은 그 도시를 차별화하고 브랜드화하여 창의계급이 몰려들게 되고 창조경제가 가능해지면서 어느 순간 창조도시로 발돋움하는 것이다(Florida, 2002). 창의계급은 자유로운 분위기에서 창조적으로 업무를 수행하고, 일상생활에서 언제나 알게 모르게 예술과 함께하기를 원한다. 지금의 시대는 글로벌 국가/도시/지역의 다층적 블락, 지적재산권과 지식노동자, 디지털 하이테크, 창조경제와 문화산업, 인지적 문화자본주의 등으로 특징지어지는데, 그 핵심은 창의성이며, 창의성은 소프트파워의 근간이므로 소프트파워 문화정책은 창의성을 키우는 예술정책이어야 한다. 결국 소프트파워 문화정책의 목적은 우리의 일상생활에서 누구든지 쉽고 편하게 예술과 접하고 참여할 수 있도록 만드는 것이다.

영국 컨설팅업체 포틀랜드 커뮤니케이션(Portland Communications)은 매년 30개국의 소프트파워 순위를 발표한다.[3] 나이(J. Nye)는 소프트파워를 정치적 가치(politcal values), 문화(culture), 외교(foreign policy)의 3개 유형으로 분류하였으나, 포틀랜드 커뮤니케이션은 〈표 1〉과 같이 디지털(digital), 문화(culture), 기업(enterprise), 교육(education), 국제협력(engagement), 정부(government)의 6개 유형으로 분류하였다.[4]

2018년 소프트파워 1위는 영국이고 2위는 프랑스이다(〈표 2〉 참조). 2016년 1위였던 미국은 독일보다 낮은 4위로 떨어졌다. 괄목할 만한 것은 러시아가 28위로 또한 중국이 27위로 뛰어올랐다는 사실이다. 러시아는 우크라이나의 크림반도를 합병하고 시리아 내전에 개입해서 반군을 공습하는 등의 악재에도 불구하고 소프트파워 순위가 올랐다. 이는 과거 소련 연방에 속해 있던 국가와 동구권 국가들이 지금도 러시아의 문화적 영향력을 받고 있기 때문일 것이다.[5]

3 세계 주요 50개국을 대상으로 정부 · 교육 · 문화 · 기업활동 · 외교 · 디지털의 각 분야별 객관적 평가 점수와 해당 국가에 대한 다른 나라 국민들의 의견을 취합하여 순위를 매긴다.

4 영국 런던에 본부를 둔 홍보 컨설팅업체로 매년 세계 각국의 소프트파워 순위를 매겨 공개한다. 또한 전 세계 25개국의 11,000명의 투표로 매력적인 나라를 선택하게 하여 그 순위를 공개한다.

5 러시아는 소치 올림픽과 같은 대형 스포츠 행사를 통해 소프트파워 문화정책의 중요성을 깨달았다.

표 1 ≫ 소프트파워 측정 지표

	DIGITAL	A country's digital infrastructure and its capabilities in digital diplomacy
	CULTURE	The global reach and appeal of a nation's cultural outputs, both pop-culture and high-culture
	ENTERPRISE	The attractiveness of a country's economic model, business friendliness, and capacity for innovation
	EDUCATION	The level of human capital in a country, contribution to scholarship, and attractiveness to international students
	ENGAGEMENT	The strength of a country's diplomatic network and its contribution to global engagement and development
	GOVERNMENT	Commitment to freedom, human rights, and democracy, and the quality of political institutions

출처: https://softpower30.com/what-is-soft-power/

표 2 ≫ 2018년 소프트파워 국가별 순위

순위	국가	순위	국가
1	영국	7	스위스
2	프랑스	8	스웨덴
3	독일	9	네덜란드
4	미국	10	호주
5	일본	⋮	⋮
6	캐나다	20	한국

일본은 매년 소프트파워 순위를 한 계단씩 끌어올려 2018년 5위를 기록하였다. 일본 정부는 전쟁국가라는 이미지 제고를 위해 일본 문화

의 국제교류를 꾸준히 해 왔고, 2000년대 이후 '매력 있는 일본'이라는 비전을 제시하면서 '쿨 재팬(Cool Japan)' 전략을 세워 소프트파워 강화를 위한 문화정책을 추진하였다.

중국은 30위에서 시작하여 28위, 25위로 올랐다가 2018년 27위로 하락했다. 중국 역시 2007년 후진타오 주석이 '문화소프트파워(文化软实力)'의 용어를 처음 사용하면서, 중국의 고속 경제성장에 대한 위협을 무마하고 자국의 문화를 세계적으로 널리 알리기 위한 소프트파워 문화정책을 전개하고 있다.

우리나라는 2015년 20위에서 22위와 21위로 떨어졌다가 2018년 다시 20위가 되었다. 남북 화해와 방탄소년단(BTS) 등의 한류 그리고 평창올림픽의 영향 때문으로 짐작된다. 그러나 우리나라는 〈표 3〉에서 보는 바와 같이 글로벌 여론조사 순위는 26위로 평가 항목 중 가장 낮았다. 국제 투표 점수는 2017년까지 28위였으나 2018년 26위로 오른 것이다. 이는 아직도 우리의 소프트파워가 부족함을 보여준다. 우리나라의 문화가 우리의 매력이고 우리나라의 브랜드이다.[6]

다음의 〈표 4〉는 6개 지표 중 문화 부문만 따로 측정한 우리나라, 일본, 중국의 2015년부터 2018년까지 소프트파워 순위의 변동을 보여주고 있다. 우리나라는 16위와 13위에서 11위로 올랐지만 이는 남북 화해와 한류 그리고 평창올림픽이라는 특수성을 감안해야 할 것이다. 일본은 10위권, 중국은 9위권을 유지하고 있는 것과 비교했을 때 우리나라의 문화 부문 소프트파워 순위를 끌어올릴 노력이 필요하다. 문화를 객관적으로 측정하는 것은 어려운 일이지만, 우리나라의 경제력에

6 그러나 우리나라의 이미지는 국제적으로 폭력적이고 전투적으로 묘사되는 경향이 있다. 북한과의 대치 상태에 있기 때문이기도 하지만, 국제 언론이 우리나라 국회의 여야 대치상황이나 데모와 시위 등을 과격성과 폭력성으로 과장하여 보도하고, 수입한 한국영화의 포스터도 내용과 관련없이 폭력적이고 전투적인 것으로 왜곡하기 때문이다.

비추어 볼 때 문화 부문의 소프트파워 순위가 11위라는 것은 부족하다고 판단된다.

표 3» 2018년 소프트파워 국가별 순위(글로벌 여론조사 투표 부문)

순위	국가
1	이탈리아
2	캐나다
3	일본
4	스위스
5	프랑스
6	영국
7	호주
8	스웨덴
9	독일
10	스페인
⋮	⋮
26	한국

표 4» 문화 부문 소프트파워 순위의 변화

연도	한국	일본	중국
2015	13	12	9
2016	16	10	9
2017	13	10	8
2018	11	14	9

III. 일본과 중국의 소프트파워 문화정책

일본은 2차대전에서 패한 후 군국주의 이미지를 개선하고자 국제사회에서 자국의 문화를 홍보하는 데 심혈을 기울였다. 일본은 1970년대 경제성장과 함께 「동남아시아 문화 사절단(東南アジア文化使節団)」을 보내어 문화교류를 촉진하였고(강성우, 2016), '후쿠다 독트린(福田ドクトリン)'으로 '마음과 마음을 아우르는 신뢰관계 구축'을 원칙으로 아시아 국가와의 문화교류를 촉진하였다.

또한 1972년 일본 외무성 소관 특수법인인 일본국제교류기금(The Japan Foundation)을 설립하여 국제 문화교류 사업을 추진하여 일본문화의 국제적 영향력을 확대하였다.[7] 일본국제교류기금의 홈페이지에 적시되어 있는 설립 목적은 "국제문화교류 사업을 종합적이고 효율적으로 실시함으로써 일본에 대한 이해와 국제 상호이해를 증진하고, 또한 문화뿐만 아니라 기타 분야에서 세계에 공헌함과 동시에 좋은 국제환경을 정비하여, 조화로운 대외관계의 유지 · 발전에 기여하는 것"이라고 한다. 특히 2014년에는 '아시아 센터'를 설립하여 아시아 예술인의 국제교류, 일본어 교사와 일본문화 소개 담당자 파견 등 문화교류 협력사업에 전력하고 있다.

1991년 11월 일본 국회의 국제평화협력 등에 관한 특별위원회에서 소프트파워의 개념이 등장하였고, 1996년에는 재계의 케이단렌(経団連)이 '매력 있는 일본(魅力ある日本)'의 소프트파워의 중요성을 주장하

7 도쿄 본부와 세계 23개국의 24개의 거점(중 2개소는 아시아센터 연락사무소) 및 일본 국내에 2개의 부속기관(일본어국제센터, 간사이국제센터)와 지부(교토)를 두고 있으며, 운영은 정부 출자금의 운용수입과 매해 정부에서 받는 교부금 및 민간 기부금으로 이루어지고 있다(https://www.jpf.or.kr).

였다. 2000년 오부치 내각은 '21세기 일본 구상(21世紀日本の構想)'에서 소프트파워 강화를 위한 '쿨 재팬(Cool Japan)' 전략을 제시하였다(손열, 2009). '쿨 재팬' 전략은 일본의 매력도 향상을 위해 문부과학성, 외무성, 경제산업성 등 부처 간 협력으로 콘텐츠, 패션, 서비스 등 일본 문화산업의 해외진출을 지원하는 정책이다. 또한 소프트파워 강화를 위한 정책으로 문부성의 문화교류와 학술교류를 위한 문부과학성국제전략(文部科学省における国際戦略), 외무성의 일본 문화의 해외홍보와 국제교류를 위한 홍보문화외교(広報文化外交) 등을 추진하였다. 결국 일본의 소프트파워 문화정책은 문화교류정책과 문화외교정책으로 대별할 수 있다.

문화교류정책은 교육과 문화 분야의 국제교류가 주된 내용이다. 교수와 유학생의 교류와 청소년 국제교류를 통해 일본 문화의 해외 전파를 위한 다양한 협력사업을 진행하였다. 문화교류정책의 목적은 일본 문화를 소개하고 일본어를 보급하여 국제사회에서 일본에 대한 신뢰와 친근감을 높이는 것이다. 영화상영, 음악연주, 일본어 웅변대회, 애니메이션과 만화 홍보, 일본 유학 홍보, 외국인 교환학생, 스포츠 교류, 학술연구와 세미나 지원 등을 들 수 있다. 특히 2007년에는 청소년 교류사업에 중점을 둔 JENESYS(Japan-East asia Network of Exchange for Students and Youths)가 설립되면서 정치, 경제, 사회, 문화와 스포츠 등 다양한 분야에서 청소년 교류를 추진하였다.

소프트파워 강화를 위한 '쿨 재팬' 전략은 일본의 음악, 미술, 문학 등과 함께 만화, 애니메이션, 게임, 드라마, 공연 등의 대중문화도 포함한다. 또한 문화콘텐츠뿐 아니라 식품, 관광, 디자인/패션 등을 포함한다. 문화콘텐츠 부문에서는 방송 콘텐츠 국제 공동제작, 해외 영화제 출품, 현대미술 국제전시, 미디어 예술제 참여, 국제 박람회 참가, 프로듀서 육성 등을 지원하였고, 식품 부문에서는 해외 박람회 참가, 일식 문화 보급, 수출단체 등을 지원하였고, 관광 부문에서는 '쿨 재팬'과 '일본 방문' 사업을 연계하여 지원하였으며, 디자인/패션 부문에서는 제작과 해외 진출 등을 지원하였다. 종합하면 '쿨 재팬' 전략은 소프트파워 신장을 위해 일본의 매력을 보여주는 문화산업의 기업을 지원하고, 일본 문화예술의 해외 진출과 홍보를 지원하는 것이다.

2013년 일본은 쿨 재팬 펀드를 설립하여 문화콘텐츠와 라이프스타일 관련 기업의 해외진출과 국제교류를 지원하였다. 이 펀드는 정부가 민간과 함께 출자하여 소프트파워 관련 분야 기업들의 경영전략과 해외진출을 지원하기 위한 목적으로, 부문별로 보면 문화콘텐츠의 일본 콘텐츠와 애니메이션의 인터넷 판매, 엔터테인먼트 프로그램 제작, 일본 채널과 일본 콘텐츠의 현지화 등의 지원, 라이프 스타일의 아시아 지역의 일본풍 상가 몰 건립과 일본 특산품 전문점 건립 등의 지원, 음식 서비스의 일식 푸드타운, 미국의 일본 차 카페, 중동의 일식 음식점과 상가, 민박 중개업, 일본 농수산물 수출 등의 지원, 그 외 지역관광산업 진흥기금과 의료/관광/첨단기술 관련 벤처 펀드 지원 등이 있다. 구체적인 예를 들면 싱가포르의 일본 식당상가 건립, 미얀마 TV의 일본 콘텐츠 제작 및 유통 지원 등을 들 수 있다.

쿨 재팬(Cool Japan) 전략

일본의 소프트파워 진흥을 기치로 한 쿨 재팬 전략은 지난 20여 년 당파를 초월해서 추진되고 있다. 2002년 자민당의 고이즈미 준이치로(小泉純一郎) 정부에 이어 2009년 민주당, 2013년 자민당의 아베 신조 정권까지 일본 문화의 해외진출 지원을 위한 구체적 사업을 추진하였다. 그러나 최근 쿨 재팬 전략을 위한 민관펀드 '쿨 재팬 펀드'

가 투자한 사업들이 큰 손실을 보면서 전략의 효과를 의심하고 있다. 2013년 11월 1,000억 엔 관민 합동의 펀드로 일본의 소프트파워를 사업화하는 것인데, 말레이시아 쿠알라룸프르의 '이세탄 the Japan store' 백화점과 영화 기획사 'All Nippon Entertainment Works'의 실패 등 지금까지 총 29건 620억 엔 투자의 성과가 전혀 없었다는 것이다. 국제 여론은 이러한 실패는 예견된 것이며 쿨 재팬 경영진이 대부분 정부 부처의 낙하산 인사들로 소프트파워와 거리가 먼 늙은 아저씨들이었기 때문이라고 한다.

출처: 국민일보(2018.10.27)

http://news.kmib.co.kr/article/view.asp?arcid=0012793923&code=61131211

중국은 2007년 후진타오(胡锦涛) 주석이 공산당 전국대표회의에서 문화소프트파워(文化软实力)의 용어를 처음 사용하였다. 중국의 문화소프트파워는 사회주의 발전을 위해 무형의 문화를 중시하는 소프트파워의 개념에 정치외교의 국제적 영향력을 더하였다. 따라서 중국의 소프트파워 문화정책은 기존의 문화와 함께 국제정치의 관점에서 경제의 대외적 영향력을 중시한 외교수단의 역할도 한다(변창구, 2011). 중국 소프트파워 문화정책은 중국 문화의 세계화 추구와 급속도의 경제발전을 우려하는 국제적 시각을 고려한 외교적 측면이 공존하는 것이다.[8] 중국 소프트파워 문화정책의 목적은 국민들에게 5000년 중화 전통문화에 대한 자긍심을 고취시키고, 그들의 문화적 갈증을 해소해

8 중국위협론(中国威胁论, China Threat Theory)에 의하면 중국의 급속도 경제성장은 군사대국의 세계 패권 경쟁으로 진행되면서 주변 국가들을 위협하게 될 것이라는 우려이다(변창구, 2011).

주며, 문화외교를 통해 국가 브랜드 홍보로 국제적 이미지를 개선하는 것이다. 중국 소프트파워 문화정책은 공산당을 중심으로 문화부, 교육부, 외교부와 함께 민간부문도 참여하여 추진되었다. 문화부와 교육부는 인문교류 시스템, 공자학원(孔子学院), 민간 포럼 등을 지원하였고, 외교부는 공공외교(문화외교)와 CCTV(中国中央电视台)를 통해 국제 홍보에 주력하였다. 특히 일대일로 전략(The Belt and Road)에서 국제적 문화교류를 통해 중국에 대한 우호감을 증대시키려 노력하였다.

중국 소프트파워 문화정책의 주요 내용은 문화산업, 문화교류, 공자학원으로 나눌 수 있다. 문화산업 육성은 2000년 중국의 중장기 계획으로 문화산업 해외진출 지원으로 시작하였다. 문화산업진흥계획(文化产业振兴规划)에 의하면 방송, 애니메이션, e-게임 등 문화콘텐츠 기업을 중점적으로 지원하였고 그 결과 문화산업 해외 매출이 큰 폭으로 증가하였다.[9] 문화교류는 주로 인문학 위주로 진행되었으며 이를 위해 해외 화교 네트워크와 중국문화센터(海外中国文化中心)를 주로 활용하였다. 이를 통하여 중국은 주요 국가들 및 국제기구들과 교류에 있어 유학생과 기업의 적극 참여를 지원하고, 보아오포럼(博鳌亚洲论坛)과 같은 민간 포럼을 지원하였다. 중국 소프트파워 문화정책의 백미는 2004년 교육부가 설립한 공자학원(孔子学院)과 공자학당(孔子课堂)이다. 전 세계 146개국에서 525개의 공자학원과 1,113개의 공자학당은 중국어 교육기관의 역할을 수행하기도 하지만, 그 이상으로 중국 문화를 국제적으로 소개하고 보급하여 문화적 영향력을 높이기 위한 역할도 수행하고 있다.

2016년 중국 문화부는 일대일로 문화발전행동계획("一带一路"文化发

9 중국 문화산업의 GDP 부가가치 비중은 2005년 1%에서 2018년 5%로 크게 증대하였다(国家统计局, http://www.stats.gov.cn/).

展行动计划)을 수립하고 소프트파워 강화 문화정책을 정치외교와 연계시키고 있다. 주요 내용을 보면 일대일로 국가의 문화센터 설립과 같은 문화교류 협력체계 강화, 실크로드 문화여행 브랜드와 실크로드 문화메신저(文化使者) 선발과 같은 문화교류 브랜드 개발, 애니메이션 및 게임 산업 육성과 문화산업의 융합과 같은 문화산업의 발전, 문화콘텐츠의 협력채널 개발과 같은 문화교역 활성화 등이 있다. 결국 중국의 소프트파워 문화정책은 국가 이미지 개선, 문화적 영향력 확대, 국제외교의 우위 확보 등 자국 이익을 위한 정책이라고 볼 수 있다(변창구, 2011).

공자학원(孔子学院)

공자학원은 중국 정부가 세계 각국 대학들과 협력해 중국어와 중국 문화 보급을 통해 중국의 소프트파워를 키우기 위한 목적으로 설립되었다. 공자학원은 2004년 서울을 시작으로 2018년 현재 전 세계 138개국 525개소로 유럽 41개국 173개소, 미주 21개국 161개소, 아시아 33개국 118개소, 아프리카 39개국 54개소, 호주 19개소이다. 공자학당은 초중고교생을 위한 것으로 2018년 79개국 1,113개소이다.

그러나 최근 미시간대, 스톡홀름대, 리옹대 등 세계 주요 대학들이 공자학원 폐쇄를 결정하였다. 공자학원이 글로벌 문화발전에 공헌하기 위한 것이라고 홍보하지만 실제로는 공산당 사상과 체제 선전에 이용되고 있다는 비판이 있고, 심지어는 중국 정부의 스파이 활동에 이용되어 FBI의 수사대상이라는 것이다. 공자학원의 관리는 국무원 부총리 겸 통일전선공작부장이 담당하기 때문에 자연스럽게 공산당의 영향력에 속하게 된다. 예를 들면 공자학원에서 톈안먼(天安門), 대만, 티베트 관련 문제는 금기시된다. 소프트파워 개념을 제시한 조지프 나이 교수도 "공자학원이 학문의 자유를 침해한다."고 비난했다.

출처: 주간동아(2018.04.04., 1132: 54-55)

IV. 우리나라 소프트파워 문화정책의 문제점

우리나라는 2008년 문화체육관광부가 '소프트파워가 강한 창조문화국가'를 주요 사업계획으로 추진하였지만, 용어만 사용했을 뿐 소프트파워를 키우기 위한 실질적 문화정책이 이루어지지 못하였다. 2019년 문화체육관광부의 주요 사업계획은 '사람이 있는 문화, 함께 행복한 문화국가'를 위해 평화를 키우는 문화, 모두가 함께 누리는 문화, 공정한 문화 일터 조성, 성장하는 문화 콘텐츠 관광 스포츠 산업, 협력 안전 소통의 행정을 주요 내용으로 하고 있지만, 소프트파워를 키우기 위한 실질적 정책사업은 많이 부족한 실정이다. 굳이 창의력 향상을 위한 예술정책의 중요성을 얘기하지 않더라도, 문화헌장에서 잘 표현한 것처럼 문화의 '본질적 가치'를 위해서라도 소프트파워 문화정책이 필요한 것이다.[10] 물론 우리나라는 일제로부터의 독립과 한국전쟁 이

10 "문화는 사람이 사람답게 살 수 있는 사회의 기초이다. 문화는 시민 개개인이 삶의 다양한 목표와 염원들을 실현해 나갈 자유로운 활동의 터전이고, 공동체를 묶어주는

후 시급한 경제 재건을 위해 문화정책이 우선순위에서 밀릴 수밖에 없었지만, 지금은 소프트파워가 정치, 경제, 사회, 문화 모두를 견인하는 새로운 시대이므로 실질적인 소프트파워 문화정책이 더욱 중요하게 된 것이다.

우리나라 소프트파워 문화정책에서 가장 중요한 것은 문화의 본질적 가치라는 측면에서 보편적 문화복지의 달성이라고 할 수 있다. 소프트파워는 문화적 토양에서 크고, 문화적 토양은 창의성에서 크며, 창의성은 예술에서 크는 것이다. 소프트파워를 키우기 위해서는 모든 국민이 언제 어디서나 예술에 접할 수 있고 참여할 수 있는 문화정책이 요구된다. 그러나 현재 우리나라 국민의 문화적 삶의 질은 계층에 따라 불균형이 크다. 2018년 문화향수 실태조사에 의하면 소득별 · 연령별 · 학력별 · 직업별 · 지역별로 양극화 현상을 보이고 있다.[11] 특히 문학, 미술, 클래식 음악 등의 순수예술의 향수는 영화관람과 같은 대중문화 향수와 비교했을 때 더 큰 차이를 보이고 있다. 도서관이나 공연장과 같은 문화시설 이용률을 비교했을 때도 마찬가지인데, 이는 우리의 문화정책이 보편적 문화복지를 실현하지 못하고 있다는 방증이다.

누구나 문화예술을 향수할 수 있으려면 예술가가 필요하다. 그런데 우리나라 문화정책은 예술가들에게 최소한의 경제적 생활을 제공해주지 못한다. 예술가들 중에는 예술활동만으로 생계를 유지할 수 없어

공감과 정체성의 바탕이며, 사회가 추구해야 할 가치, 의미, 아름다움의 원천이다. 문화는 정치, 경제, 사회의 전 영역에서 인간의 품위와 생명의 존엄을 모든 가치의 중심에 두는 사람의 사회를 열게 하며, 시민 생활의 질을 높여 모든 이가 삶의 즐거움과 행복을 누릴 수 있게 한다."

11 2018년 문화향수실태조사에 의하면 월평균 가구소득별 문화예술 관람률은 100만 원 미만인 경우 42.5%, 100~200만 원 미만인 경우 58.4%로, 월평균 600만 원 이상 가구의 문화예술 관람률 91.9%와 비교할 때 격차가 크다. 연령별로도 30대 이하는 90% 이상이지만 60대는 64.7%, 70세 이상은 46.9%로 차이가 크다.

일용계약직 등 비정규직으로 일하는 경우가 많으며, 국민연금, 고용보험, 산재보험 등에 가입하지 못하고 아르바이트로 근근히 생활하는 이들도 많다. 생계난으로 생명을 잃은 최고은 작가의 극단적 예를 들지 않더라도, 스태프나 보조출연자들은 예술가들보다 더욱 열악한 상황에 놓여 있으며 임금체불과 부당 노동행위 그리고 열정페이 등에 내몰리고 있다. 이러한 문제는 문화기업 또는 예술기업의 영세성에도 기인한다. 우리나라의 예술기업은 대부분이 10인 이하의 규모로 연 매출액도 10억 이하인 자영업 수준이라고 할 수 있다. 따라서 국내 대기업과 다국적 기업의 자본과 유통망을 상대로 경쟁하기에는 역부족인 것이다. 이는 예술가들의 경제적 위협의 문제뿐 아니라 국내 시장과 글로벌 시장의 경쟁에서도 불리할 수밖에 없다.

예술이 창의성을 키울 수 있는 것은 표현의 자유가 있기 때문이다. 그러나 우리나라는 문화예술 정부지원의 기본적 원칙인 지원하되 간섭하지 않는다는 '팔길이 원칙'이 잘 지켜지지 않고, 정치적 이유로 정권에 따라 관 주도의 자의적 기준이 적용된다는 문제가 있다. 문화예술 관련 공공기관의 수장은 정치적 성향에 따라 임명되기도 하고, 풍자는 정권에 따라 명예훼손이 되기도 하고, 독립영화에 대한 지원이 줄기도 하고, 한류의 세계 진출에 숟가락만 놓으려 하는 것이다. 문화정책의 국가주의와 시장주의에 대한 이론이 존재하지만 대부분의 국가들은 정부의 역할과 민간 그리고 예술가의 역할을 균형 있게 적용한다(정철현, 2015). 그러나 우리나라는 예술활동에 대한 재정적 지원이 관 주도로 이루어지면서 예술가 개인보다는 조직을 통해야만 가능하게 되었다. 물론 공무원이 예술을 모르니 조직의 전문가에게 맡기는 것이 오히려 '팔길이 원칙'을 준수하는 것이라고 주장할지 모르지만, 그 조직에 연결되지 못하는 예술가는 전혀 지원을 받을 수 없게 된다. 결국 지원을 받기 위해서는 조직에 들어가든지 조직을 만들든지 해야 한다. 이 과정에서 지원금이 오고 가는 일종의 '프로젝트 시장'이 형성되고, 정부지원의 기준은 심미 또는 창의력이 아니라 정치력이 되는 것이다. 정권이 바뀌어 예산이나 사업이 사라지고 선정기준이 변화하면 예술가들은 예술을 계속하기 위해, 즉 지원을 받기 위해 정권의 눈치를 볼 수밖에 없다. 또한 정권이 바뀔 때마다 그 정권을 지지하고 홍보하는 인사들이 문화정책 담당자가 되면서 예술에도 정치적 편가르기가 시작되고, 인맥과 학맥의 연결고리가 형성되는 것이다. 우리나라 문화정책의 방향과 사업은 공무원이 예술을 모른다는 전제하에, 전문가들로 구성되는 각종 위원회, 자문회의, 평가, 심사 등을 통해서 결정된다. 그런데 문제는 이 모두가 형식적인 것으로 정권의 의지를 구현하기 위한 요식행위에 불과한 경우가 많다는 것이다. 결국 관 주도의 문화정책은 관료들의 관료제 관성(bureaucratic inertia)과 예술가 집단의 정치권력화의 문제로 진정한 예술의 발전에 기여하지 못한다고 하겠다. 관 주도의 문화정책에서는 정권에 따라 자연스럽게 정책 방향이 정해지고 예술은 그 방향을 따르게 된다. 유신시대에 영화진흥 심사기준이 유신 이념의 구현이었던 것만큼 노골적이지는 않지만, 지금도 정권 이념과 반대 방향의 공연이나 전시는 지원받기 어렵다. 예술조직들은 어떤 프로그램이 프로젝트 시장에서 선호되는지 학습을 하게 되고 이를 바탕으로 다음 프로그램을 준비하게 된다. 새로운 창의성과 혁신성의 예술이 아닌 정권 이념에 적합한 프로그램만 기획하게 되는 것이다.

문화예술의 성과는 단기적으로 나타나기 어렵고 측정하기 어려우며 계량화하기 어렵다. 예술은 아름다움의 추구, 인간 정신의 표현인데, 이를 어떻게 측정할 것인가? 예술의 창의성과 혁신성을 어떻게 계량화할 수 있는가? 화가의 창작 시간을, 작가의 집필 시간을 어떻게 화폐 가치로 표현할 수 있는가? 결국 문화정책의 목표는 추상적일 수밖에 없다. 그러나 관 주도의 문화정책은 실적을 보여주어야 하므로 계량화된 목표를 원한다. 예술가들은 자유로운 사람들로 이러한 업무를 싫어하고 잘 못한다. 그런데 지원을 받기 위해서는 계량적 근거를 대고 증명을 해야 한다. 예술가들은 예술을 돈과 결부시키는 것도 부담스럽고, 스스로도 작품이 어떤 미적 가치를 가지게 될지 모르는데 정부지원을 받기 위해 미리 가시적 결과를 보여주어야 하는 것이 부끄럽다. 특히 문화산업의 경제적 가치가 중시되면서 이러한 경향이 두드러지게 나타났는데, 예술활동 그 자체에 대한 지원보다는 예술의 산업화나 예술관람 등 성과의 가시화가 쉬운 사업에 지원이 편중되는 것이다. 또한 예술의 성과는 단기적으로 나타나지 않는데 정부지원의 예산은 1년 단위로 집행되므로 프로그램 역시 1년 내 종료되거나 지원금 총액에 맞춰 내용이 정해질 수밖에 없다. 예를 들어 어느 기금이 1년 단위로 진행되는데 예술가는 여기 맞추어 12월까지 모든 작업을 끝내야 한다. 예술가는 매년 똑같은 지원 날을 기다렸다가 신청을 해야 한다. 한번 신청을 해 본 예술가는 경험을 통해 학습이 되고, 새로 진입하는 예술가와의 경쟁에서 계속 이기는 환경이 만들어지는 것이다. 즉 예술가라면 누구나 어려운 신청서 작성, 서류 준비, 정산계획, 정권이 요구하는 목적의 기술 등의 측면에서, 지원을 받아 본 예술가가 유리할 수밖에 없다.

V. 우리나라 소프트파워 문화정책의 개선방안

우리나라 소프트파워 문화정책의 핵심은 예술지원이다. 미국 비영리 예술조직 'Americans for the Arts'의 ARTSBLOG에서 코헨(Randy I. Cohen)은 '2019년 예술을 지원해야 하는 10가지 이유(10 Reasons to Support the Arts in 2019)'라는 기고문을 통해 예술을 지원해야 하는 10가지 이유를 다음과 같이 제시하고 있다. 예술은 우리에게 필수적이다. 예술은 우리를 고무시키고 우리를 고상하게 한다. 예술은 창의력과 선함 그리고 아름다움을 선사한다. 예술은 기쁨을 주고 가치를 표현하고 문화를 연결한다, 예술은 건강한 공동체의 기초적 요소이다. 예술은 공동체를 사회적 · 교육적 · 경제적으로 강하게 만든다. 첫째, 예술은 개인적 행복을 발전시킨다. 예술은 매일의 경험을 넘어 개인을 정신적으로 고양시킨다. 예술활동에 참여하는 것은 순수한 즐거움이다. 예술은 긍정적 경험으로 힘든 세상을 살아가는 힘이 된다. 둘째, 예술은 공동체를 단결시킨다. 나이, 인종, 민족을 떠나 공동체를 결속시킨다. 예술은 다른 문화를 더 잘 이해하게 한다. 셋째, 예술은 학문적 성취를 진작시킨다. 예술을 경험한 학생이 학업 성취도가 높으며 대학 진학률도 높다. 사회경제적 지위와 관계없이 예술을 경험한 학생들이 높은 학업 점수를 받는다. 많은 사람들이 기초교육에서 예술교육의 중요성을 인지한다. 넷째, 예술은 경제부흥에 기여한다. 문화산업으로 대변되는 예술과 문화상품들은 이미 한 국가의 주요 경제요소이다. 또한 비영리 예술조직의 경제적 파급력은 많은 연구에서 검증되었다. 예술조직과 관람객에 의한 경제성장은 일자리 창출과 정부 세수에도 영향을 미친다. 다섯째, 예술은 지역의 관광과 산업에 도움을 준다.

예를 들면 지역 공연과 전시회는 관광객 유입으로 숙박, 식음료점, 선물가게 등 지역경제에 도움을 준다. 여섯째, 예술은 창의력과 혁신의 도화선이다. 창의력과 혁신은 글로벌 시대의 화두이다. 이제 조직이 원하는 인재는 창의력과 혁신을 갖추어야 한다. 노벨 수상자들은 다른 과학자들보다 17배 더 많이 예술을 경험한다는 연구도 있다. 일곱째, 예술은 창의산업을 이끈다. 창의산업이란 비영리 박물관, 심포니 오케스트라, 발레단, 극단, 영화관, 건축사, 디자인 등 다양한 창의 비즈니스를 말한다. 예술의 생산, 유통, 소비에 종사하는 비즈니스는 창의산업이라고 할 수 있다. 여덟째, 예술은 사회적 영향력을 가진다. 펜실베이니아 대학의 연구에 의하면 예술과 관련이 높은 도시는 시민참여가 높고 사회적 응집력이 크며, 아동복지가 높고, 빈곤율이 낮다고 한다. 아홉째, 예술은 건강에 도움을 준다. 많은 병원들이 환자들과 그 가족들 그리고 병원 종사자들을 위해 예술 프로그램을 도입하고 있다. 예술 프로그램들은 환자를 치료할 뿐만 아니라 그들의 고통을 완화시켜주고, 약물치료를 경감시키고 병원 입원일수를 줄이는 역할을 한다. 열째, 예술은 군인들의 건강과 복지에 도움을 준다. 예술은 전쟁으로 인한 정신적 · 육체적 · 도덕적 상처를 치유한다. 즉 예술은 소프트파워에 직간접적으로 큰 영향을 미치고 따라서 소프트파워 문화정책은 예술지원을 최우선으로 해야 하는 것이다.

우리나라 소프트파워 문화정책의 가장 시급한 문제는 보편적 문화복지이다. 연령, 소득, 교육수준 등의 사회적 차이에 관계없이 누구나 최소한의 문화예술 향수를 할 수 있어야 한다. 낙후지역과 소외계층의 지원도 중요하지만 동네 문화센터부터 조성해야 한다. 주민센터, 도서관, 학교, 아파트, 공원, 공터 등 장소만 있으면 주민들이 참여하고 가꾸는 복합문화시설을 얼마든지 운영할 수 있다. 동네 주민이라면 누구나 이용할 수 있고, 젊은 예술가들에게는 일자리가 될 수도 있다. 예술은 인간이 태어나서 죽을 때까지 영향을 미치지만 특히 어릴 때부터 접할 수 있도록 의무교육이 필요하다. 예술이 인간 정신을 고양시키고 갈등을 치유한다는 점에서 어린이 예술교육은 미래의 많은 사회적 병리현상을 예방할 수 있는 것이다. 우리나라 문화예술교육정책은 지난 10년간 관 주도의 중앙집권적 체계에서 빠른 속도로 성장하였지만, 이제는 중앙정부, 지방정부, 문화예술교육진흥원, 문화예술교육지원센터, 학교, 지역문화재단, 문화센터, 도서관, 협동조합, 사회적 기업 등의 협력에 의해 진행되어야 한다. 그 외 예술조직 기부금에 대한 면세제도 개선, 기업의 문화비와 함께 교육훈련비에 대한 세액공제제도의 도입, 가계 문화예술 관련 비용에 대한 소득공제제도의 도입, 아마추어 동호회 지원, 지역예술 관련 사회적 기업 지원 등의 문화정책을 고려해야 할 것이다.

보편적 문화복지를 위해서는 예술인 복지가 우선적으로 이루어져야 한다. 예술을 향수하기 위해서는 예술가가 많아야 한다. 누구나 예술가가 될 수 있어야 한다. 현재의 예술인복지법으로는 불충분하다. 예술인복지법으로 한국예술인복지재단이 설립되었지만, 산재보험 지원과 창작준비금 등 일시적 사업만 실시하고 있으며, 예술가의 창작환경 제공과 사회안전망 구축과 같은 사업은 시도도 하지 못하고 있다. 따라서 예술가 사회보험 적용을 위해 근로기준법 등 법제도를 정비해야 하고, 예술가 실업급여(한국형 엥떼르미땅 제도)[12]제도를 도입하고, 예술가의 예술활동을 경력관리 시스템에 등재하여 경력을 관리하고, 문화산업 기업에 예술가들을 연결하고, 지방자치단체가 지역 예술가와 연계하여 긴급지원 시스템을 구축할 필요가 있다.

12 엥떼르미땅(Intermittents)은 프랑스의 공연/영상 분야 비정규직 실업보험제도로 전업 예술가뿐 아니라 계약직, 프리랜서, 자영업자 예술가들을 포함한다.

문화가 우리 생활이며 문화정책이 우리에게 지대한 영향을 미친다면 문화정책은 문화가 아니라 지역 공동체의 삶과 관련되는 것이다. 도시기획(urban planning)의 많은 저자들이 주장하듯이 문화정책이 단지 문예회관 건립과 같은 문화자산의 물리적 내용에 치중할 것이 아니라 공동체의 정신, 공유하는 생각, 즉 소프트파워에 치중해야 하는 것이다(Stevenson, 2004). 문화정책은 공동체를 위한 것이어야 하고 공동체에 의한 것이어야 한다. 즉 공동체의 문화자산은 무엇이며, 어떻게 문화정책이 공동체와 예술을 이어줄 것인가를 고민해야 한다.[13] 문화정책은 예술을 통해 공동체의 사회적 · 경제적 수요를 충족시킨다. 문화정책은 예술을 수단으로 어떻게 공동체를 발전시킬 것인가를 고민해야 하는 것이다(Borrup, 2006; Dreeszen, 1994; Jackson, 2011; Sonn, Drew, and Kasat, 2002). 우리나라 지역 문화시설은 선심성 정책의 산물로 구체적 목적과 운영계획 없이 우선 짓고 보자는 경우가 많다. 이는 지방자치단체의 선출직 장이 예술에 대한 진지한 고민 없이 단기적 홍보 효과만 노리기 때문이다. 따라서 중앙정부는 전국의 문화시설을 종합적으로 관리하고, 사명선언문(mission statement)에 적합하게 운영되는지 평가를 통해 감독해야 할 것이다. 지방자치단체는 문화시설의 설립 이전에 장기적 관점에서 사명선언문을 작성하고, 전략적 기획을 하고, 예술가와 예술경영인 등 전문인력을 확보하고, 정부보조금과 펀드레이징 등 재원 마련 계획을 수립하여야 한다.

소프트파워 문화정책은 문화상품 수출에 기여한다. '해리 포터' 소설과 영화의 매출액이 현대 자동차 매출액의 몇 배가 된다는 얘기가 있는 만큼 문화산업은 소프트파워 문화정책에서도 중요하다. 문화산업

13 호주의 경우 문화정책은 문화인류학적 개념을 포함해야 한다고 하여 공동체적 관심을 갖는 듯 보이지만 실제로는 예술에, 그것도 전통예술의 전파에 치중하는 경향이 있다고 비판받는다(Hawkins and Gibson, 1994; Stevenson, 2004).

이라는 개념이 처음 등장했을 때는 주로 부정적 개념으로 사용되었는데, 이를 긍정적으로 만든 것은 영국의 창조산업이다. 문화산업은 독일 프랑크푸르트 학파의 아도르노(Theodore Adorno)와 호크하이머(Max Horkheimer)가 처음 제시한 개념이다. 그들은 미국의 대중문화를 비판하고 문화가 상업화로 경제에 예속되었다고 비판하였다.[14] 문화산업이 정책적으로 긍정적 의미를 갖게 된 것은 영국의 블레어(Tony Blair) 총리가 창조산업을 주창하면서이다. 그는 문화국(Department of Culture, Media and Sport: DCMS)에서 개인 창의력이 요구되는 13개의 창조산업을 선정하고[15] 정책적 지원으로 육성하였다. 또한 창조산업을 위해서는 개인 창의력을 신장시키는 가장 효율적 수단인 예술을 지원하였다. 2017년 문화국(DCMS)은 'Department for Digital, Culture, Media and Sport'로 개칭되면서 문화에 디지털 기술의 중요성을 더하였다. 영국의 창조산업은 크게 4개 분야로 나누어지는데, 출판과 방송산업, 패션 디자인과 같은 지적재산권 산업, 교통과 통신 산업, 제조와 판매 산업 등이다. 창조산업은 예술을 기술과 혁신으로 창의력을 더한 산업인 것이다. 물론 창조산업은 그 지역의 문화적 배경과 밀접한 관련을 갖는다. 따라서 창조산업을 위한 문화정책은 그 지역의 소득, 인구, 교육 등 사회적 특성과 밀접한 관련이 있으며 지역의 산업, 노동력, 대학, 연구소, 예술인, 전통문화 등과 같은 측면도 고려해야 한다. 특히 창조산업에서 고려해야 할 것은 지역의 무형 자산(intangible asset)이다. 유네스코는 2003년 공동체와 개인의 지식과 표현, 예를 들면 전통민요, 사회관습, 의례, 축제 등 무형의 문화유산을 보호할 것을

14 따라서 영미권에서는 부정적 의미의 문화산업은 cultural industry의 단수로 표현하고, 긍정적 의미의 문화산업은 cultural industries의 복수로 표현하기도 한다.

15 advertising, antiques, architecture, crafts, design, fashion, film, leisure, software, music, performing arts, publishing, software, television and radio

주장하였다(UNESCO, 2003).

우리나라는 문화콘텐츠를 중심으로 문화산업 진흥을 도모하였는데, 문화콘텐츠의 유통 독과점의 문제, 창작자의 경제적 문제, 콘텐츠의 다양성 문제 등이 해결되지 못하고 있다. 소프트파워 문화정책은 제작자, 배급자, 창작자의 순환구조를 투명하게 규제하여 대기업과 소기업의 경제적 배분이 공정하게 이루어지도록 해야 한다. 특히 영화, 음원, 도서 등 콘텐츠 유통의 자료를 투명하게 관리하여, 지적재산권을 보호하고, 사재기와 같은 편법을 막고, 창작자의 권리를 보호해야 한다. 또한 창조산업 육성을 위하여 예술가에게 투자하는 '엔젤펀드'를 제공하고,[16] 독립영화, 인디음악 등 실험적 예술가들을 지원하며, 예술가들의 협동조합 설립과 지역 전통예술, 아카이브 구축, 예술교육, 예술치료, 기업 혁신교육, 창작실 임대 등 예술 관련 사회적 기업 설립을 쉽게 할 수 있도록 해야 한다.

소프트파워 문화정책은 지역과 결부되어야 한다. 문화정책은 주민의 삶과 떨어져 생각할 수 없다. 따라서 문화정책은 주민의 생활, 예를 들면 동네 식당이나 상가 등과 관련하여 결정되어야 한다. 지역을 문화적으로 만든다는 것은 다양한 문화활동이 어우러져야 한다는 것으로 전략적 기획이 필요하다. 지역을 매력적으로 만드는 소프트파워 문화정책으로 그로다크(C. Grodach)는 랜드마크가 될 만한 주요 건물을 건축하여 세계의 이목을 끄는 방식을 주장하였다(Grodach, 2010). 스페인 빌바오 시의 구겐하임 박물관이 대표적이라고 할 수 있다. 또한 산타가타(W. Santagata)는 암묵지(tacit knowledge)로서의 공동체 재산의 중요성을 주장하였다(Santagata, 2002). 예를 들면 지역의 특산물에 대한 자부심으로 지역 정부의 도움으로 지역 이름의 상표 사용을 관리

16 대기업의 메세나를 이용하는 것도 좋은 방법이다.

통제하는 것이다. 세계적으로 유명한 와인 산지인 프랑스의 보르도의 AOC(Appellation d'Origine Controlee)와 이탈리아의 DOC(Denominazione di Origine Controllata)를 들 수 있다. 마지막으로 스코트(A. Scott)는 문화정책은 지역산업과 밀접한 관련이 있다고 주장한다(Scott, 2004). 미국 할리우드의 영화산업은 영상 관련 업체들과 배우라는 노동력이 뒷받침되었기 때문이다. 따라서 문화정책은 관련 산업들이 서로 연결될 수 있도록 지원하고, 능력 있는 노동력을 충분히 제공할 수 있도록 해야 한다. 문화정책에서 가장 중요한 것은 주민참여(public participation)이다. 지금까지 수많은 문화정책이 있었고 지역마다 다양한 전략과 전술을 사용했지만 성공의 열쇠는 단연코 주민참여라고 한다(Stevens, 1987).

소프트파워 문화정책은 예술가들의 역할이 중요하다. 기존 관 주도의 문화정책에서 공무원들과 협력관계(?)인 기성 예술가들과 시장에 갓 진입하는 젊은 예술가들의 불평등 경쟁의 문제도 있지만, 어쨌든 다양한 새로운 전략으로 많은 예술가들이 탄생할 수 있도록 해야 한다. 정부지원에서 소외되는 작가들을 위해 기업 메세나, 기업 교육훈련, 상호 부조체계, 지역 예술활동, 도시재생 사업 등 다양한 재정 자원을 제공할 수 있어야 한다. 예술가의 심미 추구라는 목적은 사회 모든 영역에 영향을 미치고, 지역 공동체의 정신과 행동을 변화한다. 예술가들은 지역문화의 활동가, 개발가, 협력가로서 역할을 통해 지역변화의 핵심적 역할을 해야 한다. 이제 예술가들은 혁신적 기업가(entrepreneur)가 되어(Whitaker, 2017), 주민들의 삶을 돌아보고 그들의 의견에 귀 기울여 지역변화를 야기하는 기업가적 역할을 해야 한다. 문화정책은 예술가가 지역예술과 공공예술의 공동체와 협력하면서 사회적 변화와 발전을 도모할 수 있도록 해야 한다. 최근까지도 문화정책이 문화산업의 경제적 효과를 강조하면서 도시재생이나 도시 브랜딩의

홍보에 치중하였다면 이제는 주민 삶의 질과 행복을 위한 문화정책으로 전환하여야 한다. 예를 들면 현재 관주도의 일과성 지역축제는 지역의 전통과 관습을 존중하고, 주민들의 참여로 지역 응집력과 자긍심을 고취하고, 궁극적으로 지역의 사회적 변화와 발전을 위한 것으로 변화하여야 한다.

VI. 결론

소프트파워 문화정책은 예술의 창의성을 바탕으로 정치적 · 사회적 · 경제적으로 정신, 물질, 행동에 영향을 미친다. 우리나라의 소프트파워를 키우기 위해서는 국민 누구나 쉽게 예술을 접하고 참여할 수 있는 보편적 문화복지가 이루어져야 한다. 예술가들이 생계 걱정 없이 원하는 작품을 생산할 수 있도록 다양한 사업을 통해 지원받을 수 있어야 한다.

일본의 쿨 재팬 전략이나 중국의 공자학당의 사례에서 보는 바와 같이 소프트파워 문화정책은 정부의 활동만으로 효과를 달성할 수 없다. 정부 간 협력도 필요하고 민관 파트너십도 필요하다. 그뿐만 아니라 비영리 조직도 참여하고 예술가의 협력도 필요하다. 공공, 민간, 비영리 등 모든 영역이 협동적으로 참여하여 지역 주민의 삶과 문화활동의 성격이 어우러지게 해야 하는 것이다. 즉 소프트파워 문화정책은 중앙정부, 지방정부, 예술조직, 기업, 시민, 예술가 모두의 협력이 필요하다. 소프트파워 문화정책은 특히 예술가와 지역 공동체의 협력이 중요하다. 소프트파워 문화정책은 주민의 삶과 지역산업이 밀접한 관련이 있기 때문이다. 예술이 공동체지역에 미치는 정치적 · 사회적 · 경제적 · 문화적 영향을 모두 고려한 그 지역 고유의 소프트파워 문화정책이 필요한 것이다.

소프트파워 문화정책은 유형의 자산뿐 아니라 무형의 자산까지도 고려해야 한다. 박물관이나 대형 도서관과 같은 외형적, 물리적 형태보다 지역의 전통성과 정체성을 강조하고 자부심을 느낄 수 있는 정신적 측면을 더 중시해야 한다. 이런 변화를 주도할 수 있는 이들이 예술가들이다. 예술가는 이웃을 연결시켜 이야기를 만들고, 비어 있는 공간에 활력을 불어 넣고, 미래의 희망을 노래하게 한다. 예술가는 물리적 실체와 의미를 연결시키고, 창의성으로 다양한 예술을 표현하여 공간을 채우고, 지역의 사회적 변화와 발전을 통해 미래의 비전을 제시한다. 예술가는 지역 변화의 선봉가이며 지역 발전의 창의력을 갖춘 인재의 훈련과 교육의 담당자이다.

같이 생각해 볼 문제

1. 소프트파워란 무엇인가?
2. 소프트파워 문화정책이 중요한 이유는 무엇인가?
3. 일본과 중국의 소프트파워 문화정책의 공통점과 차이점은 무엇인가?
4. 일본과 중국의 소프트파워 문화정책이 실패한 이유는 무엇인가?
5. 우리나라 소프트파워 문화정책의 문제점은 무엇인가?
6. 우리나라의 소프트파워 문화정책의 개선방안은 무엇인가?

참/고/문/헌

강성우. (2016). "2020 일본 도쿄올림픽과 소프트파워 강화전략." 「인문사회21」 9(1): 79–92.

______. (2018). "쿨재팬과 당면한 문제: 일본의 문화정책 분석." 「인문사회21」 9(6): 459–469.

김현주. (2017). "문화소프트파워의 강화를 통한 신중화주의 질서의 세계화." 「동북아역사논총」 57: 448–470.

문화체육관광부. (2008). 「2008 업무계획」.

______. (2019). 「2019 업무계획」.

변미리. (2014). "도시경쟁력과 문화가치." 「문화정책」 1: 115–142.

변창구. (2011). "중국의 동남아외교와 '소프트파워(soft power) 전략'." 「한국동북아논총」 61: 5–29.

손　열. (2009). "소프트파워의 정치: 일본의 서로 다른 정체성." 「일본연구논총」 29(0): 35–57.

이지원. (2005). "'소프트파워'론과 일본의 '문화전략'." 「한림일본학」 10(0): 41–101.

이찬우. (2017). "중국의 문화정책과 소프트파워의 형성: 일대일로(一帶一路) 정책의 문화전략을 중심으로." 「인문논총」 43: 119–141.

정철현. (2004). 「문화정책론」. 서울경제경영.

______. (2015). 「문화정책」. 서울경제경영.

최창현 · 박정배 · 김종근. (2014). "국력요소 중, 소프트파워로서의 문화경쟁력 비교분석 연구." 「디지털융복합연구」 12(6): 55–68.

Borrup, Tom. (2006). *The Creative Community Builder's Handbook: How to Transform Communities Using Local Assets, Art, and Culture*. Saint Paul, MN: Fieldstone Alliance.

DiMaggio, Paul. (1983). "Cultural Policy Studies: What They Are and Why We Need Them." *The Journal of Arts Management and Law* 13(1): 241–248.

Dreeszen, Craig. (1994). *Reimagining Community: Community Arts and Cultural Planning in America*(PhD dissertation). University of Massachusetts at Amherst.

Florida, Richard. (2002). *The Rise of the Creative Class: And How It's Transforming Work, Leisure, Community and Everyday Life*. New York, NY: Perseus Book Group.

Gray, C. (2006). "Managing the Unmanageable: The Politics of Cultural Planning." *Public Policy and Administration* 21(2): 101–113.

______. (2010). "Analysing Cultural Policy: Incorrigibly Plural or Ontologically Incompatible?" *International Journal of Cultural Policy* 16(2): 215–230.

Grodach, Carl. (2010). "Beyond Bilbao: Rethinking Flagship Cultural Development and Planning in Three California Cities." *Journal of Planning Education and Research* 29(3): 353–366.

Hawkins, Gay and Katherine Gibson. (1994). "Cultural Planning in Australia: Policy Dreams, Economic Realities." In Sophie Watson and Katherine Gibson(eds.). *Metropolis Now: Planning and the Urban in Contemporary Australia* 217–228. Leichhardt: Pluto.

Jackson, Mario R. (2011). *Building Community: Making Space for Art*. Washington, DC: The Urban Institute.

Lewis, Justin and Toby Miller(eds.). (2008). *Critical Cultural Policy Studies: A Reader*. John Wiley & Sons.

Mulcahy, Kevin. (2006). "Cultural Policy: Definitions and Theoretical Approaches." *The Journal of Arts Management, Law, and Society* 35(4): 319–330.

Nye, Joseph. S. (1990). "Soft Power." *Foreign policy* 80: 153–171.

Paquette, Jonathan and Eleonora Redaelli. (2015). *Arts Management and Cultural Policy Research*. Springer.

Pyykkonen, Miika, Niina Simanainen, and Sakarias Sokka. (2009). *What about Cultural Policy: Interdisciplinary Perspectives on Culture and Politics*. Helsinki: Minerva.

Santagata, Walter. (2002). "Cultural Districts, Property Rights and Sustainable Economic Growth." *International Journal of Urban and Regional Research* 26(1): 9–23.

Scott, Allen. (2004). "Hollywood and the World: The Geography of Motion-picture Distribution and Marketing." *Review of International Political Economy* 11(1): 33–61.

Scullion, Adrienne and Beatriz Garcia. (2005). "What is Cultural Policy Research?." *International Journal of Cultural Policy* 11(2): 113–127.

Sonn, Christopher C., Neil M. Drew, and Pilar Kasat. (2002). *Conceptualising Community Cultural Development: The Role of Cultural Planning in Community Change*. Cloisters Square, WA: Community Arts Network Inc.

Stevens, Louise. (1987). *Conducting a Community Cultural Assessment: A Work Kit*. University of Massachusetts at Amherst.

Stevenson, Deborah. (2004). "Civic Gold Rush. Cultural Planning and the Politics of the Third Way." *International Journal of Cultural Policy* 10(1): 119–131.

Whitaker, Amy. (2017). "Partnership Strategies for Creative Placemaking in Teaching Entrepreneurial Artists." *Artivate: A Journal of Entrepreneurship in the Arts* 6(2): 23–31.

제10장

한국 대도시문제의 해결책: 전통적 시각과 대안적 접근

I. 문제 제기

2018년 현재 전 세계의 55.3%에 이르는 인구가 도시에 살고 있다(United Nations, 2018). 이러한 전체 인구대비 도시에 사는 인구 비중을 도시화율이라 일컫는데, 우리나라의 도시화율은 이미 2005년대에 80%를 넘어서서 2018년 현재 81.5%로 보고되고 있다(United Nations, 2018). 사실상 우리나라 대부분의 인구가 도시에 살고 있다고 할 수 있다. 이러한 급속한 도시화는 삶의 질 향상에 기여를 한 측면이 있으나, 다른 측면으로는 교통, 환경, 경관, 주택문제, 빈곤, 범죄 등 여러 가지 도시문제를 발생시키고 또 악화시켜 왔다.

도시문제는 정도의 차이일 뿐 어느 도시에나 존재하지만, 우리나라의 주요 대도시들은 오래된 역사를 지닌 도시이면서 60년대 이후 급격한 도시화를 겪으며 발생한 한국 도시만의 특징적 도시문제들을 안고 있다. 서울의 경우, 600년이 넘는 역사를 가진 고도(古都)로서 자동차 통행 이전에 조성되어 자생적으로 발달되어 왔으나, 산업화 시대에 확충된 간선도로와 같은 현대 도시로서의 특징이 중첩되어 보행환경 악화와 교통체증이라는 문제를 발생시켰다. 이러한 구도심과는 달리 60년대 이후에 조성된 신시가지와 도시 외곽의 신도시들은 고층화 및 공동주택중심으로 건설되어 증가하는 도시공간 수요를 효과적으로 수용할 수 있었지만, 획일화된 도시 경관 및 도시의 무분별한 확장으로 인한 교통, 환경 문제 등을 초래했다.

그러나 매년 Mori 재단에 의해 발표되는 세계 경쟁력 도시 지수(Global Power City Index)에 의하면 2018년 서울은 세계에서 가장 경쟁력 있는 도시 6위로 평가되고 있다. 또한 Arcadis 컨설팅 그룹에 의한 지속가능도시 지수(Sustainable Cities Index)에서 서울은 2018년 13위에 랭크되고 있는 등, 우리나라의 대도시들은 전반적으로 대중교통 접근성이나 혁신 창출 환경 등의 여러 가지 측면에서 큰 우위와 잠재력을 가진 것으로 평가되어 왔다. 우리나라 대도시의 심각한 도시문제는 도시의 혜택보다는 도시의 부정적 측면에 더 주목을 하게 만든 측면이 있다. 그러나 도시는 "인류 최고의 발명품(Our greatest invention)"(Glaeser, 2011)으로 평가되며, 우리나라에서도 역시 도시는 높은 생산성을 보이며 정주민에게 더 나은 환경과 삶의 질을 제공해 왔다.

역사적으로 도시문제를 해결하고 도시의 경쟁력을 극대화하며, 도시민들의 삶의 질을 높이기 위한 많은 논의가 있어 왔다. 이상적인 이론가들의 공상적 아이디어부터 실질적인 기능적 해결안까지 19세기 후반부터 현재에 이르기까지 도시문제에 대한 다양한 접근방식이 활발하게 논의되어 왔다. 이 장에서는 도시문제를 해결하고 더 나은 도시를 만들고자 하는 도시계획의 다양한 논의 가운데 몇 가지 대표적인 접근방식을 소개하고 이러한 도시계획의 전통들이 어떻게 한국 대도시들에 영향을 미쳐 왔는지, 그리고 어떠한 한계를 지니는지를 논의하고자 한다. 또한, 최근 이러한 전형적인 도시계획방식에 대한 비판으로 제안된 대안적 접근들을 소개하고, 한국 도시의 맥락에서 지니는 의미를 검토하고자 한다.

II. 도시의 특성: 밀도와 다양성

도시의 혜택이 도시의 특성에서 나왔듯이, 도시의 문제 역시 도시의 특성에서 비롯된 것이며, 그 해결책에 대한 단서 역시 도시의 특성에서 찾을 수 있다. 도시의 특성으로는 대규모, 고밀도, 다양성, 분화, 인공화된 구조물 그리고 경제활동에 있어서 낮은 1차 산업 비중, 사회적 인간관계에 있어서의 익명성, 이익중심 관계 등 다양한 측면들이 강조되어 왔다. 무엇이 더 중요한 특성인가에 대해서 이견이 있을 수 있겠지만, 그럼에도 불구하고 가장 근본적인 도시의 특성이라면 밀도와 다양성을 들 수 있다. 촌락에서는 자급자족의 정도가 높은 반면, 도시에서는 모든 활동 및 기능이 고도로 분화되는데, 이러한 분화 혹은 분업은 근본적으로 도시가 고밀화되어 있기 때문에 가능한 것이다. 도시문제의 상징과 같은 공중보건문제(전염병의 창궐 가능성)나 과밀 비용, 혹은 도시 인간관계에 있어서의 익명성 역시 고밀도에서 기인한 것이라고 할 수 있다.

또한 인구구성, 삶의 방식, 직업, 산업, 풍경 등 모든 면에서 촌락이 그 동질성을 보여주는 데 비해 도시의 가장 대표적인 특성은 모든 측면에서 도시 내에서도, 도시 간에서도 나타나는 높은 다양성과 이질성이라고 할 수 있다. 이러한 다양성 역시 도시를 혁신의 공간으로 만들고, 도시의 높은 생산성의 근간인 반면, 분리(segregation) 혹은 무질서 · 혼돈 등과 같은 도시의 부정적 측면들과도 깊은 연관이 있다.

III. 도시문제를 보는 전통적 시각과 대안적 접근

도시의 문제와 이에 대한 해결에 대한 다양한 도시계획적 접근들은 이러한 도시의 핵심특성, 즉 밀도와 다양성을 어떻게 해석하고 바라보느냐에 따라 달라진다. 도시의 다양성을 혼란과 무질서라는 부정적 측면으로 해석할 수도 있고, 이를 도시의 가장 핵심적 강점으로 강조할 수도 있다. 또한, 도시의 밀도나 크기, 고도(高度)가 어떻게 설정되고 관리되어야 할지에 따라 상이한 도시계획 접근방식이 제안되어 왔다. 이러한 도시계획에 대한 다양한 접근방식들을 밀도와 다양성의 측면에서 검토하는 데 있어서, 여기서는 도시계획의 전통적 시각과 대안적 접근으로 구분해 논의하고자 한다. 여기서 전통적 시각은 19세기 산업혁명도시에 대한 반작용으로 등장한 현대 도시계획에 대한 아이디어로, 사실상 신도시 개발에서뿐만 아니라, 1000년 이상 되는 오래된 도시들에 대한 도시계획에까지 적극적으로 개입하여 근본 구조를 바꾸는 역할을 하게 한 흐름을 말한다. 이에 반해, 대안적 접근방식의 경우, 최근 이러한 모더니즘의 전통적 도시계획 접근방식에 대한 반성과 비판을 중심으로 최근 활발하게 그러나 제한적으로 논의 · 도입되고 있는 시각 전반을 의미한다.

IV. 전통적 시각: 혼잡한 도시에 대한 질서 부여

1. 하워드의 전원도시

19세기 산업혁명을 가장 격렬하게 겪은 영국을 비롯해서, 유럽의 도시(런던, 파리, 베를린, 뉴욕)들에서 나타났던 극단적인 도시문제, 열악한 주거환경, 보건위생, 무질서에 대한 반작용은 현대의 가장 주요한 도시계획 아이디어들의 출발점이 되었다. 우선 가장 초기 형태의 현대 도시계획의 아이디어는 농촌의 특성과 도시의 특성을 결합한 도시의 개념을 제시한 하워드(Ebenezer Howard, 1850~1928)의 전원도시(Garden City)이다. 하워드는 1989년 「내일: 진정한 개혁을 향한 평화로운 길(*Tomorrow: A Peaceful Path to Real Reform*)」이라는 책에서 전원도시의 개념을 제안했다.[1] 하워드는 19세기의 참혹한 유럽 도시문제의 근본을 자생적이고 혼란스러운 도시의 특성에서 찾으려고 했다. 그런 측면에서 도시의 문제 해결을 위해 기존 도시의 특성을 약화시키는, 즉 농촌의 특성을 결합하고자 했는데, 배후 농경지 조성으로 도시민도 자연을 접하게 하고자 한다든가, 저밀도의 공간구조와 적정규모 이상으로의 도시 성장을 제한하는 아이디어로 이어졌다. 이러한 전원도시 개념은 실제로 영국(Welwyn, Letchworth 등)에서 실현되었을 뿐만 아니라, 이후 전 세계 현대 대도시계획 및 신도시 개발계획의 근간을 제공하였다. 전통적 유럽의 오래된 도시에서 볼 수 없었던 도시공원의

1 이 책은 초판본이고 재판본은 1902년에 「내일의 전원도시(*Garden Cities of Tomorrow*)」라는 제목으로 발행되었는데, 하워드의 저서는 재판본의 제목으로 더 잘 알려져 있다.

조성이라던가 그린벨트, 그리고 특히 미국의 도시에 영향을 준 단독주택 방식의 교외도시화(suburbanization)가 그 영향이라고 볼 수 있다. 그러나 무엇보다 가장 중요한 점은 하워드의 전원도시 제안에서 처음으로 도시가 선제적으로 계획되고 관리해야 하는 대상이 되었다는 점이다. 전원도시 이전의 도시는 유기적으로 자연스럽게 성장하는 형태였으나, 전원도시 아이디어의 영향으로 도시가 가장 이상적이라고 가정되는 도시민들의 삶의 방식에 따라 각 활동의 분량이 규정되고, 이를 바탕으로 생산부지, 주거용지, 배후녹지 등의 적정량이 계산 · 배치된 도면에 따라 개발되고 관리되는 대상이 되었다.

이렇게 도시의 적정크기를 지향하고 토지의 적정배분으로 도시민의 삶과 작동방식에 질서를 부여하고자 했던 전원도시계획이 이후 현대 도시들에 적극 도입되며 우리나라 도시들에도 영향을 미쳤다. 대표적으로 우리나라 대부분의 주요 도시에 1960년대 이후 설정된 그린벨트에서 그 영향을 찾아볼 수 있다. 계속 성장하는 대도시에 '적정한' 크기를 설정하고 그를 위한 한계를 설정하고자 한 시도라고 할 수 있다. 이렇게 적정한 크기로 제한되는 대도시의 도시성장 수요를 외곽의 신도시 건설로 충족하는 방식으로 이어졌는데, 이 역시 전원도시 이념의 충실한 적용이라고 볼 수 있다. 또한, 우리나라 토지이용계획의 근간인 적정한 산업, 주거, 녹지의 정적 배분을 위한 용도지역지구제(zoning) 역시 전원도시에 뿌리를 둔 현대 도시계획으로 더 정교히 발전했다. 우리나라 최초의 신도시개발이자 개별도시로서 전원도시 아이디어가 가장 최초로 충실히 적용된 우리나라 도시의 초기 사례는 반월공단개발로, 생산기능과 주거, 여가기능의 적정량을 공간에 배치하고 이를 실현하는 방식으로 시행되어 이후 생산기능을 가진 다른 대부분의 독립적인 신도시 개발에 공통적으로 적용되었다. 특히 우리나라의 신도시 개발방식은 전원도시 아이디어와 같이 단기간에 효율적으로 사업을 완결할 수 있는 토지의 전면수용방식으로 시행되었는데, 이는 그동안 산업화 이후 급격한 주택 및 도시성장 수요를 효과적으로 수용해 왔다는 긍정적 측면이 있다.

그러나 도시의 성장을 어떻게 관리할 것인가와 물리적인 도시의 '적정크기'가 존재하는지, 그리고 그것을 인위적으로 설정하는 것이 바람직한지는 아직 논란이 되고 있다. 또한, 대도시 주변의 적극적인 신도시개발이 대도시권의 무분별한 확산을 초래하고, 광역교통망 설치의 부담 및 중심도시의 쇠퇴를 가속화한다는 비판이 제기되고 있다. 그러한 비판적 논의 속에서 1990년대 이후 우리나라에서도 점차 그린벨트의 폐지를 통해 중심도시에 더 나은 접근성을 가진 지역에 신도시를 개발하려는 움직임이 있어 왔고, 가장 대표적인 예는 2000년대 초반부터 시작된 판교신도시 개발이라고 할 수 있다.

[그림 1] 하워드의 전원도시 도면과 1975년 서울시 초기 그린벨트 지도

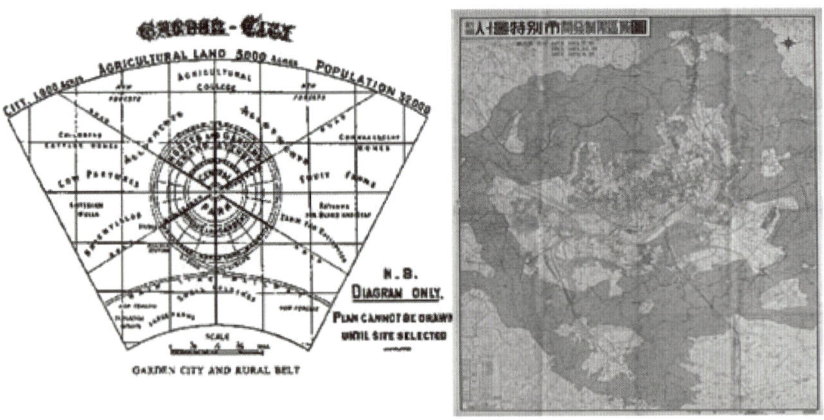

출처: 좌: Howard(1989); 우: 서울역사박물관.

2. 르코르뷔제의 빛나는 도시

현대 도시계획에 가장 큰 영향을 미친 계획가로 평가되는 건축가 르코르뷔제(Le Corbusier, 1887~1965)는 개별 건축물 역시 '살기 위한 기계(A house is a machine to live in)'라고 정의하고 있는데, 이를 확장하면 그에게 있어서 도시란 "사람들이 살고 일하기 위한 기계"라고 할 수 있다(Hall, 2002). 르코르뷔제는 기능주의적인 시각을 지닌 건축가 출신의 계획가이다. 르코르뷔제는 이러한 기능주의적 시각을 도시계획에 적용해, 전통 유럽도시들의 저층고밀화, 무질서한 혼합용도를 강력하게 비판하고, '빛나는 도시(The Radiant City)' 계획을 통해 고층화를 통한 공개용지를 확보하고, 철저한 단일용도방식을 적용해 공간을 구분하고, 광로의 설치 및 도로체계의 구축을 제안하였다(Le Corbusier, 1929). 이 개발방식은 현재까지도 전 세계적으로 가장 일반적으로 채택되는 도시계획방식이다.

르코르뷔제는 "도시는 백지 위에 새로 건설되어야 한다."고 주장했는데(Le Corbusier, 1929) 이 '백지계획'은 현대 대규모 도시개발과정에서 시행 전 도면으로 완성되어 발표되는 마스터플랜에 해당한다고 볼 수 있다. 명확한 용도가 색깔로 구분되고 체계가 있는 도로들이 도면에 표현되는 마스터플랜에 의한 도시개발방식은 전 세계적으로 현대 도시계획의 근간이 되어 왔고, 우리나라의 도시계획에도 중요한 영향을 미쳤다. 급속한 산업화과정에서 도시수요를 충족하기 위해 우리나라는 적극적으로 구도시 내의 신시가지 혹은 도시외곽 신도시를 개발해 왔다. 이 개발과정에서 토지계획에 있어서 용도의 명확한 경계와 지정, 고층화를 통해 채광, 통풍을 확보하고, 낮은 건폐율을 유지해 도시공원 등 공공시설 부지를 확보하며, 도로의 체계(간선도로, 지선도로, 보행자도로)를 구축하고 자동차통행을 적극 수용하되 보행통행과 분리하는 등의 아이디어들이 적극적으로 반영되었다. 그 지역의 특성과 상관없이 대부분의 신시가지 개발에서 이와 비슷한 형태로 진행되었다는 점도 한국 도시계획에서 르코르뷔제의 도시계획 아이디어를 얼마나 적극적으로 수용했는지 알 수 있다.

르코르뷔제의 이상적인 도시에 대한 개념은 신시가지에 대한 개발뿐만 아니라 600년이 넘는 고도인 서울 등의 구시가지의 개선 전략에서도 적극적으로 적용되었는데 60년대에 도입되었던 3대 확충전략, 즉 도로, 녹지, 주차장의 확충정책에서도 예를 찾아볼 수 있다. 당시 서울의 역사적 맥락이나 자동차 보급률, 높은 지가 등의 제약에도 불구하고 서울시가 이를 적극적으로 추진해 작은 가로에 불과했던 서울 구도심의 주요 통행로(성산대로, 종로 등)를 현재의 자동차통행중심의 광로 간선도로로 탈바꿈하게 만들었다. 이와 더불어 대규모 공원 및 도심의 주요 건물과 시설에 주차장이 구축되었다. 르코르뷔제의 '백지계획'은 사실상 그가 활동하던 파리의 개선이 불가능함을 선언한 것이라고 할 수 있다. 오래된 도시 파리 역시 그의 아이디어를 외면했다. 그럼에도 불구하고 오래된 도시 서울 구도심에 르코르뷔제의 아이디어를 적극적으로 적용하려 했던 이 시도가 서울의 도시문제를 얼마나 개선했는지, 혹은 악화시켰는지는 아직 논란의 여지가 있다. 서울의 주요 간선도로, 혹은 고가나 하천 · 개를 통한 광로의 무리한 구축으로 인해 1,000만이 넘는 인구가 거주하는 거대도시가 자동차통행중심으로 재편되며 고질적인 교통체증의 문제가 악화되고 있으며, 또한 도심에서의 보행환경이 악화되어 대중교통의 편리성이 떨어지고 이것이 다시 자동차통행의 증가로 이어지는 악순환이 반복되어 왔다. 또한, 고층화 전략으로 도시의 경관이 아파트로만 이루어진 획일적이고 단조로운 경관의 도시가 된 측면이 있다.

최근 이러한 르코르뷔제식의 현대 도시계획방식에 대한 비판이 활발하게 제기되며 우리나라의 도시에서도 이를 개선하기 위한 다양한 시도가 이루어지고 있다. 교통체증이 심한 간선도로의 차선 수를 오히려 축소해 보행환경을 개선하고, 도심의 주차장도 폐지하였으며, 자동차도로의 폐쇄나 고가도로의 철거가 진행되고 있다. 특히, 단일한 용도만을 허용하고 이를 명확하게 구분하는 토지이용계획방식을 탈피해서 혼합용도 및 용도의 유연한 적용을 허용하는 방식의 도입 역시 전형적인 르코르뷔제 방식의 도시계획에 대한 한계를 인정하고 수정하려는 시도라고 할 수 있다.

[그림 2] 르코르뷔제의 300만을 위한 도시와 한국의 고층아파트 단지

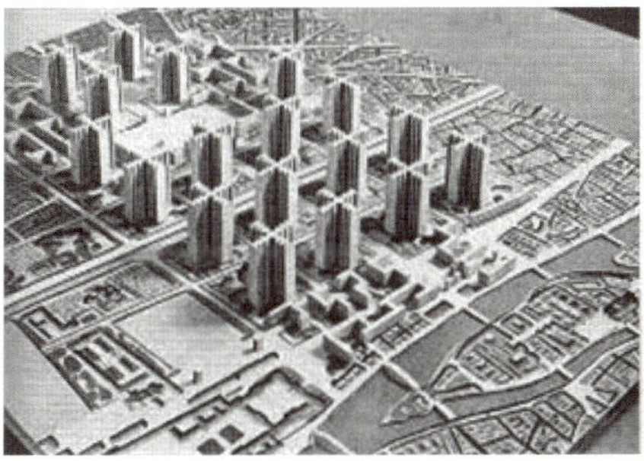

출처: 좌: Le Corbusier(1929); 우: 저자 촬영.

3. 페리의 근린주구

1929년 페리(Clarence Perry, 1872~1944)는 단지계획의 아이디어로서 소위 근린주구(neighborhood)라는 개념을 공개했다. 초등학교 하나를 중심으로 근린을 구성하고 그 안에서 각종 커뮤니티 활동 및 상업활동 등을 할 수 있는 기본 단지계획방식 개념이라고 할 수 있다. 이후 이러한 근린주구 단지계획방식은 현대에 가장 보편적으로 적용되는

단지계획방식이 되었다. 초등학교를 중심에 두고 그 수용인원을 근린의 범위로 설정하고 간선도로로 단지를 둘러싸 단지 내에서는 자동차 통행을 배제하여 주거단지의 배타적 경계(superblock)를 설정했다. 또한 중심에 커뮤니티 센터를 배치하고 단지 내 주민들이 서로 교류하며, 근린의 경계이자 여러 근린이 만나는 지점에서의 상업시설, 업무시설을 배치해서 사실상 주거단지 내에서 모든 활동이 가능한 형태의 폐쇄적 단지계획을 구현했다고 할 수 있다. 사회학자이기도 했던 페리는 파편화되고 과밀화된 익명의 현대 도시생활에서 1차집단 간의 교류의 필요성을 강조했던 또 다른 사회학자 쿨리(Cooley, 1909)의 영향으로 이러한 바람직한 삶의 인간관계를 도시도면에 실현하고자 하였다. 이러한 페리의 아이디어는 이후 뉴저지의 교외 단독주택 단지 래드번에서 충실하게 실현되었는데, 이 이후에 '래드번 설계'라는 이름으로 가장 이상적인 주택단지 설계의 대명사로 자리잡게 되었다.

이 근린주구 개념은 이상적인 주거단지의 전형을 보여주는 것처럼 보인다. 그러나 도시의 고밀도라는 특성은 주거단지를 넘어서서 전 도시범위의 활동을 가능하게 하며, 이것을 도시의 가장 큰 장점들 중 하나라고 할 수 있다. 그럼에도 불구하고 근린에서의 활동을 주요한 도시민의 활동범위로, 특히 인간관계의 범위로 설정했다는 점에서 도시의 특성에서 오는 혜택을 역으로 억제하는 측면이 있다. 또한, 각 근린은 동질적인 주민으로 구성되고 단지 간 교류가 차단되는 폐쇄적인 단지를 구성할 수밖에 없는데, 이러한 방식은 역시 도시의 가장 중요한 특성이자 혜택인 다양성을 억제하는 단지계획방식이라고도 볼 수 있다.

페리의 근린주구 아이디어는 자칫 서구의 교외 단독주택단지계획의 전형이라고 오해받을 수도 있지만, 우리나라의 주거단지설계에도 적용되어 왔다. 특히 아파트 단지설계에서 충실하게 채택되어 왔는데,

간선도로로 둘러싸여 있거나, 더 나아가 아파트 단지를 구분하는 담과, 정해진 출입구, 아파트 입구의 상가, 즉 근린경계에 배치하여 외부인의 단지접근을 근본적으로 배제하는 방식이 그 영향이라고 볼 수 있다. 또한, 소위 '초등학교를 품은 아파트단지'라는 개념으로 초등학교를 배타적으로 단지민이 이용하며, 그 안에서 소통하며 커뮤니티 센터를 통해 사회활동을 하고 인간관계를 맺으며, 자동차로부터의 안전을 중요시해서 보행자 전용의 지상공간을 설치하는 등 아주 최근의 아파트 단지설계에서 이 페리의 아이디어가 더 적극적으로 적용되는 것을 볼 수 있다. 이러한 근린주구 방식의 아파트 단지설계는 계층 간 배타적 공간분리를 초래하고 다양성을 해친다는 점에서 사회적인 이슈로 떠오르기도 했다. 임대주택을 배정하고, 아파트 커뮤니티 센터의 외부 공개를 의무화하거나, 아파트 담장을 허물거나, 혹은 아파트 단지 상가의 다양한 배치를 통해서 이를 수정하려는 시도가 최근 적극적으로 도입되기도 하였다. 그러나 여전히 우리나라 도시에서 배타적인 근린주구 방식의 아파트 단지는 가장 선호되며 또한 가장 빈번하게 채택되

[그림 3] 페리의 근린주구 개념도와 래드번 설계

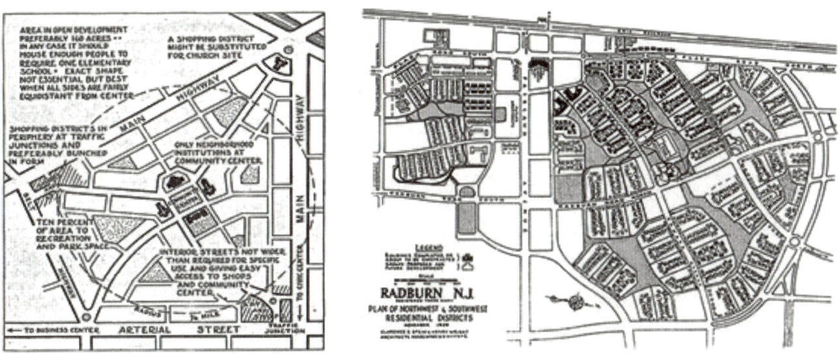

출처: Perry(1929).

는 주거단지계획방식이라고 할 수 있다.

4. 대안적 접근: 밀도의 잠재력과 다양성의 복원

현대 도시계획의 근간이 되는 대표적 이론 혹은 실무적 흐름으로 이 세 가지를 가장 주요한 것으로 꼽는 데는 이견이 있을 수 있다. 그러나 이 아이디어들의 결합이라고 할 수 있는 마스터플랜으로 실현되는 도시계획 아이디어가 우리나라의 현대 도시계획흐름에 중대한 영향을 끼쳤으며, 아직도 활발히 적용되고 있는 것은 분명해 보인다. 신도시계획에서부터, 기존 도시의 문제를 개선하고자 할 때나 규모 단지 재개발 · 재건축에 이르기까지, 우리나라뿐만 아니라 전 세계적으로 약간의 응용방식에서 차이가 있을 뿐 현대 도시계획의 근본적인 바탕은 모두 이 아이디어에 근간을 두고 있다. 그러나 최근 들어 모더니즘에 대한 반성을 배경으로, 기계적이고 기능주의적인 도시의 인위적 개입에 대한 회의적인 시각이 등장하였다. 한 건축가가 개별 건축물이 아닌, 하나의 사회라고도 할 수 있는 도시에 대해 단순히 도면을 통해 미래를 계획하고, 더 나아가 산업구조 및 삶의 작동방식에까지도 질서를 부여하는 형태의 현대 도시계획 전통에 대한 비판이 다각도로 제기되어 왔다.

가장 대표적인 비판은 도시계획가 출신이 아닌 저널리스트임에도 불구하고 도시계획사에 큰 영향을 미친 제이콥스(Jane Jacobs)의 견해에서 찾을 수 있다. 제이콥스는 1961년 발간된 「미국 대도시의 죽음과 삶(*The Death and Life of Greatest American Cities*)」이라는 저서에서 르코르뷔제와 하워드의 영향에 있는 현대 도시계획의 전통을 '빛나는 전원도시'라고 강력하게 비판하며 두 가지의 위대한 정설(orthodoxies)을 강하게 비판했다. 도시는 유기체이며 자발적으로 발전하고 변화한다. 그리고 그 동력에는 다양성이 존재하므로 이러한 도시의 근본적 특성을 부정하고, 인위적 · 기능적인 질서를 부여하는 도시계획방식이 모든 도시문제의 원인이라고 주장했다. 기존 도시계획에서 당연하게 여겨졌던 단일한 용도로의 구분, 거대한 공원, 광로 및 도로의 체계화, 보차분리, 고층화, 대규모 개발이 모두 도시의 다양성을 낮추어 도시의 효율과 안전에 악영향을 주는 것으로 용도의 혼합, 자생적 점진재개발, 공개용지 및 대규모 공원의 축소 및 도로체계의 폐지 등을 통한 도시의 집중, 보도와 차도의 혼재, 가로의 조성, 고밀화(집중) 등을 통해 현대 도시문제를 해결하고자 하였다.

제이콥스가 강조했던 밀도와 집중 및 다양성의 복원은 여러 가지로 우리나라 도시문제에 시사하는 바가 크다. 이미 위에서 언급한 바와 같이 전형적인 현대 도시계획방식에 대한 반성으로 우리나라 대도시에서 최근에 다양한 대안적 도시계획 및 설계방식이 적극적으로 논의 · 도입되고 있는데, 이러한 새로운 시도와도 연관이 깊다고 할 수 있다. 혼합용도를 허용하는 토지계획이나 복합용도개발 역세권 개발이나 상습적인 교통체증의 광로 및 간선도로나 자동차 전용도로의 폐지 및 도로의 축소 등 대안적 아이디어가 적극적으로 반영되고 있다. 또한 보행로와 차로의 분리를 넘어서서 가로 및 도시 활력을 위해 보행로와 차도를 혼합하고, 공원 내 상업시설 및 다양한 용도의 시설의 입지가 논의되고 있다. 대규모 도시공원보다는 주변 상업 및 주거용지로의 접근성과 연계성이 좋은 도시하천의 공원화나, 폐지된 철로와 같은 다른 용도의 토지와 접하는 길고 좁은 형태의 공원 개발 역시 같은 맥락이라고 볼 수 있다. 아파트 단지나 슈퍼블럭 단지의 통과 교통허용이나 적절한 집중 및 보행환경 개선을 위한 도심 주차장 폐지와 대중교통 전용지구나 도로의 폐지로 자동차 통행을 억제하고 보행환경을 개선하려는 움직임 역시 현대 도시계획방식에 대한 대안적 접근이라고 할 수 있다. 특히, 제이콥스는 고층화되고 획일화된 도시를 초래하는 전면 재개발방식을 강하게 비판했다. 소위 오래된 건물과 새 건축물이 공존하고, 다양한 용도의 토지가 접하고 혼합되어 있어 도시 공동화 현상이 일어나지 않고, 지속적인 통행으로 도시의 활력과 안전이 보장되는 도시를 지향할 것을 제안했는데, 이를 위해서 도시 재개발에 있어 전면 철수 및 일괄 개발이 아닌 점진적 개량 개발방식을 강력하게 주장했다. 최근 우리나라 대도시에서도 그동안 무비판적으로 시행해 왔던 고층화 전면 재개발방식에 반성과 성찰을 바탕으로 점진적 · 자발적 개량 재개발의 논의 및 시도가 활발하게 이루어지고 있다.

그러나 제이콥스의 이러한 대안적 접근 역시 다양한 측면에서 그 한계점이 제기되어 왔다. 가장 중요한 비판점 중 하나는 대규모 전면 재개발을 억제하는 것의 비용에 관련한 부분이다. 오래된 자생적 · 유기체적 도시의 본질과 전통을 유지하기 위해 점진적 · 자발적 보완 및 개발에만 기대는 것은 결국 공급을 억제하여 도시 공간의 부족을 초래할 수 있다. 도시는 도시민의 주거 및 경제 등의 활동을 위한 공간을 적절하게 그리고 신속하게 공급하고 이를 통해 경쟁력과 지속가능성을 높여야 할 필요가 있다. 이를 위해서는 가장 비용효율적이며 빠른 시행을 담보할 수 있는 재개발방식이 전면 재개발이라고 할 수 있다. 이를 억제하는 것은 결국 도시의 주거 및 생산 공간의 공급을 억제하여 그 비용의 상승으로 이어질 것이다. 도시의 원형 유지에 노력하며 재개발을 억제한 파리와 같은 유럽의 오래된 도시들이나 강력한 고도제한 및 재개발 억제책을 채택하고 있는 인도의 뭄바이와 같은 도시들은 그 지가 및 비용 상승으로 큰 대가를 치르고 있다(Glaeser, 2011). 제이콥스 방식의 점진적 · 자생적 개발은 결국 도시 내부에 고소득층의 단일한 계층만이 거주하는 도시의 여피화(Yuppification)를 초래해서 계층분리나 배타성을 높였다는 비판도 있다(Hall, 2002).[2] 그런 측면에서 우리나라 대도시에서 주로 채택하는 고층화, 전면 재개발방식의 적극적 시행은 도시의 요구에 따라 가장 효율적인 장소에 시의 적절하게 도시의 밀도를 높여 도시 공간 수요에 대응했다는 점에서 긍정적 측면이 있다. 다만 획일화된 고층 형태의 도시 경관과 인구구성에 어떻게 다양성을 확보하고 600년이 넘는 오래된 도시로서의 전통을 보존할 것인가에 대한 문제는 다양한 방식으로 논의하고 한국적 맥락에서 접근해야 할 필요가 있다.

제이콥스 외에도 환경문제의 대두와 함께 현대 도시계획의 비판과 대안적 접근은 다양한 측면에서 제시되어 왔다. 도시의 교외화(suburbanization)에 따른 도시의 무분별한 수평적 확장(Urban sprawl)으로 인한 극단적인 에너지 소비와 비효율에 대한 비판으로 초고층, 고밀과 혼합용도 및 보행 친화성과 대중교통중심의 통행 시스템을 핵심으로 하는 압축도시(Compact City) 개념이 제안되었다. 도시공간을 이용하는 데 있어서 자동차 통행을 감소시키는 요소로 알려져 있는 밀도(Density), 다양성(Diversity), 디자인(Design)의 3Ds를 도입하여 도시의 보행 및 대중교통 친화력을 높이려는 시도라고 할 수 있는데, 이후 요소들은 목적지 접근성(Destination Accessibility)과 대중교통과의 거리(Distance to Transit), 교통수요관리(Demand Management)와 인구구성(Demographics)까지 포함하는 7Ds의 개념으로 확장되어 널리 논의되고 있다. 이는 압축적이고 그래서 더욱 지속가능한 도시를 조성하려는 움직임이라고 할 수 있다(Ewing and Cervero, 2001).

2 도시 내에 거주하며 전문직에 종사하는 젊은 자유주의적 성향의 시민을 일컫는 말인 여피(Yuppie, Young Urban Professionals와 Hippie의 결합)에서 파생된 단어로 도시 내 거주민들이 젊은 전문직을 가진 부유층으로만 점차 채워지며 다양한 계층이 수용되지 못하게 되는 현상을 말한다.

비슷한 맥락에서 무분별하게 확장된 자동차 통행중심의 도시문제를 해결하고자 1980년대 이후 논의된 뉴어바니즘(New Urbanism) 역시 도시의 중심성을 높이고 자동차 의존도를 낮추고 보행 및 대중교통과 연계된 복합용도의 자족적인 도시개발을 통해 지속가능한 도시환경을 건설하려는 움직임도 활발하다. 뉴어바니즘의 핵심 요소는 보행성과 대중교통과의 연계성, 복합용도의 토지이용 및 다양성, 공적인 오픈스페이스, 가로의 복원 및 도시와 지역의 연계성 강화와 같은 측면을 강조하고 있다. 이러한 논의들은 이후 대중교통지향형 개발(TOD: Transit Oriented Development 혹은 TAD: Transit Adjacent Development)이라는 도시계획의 대표적 트렌드로 이어졌는데, 최근 한국 도시개발에도 활발하게 채택되고 있다. 주요 지하철 역세권이나 버스터미널 개발에 있어서 이러한 교통시설과 직접 보행으로 연결되어 업무뿐만 아니라 쇼핑센터, 호텔 및 주거용도를 한 부지에 혼합하여 고밀도로 배치하고, 넓은 공공 오픈스페이스를 확보하는 방식의 한국 대도시의 대규모 TOD 사업들은 도시계획의 이러한 대안적 흐름이 잘 반영된 사례라고 할 수 있다.

5. 결론

이 장에서는 도시문제 해결책의 단서를 도시의 특성에서 찾고자 하였다. 그중에서도 대표적인 도시의 특성인 밀도와 다양성에 초점을 두고, 전통적인 도시계획의 접근방식은 어떻게 이 두 가지 특성을 바라보고 접근하고자 하였는지를 검토하였다. 또한 이러한 전통적 도시계획 아이디어에 대한 비판으로 등장한 다양한 대안적 이론에서는 이러한 특성들을 어떻게 극대화하고 조정하여 현대 도시문제를 해결하고자 하였는지를 살펴보았다. 전통적 도시계획 아이디어와 대안적 접근은 모두 한국의 대도시에 크고 작게 영향을 미쳐 왔으며, 현재도 영향을 미치고 있다. 모두 서구에서 시작된 흐름인 만큼 한국의 도시에의 적용과 그 함의를 논의하는 데 있어서 한국적 맥락에서 접근할 필요가 있다고 할 수 있다.

막다른 골목과 담장 허물기

막다른 골목이 지니는 의미는 복합적일 수 있다. 현대 도시계획의 전형이라고 할 수 있는 르코르뷔제 방식의 계획에서는 블록을 둘러싼 광로를 통해 자동차교통을 중점적으로 수용하는 대신 블록 내에서의 통과교통을 배제하는 것을 기본 원칙으로 한다. 이러한 통과교통의 배제를 위한 수단에는 여러 방식이 적용될 수 있지만 막다른 골목을 이용하는 것이 빈번하게 사용되어 왔다. 특히, 근린주구 주거단지 설계의 아이디어를 제시한 페리는 이러한 막다른 골목을 주택단지에 적극적으로 도입하여 자동차 통과교통을 근본적으로 배제하는 것을 가장 바람직한 주택단지 설계방식이라 주장하며 소위 쿨데삭(Cul-de-Sac)을 주택단지 설계에 적극 활용하였다. 쿨데삭이란 주로 단지 내 도로를 막다른 길로 조성하고 끝부분에 회차공간을 만들어 주는 설계기법이다. 특히, 페리의 주택단지 설계방식인 '래드번 설계' 방식에서는 쿨데삭이 적극적으로 활용되고 있다.

특정 구역의 통과교통의 배제는 종종 이상적이고 바람직한 설계방식으로 받아들여져 왔다. 그러나 통과통행이 없다는 것은 궁극적으로 도시에 '경계' 혹은 '단절'이 있음을 의미한다. 경계란 경계의 특정 지점의 방문이 목적이 아닌 다른 어떠한 통행도 발생하지 않는, 즉 그 지점을 지나갈 이유가 없는 상태를 만들어 내는데, 이러한 통과통행이 없는 경계는 이중적인 측면을 가지게 된다. 대학 캠퍼스의 담장, 대형 병원 혹은 대형 공공시설의 담장 주변은 그 시설을 외부로부터 보호해 주는 긍정적 기능이 있는 반면, 그 경계지점의 통과통행이 차단됨으로 인해서 통행량이 줄어들고 그 지역의 생동감이 떨어져 지역의 쇠퇴를 초래하고, 적절한 통행에 의한 감시효과가 사라져 범죄의 증가와 같은 역기능이 필연적으로 나타나게 된다. 도시에서의 통행을 인체의 혈류에 비유했던 제이콥스는 이러한 경계는 혈류를 막는, 즉 도시의 생명력을 잃게 하는 현대 도시계획의 가장 부정적인 설계방식으로 지적해 왔다.

멋진 대학 캠퍼스나 대학병원의 담장, 대형 공공시설의 담장 및 심지어 대규모 공원변과 바닷가나 강변이 단절의 속성을 강화하며 사실상 철로나 고속화 도로변과 같은 도시의 가장 위험하고 쇠퇴한 지역이 되어버리는 것이다. 대학 캠퍼스 주변이나 종합병원 주변, 대형 공공시설물의 경계는 높은 범죄율을 보이는 경우가 많다. 마찬가지로, 많은 재원이 투입되는 워터프론트 재개발 사업들은 성공하기가 어려운 면이 있는데, 이는 강이나 바닷가는 그 자체가 경계의 역할로, 통과통행이 근본적으로 일어날 수 없기 때문에, 쇠퇴된 부둣가나 강변을 개발할 경우 다른 지역의 개발보다 월등히 높은 매력을 지닌 곳으로 개발하지 않으면 성공하기 어렵다. 제이콥스는 이러한 단절된 지점들을 '경계공백지대(Border Vacuum)'라 칭하며, 현대 도시계획에서 이러한 단절을 적극 해결할 것을 주장했다. 제이콥스는 심지어 대규모 공원의 조성이 이러한 단절과 경계의 기능을 한다는 이유로 강하게 반대하였다. 도시 경관 디자인의 고전인 「도시의 이미지(*The Image of the City*)」의 저자인 린치(Kevin Lynch) 역시 이미 오래전 "시각이나 동작을 통한 관통을 일정하게 허용하여 이 경계를 교환선으로 적극 활용하여 이러한 단절을 극복할 것"을 제안하여 왔다.

이러한 비판을 반영하듯, 우리나라에서는 1990년대 이후 대학캠퍼스 담장 허물기 운동 등이 논의되기 시작했다. 실제로 2000년대 이후 경북대학교나 연세대학교 신촌캠퍼스 등 많은 대학교 캠퍼스의 담장이 철거되거나, 결절점에 통과통행을 허용하거나, 상점이나 상업시설, 휴식 공간 등을 통해서 이러한 경계공백상태를 개선하기 위해 노력해 왔다. 이 대학 담장 허물기 움직임은 대학의 시설을 지역사회와 공유하고 더 나아가 대학과 지역사회와의 교류를 적극적으로 유도해 사회에 기여하는 차원뿐만 아니라 대학 주변의 슬럼화 및 높은 범죄율을 해결하기 위한 방편이라고도 할 수 있다. 이러한 담장 허물기는 우려와는 달리 대학 주변의 활력을 높이고, 범죄율을 감소시키는 긍정적인 효과를 불러온 것으로 평가받고 있다. 대학캠퍼스뿐만 아니라 공공시설이나 대학병원 등에서도 이러한 담장 허물기 움직임은 계속 이어질 것으로 보인다. 건축가 유현준 교수는 최근 발간된 저서 「도시는 무엇으로 사는가」에서 초등학교의 담장 역시 허물어 안전과 활력을 높여야 한다고 주장한 바 있다(유현준, 2015). 아직 논란이 되고는 있으나 초등학교 담장 허물기는 서울 당산초등학교를 비롯한 몇몇 초등학교를 중심으로 시행된 바 있다.

같이 생각해 볼 문제

1. 우리나라 대도시의 다양성을 저해하는 요소는 어떠한 것이 있으며, 다양성을 제고하기 위한 방안은 무엇인가?
2. 우리나라 대도시의 고층아파트들은 획일화되고 삭막한 도시경관을 만든다는 문제점이 있다. 고층아파트로 이루어진 경관이 개선될 수 있는 방안은 무엇인가?
3. 대규모 한강변 개발사업들은 종종 큰 성공을 거두지 못하는 경우가 많은데, 한강변 개발이 왜 어려우며 성공적 개발을 위해서는 어떠한 요소가 필요한가?
4. 대중교통중심 개발(Transit Oriented Development)의 한 형태인 역세권의 복합용도 개발의 잠재력과 한계는 무엇인가?
5. 승용차 교통량을 줄이고 대중교통 활성화를 위해서는 보행친화적인 도시환경의 조성이 중요하다. 보행친화적인 도시환경을 위해서는 어떠한 요소가 갖춰져야 하는가?

참/고/문/헌

유현준. (2015). 「도시는 무엇으로 사는가」. 을유문화사.

Cooley, Charles. (1909). *Social Organizations: A Study of the Larger Mind*. New York: Charles Scribner's Sons.

Ewing, Reid and Robert Cervero. (2001). "Travel and the Built Environment." *Transportation Research Record* 1780: 87–114.

Glaeser, Edward. (2011). *Triumph of the City*. Penguin.

Hall, Peter. (2002). *Cities of Tomorrow*. Wiley.

Jacobs, Jane. (2016) *The Death and Life of Greatest American Cities*. Knof Doubleday Publishing Group(Originally published in 1961 by Random House).

Le Corbusier. (1929). *The City of Tomorrow and Its Planning*. London: John Rodlher.

Lynch, Kevin. (1960). *The Image of the City*. MIT Press.

Perry, C. A. (1929). *The Neighborhood Unit: A Scheme of Arrangement for the Family-Life Community*. Regional Study of New York and its Envions, VII, Neighborhood and Community Planning, Monograph One, 2–140) New York: Regional Plan of New York and its Environs.

United Nations, Department of Economic and Social Affairs, Population Division. (2018). World Urbanization Prospects: The 2018 Revision, Online Edition.

Arcadis Sustainable City Index (https://www.arcadis.com)

Mori Foundation Global Power City Index (http://mori-m-foundation.or.jp)

제4부

사회적 포용과 복지

제11장 초고령사회, 지속가능한 노후소득보장체계 구축

제12장 사회서비스의 난맥상 탈출하기: 공공화, 분권화, 그리고 혁신화

제13장 근로빈곤 해결을 위한 정책: 최저임금과 근로장려세제

제11장

초고령사회, 지속가능한 노후소득보장체계 구축

I. 문제 제기

한국은 그 어떤 나라도 경험해 보지 못한 초고령사회로 진입 중이다. 한국은 현재 65세 노인 인구가 전체 인구의 14% 정도를 차지한다. 고령화율이 20%에 이르는 서구의 나라들이나, 28%에 달하는 일본보다는 아직 상대적으로 젊은 편이다. 그러나 우리는 2025년이 되면 세계에서 가장 빠른 속도로 초고령사회, 즉 65세 이상 인구가 20%를 넘는 사회로 진입한다. 현재 서구의 많은 OECD 국가들과 비슷한 상황에 처하게 된다. 문제는 이 이후다. 2025년 초고령사회 진입 후, 더 빠른 속도로 최고령국 일본을 따라잡고, 2045년에는 세계에서 65세 이상 고령인구 비중이 가장 높은 국가가 된다. 이어 2067년에는 65세 이상 인구 비중이 세계에서 유례를 찾아볼 수 없는 47%까지 올라갈 전망이다. 세계에서 가장 낮은 1.0도 안 되는 출산율과 평균수명의 증가가 만들어 놓은 결과이다.

65세 이상 고령인구가 인구의 절반 가까이 되고, 생산가능인구는 이에 미치지 못하는 상황에 처하면 한국 경제와 사회보장 시스템은 어떻게 될까? 아직 경험해 보지 못한 미래이지만, 우리보다 고령화문제를 앞서 경험하고 있는 일본을 보면, 장기간의 불황과 연금, 의료 지출의 급증이 예상된다. 일본보다 더 심한 초고령국가가 될 테니, 아마 경제의 침체와 감당하기 어려운 사회지출의 문제는 작금의 일본보다 더 심할 것이다.

사회보장제도 중에 고령화와 연관된 프로그램으로 연금과 의료가 꼽힌다. 나이 들어 병약해지면 병원 이용이 늘기 때문에 의료지출과 고령화는 상관관계가 높다. 그러나 연금만큼 직접적이지는 못하다. 연금은 노동시장에서 은퇴한 고령자들만을 위한 소득보장제도이기 때문이다. 현재 20% 내외의 고령화율을 보이는 서구 국가들의 경우, 나라마다 차이는 있으나, 대략 연금지출이 사회보장 전체 지출의 약 40%를 점한다. 가장 높은 비중이다. 다음이 의료보장 관련 지출로 약 30%를 차지한다. 현재 한국은 의료지출이 가장 높은 비중을 차지한다. 그러나 연금지출이 의료지출을 앞서는 것은 시간문제이다. 2028년 국민연금이 제도 시행 40년을 맞이하고, 베이비부머들이 본격적으로 수급자가 되기 시작하면 급여지출은 폭발적으로 증가할 것으로 예상된다.

건강보험제도가 없는 삶을 생각할 수 있을까? 자기 뜻대로 병에 걸리는 것도 아닌데, 건강보험이 없다면 얼마나 불안할까? 노후소득보장제도가 없는 삶은 어떨까? 병 드는 것보다는, 나이 들어 은퇴하는 것이 훨씬 더 예견가능한 미래이니만큼, 미리미리 준비하면 되지 않을까? 맞다. 그러나 인간은 치명적으로 근시안적(myoptic)이다. 대부분의 사람들은 당장의 소비를 더 중시한다. 막연히 지금처럼 소득이 계속 발생할 것이라고 믿는다. 비록 소수지만 은퇴를 대비해서 허리띠를 바짝 조이고, 열심히 미래를 대비하는 사람도, 정보 부족에 시달린다. '과연 내가 얼마나 오래 살까?', '얼마를 모아 놓아야 충분할까?', '평균수명+10살이면 충분할까?' 우리는 장수의 위험(longevity risk)에 노출되어 있다. 아무리 열심히 저축해 놓아도, 자신이 예견한 수명을 초과해 살 경우, 위험에 빠진다.

근시안성과 장수의 위험에 대응하는 최선의 방법은 국가가 시민들에게 강제저축을 시키고, 대신 죽을 때까지 연금지급을 보장하면 된다. '죽을 때'까지가 중요하다. 왜냐하면, 국가는 예견되는 평균수명까지 지출해야 할 연금액을 모아두었다가, 평균보다 일찍 죽은 단명자가 남기고 간 연금자산을 평균보다 더 사는 장수자에게 이전시켜 장수의 위험문제를 해결하기 때문이다. 개인이 극복할 수 없는 인간의 근시안

성과 장수의 위험문제 때문에, 아무리 초고령사회가 도래해도 노후소득보장제도를 쉽게 포기할 수 없다.

초고령사회에 지속가능한 노후보장제도는 어떻게 만들어야 할까? 현재 우리가 가지고 있는 노후보장 시스템이면 충분할까? 아니면 어떤 문제가 있을까? 우리보다 고령화가 앞선 나라들은 어떻게 대처했는가? 우리에게 필요한 해결방안은 무엇이며, 가능할까? 짧은 지면에 이 모든 문제를 다룰 수는 없다. 이 장에서는 먼저 초고령사회를 낳게 되는 한국의 인구구조 변화를 진단하고, 현재 한국의 노후소득보장제도를 개괄하고자 한다. 이후 국민연금을 중심으로 고령화사회에 재정적 지속가능성을 분석하고, 다층체계하 연금제도의 지속가능성을 높일 수 있는 방안을 함께 고민하고자 한다.

II. 한국 인구구조의 변화와 세계 최고 초고령사회의 의미

2017년 현재 한국의 인구는 5,136만 명이다. 2028년 5,194만 명을 정점으로 감소하기 시작해, 2067년이 되면 3,929만 명(즉, 1982년 수준)으로 인구가 줄어들 것으로 예상된다. 연령구조가 급격하게 바뀌는데, 2017년과 2067년 사이에, 15~64세 생산연령인구 비중은 73.2%에서 45.4%로 30%p 가까이 떨어지고, 65세 이상 고령인구 비중은 13.8%에서 46.5%로 30%p 이상 증가한다. 유소년인구는 672만 명에서 318만 명으로 반토막 난다. 중위연령은 2017년 42세에서 2031년에 50세를 넘고, 2067년에는 62.2세에 달할 것으로 전망된다. 심하게 말

[그림 1] 한국의 생산연령인구의 인구구조 변화(2017~67년)

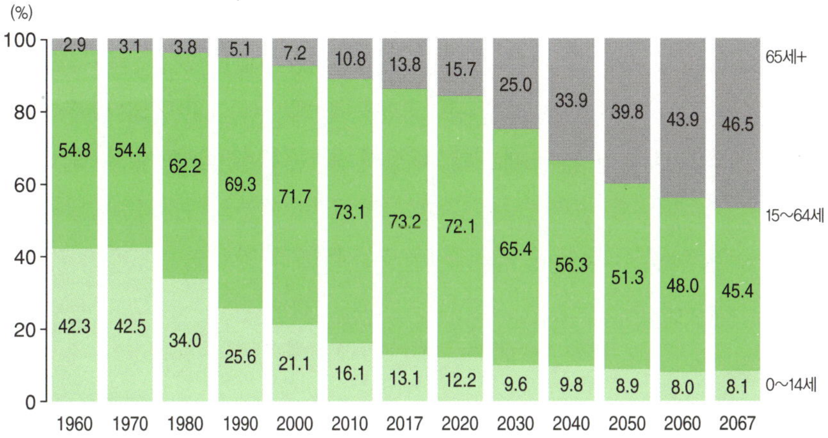

출처: 통계청(2019: 7).

하면, 중늙은이와 노인들만 사는 나라가 되는 것이다.

한국전쟁 종전과 함께 태어나기 시작한 베이비붐 세대가 생산연령인구에서 고령인구로 이동하는 2020년부터 생산연령인구가 급감한다. 따라서 생산연령인구 1백 명당 부양인구는 2017년 37명에서 2067년 120명으로 급격히 증가한다. 이 중 노년부양비는 2017년 18.8명에서 2050년 50명을 넘게 된다. 그리고 곧바로 2067년에 100명을 넘는 102.4명이 예상된다. 노인부양비가 50년 만에 5.5배가 되는 것이다. 100명의 생산가능인구가 102명의 노인을 부양해야 한다. 유소년 부양비까지 감안하면 한 명의 생산인구는 1.2명을 부양해야 하는 상황이 된다. 유소년을 부양하는 것은 그래도 미래의 생산인구를 만들어 내는 일이라 희망차지만, 노년부양비는 그러한 희망이 없다. 한 가지 방법은 있다. 즉 한 명의 생산가능인구가 한 명의 노인을 먹여 살려야 하는 50년 사이에 생산성이 5.5배가 늘고 경제 규모도 그만큼 커지면 된다.

고령화의 충격을 어느 정도 흡수할 수 있을 것이다. 그러나 이미 저성장 국면에 접어들어 1%대 경제성장률을 보이는 현실을 감안하면, 인구구조 변동에 따른 충격은 상상을 초월할 것이다.

연금제도는 매우 직접적인 큰 타격을 받게 된다. 유럽의 많은 나라들은 1980년대부터 연금제도의 재정적 지속가능성을 높이기 위해 개

[그림 2] 한국의 부양비 변화(1960~2067년)

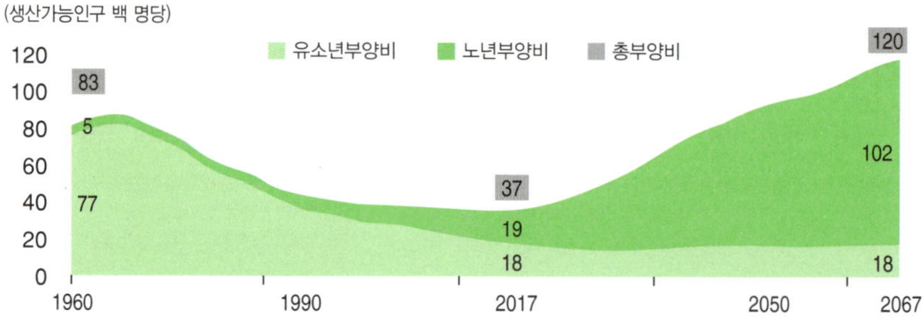

출처: 통계청(2019: 17).

[그림 3] 한국과 세계의 인구구조 변화

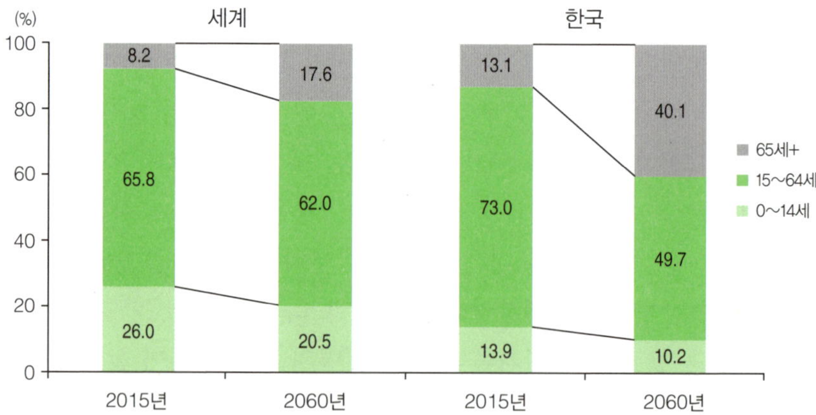

출처: 통계청(2015: 13).

혁을 강도 높게 진행해 왔다. 앞으로도 개혁은 지속될 것으로 예상된다. 우리도 이들의 뒤를 따라 개혁을 이루어 내면 될지도 모른다. 그러나 [그림 3]에서 보듯, 고령화는 어느 나라나 겪는 현상이지만, 유독 한국의 고령화 문제는 급속하게 진행된다. 그만큼 우리의 개혁조치는 훨씬 강도가 높게 진행되어야 할 것임을 시사한다.

III. 한국의 노후소득보장체계 현황과 재정적 지속가능성

1. 한국 노후소득보장의 다층체계

한국의 노후소득보장제도는 선진 복지국가들처럼 다층체제의 면모를 갖추고 있다. World Bank(1994)와 ILO(Gillion, 2000)에서 정식화한 다층제도의 기본 모형은, 1층에 조세로 운영되는 기초연금을 두어 기초보장(재분배) 기능을 담당하게 하고, 2층에는 의무 가입의 공적 연금 혹은 사적 연금을 두어 강제저축기능과 장수에 대한 보험기능을 맡게 하며, 3층에는 임의적용의 사적 연금을 두어 중상층 이상 노후소득의 적절성을 보장하도록 권고하고 있다(Holzmann and Hinz, 2005; Holzmann and Palmer, 2006).

한국에서 일반국민을 포괄하는 노후소득보장제도는 1988년에 도입된 국민연금의 단층체계로 시작되었다. 소득비례연금(earning-related pension)이면서도, 미국의 공적 연금제도(OASDI)처럼 저소득자의 연금액을 높이기 위해 소득재분배 기능을 넣었다. 즉, 1층과 2층의 기능이 혼재된 연금제도로 출발한 것이다. 1990년대 후반부터 다층체계를 형성하는 제도들이 부가되기 시작했다. 일반조세에서 비용이 충당되는 기초연금 성격을 갖는 경로연금제도가 1층에 도입되었다(1998년). 경로연금은 1층의 기초보장 역할을 맡기에는 적용률과 급여수준이 낮아 노후보장제도라고 하기에는 어려운 측면이 있었다. 2000년에 도입된 기초생활보장제도가 경로연금을 보완하여 저소득 노인들이 생계보장이 강화되었다(기초생활보장제도는 연금제도이기보다는 전 국민을 상대로 한 공적 부조제도이지만, 많은 수급자가 노인들이기에 0층 노후소득보장제도라 부를 수 있다.). 2007년 지금의 기초연금의 전신인 기초노령연금이 노인 인구 70%를 대상으로 실시되었다. 본격적으로 1층의 역할을 맡는 연금제도가 들어온 것이다. 3층의 사적 연금은 1994년과 2001년에 각각 도입된 개인연금저축과 연금저축에서 시작되었다고 볼 수 있다. 그러나 3층의 핵심은 2005년 '근로자퇴직급여보장법'에 의해 도입된 퇴직연금제도라 할 수 있다. 근로기준법에 의해 시행되는 퇴직금제도의 사외적립을 유도하면서 일시금이 아닌 연금화하기 위해 도입된 것이다. 2010년부터 근로자 4인 이하 사업장에까지 퇴직급여를 설정하도록 하여 퇴직연금이 국민연금에 버금가는 규모로 발전하고 있다.

종합하면, 2층에 소득비례연금으로서 사회보험형태의 국민연금이 있고, 그 아래 1층에 조세로 운영되는 기초연금과 0층에 기초생활보장제도를 두어 기초보장을 꾀하고 있다. 국민연금의 낮은 급여를 보완할 수 있도록 서구의 기업연금에 해당하는 퇴직연금과 개인형 퇴직연금(IRP)이 국민연금 위 3층에 자리 잡고 있다. 공무원, 교원 그리고 군인을 포괄하는 특수직역연금은 기초연금 및 퇴직연금의 기능을 포함해 두껍게 1,2,3층에 걸쳐 있다고 할 수 있다. 그리고 세제혜택을 받는 임의가입의 개인연금에 더해 최근에는 주택연금과 농지연금이 도입되어 최상층에 자리 잡고 있다.

[그림 4] 한국 노후보장의 다층체계

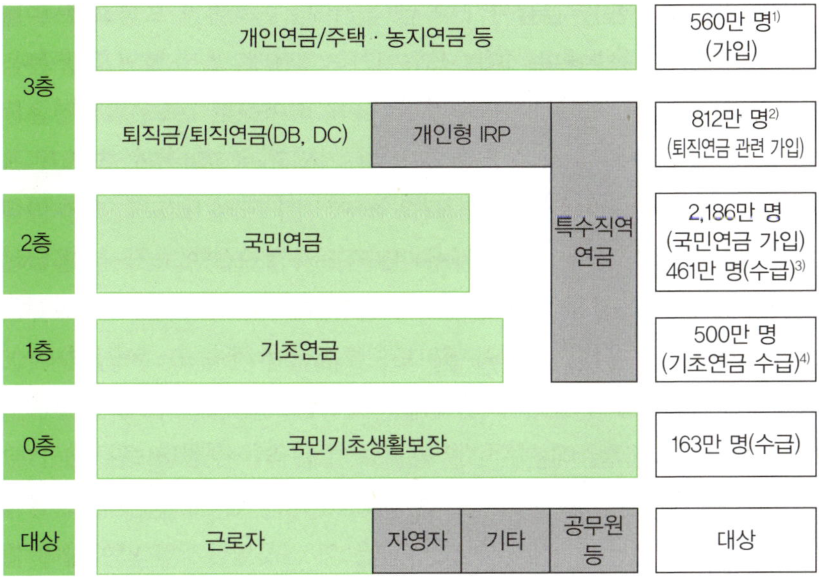

주: 1) 세제적격 개인연금(2017년)
2) 2016년
3) 노령(373만 명) · 유족(71만 명) · 장애(7만 명) · 일시금(10만 명)
2018년 6월 당해연도 누계
4) 2018년 5월
출처: 국민연금전문가회의 간담회(2018.9.27.) 자료 p.1 그림의 수정.

2. 국민연금의 재정적 지속가능성

노후소득보장제도는 어는 것이나 재정적으로 인구변동에 영향을 받지 않는 것이 없다. 이 중에 가장 큰 영향을 받는 것은 국민연금이다. 가입자 규모가 다른 모든 제도를 압도할 만큼 크고 연금지급에 필요한 돈을 다 가지고 있지 않기 때문이다. 가입자가 2,186만 명으로 경제활동 인구 대부분이 가입되어 있다고 보아도 무방하다. 국민연금은 수정적립방식으로 일부 보험료가 적립되어 미래 지출에 사용되게 되어 있다. 하지만 약속한 연금급여가 훨씬 높기에, 후세대의 보험료에 의지해 연금급여를 지출해야 하는 상황이다. 그런데 앞서 살펴보았듯이, 보험료 납부자인 생산가능인구가 급격히 줄어든다. 특수직역연금도 이와 유사한 문제를 안고 있다. 그러나 가입자가 150여만 명으로 그 규모가 작아, 국민연금의 재정문제와는 비교가 되지 않는다. 기초연금의 경우에는 대상자도 많고(현재 500만 명), 축적된 보험료가 전혀 없이 그때그때 필요한 재원을 일반재정에서 가져다 쓴다. 고령화가 심해질수록 비용문제는 커질 것으로 예상된다. 그러나 약속된 급여수준이 높지 않고, 기초보장의 성격이 있기에 불가피한 지출의 측면이 있다.

가입자가 국민연금에 이어 두 번째로 많은 퇴직연금(812만 명)은 장기재정문제에서 벗어나 있다. 사전적립방식이기 때문이다. 즉, 보험료를 내고 연금자산을 축적해서 쌓아 놓은 후, 이 연금자산 안에서 급여를 받는 방식이다. 후세대에 보험료 납부자가 줄어들어도 원리상 영향을 받지 않는다.[1] 여타 개인연금이나 개인자산을 유동화하여 지급받는 주택연금이나 농지연금도 인구구조에 크게 영향을 받지 않는다.

결론적으로, 노후보장의 장기적 지속가능성 문제에 있어, 핵심은 국민연금제도의 재정적 지속가능성 확보이다. 그런데 초고령사회에 진입하면서, 국민연금의 제도 부양비(가입자 대비 노령연금 수급자)가 2055년이 되면 100%를 넘게 될 것으로 예상된다. 즉, 현재는 5명의 가입자가 1명의 노인을 책임지고 있는데, 2055년이 되면 가입자 1명이 연금수급자 1명의 연금지급을 책임져야 하는 것이다.

빠른 고령화와 저성장으로 인해, 국민연금기금은 빠른 속도로 고갈

1 물론 인구가 감소해 경제가 위축되면 퇴직연금의 축적된 연금자산의 가치도 떨어지고, 그만큼 연금급여액이 줄어드는 문제는 내포하고 있다.

표 1» 국민연금의 제도 부양비 추이

(단위: 천 명)

연도	가입자 수 (가)	수급자 수						제도 부양비 (나/가)
		전체 수급자	연금 수급				일시급 수급	
			소계	노령 연금 (나)	장애 연금	유족 연금		
2016	21,252	4,385	4,149	3,412	78	659	235	16.1%
2020	20,449	5,337	5,131	4,095	107	928	206	20.4%
2025	18,646	6,949	6,748	5,325	137	1,285	201	28.6%
2030	17,474	8,555	8,399	6,538	167	1,694	155	37.4%
2035	16,142	10,047	9,946	7,627	198	2,121	101	47.3%
2040	15,166	12,104	12,042	9,318	214	2,510	62	61.4%
2045	14,203	13,912	13,861	10,858	215	2,789	51	76.4%
2050	13,557	15,405	15,376	12,180	209	2,987	29	89.8%
2055	12,575	16,381	16,362	13,080	207	3,076	19	104.0%
2060	11,622	17,019	16,992	13,775	185	3,032	28	118.5%

출처: 신화연(2017).

될 것으로 예상된다. 보건복지부 국민연금재정추계위원회에 따르면, 이 적립금은 2041년 최대 1,778조 원까지 지속적으로 불어난다. 아직 보험료 납입자의 수가 더 많고, 연금수급자는 얼마 안 되기 때문이다. 그러나 2042년부터 빠른 속도로 줄어들기 시작해, 불과 15년 후인 2057년에는 기금이 모두 고갈된다. 이것도 모자라 2057년 당해 연도에만 124조 원의 적자를 기록할 것으로 추정된다. 국민연금은 이때부터 명실공히 전적으로 후세대 가입자에게 의지하는 부과방식으로 전환되게 된다. 기금이 다 사라지고 없으니, 그해 그해 필요한 연금지출 비용을 모두 보험료를 인상해 충당하는 수밖에 없다. 만약 보험료를 필요한 만큼 인상하지 못하면, 2088년에는 수입은 337조 원에 머무는데, 지출이 1,120조 원으로 한해 적자만 783조 원에 달할 것으로 예상된다.

[그림 5] 국민연금 장기재정전망

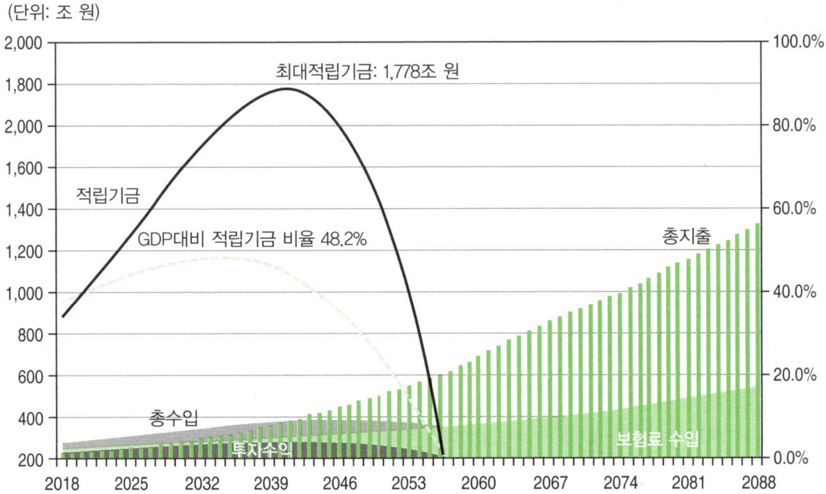

출처: 국민연금재정추계위원회(2018).

표 2» 국민연금 부과방식 비용률

(단위: %)

	2020	2030	2040	2050	2060	2070	2080	2088
기본안	5.2	9.0	14.9	20.8	26.8	29.7	29.5	28.8
저출산	5.2	9.0	15.0	21.3	28.6	33.3	35.2	34.9
출산율 1.05	5.2	9.0	15.0	21.5	29.3	34.7	37.7	37.7

출처: 국민연금전문가회의 간담회(2018.9.27.) 자료 p.7.

기금소진 시, 연금급여 지급에 필요한 보험료율(즉, 부과방식 비용률)은 2060년 소득의 최대 29.3%, 2070년에는 34.7%, 2088년에는 37.7%로 예상된다. 이 추계는 출산율이 1.05일 경우를 상정한 것이니, 현재 1.0 미만인 출산율을 감안하면 필요 보험료율은 더 올라갈 것이다. 건강보험료나 다른 사회보험료 그리고 소득세 등 일반조세에 대한 부담까지 생각하면, 국민연금에만 40%에 가까운 보험료율을 적용하는 것은 사실상 불가능한 일이라 할 수 있겠다. 그렇다면 노후소득보장은 포기해야만 하는가? 국민연금을 유지하면서 재정적 지속가능성을 확보하는 방안은 없을까?

IV. 다층체계하 지속가능한 한국 노후소득보장체계 구축

1. 기본 원칙

앞서 살펴보았듯이, 개인은 근시안성과 장수의 위험에 노출되어 있기에 노후소득보장에서 국가의 역할을 포기할 수는 없다. 기초연금, 국민연금, 퇴직연금의 다층구조하에서 각각의 연금제도들이 제 기능을 발휘할 수 있게 하여, 국민연금의 재정적 부담을 덜어내야 한다. 기본 방향은 강제저축기능과 장수리스크에 대한 보호기능이 있는 국민연금이 노후소득보장의 다층체계 구조에서 중추적 역할을 수행하게 만들어야 한다. 단, 재정문제를 해소하기 위해 고령인구가 늘어나는 만큼, 1인당 급여의 수준은 서서히 떨어뜨릴 수밖에 없다. 국민연금은 낮은 급여를 보완하기 위해서, 중산층 이상 가입자는 퇴직연금을 활용하고, 저소득층은 기초연금과 기초생활보장제도의 통합 등을 통해 기초보장을 강화해야 할 것이다(즉, 기초보장연금을 도입). 이런 연금개혁의 방향은 세기의 개혁으로 불리며, 재정적 지속가능성이 높으면서도 노후소득보장의 효과성이 크다고 여겨지는 스웨덴의 1999년 연금개혁을 벤치마킹한 것이다(자세한 내용은 Box 참조).

스웨덴의 노후소득보장체계

스웨덴 연금제도 개혁은 1999년 이후 단계적으로 이루어졌다. 한국의 국민연금처럼 국가에서 급여율을 사전에 확정적으로 보장하는 확정급여형으로 운영되던 2층의 소득비례연금(ATP)을 명목확정기여(NDC)형으로 바꾸는 구조개혁을 실시한 것이 가장 큰 특징이다. NDC는 우리나라 퇴직연금처럼 축적한 연금자산을 가지고 급여를 잔여여명에 의거해 산정하는 확정기여형의 일종인데, 실제로 연금자산이 실물시장에서 운용되지는 않고 가상으로 기록만 되기에 '명목'확정기여방식으로 불린다. 여기에 기초보장을 위해 일반조세를 재원으로 하는 보충급여형의 기초보장연금(Guarantee Pension)을 1층에 배치하고, 사전적립형 확정기여방식인 프리미엄연금(Premium Pension)을 3층에 놓음으로써, 3층 구조를 갖게 되었다.

공적 연금의 경우, 총보험료율은 과세소득의 18.5%로 고정되어 있고, 더 이상의 보험료 인상은 법으로 금지되어 있다. 한정된 재원이 노후소득보장에만 무한정 투입될 수 없음을 인정한 것인데, 재원에 한계가 그어져 있으므로 수명 증가에 따른 연금지출의 증가요인은 1인당 연금급여액을 자동 삭감함으로써 상쇄하고 있다. 확정급여방식이 아닌 확정기여방식으로 전환한 이유다. 보험료율 18.5% 중 16%는 NDC로, 나머지 2.5%는 개인투자계정방식으로 운영되는 프리미엄연금에 투입된다. 프리미엄연금의 급여는 납부된 보험료(2.5%)와 자본시장에 투자한 수익으로 구성된 연금자산에 따라 결정된다.

NDC소득비례연금과 프리미엄연금을 받지 못하거나 두 연금액의 합이 국민최저선(National Minimum, 빈곤선) 이하로 떨어지는 경우, 기초보장을 받는다. 기초보장연금은 우리나라 기초생활보장제도의 생계급여처럼 보충급여형이며, NDC소득비례연금과 프리미엄연금액의 합과 국민최저선의 차액만큼이 지급된다. 기존의 소득수준과 상관없이 정액으로 지급되던 보편주의적 기초연금이 전체 노인을 대상으로 하기에 재정지출은 많으면서, 저소득노인의 소득보장에는 효과적이지 못하다는 반성에서 기초연금과 공적 부조를 통합해 보충급여형으로 전환한 것이다. 과거 기초연금액에 비해 최저보장수준을 두 배로 올릴 수 있게 되었다.

첫째, 개혁에 앞서 사전적으로 확정해야 할 것은, 스웨덴처럼 연금 총보험료율을 정하는 것이다. 스웨덴은 공적 연금의 최대 보험료율이 18.5%를 초과하지 못하도록 법제화하였다. 여기에 보험료 3% 정도 되는 기업연금이 노사협약에 따라 부가된다. 기초보장연금에 소요되는 재원까지 감안하면 총비용은 소득 대비 25% 정도로 추정된다. 한국의 경우 현재 총비용은 18.33%정도이다(국민연금 9%+퇴직연금 8.33%+기초연금 1%). 스웨덴처럼 비용을 통제한다고 목표를 정하면, 앞으로 6.6%p 정도 비용부담을 늘릴 수 있다.

둘째, 현세대 노인의 빈곤에 대한 대처와 국민연금이 성숙하고 난 이후 미래 세대 노인의 소득보장방안은 구분해야 한다. 현 빈곤 노인들은 국민연금이 늦게 도입되었기에 가입 자체가 불가했거나, 가입기간이 짧고 보험료 납입액이 얼마 되지 않는다. 따라서 대부분의 노인들이 연금을 못 받거나 받더라도 액수가 적다. 노인 인구의 70%에게 준 보편주의적으로 기초연금이 지급되는 이유이다. 그러나 현재의 중고령자들은 국민연금에 가입하고 그 기간도 25년 이상이 된다. 현세대 노인에 비하면 국민연금 소득이 상당하다. 게다가 과거와 달리 맞벌이가 증가하고 있어, 부부합산 연금액이 향후 늘어날 것으로 예상된다. 따라서, 국민연금이 성숙된 이후의 기초보장은 지금처럼 전체 노인의 70%를 대상으로 하는 준보편주의를 고집하기보다, 빈곤선 이하 노인 가구에 기초보장을 집중하는 방식으로 개선될 필요가 있다.

2. 층별 세부 개혁 방향

앞서 제시한 대로 노후소득보장에 투입할 수 있는 가용재원은 보험료 환산 시 소득 대비 6.6% 정도이다. 이 중에 4.5%p 정도는 국민연금의 보험료 인상에 사용하고, 나머지 2.1%p는 기초보장에 사용하는 게 필요하다.

먼저 노후소득보장체계에서 중추를 담당할 2층의 국민연금의 재정안정화 조치가 필요하다. 고령화가 지속적으로 심화되기에, 보험료 인상만으로는 부족하다. 1단계 보험료 인상 이후 지출조정을 통해 장기적인 안정을 도모해야 한다. 구체적인 방안은 2018년 국민연금제도발전위원회의 소위 '나'안을 준용할 필요가 있다. 2029년까지 보험료율을 현행 9%에서 13.5%까지 단계적으로 인상하고, 2030년부터는 스웨덴, 독일, 일본 등처럼 자동안정화 장치를 도입해 고령화의 진전에 따라 급여의 하향조정이 이루어지게 해야 한다. 연금수급 개시 연령을

65세에서 그 이상으로 점진적으로 미루고, 월 연금지급액을 낮추는 방식이 될 것이다.

표 3» 국민연금 재정안정화 방안

	1단계 (2019~29년)	2단계 (2030~88년)
특징	기여 조정 (4.5% 확보)	기여 · 지출 조정(보험료율 3.7%p 분 확보)
방안	보험료율 단계적 인상 (13.5%)	수급 개시 연령 인상, 자동안정화 장치 도입

출처: 국민연금재정추계위원회(2018) '나'안의 수정

국민연금 급여의 하향조정은 퇴직연금과 기초보장연금을 통해 상쇄시켜야 한다. 3층의 퇴직연금에는 2018년 현재 26.5조 원의 보험료가 투입된다. 국민연금의 44조 원에 비해 적으나, 퇴직연금 가입자가 국민연금 가입자의 1/4에 불과한 것을 감안하면 1인당 실보험료 액수는 매우 크다. 중산층 근로자들이 많은 혜택을 볼 수 있다는 뜻이기도 하다. 그런데 현재 대부분 재직 중에 중간정산을 해서 받거나, 퇴직 후 일시금으로 수령한다. 연금역할을 못 하고 있다. 국민연금에 버금가는 재원이 투입되나, 연금기능이 취약한 퇴직(연)금을 준공적 연금화하여, 중산층 국민연금의 소득대체율 저하를 보완하게 해야 한다.

3층 퇴직연금의 준공적 연금화 방안으로 첫째, 스웨덴의 프리미엄 연금처럼 국민연금관리공단이 국민연금 보험료와 함께 퇴직연금 보험료를 징수하고, 소득재분배 없는 순수기여비례연금을 만드는 방법이 있다. 이 방안은 민간 퇴직연금 사업자의 시장 퇴출을 의미하기에, 거센 반발을 불러오는 단점이 있다. 따라서 둘째, 현행 퇴직연금이 민간

에서 운용되는 시스템을 그대로 두되, 국민연금공단이 퇴직연금사업을 실시하는 방안이 현실적이다. 국민연금관리공단이 사적 퇴직연금회사와 경쟁하게 하고, 국민연금관리공단의 퇴직연금 가입자는 중간정산과 일시금 지급을 어렵게 하여 연금화를 유도하는 것이다.

국민들이 연금보다는 당장 일시금을 원하더라도, 국민연금관리공단의 퇴직연금은 민간퇴직연금사업자보다 높은 실질수익률을 제공할 수 있기에 가입유인이 충분하다. 2018년 퇴직연금의 적립금 대비 총운영/자산관리운영비를 뜻하는 총비용부담률(수수료율)은 0.47%로, 국민연금의 0.08%에 비해 현저하게 높다. 연금은 30년을 내다보는 장기상품인 만큼, 수수료 절감으로 인한 복리효과가 매우 크다. 더 많은 연금자산을 축적할 수 있는 것이다.

'국민연금+퇴직연금'의 급여액이 낮을 수밖에 없는 저연금 수급자의 소득보장은 연대의 원리와 재정효율성을 감안하여 스웨덴식으로 저소득층에게 비교적 후한 연금이 지급되는 기초보장연금식으로 개편하는 것이 필요하다. 1층의 기초보장연금은 보충급여형이기에 동일한 재원하에서도 기초보장선을 기초연금보다 높게 가져갈 수 있다. 기초보장연금은 65세 이상을 대상으로 하는 느슨한 자산조사의 기초생활보장제도라 이해하면 되겠다.

기초보장연금이 도입된다는 의미는 65세 이상 고령자의 기초생활보장은 국민기초생활보장제도에서 분리하여, 연금제도하에서 담당하는 것을 의미한다. 현 기초생활보장제도는 근로연령대 수급자와 노인이 한데 엉켜 있어 수급조건을 엄격하게 할 수밖에 없다. 즉, 근로가능 연령대 인구의 모럴해저드 문제를 막고자 자산조사가 매우 엄격해 재산을 조금만 가지고 있어도 수급자에서 탈락하게 설계되어 있다. 기초보장연금이 도입되면 소득활동이 불가능한 노인을 대상으로 하는 만큼, 일정 수준의 자산가(본인과 부양의무자)만 제외하는 수준에서 자산조사를 대폭 완화하는 게 가능하다.

기초보장연금은 국민최저보장선(national minimum) 이하의 소득에 대해서만 보충급여를 제공하는 형태로 운영되기에, 앞서 제시된 대로 국민연금의 적용이 광범위하고 급여수준이 높아지게 되면, 이에 비례하여 기초보장연금의 재정지출이 최소화될 것이다.

[그림 6] 노후소득보장체계의 개혁 전후 비교

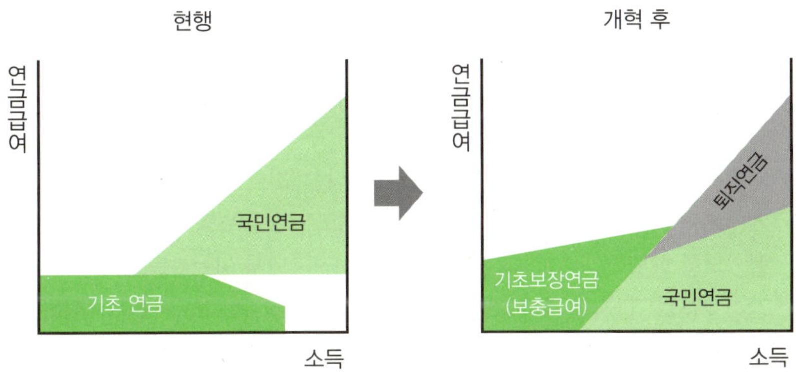

V. 결론

한국의 인구고령화는 사회보장제도 전반에 큰 재정적 부담을 안길 것으로 예상된다. 이 중 노후소득보장제도가 받는 충격은 매우 직접적이다. 사회지출의 가장 높은 비중을 차지하는 연금의 재정적 지속가능성의 확보는, 근로연령대 인구를 위한 사회보장제도의 지속을 위해서도 필요한 조치이다. 따라서 노후소득보장제도의 총비용에 한계를 설정하고 다층체계하에서 비용분담을 다변화하는 제도개혁이 제시되었다. 이 밖에 지면관계상 다루지는 않았지만, 정년의 연장을 통해 연금의존도를 낮추는 조치가 함께 병행돼야 한다. 그리고 경력단절여성, 청년 등 비활성화된 노동력의 경제활동 확대, 나아가 생산성 증가와 경제활성화 등을 통해 고령화의 비용 자체를 감당할 수 있는 경제력을 키우는 것도 잊지 말아야 한다.

같이 생각해 볼 문제

1. 저출산으로 인해 생산가능인구가 감소하고 상대적으로 노인인구 비중이 크게 늘어난다. 지금보다 더욱 적극적으로 외국인 노동력을 받아들이는 것이 불가피한 상황이다. 그러나 유럽 등 많은 선진국에서 이민자들에 대한 거부감이 커지고 급기야 극우정당이 약진하는 등 가장 중요한 사회적 · 정치적 이슈가 되고 있다. 한국은 이민문제에 어떻게 접근해야 할 것인가?
2. 연금재정의 안정화를 도모하기 위해 2028년 65세가 되는 연금수급 연령을 독일처럼 67세로 올리는 방안도 논의되고 있다. 그러나 한국에서 노후소득보장문제는 65세 이상 노인들만의 문제가 아니다. 50대 중반에 조기퇴직하게 되는 경우가 많아, 연금수급이 이루어지기 전까지 생활에 큰 어려움을 겪고 있다. 이러한 상황에서 연금수급 연령을 뒤로 미룰 수 있을까? 한국에서 1차 직장에서 은퇴하는 연령이 서구에 비해 낮은 이유는 무엇이며, 이 문제를 개선하기 위한 해법은 어떤 것이 있겠는가?
3. 한국 노인의 빈곤율은 45% 가량으로 OECD 국가 중 가장 높다고 한다. 그러나 절대빈곤율이 아닌 상대빈곤율이라는 점 그리고 한국인들은 부동산 소유 비중이 높은데 단순히 소득만 가지고 빈곤율을 비교하고 있기에, 한국의 노인빈곤율은 과장되어 있다는 주장도 있다. 이 주장이 맞다면, 노후소득보장제도의 개혁 설계도는 어떻게 달라져야 할 것인가?

참/고/문/헌

국민연금재정추계위원회. (2018). "국민연금 제도개선 방향에 관한 공청회 자료."

신화연. (2017). "인구구조변화와 사회보험 장기재정전망(II)." 「한국보건사회연구원 연구보고서」 2017-54. 세종: 한국보건사회연구원.

통계청. (2015). "7월 11일 〈인구의 날〉에 즈음한 세계와 한국의 인구현황." 보도자료(2015.7.8.).

______. (2019). "장래인구특별추계: 2017~2067년." 보도자료(2019.3.28.).

Gillion, Colin. (2000). "The Development and Reform of Social Security Pensions: The Approach of the International Labour Office." *International Social Security Review* 53(January): 35-63.

Holzmann, Robert and Edward Palmer(eds.). (2006). *Pension Reform: Issues and Prospects for Non-Financial Defined Contribution(NDC) Schemes*. Washington D.C.: The World Bank.

Holzmann, Robert and Richard Hinz. (2005). *Old Age Income Support in the 21st Century*. Washington D.C.: The World Bank.

World Bank. (1994). *Adverting the Old Age Crisis*. New York: Oxford University Press.

제12장

사회서비스의 난맥상 탈출하기: 공공화, 분권화, 그리고 혁신화[1]

I. 문제 제기

1. 사회서비스 확대의 맥락: 사회경제적 변화

한국은 지난 20년 동안 사회서비스제도의 확대를 비롯한 다양한 변화를 겪어 오고 있다. 사회서비스제도의 확대에 영향을 미치는 중요한 요인들을 나열해 보자. 첫째로, '저출산 고령화'가 있다. 낮은 출산율은 빠른 고령화로 이어지고 있으며, 증가하는 평균수명과 함께 80세 이상 노인의 비중도 빠르게 증가하고 있다. 이에 고령자에 대한 복지 요구가 급증하고 있는 실정이다. 둘째로, '가족의 복지역할 축소' 또한 사회서비스제도 확대에 영향을 미친다. 한때 노인과 아동에 대한 돌봄은 가족, 특히 여성의 몫이었다. 하지만 저출산과 평균수명의 증가는 1~2인 가구의 급속한 증가라는 가구구성의 변화를 가져왔고, 이는 인

[그림 1] 2016~26년 취업자 증가 및 감소 10대 산업

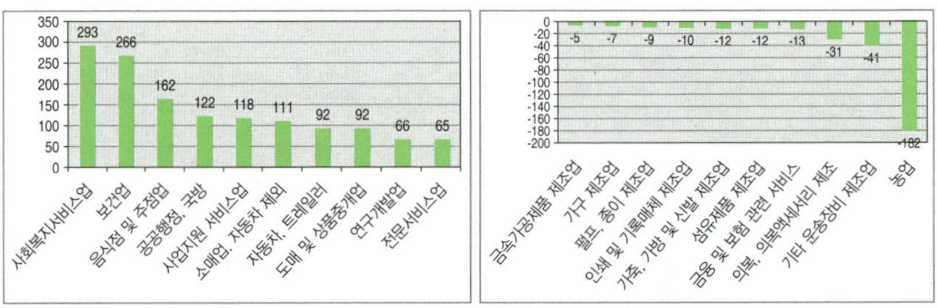

출처: 고용노동부 보도자료(2017.12.19.).

1 이 장은 2018년 한국사회복지정책학회 춘계학술대회에서 발표한 "한국 사회서비스를 보는 새로운 시선: 바람직한 대안적 논의를 위하여(최영준 · 김보영 · 김태일 · 최혜진)"에 일부 바탕하고 있음.

구학적 구성비율의 변화를 넘어 '부양'과 '돌봄'에 대한 인식을 급격히 변화시켰다. 이와 관련된 현상으로 '젠더혁명'을 이야기할 수 있다. 여성의 돌봄 역할이 더 이상 당연시되지 않고, 사회참여가 빠르게 증가하면서 여성의 역할로 간주되어 왔던 돌봄은 이제 사회적 위험으로서 공공의 개입을 요구받고 있다.

셋째, 개인의 필요뿐 아니라 '사회적 필요' 역시 사회서비스 확장의 논리로 제시된다. 먼저, 사회투자(social investment) 관점에서 돌봄의 사회화는 다양한 장점을 가진다. 아동에 대한 이른 투자(early childhood education and care)는 이후 아동의 역량에 큰 도움이 된다. 여성은 돌봄의 제공을 통해 노동시장에 참여함으로써 경제적으로 자립하고 스스로 노후를 준비할 수 있게 된다. 또한, 국가 차원에서는 조세수입을 증가시킬 수 있다. 이러한 노력이 낮은 출산율을 변화시킬 수 있다는 주장도 가능하다. 다음으로, 이는 일자리 확대에도 도움이 된다. 현재 우리 사회는 'Limit to growth', 즉 성장과 고용의 한계에 봉착하면서 새로운 고용의 활로를 찾아야 하는 상황에 직면하였다. 제조업이 한국 경제에서 차지하는 산출(output) 역할은 여전하지만, 고용은 급속히 줄어들고 있다. 서비스 영역의 생산성은 여전히 낮고 창업을 통한 혁신경제 역시 고용에 있어서 그다지 유의미한 성과를 창출하지 못하고 있는 실정이다. 이러한 상황에서 사회서비스 영역은 여타 OECD 국가들에 비해 현저히 낮은 고용을 보이고 있는 반면, 그 수요가 급증할 것이 확실하기 때문에 고용의 측면에서 주목받고 있는 것이다.

하지만 정부예산의 제약 등이 재정적 압박을 넘어 정치적 압박으로 작용을 하기 때문에 어떻게 효율적인 확대(efficient expansion)를 할 수 있을 것인가에 대한 질문이 제기되고 있다.

2. 맥락 2: 사회서비스 길을 잃다

이러한 배경에서 지난 10년 동안 돌봄에 관련된 서비스는 급속한 확대를 이룩하였다. 특히 2008년에 시행된 노인장기요양보험제도는 2013년부터 완전히 보편화된 보육제도와 함께 돌봄의 사회화에 매우 중요한 진전을 가져왔다. 노인장기요양보험제도와 함께 노인돌봄서비스, 지자체에서 지원하는 노인 관련 사회서비스는 빠른 고령화로 증폭된 개인의 위험을 줄이는 데 상당한 기여를 했다고 평가받고 있다. 노인장기요양보험 내실화는 2014년 정부가 추진한 40개 핵심정책 중 1위를 기록하기도 하였다.[2] 또한, 국민건강보험공단의 만족도 및 국민인식도 조사에서 수급자 보호자 1천 명을 대상으로 전화조사를 한 결과 90.4%가 만족한다고 조사가 되었으며, 이는 2011년 이후 처음이었다.[3]

노인장기요양서비스의 도입은 돌봄의 주체를 가족에서 사회로 확장시킨 획기적 전환이었다고 평가할 수 있다. 사회서비스가 전혀 없고 돌봄이 온전히 가족의 역할이었던 때를 기억하고 있는 이들에게 돌봄서비스는 '오아시스' 같은 존재가 되고 있다. 그럼에도 불구하고, 노인장기요양서비스는 지난 10년 동안 내내 개혁의 대상이 되어 왔다. 소규모 서비스 제공자의 난립으로 경쟁으로 인한 효율보다는 비효율이 증가했다는 비판, 열악한 근로조건으로 인한 열악한 서비스 제공에 대한 비판이 지속적으로 제기되었다. 또한, 노인장기요양보험제도의 불충분성으로 인해서 다양한 소규모 돌봄서비스들이 함께 제공되면서 프로그램과 전달체계의 분절화 또한 문제로 제기되었다.

2 http://news.donga.com/3/all/20141224/68745521/1 (2018년 4월 26일 접속)
3 http://www.hankookilbo.com/v_print.aspx?id=40bd3f7a41594941baa448511bcc22f0 (2018년 4월 26일 접속)

이러한 문제들에 대해 정부는 지난 10년간 지속적으로 해법을 제시해 왔다. 가장 대표적인 정책 패러다임은 '중복과 누락' 혹은 '유사와 중복'이다. '중복과 누락'은 중복된 프로그램은 없애고 누락되어 받지 못하는 이들에게는 새로운 프로그램을 제공해 주자는 취지이며, '유사와 중복'은 유사하고 중복된 프로그램들이나 전달체계를 정비하자는 취지이다. 이러한 패러다임하에 정부는 프로그램을 정리하면서 서비스 제공 및 전달체계의 분절화를 극복하려고 노력해 왔다. 이때 분절화는 중앙과 지방 사이의 분절화, 그리고 공공과 민간 사이의 분절화를 의미한다. 하지만 이러한 노력이 완전히 성공적이었던 것으로 보이지는 않는다. 사회보장위원회 등 중앙의 '컨트롤타워(control tower)'는 모든 돌봄 사업들을 나열하면서 유사한 사업을 정리하기 위해 지난한 노력을 해 왔다. 하지만 다른 한편에서는 새로운 돌봄 욕구에 대응하기 위해서 중앙이나 지역 차원에서 새로운 프로그램을 만들었다. 전체적으로 프로그램의 수가 줄어들면서 정비가 된 것은 사실이지만, 돌봄 욕구를 충족시키는 데 얼마나 성공적이었는지에 대해서는 여전히 의문이 존재한다. 예를 들어 근로여건 악화와 서비스의 질 저하 등은 이러한 패러다임으로 대처하기에는 역부족이었다. 또한, 중앙과 지방 등의 분절화도 여전하다.

한편, 학계에서 분절화보다 더 큰 문제로 지적되어 온 것은 시장화이다. 이 주장의 핵심은 민간중심 전달체계와 경쟁과 효율을 추구하는 시장화 전략이 부정적 효과를 초래했다는 것이다. 이들은 시장화가 경쟁과 효율을 가져오기보다는 개인의 이윤추구 동기와 맞물려 다양한 부정수급, 보조금에 대한 부당한 집행 등의 문제를 초래하였다고 주장한다. 결과적으로 서비스의 질도 낮아지는 결과가 나타났음을 지적하고 있다. 다음 박스에 서술된 사례는 보고된 많은 사례 중 대표적인 사례이다. '시장화'를 추구하고 있기 때문에 이윤추구 자체가 문제라고 이야기할 수는 없다. 하지만 사례의 B 요양원처럼 과도한 이윤을 추구할 경우, 이는 서비스 질의 하락으로 이어질 수밖에 없다. 또한, 부정행위로 처벌을 받은 B 요양원을 모니터링하고 시정할 법적 책임과 권리가 있는 가까운 지방자치단체는 인지조차 하지 못하고 있었으며, 중앙정부는 너무 멀어 실질적으로 문제 개선에 큰 영향을 미치지 못함을 사례를 통해 알 수 있다. 과도한 시장화에 분절화가 겹치면서 문제는 심각해지고 있다.

시장화 폐해의 사례

뉴스타파는 2019년 5월 3일 '전국 1등 요양왕국의 비밀'이라는 기사를 통해서 시장화의 폐해를 고발한 바 있다. 이 기사는 강원도 원주시에 위치한 전국 최대 규모 요양 시설의 문제점과 정부의 대응을 다루고 있다. 이 시설이 한 해에 받고 있는 장기요양보험 급여의 총액이 60억 원에 이르고, 입소정원은 300여 명, 직원 수는 200여 명이다.

이 최대 규모의 요양시설장은 업무상 횡령, 업무상 배임 혐의로 징역 1년에 집행유예 2년을 선고받았다. 고발의 내용을 보면 법인을 설립하고 이 돈을 사적으로 활용하였으며, 가족들 차량구입과 근무하지 않은 가족에게도 급여를 지급하는 등 심각한 부정행위가 존재했다.

2008년 입소정원 9명 규모의 소형시설에서 시작하여 현행 재무 회계 규칙을 악용하면서 부정행위를 하였음에도 최대 규모로 성장한 것이다. 2018년에 선고를 받았지만, 이사장 안 씨는 여전히 이사장직을 유지하고 있다. 책임을 물을 이사들과 주주들 역시 안 씨의 가족들로 구성이 되어 있다. 뉴스타파는 이러한 상황에 대해서 원주시청과 국민건강보험공단에 문의를 하였지만, 해당 사실을 몰랐거나 기관의 소관이 아니라는 답변만을 들었다.

이러한 인식하에 시장화를 공공성의 관점에서 연구하면서 어떻게 하면 시장화의 폐해를 줄이거나 나아가 시장의 점유 자체를 줄일 수 있을 것인가에 많은 관심을 가지게 되었다. 이에 대한 직접적인 대안은 규제의 강화이다. 보건복지부는 부정지급이 되지 않도록 감시를 강화하고, 사회서비스 기관에 대한 인증제도를 중앙/지방자치단체들이 도입하려 하고 있다. 특히, 부정수급이 언론에 이슈가 되면서 부정수급을 실시간으로 파악하려는 노력들이 강화되고 있다. 회계자료나 회의와 관련된 자료를 더욱 많이 요구하는 것을 한 예로 들 수 있다. 이러한 강화된 규제에 대하여 공급자들은 다음 박스에서 제시된 바와 같은 다양한 불만을 표출하고 있다. 대표적인 것은 돌봄을 잘 제공하는 기관보다 자료를 잘 준비하는 기관들이 더 좋은 평가를 받게 된다는 것이다. 박스에서 제시된 서울복지재단의 연구에 따르면, 어떤 공급자들은 회계기준에 대한 이해가 부족하거나 수급자들의 편의를 봐주다가 부정수급으로 걸려 벌금을 받은 사례를 보고하기도 하였다. 또한, 질을 유지하면서 서비스를 유지하려는 이들은 실제로 이윤을 거의 보지 못할 정도로 낮은 수가의 문제를 지적하기도 하였다. 그러다 보니 질을 높이려는 인증제도에 대해 공급자들은 부정적인 인식을 가지고 있다. 결국, 정부는 서비스 공급자들에 대한 불신이 깊어지고, 공급자들은 정부의 정책에 대한 반감이 깊어지는 상황이 되고 있다.

사회서비스 인증제도 성과평가 및 개선방안 연구 좌담회

A: 공단에서 저희 방문요양 같은 경우도 공단에서 평가제도라는 걸 운영하면서 여러 가지 지침이 나오기는 해요. 그런 게 실제 현장에서 그렇게 꼭 필요한 건 아니라고 느끼는 경우가 굉장히 많거든요. 실제 현장에서는 어르신들께 어떻게든지 더 잘해드리고 그들의 목소리를 귀 기울여야 하는데 공단은 현장을 제대로 볼 수 없으니까 모두 페이퍼를 요구하잖아요. 그게 업무를 너무 과중하게 하고 편파적인 평판이 되는 거죠. 어르신께 서비스는 아무렇게나 해도 종이만 잘 만들어 놓고 하면 평가를 잘 받을 수 있고 이런 문제가 있으니까 인증제도도 마찬가지로 그들이 원하는 기준으로 하면 소홀한 부분이 생길 수 있다는 생각이 돼요. 저도 간단하게 보기는 했어요. 어떤 제도 추가해야 된다든지 인력, 경력자를 써야 된다든지 이런 세부사항이 있더라고요. 그런데 그걸 다 맞추려면 힘든 거예요 기관에서는. 인증제도가 지원 받아서 어르신들한테 더 잘할 수 있는 거는 같은 수준으로 가되 자체적인 일은 공단에서 요구하는 기준에 업무를 함으로써 기관을 운영하는 게 더 어르신들도 나을 수도 있고. 왜냐하면 직원들도 힘들지 않아야지 실질적인 양질의 케어가 가능한데 직원들이 서류하느라고 너무 힘이 빠지고 하면 어르신 케어는 뒷전이 되거든요.

B: 민간기관은 여기 기준으로 해 줘도 부합되면 인증을 해 주겠다. 이러면 조금 들여다보고 해볼 욕심이 나지만 처음부터 사회복지 법인 기준에 맞춰서 이렇게 인증제도가 갑니다. 라고 한다면 저희는 거의 포기 수준일 것 같아요. 제 기준으로 말씀 드려서 그런지 모르겠지만 그게 현장에 현실이거든요. 예를 들자면 저 같은 경우는 제가 거의 다 혼자 하는데 컴퓨터 세대도 아니고 워드 하나 만들어서 작업하다가 뭐 하나 키 잘못 누르면 다 날라가고 이런 분들이 30분 하시면 저

> 같으면 2시간도 했다가 훅 날라가고 이걸 가지고 평가 기준을 만들어서 한다고 하면 무리가 있을 것 같으니까…
>
> 출처: 서울복지재단, 2017년 9월 1일 방문요양기관 운영자 8명 표적집단면접[4]

규제 강화 이외에 논의되는 대안들 중 하나는 문재인 정부가 추진하고 있는 '사회서비스공단' 혹은 '사회서비스원' 정책으로 제시되고 있다. 이 정책의 핵심 내용은 사회서비스원에서 직접 돌봄노동자를 고용하여 운영하면서 시장의 폐해를 줄이고 공적인 책임을 증가시킨다는 것이다. 또 다른 정책적 제안은 커뮤니티 케어(community care)로, 노인들이 자신이 살던 지역에 거주하며 돌봄을 받을 수 있는 체계를 만들겠다는 것이다. 이 정책들은 공적인 돌봄 책임을 증가시키면서 분절성도 줄이는 것을 핵심으로 하고 있다.

이러한 변화의 움직임은 사회서비스의 질과 내용을 풍부하게 하고 있음은 틀림없다. 하지만 동시에 이러한 변화들이 한국 사회서비스의 문제 해결에 얼마나 답을 줄 수 있을 것인지 역시 논쟁이 되고 있다. 유사/중복을 폐지한다는 접근은 서비스의 충분성이나 질에 대한 답을 주고 있지 못하며, 동시에 다른 쪽에서는 새로운 프로그램들을 만들어 내는 데에 대한 답을 주지 못하고 있다. 규제는 필수적이기는 하지만, 현재의 영세한 시장화와 분절화에 대한 근본적인 답이 되고 있지 못하다. 오히려 사회서비스의 이상과 현실 사이에서 떠돌고 있는 느낌이다. 사회서비스원은 공적 책임 증가를 통해 시장화에 대한 대안이 될 수 있지만, 분권이 필요한 커뮤니티 케어와는 상충되는 중앙화의 측면이 있다. 또한, 현재의 시장화의 문제점이 돌봄을 국가에서 직접 제공

4 자료를 제공해 주신 한국연구재단 오문준 박사(서울복지재단)께 감사한다.

하면 문제가 해결되는 것인지에 대한 비판도 존재한다. 낮은 수가와 모니터링 시스템의 문제를 제기하는 목소리도 있기 때문이다. 즉, 시장화에 대한 비판이 과도하게 '시장 대 국가'라는 단순화된 이분법으로 논의를 몰고 간다는 비판이 존재하는 것이다. 실제 시장의 행위자인 공급자는 거의 서비스의 양이나 가격 등에 있어서 자율성이 거의 없기 때문에 경쟁을 통한 효율이 존재하기 어려운 구조 내에 있다는 것도 또 다른 비판점이다.

돌봄과 사회서비스의 중요성은 지속적으로 증가하고 있으며, 향후 더욱 증가할 것으로 예상된다. 이와 함께 사회서비스에서 일하는 종사자의 규모도 지속적으로 증가할 것으로 예상된다. 하지만 사회서비스를 둘러싼 다양한 이슈들이 어떻게 풀려야 할지에 대한 바람직한 방향이 잡혔다고 보기는 어렵다. 이에 이 장에서는 지금까지 제시된 사회서비스의 문제점들과 이슈들이 사회서비스에 대한 적정한 분석틀에 기반하지 않았다는 점을 지적하고, 새로운 시각으로 사회서비스문제에 접근할 필요가 있음을 주장하고자 한다. 이를 통해서 무엇을 알고 있고, 무엇을 알고 있지 않은지, 그리고 이슈들에 대한 근본적인 대안은 무엇이 될 수 있는지 논의할 것이다. 대안으로는 공공의 직접 공급을 확장하는 방식의 공공화, 지방자치단체와 일선관료와 공급자들의 자율성을 높이는 방식의 분권화, 그리고 중앙정부 이외에 다양한 주체들이 새로운 시도를 통한 사회서비스 혁신을 할 수 있도록 하는 혁신화를 논의하고자 한다.

II. 시장화와 분권화 그리고 복지혼합과 재량혼합

사회서비스가 어떻게 변화되고 있는 것인지를 포괄적으로 파악하는 것은 쉬운 일이 아니다. 연금과 같은 복지국가의 현금급여에 대한 논의에서는 확장(expansion)이나 감축(retrenchment)과 같은 개념으로 변화를 파악하곤 했었다. 하지만 돌봄과 같은 사회서비스를 확장이나 감축의 프레임으로 분석하기에는 한계가 명백하다. 사회서비스가 발전한 시기는 서구와 동아시아 모두 현금급여를 중심으로 하는 복지국가의 축소 시기와 겹치며, 동시에 신공공관리론(new public management)의 급속한 확산과 맞물려 있기도 하다. 그렇기 때문에 사회서비스 발전은 양적 발전과 함께 효율화를 추구하는 시도가 동시에 이루어져 왔다. 사회서비스 발전 역사가 '효율적 확대(efficient expansion)'라고 할 수 있는 것도 이와 같은 이유 때문이다.

확장과 감축이라는 틀을 제외하고 나면 사회서비스 변화를 설명하는 다양한 개념들을 찾을 수 있다. 민영화, 시장화, 분권화, 중앙화, 복지혼합 등이 그러하다. 이러한 개념들이 보여주는 것은 사회서비스의 변화를 감지하는 두 가지 중요한 축이 있다는 것이다. Kazepov (2010)는 이러한 두 가지 축을 보족화(subsidiarization)로 설명을 하고 있다. 보족성의 기본 개념은 더 작은 단위가 가능한 할 수 있도록 하고, 그것이 효과적으로 작동되지 않을 때 더 큰 단위가 개입하는 것을 의미한다. 보족성 원리가 확장되는 보족화 개념은 영역적(territorial) 개념과 행위자적(actor) 개념 두 가지로 나누어서 제시되고 있다.

Kazepov가 관찰한 첫 번째 보족성 원리는 수직적 보족성으로서 중앙정부부터 가장 작은 정부까지의 차원을 의미한다. 수직적 보족화는 더 작은 단위로의 행정 책임이 이전되는 현상이 나타나고 있다는 것이다. 일부 분권적 개념과 맞닿아 있다. 두 번째 보족성 원리는 수평적 보족성으로서 정부, 시장, 가족 등 주체들의 상호작용과 관련되어 있다. 수평적 보족화는 정부에서 비정부 영역으로 보족화가 이루어지고 있음을 말하고 있다. 이는 사회서비스에서 1980년대부터 제기되어 왔던 다원주의(pluralism)와 연결되어 있기도 하다. 즉, Kazepov는 사회서비스의 변화와 개혁을 이해하기 위해 두 가지 축을 함께 볼 것을 제시하고 있다. 국가와 개인 간에 직접적으로 이루어지는 사회보험이나 수당과 같은 복지급여와 달리 서비스는 누가 제공하는가, 어떠한 수준의 정부에서 제공하는가에 따라서 그 의미와 규범이 달라진다. 그렇기 때문에 이러한 변화를 민감하게 파악하는 것은 중요하다. 이와 함께 그는 적극적 보족화와 수동적 보족화라는 개념을 제시하였다. 적극적(active) 보족화는 책임이 이전되면서 자원과 인력 등도 함께 이전되는 현상을 의미하는 반면 수동적(passive) 보족화는 책임만 이전되고 구체적인 자원의 이전은 일어나지 않는 경우를 의미한다.

이러한 수직적 개념과 수평적 개념은 우리의 논의에서 두 가지 차원의 시사점을 준다. 수직적 차원에서는 전달체계의 파편화를 논하면서 중앙정부 차원의 논의에만 머무르고 있다. 반면에 지역과 지방이 어떠한 역할을 해야 할 것인지에 대한 진지한 성찰과 미래적 논의는 결여되어 있다. 감독자로서 지방자치단체의 역할을 법적으로 부여하고 있지만, 적극적 보족화가 아닌 수동적 보족화에 머물고 있다. 그렇기 때문에 저자가 참여한 김태일 외(2018)의 연구에서 만난 지방 공무원들은 시스템도 없고, 재정도 없기 때문에 차라리 사회서비스를 중앙이다 가져가서 했으면 한다고 주장을 하는 경우가 많았다. 책임과 비난만 남아 있다는 것이다.

수평적 차원에서 공공과 민간의 논의는 앞서 언급한 바와 같이 우리

사회에서 가장 첨예하고 활발하게 이루어지고 있는 논의이다. 사회서비스 시장화에 대해 비판적 입장을 견지하며 공공성을 다루는 많은 논의들은 수평적 차원에서 공공과 민간의 역할을 어떻게 재구조화할 것인지에 대한 관심을 많이 가지고 있다. Kazepov가 제시한 수평적 차원의 보족성 역시 복지혼합의 국가와 시장 논의와 부분적으로 맞닿아 있다. 하지만 복지혼합 논의나 수평적 보족성 논의는 공공과 민간의 이분법으로 나뉘지만은 않는다. 여기에는 제3부문이나 공동체 등의 역할도 중요하게 다루어진다. 최근 사회서비스의 공공성 논의나 시장화 혹은 사회서비스원 등의 논의에서 제3부문을 어떠한 정체성으로 바라보고, 어떠한 역할을 부여할 것인지에 대한 고민은 상대적으로 적어 보인다. 또한, 시장화라고 하는 복지혼합적 현상이 수직적 차원의 보족화에는 어떠한 영향을 미치는지 역시 잘 알려져 있지 않다.

유럽에서는 어떠한 주체가 어떠한 역할을 맡을 때 더욱 효과적인 서비스를 제공할 수 있었는지에 대해서 논의를 진행해 온 바 있다. 특히, 사회서비스가 일찍이 발전했던 북구유럽의 경우 최근 다양한 돌봄서비스에 대한 개혁조치를 통해서 다양한 형태의 모습으로 분화되고 있다는 주장이 제기되고 있다(Rauch, 2007). Meagher and Szebehely (2012)의 경우 북구유럽 모든 나라에서 시장화가 이루어지고 있지만, 각자가 매우 다양한 형태로 이루어지고 있음을 보여주고 있다. 스웨덴과 핀란드가 보다 적극적으로 영리를 받아들인 반면, 덴마크는 더욱 적극적으로 민간의 역할을 확대했지만, 비영리를 중심으로 변화했다. 노르웨이의 경우 그다지 민간의 역할이 크지 않았음을 알 수 있었다.

하지만 시장화 논의에서도 수직적 논의는 핵심적 이슈이다. 북유럽 국가는 보편주의를 핵심으로 하면서 높은 관대성과 어디에서도 평등한 급여와 서비스를 받을 수 있는 권리를 발전시켜 왔다(Greve, 2004). 하지만 지방정부의 자율성을 이른 시기부터 발전시켜 온 북유럽 국가에서도 현금급여와는 달리 사회서비스의 경우 지역에서 자율적으로 실행해 온 바 있다. 보편주의와 지역 간의 사회서비스 차이(종종 불평등이라고 오해되는)는 사회민주주의 국가에서도 긴장을 일으켰다. 하지만 스웨덴 지자체에서 고령자를 위한 돌봄서비스 제공의 관대성과 차이를 분석한 Trydegard and Thorslund(2010)의 연구를 보면 시장화가 본격화되기 전인 1993년의 경우 지역별 격차와 차이는 매우 컸지만, 평균 서비스 적용률은 (특히 시설의 경우) 더 높았다. 하지만 2006년의 경우 재가서비스 적용률은 큰 차이를 보이지 않았지만, 시설의 서비스 비중은 상당히 낮아졌다. 지역 간의 편차는 매우 줄어들었지만, 서비스의 접근성이나 질이 좋아진 것은 아니라는 것이다.

지역 간의 편차가 줄어드는 것과 시장화와는 어떠한 관계가 있을까? 이에 대해 유럽의 학자들은 시장화가 사회서비스의 중앙화를 가져오는 경향성을 발견한다(Bönker, Hill, and Marzanati 2010). 기존 서비스가 지역화 및 공공화되어 있는 경우 특정한 규칙을 발전시키지 않고도 지역 단위에서 비공식적 규제와 감독이 이루어졌었다. 하지만 시장화가 되고 영리사업자가 들어오게 되면서는 영리사업자의 자격조건과 영리활동이 돌봄서비스의 취지를 침해하지 않도록 규제와 감독체계를 표준화시키고 발전시키는 경향이 나타난다. 표준화된 규제체계는 일반적으로 전국단위에 적용이 되고, 다시 시장에서 문제가 발생할 경우 더욱 규제를 강화하게 된다. 이로써 시장화와 중앙화는 서로를 강화시키는 경향이 나타난다. Choi(2017)는 유럽 4개국의 연구를 통해 모두 시장화 경향이 나타나지만, 지방정부의 자율성이 강하게 남은 국가일수록 시장화가 제한적으로 이루어지며, 규모가 있는 공급자가 진입하지만, 지방정부가 사회서비스 기능을 일찍이 중앙에 넘긴 국가에서는 중앙화된 시장화가 수준이 더욱 높고, 동시에 더 작은 규모의 공급자가 난립할 가능성을 지적한 바 있다.

[그림 2] 유럽 4개국의 주요 공급자 비중

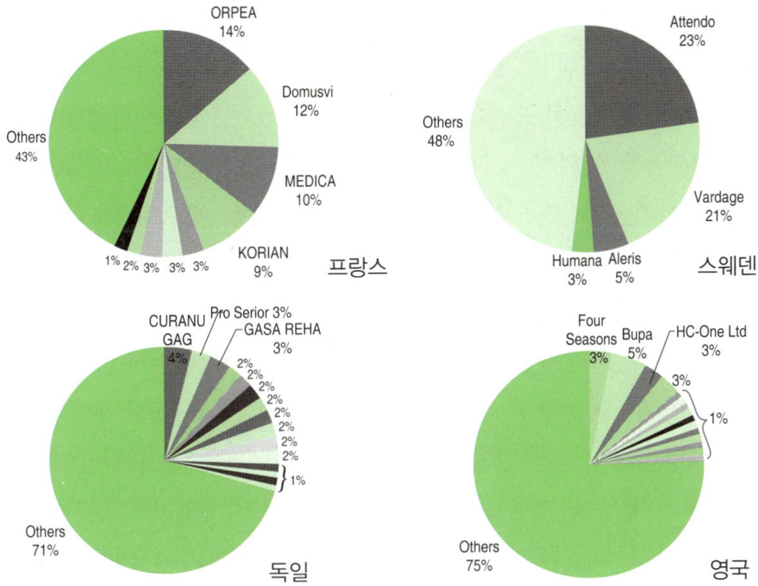

출처: Choi(2017).

[그림 2]에서 나타나는 바와 같이 장기요양 거주시설 중 공공이 차지하는 비중이 10% 미만인 독일과 영국의 경우, 규모가 큰 사업자보다는 작은 사업자들이 많다. 반면에 프랑스와 스웨덴과 같이 각각 50%와 80% 정도의 공공규모를 가지고 있는 곳에서는 대규모 사업자들이 시장에 있음을 볼 수 있다. 이는 지역에서 공급자의 통제권을 누가 가지고 있는지가 매우 중요한 요인으로 작용한다. 지역에서 통제권을 가지고 있는 경우 돌봄이 지역적 차원의 이슈가 될 가능성이 높으며, 지역에서 더 모니터링을 하고 감독하기 용이한 공급자를 시장에 진입시킬 가능성이 높아진다고 판단된다. 서비스 질에 대한 일관되고 비교 가능한 자료는 없지만, Choi(2017)는 기존 연구에 대한 종합적

고찰을 통해서 서비스의 질은 프랑스와 스웨덴에서 높고 독일과 영국은 서비스 질의 상당한 문제를 노출하고 있다고 보고하고 있다.

물론 서비스의 질은 얼마나 돌봄서비스에 재원이 투여되는가와도 연계가 되어 있다. 프랑스와 스웨덴은 장기요양서비스 지출이 OECD 평균인 1.7%를 상회하는 국가이다(OECD, 2015). 반면에 독일은 1%이며, 영국은 비교가능한 수치가 없지만 더욱 낮을 것으로 예상된다. 재원이 더 많으면 서비스의 질이 향상되거나 서비스 적용 범위가 넓어진다는 것은 어느 정도 예상할 수 있지만, 왜 어떤 국가는 재원을 더 많이 투여할 수 있고 어떤 국가는 재원이 제한되어 있는지는 질문이 될 수 있다. 이에 대한 연구 결과는 뚜렷하지 않지만, 시장화가 더 진전되어 있고, 영리사업자가 많을수록 이들에게 더 많은 재원을 투여하자는 정치적 지지가 높을 가능성은 낮다. 재원이 영리사업자의 이윤으로 갈 가능성이 있고, 재원의 투명성과 책무성을 확인하기 위해서는 광범위한 규제체제가 필요한데 이는 또 다른 비용을 유발하는 딜레마를 초래할 수 있기 때문이다. 이러한 추론은 지역이 노인장기요양을 담당할수록 더 재원 투여가 많은 것과 상관관계를 가지며, 장기요양서비스의 지역화는 더 낮은 시장화수준과 상관관계를 가진다고 할 수 있다. 또한, 결과적으로 지역중심-약한 시장화 체제는 높은 서비스 질과 관계가 있다고 추론할 수 있다.

지방정부에게 더 많은 역할을 부여한다면 지역 간 편차는 더욱 커지지 않을까? 그러할 가능성을 배제할 수 없다. 하지만 중앙화된 정부와 분권화된 정부는 단순히 이분법적인 것은 아니다. Sellers and Lidström(2007)은 지방정부의 역량(높음, 낮음)과 중앙에서의 감독수준(높음, 중간, 낮음)에 따라서 국가를 여섯 가지 유형으로 구분한 바 있다. 지방의 역량이 높고, 중앙의 감독이 동시에 높을 수도 있고, 반대로 지방역량이 낮으면서 감독수준도 낮은 자유주의 국가들도 존재한

[그림 3] 장기요양 공공지출 비중(2013년 GDP 대비)

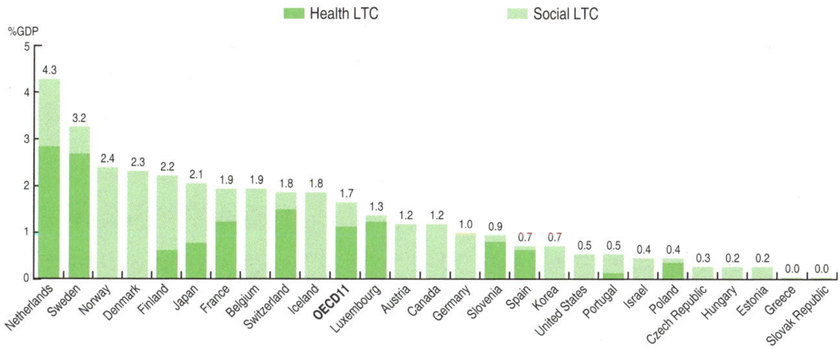

출처: OECD(2015).

다. 중앙정부의 감독수준은 높지만 지방정부의 역량은 낮은 국가독점적 형태의 국가들도 있고, 중앙정부의 감독수준이 낮고 지방정부 역량이 높은 자율형 지방정부 형태도 존재한다. 여기에서 저자들은 감독수준이 중간수준이면서 지방정부의 역량이 높은 국가들을 국가화된 지방정부(nationalized local government)라고 일컬은 바 있다. 여기에는 사회민주주의 국가들과 일부 대륙유럽 국가들이 포함된다.

이와 유사하게 Kazepov(2010)는 사회민주주의 국가와 남부유럽 국가가 둘 다 높은 지방정부의 자율성을 가지고 있지만, 중앙정부의 개입에 따라 매우 다른 유형이 됨을 지적한다. 이에 의하면 남부유럽은 지역적으로 정책이 구성된(regionally framed) 유형인 반면 사회민주주의 국가들은 지역적으로 자율성을 가지고 있지만 중앙에서 정책이 구성된(local autonomy centrally framed) 국가로 구분된다. 즉, 중앙화된 차원의 정책형성이 지역적 자율성과 반드시 상충되는 것은 아니라는 것을 알 수 있다. Trydegard and Thorslund(2010)는 스웨덴의 사례를 통해서 지역의 자율성과 중앙의 통제가 어떠한 방식으로 이루어지는

지를 설명한다. 이들에 따르면 스웨덴 정부는 1982년 사회서비스법을 통해서 목표중심정책틀(goal-oriented framework)을 형성했다. 즉, 구체적인 규제를 만들지 않고, 목표를 달성할 수 있는 수단은 지역에서 스스로 만들 수 있도록 재량을 허락하고 목표를 제시했다는 것이다. 각 지역에서의 다양한 정책적 차이나 조세 차이 등에서는 면밀히 검토하지만, 국가의 보조금이나 감독 등을 통해서 지역적 편차를 줄이고 목표를 달성할 수 있도록 돕는 방식을 택하고 있다. 규율된 분권화가 가능하다는 것을 스웨덴 사례는 보여주고 있다.

한국의 경우는 스웨덴의 경우와 정반대라고 할 수 있다. 한국은 목표중심정책틀을 가지고 있기보다는 도구중심정책틀을 가지고 있다. 다시 말해서 목표를 설정하고 이에 대한 다양한 도구를 자율적으로 결정하게 하기보다는 정책도구를 설정하고 모든 지역에서 동등하게 적용하려고 하는 체계이다. 그러면서도 목표를 동일하게 만들려는 노력은 없다. 장기요양보험과 서비스는 지역에 관계없이 동등하게 운영되고 있지만, 이미 지역에 따라 서비스 공급체계가 상당한 차이를 보이고 있다. 예를 들어, 장기요양기관 시도별 평가결과를 보면 인천은 72점이 넘는 반면 부산은 57점으로 지역 간 편차가 매우 크다(국민건강보험공단, 2017). 지역 간 편차가 크지만 이를 조정할 중앙정부의 노력이나 정책변화는 미미하고, 지역이 자체적으로 노력을 기울이도록 하는 인센티브와 정책도구도 불분명한 실정이다.

여기에서 더 검토해야 할 부분이 존재한다. 제3부문의 비영리기관은 영리기관과 어떠한 차이를 보이는지, 비영리기관은 어떠한 존재인지에 대해 명확히 정의 내린 연구를 찾기는 쉽지 않다. 복지혼합에 대한 문헌들은 비영리기관의 역할의 모호성이나 비영리기관의 특징들을 제시하고 있다(Longo *et al.*, 2015). 제3부분은 공공과 영리의 사이에서 공급자의 역할뿐 아니라 옹호자로서의 역할도 담당한다. 공식적으로는 민의 영역에 있지만, 공공(public)을 창출하는 역할을 한다는 점에서 관과 민의 매개자 역할을 한다고 볼 수 있다. 이러한 점에 비추어 보아, 비영리기관의 역할이 큰 국가와 그렇지 않은 국가에서 수직적 차원의 보족화는 어떻게 다르게 나타나는지, 비영리적 행태는 서비스 질에 어떠한 영향을 미치는지 등에 대한 논의와 연구가 앞으로 더 활발히 이루어져야 할 것으로 보인다.

III. 각 정책행위자들 역할 찾기: 공공화, 분권화, 그리고 혁신화

정책에는 역사성이 있기 때문에 경로의존성이 강하고, 또 쉽게 변화하지 않는다. 그럼에도 불구하고, 아직 한국의 사회서비스는 여타 선진국가들에 비해 역사가 짧고 뿌리가 깊지 않기 때문에 향후 경로를 수정하는 것이 불가능하지는 않을 것이다. 문제는 어떠한 방향으로 정책개혁 방향을 잡을 것인가이다. 여기에서는 세 가지 방향성을 제시하며 마치고자 한다. 첫 번째는 공공화, 두 번째는 분권화, 그리고 마지막으로 혁신화이다.

첫째, 공공화부터 설명을 해 보자. 한국의 정부는 이전 문헌들에서 종종 언급되어 온 바와 같이 복지서비스에서 공급자(provider)의 역할보다는 규제자(regulator)의 역할을 주로 담당해 왔다. 20세기 중반 해방 이후 해외원조를 통한 사회서비스가 이루어진 이후, 국가는 해외원조가 빠져나간 자리를 공공 대신에 비영리/민간이 그 자리를 채우게 한 바 있다. 사회복지관의 역사는 이와 맞닿아 있다. 재정을 지원하고 규칙과 규범을 만들며, 감시하는 역할을 해 왔던 것이다. 지방자치단체나 공공조직이 직접 사회서비스를 제공하는 사례는 거의 찾아보기 어렵다. 이는 서구유럽이 서비스를 직접 제공하는 방식(insourcing)에서 효율성을 추구하며 1980년대 이후 아웃소싱(outsourcing)하는 방식으로 전환한 것과는 사뭇 차이가 있다.

이러한 경향성은 지난 20년 동안 사회서비스가 확장되는 방식과도 연결되어 있다. 매우 제한적이었던 사회서비스에서 보편적 사회서비스로의 거대한 변환을 거쳤지만, 그 방식은 공공의 직접 공급이 아닌 민간을 통한 방식이었다. 차이가 있다면 비영리를 통한 독점공급방식에서 시장을 통한 경쟁방식으로 전환이 되었다는 것이다. 보편화를 시켰지만, 서비스 공급을 위한 인프라가 없었던 정부로서는 제공하는 민간공급자에게 재정을 지원하는 방식이 효율적이었던 것이다. 하지만 이러한 방식은 앞에서 보는 바와 같이 다양한 문제점들을 낳고 있다. '민간은 규제를 하면 된다.'라는 환상(illusion)에 아직 갇혀 있는 것이 아닌가하는 의문을 갖게 한다. 부정수급을 하는 일부와 그 일부를 위해 전체 규제가 강해지는 현상, 그러한 규제 때문에 제도와 시스템에 대한 강한 불신과 불만을 가지고 '돌봄'을 제공하는 공급자들이 현재의 모습이다. 모든 어린이집에 설치된 CCTV는 우리 사회서비스의 단면을 너무도 잘 보여주고 있다. 세계 어느 나라가 모든 어린이집에 CCTV를 설치하게 만들었을까? CCTV가 사건을 잡아낼 수는 있겠지만, 친밀감과 관계를 핵심으로 하는 돌봄의 질을 높여줄 수 있을까?

앞서 설명하였듯이 이 모든 것의 문제가 시장이며 대안이 국가의 강화일 수는 없다. 하지만 정부가 공공성의 주창자로서 규제자나 감독자의 역할을 넘어 직접 공급을 제공하는 역할을 감당할 필요가 있다. 90%가 넘는 공급자가 민간인 사회서비스 시장에서 직접 제공을 하게 되면, 공급자들에 대한 이해가 훨씬 높아지고, 더욱 실질적이고 바람직한 감독과 규제를 할 수 있게 될 것으로 기대한다. 또한, 공공의 직접 공급을 확대함으로써 공공이 서비스 질과 가격(일정 부분 자율성이 부여된다면)에 대한 페이스메이커(pacemaker) 역할을 할 수 있게 될 것이다. 지금의 공공공급자는 그 비중이 너무 낮을 뿐더러, 소위 '국공립' 역시 비영리에 아웃소싱을 하는 형태이기 때문에 실제 정부에 의한 직접 공급은 매우 낮다. 함께 공급하고 어려움을 겪으며, 민간공급자들과 소통하고, 서비스를 개선하는 데 보다 직접적인 역할을 담당할 필요가 있다. 이것을 다 중앙정부가 할 수 있을까?

두 번째 방향은 분권화이다. 우리 사회에서는 지방자치단체 역량에 대한 불신이 상당히 깊다. 지방자치단체에게 맡기면 상황이 악화될 수 있음을 우려하는 것이다. 지역 간 불평등이 더욱 심화될 것이라는 우려 또한 존재한다. 이러한 우려가 기우만은 아닐 것이다. 하지만 원칙적으로 사회서비스는 그 지역을 이해하고 변화를 감지하는 이들이 직접 설계하고 공급하는 것이 가장 좋다. 현금복지의 경우 지역에서 해야 할 필요성이 크지 않지만, 사람이 공급하고 사람에게 제공하는 서비스는 다르다. 실제로, 서울 도심과 달리 지역으로 내려가면 고령화뿐 아니라 많은 다문화 가정과 외국인 노동자들을 보고 놀라는 분들이 많다. 이것이 모든 곳에 같은 사회서비스를 제공할 수 없는 이유이다. 지역 간 차이가 존재할 수밖에 없지만, 불평등과 다양성은 구분해서 정책적으로 이해해야 할 것이다.

내일부터 분권화된 사회서비스를 시행하자고 할 수는 없을 것이다. 매우 조심스러운 접근이 필요하다. 그 접근방안은 다음과 같다. 첫째, 단순히 자율적 지방정부 역할이 아닌 북유럽에서 나타나는 자율성이 높지만, 중앙정부의 역할이 분명한 중앙기획지방자율(local autonomy centrally framed) 유형을 시도할 필요가 있을 것이다. 이는 서비스수준과 전달방식에 대한 일정한 틀을 가지고 그 틀 내에서 자율성을 주는 방식이다. 규율된 분권화를 통해서 각 지방정부가 사회서비스의 질을 높이도록 유도하고, 이것이 가능하도록 지방자치단체뿐 아니라 일선 관료나 공급자들의 재량도 높여줄 필요가 있다. 둘째, 지방자치단체들이 서로 배우고 더 좋은 실천모델을 찾아가도록 다양한 정책도구를 활용할 필요가 있을 것이다. 예를 들어, 유럽의 열린조정방식(Open Method Coordination)과 같이 스웨덴에 도입된 지방정부의 보건, 교육, 사회서비스 등에 대한 열린비교(Open Comparison)는 하나의 예이다(Trygged, 2017). 이는 각 지방정부의 사회서비스 현황과 성과를 보여줌으로써 각 지방정부가 더 잘할 수 있도록 유도하는 방식이다. 영국에서는 2000년대 초반 별점평가제도(star rating system)를 보건제도에 도입한 적이 있다. 별점평가를 통해서 각 지역이 자신들의 수준을 파악하고 더 자신의 체계를 발전시킬 수 있도록 하는 것이다. 잘하는 지방정부에게는 재량과 자율성을 더 주고, 그렇지 못한 이들에게는 중앙이 더 직접적으로 개입하여 일정수준에 올리는 것을 목표로 한 바 있다. 우리도 어떻게 지역의 역량을 강화하면서 더 잘할 수 있는 인센티브와 유인을 줄 것인지를 고민할 필요가 있을 것이다.

마지막으로는 혁신화이다. 사회서비스에서 어떠한 방식이 클라이언트들에게 최선의 서비스를 전달하는 것인지에 대해서는 더 많은 실험과 혁신이 필요한 상황이다. 보육서비스, 장기요양서비스 등 사회서비스에서 더 혁신적인 실험과 방식이 시도되고, 이들이 입증이 되었을 때 전 사회적으로 확산되는 긍정적 환류의 과정이 필요하다. 이를 위해 민간은 핵심적인 주체가 되어야 한다. 현재 시장이 공급자로서 절대적인 역할을 하고 있지만, 실질적인 재량은 거의 없다. 매뉴얼에 따라 서비스를 제공하고, 지정된 재정체계 내에서만 운영할 수 있도록 되어 있는 것이다. 시장이 가지고 있는 경쟁이나 혁신이라는 장점은 전혀 살리지 못하고, 시장의 단점만이 상당히 부각된 상태라고 할 수 있다.

정부는 공공화를 통해 검증된 서비스방식으로 안정적인 서비스를 공급하며 '사회서비스의 안정성'을 담당하는 한편, 민간에게는 사회혁신(social innovation)의 방식으로 재정적 지원과 사회적으로 바람직한 목표를 제시하면서 공급과 실행에서의 자율성을 부여할 필요가 있다. 즉, 공공이 마련한 '장'에서 민간이 자유롭게 시도하고 성과를 얻어갈 수 있도록 유도하는 것이 필요한 것이다. 특히, 비영리 민간단체에 대한 적극적 활용과 비영리-영리, 지역사회조직 등의 네트워크 등을 활용한 사회혁신 등을 다각적으로 시도해 볼 만하다.

정리를 해 보면, 정부는 좀 더 직접적인 공급자로서의 역할을 강화하면서 공급자로서도 맏형의 역할을 해야 한다. 하지만 중앙정부가 직접 하기보다는 지방자치단체의 역할을 강화하는 방향으로 움직이면서 지역에 맞는 서비스가 이루어지도록 유도하는 것이 중요하다. 한편, 민간은 좀 더 부여된 자율성과 재량을 바탕으로 더 다양하고 혁신적인 서비스를 제공할 수 있도록 노력해야 할 것이다. 결국, 공공화, 분권화, 혁신화는 선택의 관계가 아니며 함께 이루어져야 하는 것이다. 우리의 사회서비스가 진정한 커뮤니티 케어가 되는 사회서비스, 지역과 공급자가 모두 행복한 사회서비스로 거듭나기를 기대해 본다.

같이 생각해 볼 문제

1. 돌봄이 필요한 사람들이 지속적으로 증가하고 있다. 예전에는 가족들이 그 역할을 많이 했었는데 변화하는 사회 속에서 국가는 개인의 돌봄욕구를 얼마나 적극적으로 채워주어야 하는가?
2. 좋은 사회서비스, 즉 질 높은 사회서비스는 어떤 것인가?
3. 지방자치단체가 사회서비스에서 좀 더 많은 재량과 재원을 가지게 된다면 과연 서비스가 좋아질 것인가? 서비스가 좋아지게 하려면 어떠한 행정/정책 결정들이 필요한가?
4. 사회서비스에서 정부와 시장 간에 가장 바람직한 관계는 어떤 것일지 논의해 보자.
5. 어린이집에서 가끔 나타나는 학대는 중요한 이슈이다. CCTV 설치가 가장 최선의 방법인가? 내가 정책결정가라면 어떠한 판단을 내릴 것인가?

참/고/문/헌

고용노동부. (2017). "2016~2026 중장기 인력수급전망 발표." 2017.12.19. 보도자료.

국민건강보험공단. (2017). "2016년도 장기요양기관(시설급여) 수시 평가결과 보고서."

김태일 · 김나연 · 김보영 · 이주하 · 최영준 · 최혜진. (2018). "사회보장제도 성인 · 노인 돌봄 분야 기본평가." 보건복지부 · 고려대학교.

뉴스타파. (2019). "전국 1등 요양왕국의 비밀." 2019.05.03. https://newstapa.org/article/U1lQO(검색일: 2019.08.20.)

Bonker, Frank, Michael Hill, and Anna Marzanati. (2010). "Towards Marketization and Centralization? The Changing Role of Local Goverenment in Long-term Care in England, France, Germany and Italy." In H. Wollmann and G. Marcou(eds.). *The Provision of Public Services in Europe: Between State, Local Government and Market*. Edward Elgar, London.

Choi, Hyejin. (2017). "Rescaling the Governance of Elderly Care Markets in Europe: Who Should Govern the Market?" Korea University. PhD. Dissertation.

Greve, Bent. (2004). "Denmark: Universal or not So Universal Welfare State." *Social Policy & Administration* 38(2): 156-169.

Kazepov, Yuri(ed.). (2010). *Rescaling Social Policies: Towards Multilevel Governance in Europe* 38. Ashgate Publishing, Ltd..

Longo, Francesco, Elisabetta Notarnicola, and Stefano Tasselli. (2015). "A Framework to Assess Welfare Mix and Service Provision Models in Health Care and Social Welfare: Case Studies of Two

Prominent Italian Regions." *BMC Health Services Research* 15(1): 152.

Meagher, G. and M. Szebehely. (2012). "Equality in the Social Service State: Nordic Childcare Models in Comparative Perspective." in J. Kvist, J. Fritzell, B. Hvinden, and O. Kangas. *Changing Social Equality: The Nordic Welfare Model in the 21st Century*. Bristol: The Policy Press.

OECD. (2015). *Health at a Glance*.

Rauch, Dietmar. (2007). "Is There Really a Scandinavian Social Service Model?: A Comparison of Childcare and Elderlycare in Six European Countries." *Acta Sociologica* 50(3): 249–69.

Sellers, Jefferey M. and Anders Lidström. (2007). "Decentralization, Local Government, and the Welfare State." *Governance* 20(4): 609–632.

Trydegård, Gun-Britt and Mats Thorslund. (2010). "One Uniform Welfare State or a Multitude of Welfare Municipalities? The Evolution of Local Variation in Swedish Elder Care." *Social Policy & Administration* 44(4): 495–511.

Trygged, Sven. (2017). "Open Comparisons of Social Services in Sweden–Why, How, and for What?" *Cogent Social Sciences* 3(1): 1404735.

제13장

근로빈곤 해결을 위한 정책: 최저임금과 근로장려세제

I. 문제 제기

1960년대 산업화 이래 고도성장을 구가해 왔던 한국 경제는 1997년 외환위기 이후 그 성장 폭이 크게 둔화되었다. 특히 최근의 경제성장률은 3%대에 그쳐, 그간 추진되어 온 정부의 경제정책에 대한 비판이 있어 왔다. 이러한 상황에서 2017년 출범한 문재인 정부는 경제성장의 새로운 대안으로 최저임금제 강화 및 정부 주도의 고용확대를 핵심으로 하는 '소득주도성장' 정책을 추진해 왔다. 소득주도성장의 이론적 기반은 저소득층의 노동소득을 증가시켜 소비증대 효과를 이끌어 냄으로써 성장을 견인할 수 있다는 생각에 있다. 다시 말해 저소득층은 대체로 고소득층에 비해 소비 성향(소득 대비 소비의 비중)이 크기 때문에 저소득층의 가처분소득 증가는 곧 소비증가로 이어질 것이며, 이로써 확대재생산을 통한 경제성장이 이루어질 수 있다는 주장이다(홍장표, 2015; 김태일, 2018).

현 정부는 저소득층의 가처분소득 증가를 위하여 근로시장에 직접 개입해 왔다. 정부의 여러 정책 중에서도 국민들의 관심을 받은 것은 단연 최저임금 인상이라고 할 수 있다. 정부가 추진한 최저임금 인상 정책은 일면 긍정적인 효과도 있을 수 있지만 여러 한계점도 동시에 내포하고 있다. 이에 본고는 최저임금 인상에 따른 잠재적 부작용에 대해서 생각해 보고, 그 정책적 대안도 함께 모색해 보고자 한다. 구체적으로 본고에서는 최저임금 인상을 대체할 정책으로 '최저임금의 합리화를 통한 노동시장의 유연화와 근로장려세제(earned income tax credit, 이하 EITC) 혜택의 확대'를 제안하였다. 이 정책은 정부가 보호하고자 하는 취약계층을 최대한 노동시장으로 끌어들이고, 정부의 조세행정체계를 활용하여 이들에게 선별적 복지를 제공하는 방식이다. 본고에서는 이 두 가지 대안의 장점과 잠재적 단점을 다양한 관점에서 폭넓게 소개하고, 정책대안을 지지하는 관점에서 비판적 견해에 대한 반론도 제시하고자 한다.

II. 최저임금 인상정책의 문제점

먼저 최저임금 인상정책의 잠재적 문제점에 대해서 간략히 짚어보기로 한다. 이 정책은 저소득층의 소비성향이 크다는 거시적 관점에서만 시장을 바라본 나머지 이 정책으로 인해 기업들이 어떤 선택을 하게 될 것인지에 대해 충분히 고려하지 않았다. 최저임금이 인상되면 단기적으로 기업은 고용을 줄일 것이며, 중장기적으로는 국내 투자에 인색해질 가능성이 있다(Neumark and Wascher, 2000; Clemens and Wither, 2019). 이 경우 최저임금 인상으로 인하여 정부가 보호하고자 의도한 취약계층들이 오히려 시장 시스템에서 쫓겨날 가능성이 있다. 특히 근로자의 관점에서 보면 가장 보호받아야 할 취약계층들, 즉 생산성이 가장 떨어져서 일자리를 잃을 경우 재취업하기 어려운 장애인과 고령층이 제일 먼저 시장에서 쫓겨날 수 있다. 물론 최저임금 인상의 장점은 근로계약을 유지한 사람들의 소득은 증가할 것이라는 점이다. 하지만 노동시장에 참여하지 못한 사람들까지 고려할 경우, 이 정책이 과연 저소득층에게 진정 도움이 될지는 고민해 볼 필요가 있다.

기업의 관점에서 보면 자금 여력이 없거나 저임금 근로자를 많이 고용한 영세 소상공인, 자영업자, 노동집약적 중소기업들부터 단기적인 어려움에 봉착할 가능성이 있다.[1] 나아가 중장기적으로 기업들은 추가 고용이 필요 없는 부동산 시장 또는 국내보다 낮은 비용으로 사업을 할 수 있는 동남아시아 지역에 대한 투자를 늘려갈 가능성이 있고, 그에 따라 대한민국 경제의 국제경쟁력은 약화될 위험이 있다(최경수, 2018).[2]

최저임금 인상은 저임금 일자리 간의 차별화를 불가능하게 만든다는 비판도 받고 있다. 최저임금이 인상되면 근로환경이 상대적으로 열악한 지방공장 등에서는 노동력이 빠져나갈 수 있는데, 동일한 임금을 받는다면 근로자들은 힘들게 공장에서 일을 하느니 보다 쉽게 일할 수 있는 커피전문점 등에서 일하는 것을 선택하게 될 가능성이 있기 때문이다. 수원시의 한 커피전문점에서 아르바이트 공고를 냈는데, 하루만에 104명의 지원자가 몰렸다는 일화가 이러한 비판을 지지해 준다(위키트리, 2018). 반면 지방 중소제조공장들은 최저임금 인상 후 사람을 구하기 더욱 어려워졌다는 의견을 제시하고 있다.

1 저임금근로자의 일자리가 감소하지 않는다는 극단적이고 비현실적인 가정하에서도 소득주도성장 정책은 취약계층 보호에 효과적이지 않다. 왜냐하면 '저임금근로자가 곧 저소득층'이라는 등식이 성립하지 않기 때문이다. 윤희숙(2016)에 따르면, 최저임금 미만의 근로자가 빈곤층일 확률은 30%에 불과하다. 저임금근로자들 중 많은 이들이 가구 내 다른 소득자가 있거나 불로소득 등이 있기 때문이다. 이러한 문제는 이미 다른 선진국에서도 제기된 바 있다(Kawaguchi and Mori, 2009).

2 물론 이론적으로는 저임금근로자에 대한 노동수요가 독점(monopsony)일 경우, 최저임금 인상으로 고용이 증대되는 극히 예외적인 경우를 상상해 볼 수 있다. 그러나 현실에서는 이러한 가정이 성립하기를 기대하기 어렵다(West and McKee, 1980; Neumark and Wascher, 2007). 설령 이러한 극단적 가정이 성립한다고 하더라도, 최저임금 합리화를 통해 더 많은 창업을 유도하여 노동수요를 보다 경쟁적으로 변화시키는 것이 바람직하다.

III. 정책대안: 최저임금 합리화와 근로장려세제의 확대

본고는 저임금근로자를 보호하기 위한 최저임금 인상정책의 대안으로 최저임금 합리화를 통한 노동시장의 유연화와 근로장려세제(EITC)의 큰 폭 인상을 제안하고자 한다. 아래에서는 이 정책대안의 개념을 설명하고자 한다.

1. 근로장려세제(EITC)의 확대

근로장려세제는 1975년에 미국에서 처음 도입된 제도로서 현재까지 추진된 탈빈곤정책(anti-poverty policies) 중 저소득가구의 소득향상, 고용확대, 그리고 소득불평등 해소에 가장 효과적이었던 정책 중 하나로 평가받고 있다(Dickert *et al.*, 1995; Meyer and Rosenbaum, 1999; Ellwood, 2000; Grogger, 2003; Eissa and Hoynes, 2006). 미국에서 이 제도가 실시된 이래 영국, 캐나다, 프랑스 등 여러 선진국에서도 유사한 형태의 정책을 도입한 바 있다. 우리나라도 이 제도를 2007년 조세특례제한법(100조의 2~100조의 13) 개정안에 반영하여 2008년 소득에 대해서 처음으로 실시하였다. 한국의 현행 근로장려세제는 근로소득 또는 사업소득이 있고 일정한 가구/총소득/재산 요건을 충족한 납세자들을 대상으로 하며, 단독/홑벌이/맞벌이 가구에게 각각 연 최대 85/200/250만 원의 세금을 감면하는 제도이다.[3]

3 만약 본고에서 제안하는 것처럼 근로장려세제의 확대가 최저임금 합리화와 동시에 추진될 경우, 근로소득자에게 지급되는 근로장려금을 사업소득자에게 지급되는 수준보

본고에서 제안하는 정책대안은 발상을 전환하여 이 근로장려세제를 소극적인 조세감면방식이 아닌 적극적인 복지재정으로 활용하자는 것이다. 저임금근로자들로 하여금 소득에 비례하여 세금을 납부하게끔 하는 방식이 아니라 오히려 근로장려금이라는 명목으로 조세납부액을 상회하는 보조금을 수령받도록 하자는 제안이다. 가령 현행제도 기준, 연 최대지급액인 85/200/250만 원을 크게 확대하여 총급여수준에 따라 최대 연 1,000만 원 이상까지 보조금을 지급하는 것이다. 이와 관련, [그림 1]은 현행제도와 본고에서 제안하는 대안을 비교한 것을 나타내고 있다. 근로장려금은 근로자의 총급여수준에 따라 연동되며, 대략 연 1,600만 원의 급여를 받는 근로자는 근로장려금으로 약 1,000만 원을 정부로부터 보조받게 된다. 근로장려금은 근로자의 총급여가 증가함에 따라 감소하여 연소득이 약 3,500만 원 정도에 이르면 더 이상 지급되지 않는다.

조세제도를 통해 복지를 제공하는 이유는 다음과 같다. 첫째, 조세행정체계의 정보우위를 바탕으로 효과적인 선별적 복지가 가능해진다. 국세청은 연말정산 · 종합소득 확정신고 시스템을 통해서 소득을 신고한 국민들의 금융소득, 부동산임대소득 등 불로소득을 비롯하여 부양가족 존재 여부, 배우자의 소득 등 다양한 정보를 취합한다. 조세제도를 통해 복지를 제공하게 되면 국세청의 이 독점적 정보를 활용할 수 있다. 즉, 근로장려금 지급수준은 근로자의 총급여액뿐만 아니라, 연말정산과 종합소득 확정신고라는 조세행정체계에서 취합한 여러 가지 정보와 연계하여 결정하면 된다. 여기에 현재의 신청요건(자녀부양/소득금액/무주택/재산요건)을 시스템에서 자동적으로 확인이 가능하도록 보완한다면 도움이 필요한 취약계층을 선별하기란 결코 어렵지 않

다 크게 상향조정할 필요가 있다.

을 것이다.

조세제도를 통해 복지를 제공하는 두 번째 장점은 복잡한 신고절차를 없앨 수 있다는 점이다. 현행 제도는 요건을 갖춘 수급대상자가 매년 5월 주소지 관할세무서에 신청한 경우에 한해 근로장려금이 지원된다. 이에 반해 본고의 정책대안은 조세행정체계를 통해 수집된 정보를 바탕으로 정부가 신청자격을 자동적으로 판정하여 장려금을 지급하는 것이다. 기초생활보장제도와 같은 전통적인 복지제도처럼 국민들이 복잡한 복지제도에 대해 숙지하고 있을 필요가 없다. 또한 본인 스스로 저소득층임을 인증해야 하는 과정에서 받는 사회적 낙인을 감내할 필요도 없다. 단지 노동시장으로만 들어오면 조세행정 시스템을 통해 자동적으로 근로장려금을 계산 · 지급받게 제도를 개혁하여 편리하면서도 사회적 낙인으로부터도 자유로운 복지제도를 만들 수 있게 된다. 현재의 많은 복지제도의 경우, 행정자료의 부처 간 공유 및 유기적 연

[그림 1] 최저임금 인하와 근로장려세제(EITC)의 대폭 인상

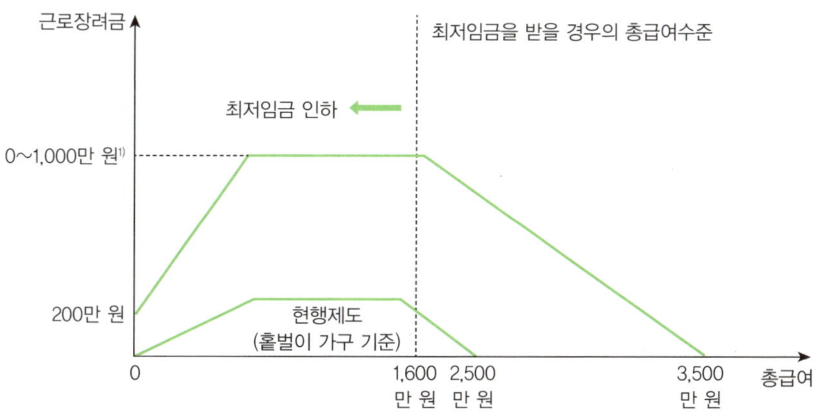

주: 1) 불로소득, 배우자소득, 부양가족 수 등에 따라 차등 지급
출처: '현행제도'는 기획재정부 보도자료를 참고하여 저자 작성.

결이 부족하여 혜택을 받기 위해서는 수혜자 본인이 모든 자료들(급여 명세서, 4대 보험료 납부 증명서 등)을 준비해야 하는 수고로움이 있는데, 일반적으로 취약계층 등은 이러한 준비를 할 정신적 · 시간적 여유가 없는 경우가 많다. 본 정책대안은 조세행정체계를 통해 이러한 제도적 허점을 보완할 수 있다.

본고가 제안하는 정책의 효과를 최대화하기 위해서는 취약계층들을 시장과 조세행정체계 내로 끌어들여야 한다. 이들을 시장으로 끌어들이기 위해서는 먼저 노동시장의 유연성이 확보되어야 한다. 따라서 근로장려세제가 확대된다는 전제하에 최저임금은 합리적 수준으로 인하될 필요가 있다.[4] 이는 취약계층들을 최대한 노동시장으로 끌어들여 복지사각지대문제를 복지가 아닌 근로의 확대로 해결하기 위함이다. 본고의 제안은 취약계층이 시장에서 일정수준의 임금을 받고 정부로부터 추가적인 보조금을 받는다는 점에서 국가와 시장이 함께 취약계층을 지원하는 제도로 볼 수 있다. 다음으로 현재 연말정산 의무가 없는 일용근로 소득자들에게도 모두 신고의무를 부과하여 이들 또한 조세행정체계 안으로 품어야 한다. 불과 10여 년 전까지만 해도 연말정

4 근로장려세제의 긍정적 효과가 최저임금이 낮을수록 증대된다는 사실은 널리 알려져 있다(Neumark and Wascher, 2011). 물론 일부 학자들은 최저임금과 근로장려세제라는 두 정책 수단이 상호 보완적인 예외적 경우에 대해서 연구하기도 한다. 예를 들어, 중산층 근로자가 노동의 기회비용이 낮고 취약계층 근로자는 노동의 기회비용이 높은 경우를 상상해 보자. 또한 이 취약계층 근로자가 중산층 근로자보다 훨씬 더 생산적이라고 가정한다. 이 경우 정부의 개입이 없다면 중산층 근로자가 노동의 기회비용이 낮기 때문에 낮은 임금에도 불구하고 일할 용의가 있어서 일자리를 차지하게 된다. 취약계층 노동자의 경우 시장임금이 노동의 기회비용보다 낮기 때문에 자발적으로 실업을 택한다. 이 상황은 생산성이 낮은 인력이 일자리를 차지했다는 점에서 부정적이다. 이러한 극히 예외적인 상황에서는 최저임금과 근로장려세제를 조합하여 최대한 일자리를 매력적으로 만들어 생산성이 높은 취약계층 근로자가 취업하도록 만드는 것이 긍정적이다(Neumark and Wascher, 2011). 그러나 이러한 분석의 가정, 특히 취약계층 미취업자들이 자발적으로 실업을 선택했다는 설정은 한국 실정에 부합하지 않는다.

산절차가 복잡하여 세무신고는 근로자들에게 큰 부담이 되었다. 그러나 최근 자동화 · 전산화된 시스템의 도입으로 이러한 부담은 크게 낮아졌다. 교육을 받지 못한 취약계층들도 글을 읽을 수 있고 인터넷만 접속할 수 있다면 큰 부담 없이 신고를 할 수 있게 된 것이다. 이처럼 전자정부행정의 발전을 통하여 보다 효율적인 행정이 가능해진 것이다.

2. 최저임금제를 통한 근로장려세제(EITC)의 부작용 해소

취약계층을 노동시장으로 최대한 끌어들이기 위해서는 최저임금이 아예 폐지되어야 하는 것 아닌가 반문할 수 있다. 그러나 아이러니하게도 근로장려세제(EITC)를 적극 활용하기 위해서는 최저임금이 '합리적 수준'에서 유지될 필요가 있다. 정부가 시장에 개입할 경우 다양한 부작용이 발생하는데 근로장려세제(EITC)도 예외일 수 없다. 따라서, 최저임금제를 통하여 근로장려세제(EITC) 확대의 부작용을 일부 보완할 필요가 있다. 최저임금의 '합리적 수준'을 정의하기에 앞서 먼저 근로장려세제(EITC)의 부작용에 대해서 설명하고자 한다.

근로장려세제(EITC)의 확대는 다음과 같은 3가지 부작용을 야기할 수 있다. 첫째, 확대된 장려금의 혜택이 저임금근로자들이 아닌 기업에 귀속될 수 있다는 우려가 있다. 즉, 근로장려세제의 확대로 인해 장려금을 수령하는 저임금 근로자들의 임금이 하락할 수 있다. 그러나 이 첫 번째 우려는 사실 부작용이 아니라 오히려 긍정적이다. 이 문제를 이해하기 위해서 조세의 귀착(tax incidence)이론에 대해 이해할 필요가 있다. 가령 국가가 환경오염물질을 배출한 기업에게 세금을 징수했다고 하자. 이 경우 법적으로는 기업이 세금을 부담하게 되지만 실질적으로는 해당 기업의 제품을 사는 소비자들도 세금을 일부 부담하는 셈이 된다. 왜냐하면 기업이 조세부담을 제품가격에 일부 반영하여 가격을 인상하기 때문이다. 이 사례에서 상품시장을 노동시장으로, 그리고 세금을 근로장려금으로 바꾸어 보자. 국가가 취약계층에게 근로장려금을 지급한다면 이들은 더 낮은 임금을 받고도 일할 용의가 있게 된다. 즉, 노동공급이 증가한다(조선주, 2009; 박상현 · 김태일, 2011; 유민이 외, 2014; 염경윤 · 전병욱, 2014; 이대웅 외, 2015). 따라서 취약계층 근로자들에게 일자리를 제공하는 기업들은 더 낮은 임금에 고용할 수 있어 근로장려금의 간접적 수혜자가 된다. 과거 해외연구에 따르면, 근로장려금 혜택의 약 70%는 근로자들에게 귀속되고 나머지 30%는 기업에 귀속된 것으로 보고된 바 있다(Rothstein, 2008).

조세의 귀착이론에 대한 이해를 바탕으로 다시 위 첫 번째 우려를 정리해 보자. 근로장려금 지급이 확대되면 취약계층은 이 혜택의 약 70%를 수혜받고 나머지 30%의 혜택은 이 취약계층을 고용한 기업들이 받게 된다. 이러한 결과는 부정적이 아니라 오히려 긍정적이다. 취약계층을 많이 고용한 기업일수록 간접적 수혜도 커지기 때문에 기업들로 하여금 취약계층을 적극적으로 고용하도록 인센티브를 제공하는 셈이기 때문이다. 또한 저임금 근로자를 고용할 수밖에 없는 영세한 자영업자들과 중소기업들이 대기업에 비해서 상대적으로 더 많은 혜택을 받게 되어 정책이 달성하고자 목표한 의도에도 부합한다. 게다가 근로장려금의 확대로 시장임금이 감소한다는 것은 그만큼 고용도 확대된다는 뜻이다.[5] 결국 장기적으로 노동수요가 탄력적이 되어 고용 증대 효과는 더욱 뚜렷해질 가능성이 있다.

5 임금감소는 근본적으로 노동공급이 확대되어 나타나는 현상인데, 우하향하는 노동수요하에서는 고용도 반드시 증가할 수밖에 없다.

그러나 근로장려세제(EITC)의 확대로 인한 나머지 두 가지 부작용은 우려할 필요가 있다. 두 번째 우려는 기업들과 근로자들이 상호 합의하에 제도를 악용(gaming)할 가능성이 존재한다. 예를 들어 장려금 혜택이 확대되면 기업과 근로자들이 서로 합의하에 임금수준을 낮추고 그 대신 정부로부터 장려금 혜택을 수령하도록 근로계약을 수정할 수 있다. 위 첫 번째 우려와의 차이점은 노동공급이 전혀 증가하지 않는 상황에서 기업과 근로자들이 제도의 허점을 악용하여 발생하는 문제라는 점이다. 이 경우 노동공급이 증가하지 않으므로 고용증가도 발생하지 않는다. 이러한 문제로 인하여, 근로장려세제(EITC)가 확대되는 상황에서 최저임금제가 없을 경우 임금수준은 한없이 낮아질 수 있으며 동시에 근로장려금 지출은 큰 폭으로 증가하여 정부재정 건전성에 위협이 될 수 있다.

셋째, 근로장려세제(EITC)의 확대는 근로장려금을 수급받지 못하는 저임금 근로자들의 희생을 필요로 한다. 모든 정책에는 수혜집단(winners)과 배제집단(losers)이 존재하기 마련인데, 근로장려세제(EITC)의 배제집단은 바로 저임금 근로자 중에서 취약계층이 아니어서 근로장려금 혜택을 받지 못하는 사람들이다. 즉, 근로장려세제(EITC)가 확대되면 저임금 근로자들의 노동공급이 증가하여 결국 이들이 수령하는 시장임금은 하락하게 된다. 근로장려금을 수령하는 근로자들은 임금하락에도 불구하고 임금과 장려금을 합한 총소득이 증가하지만, 장려금을 수령하지 못하는 저임금 근로자들의 경우 총소득이 정책 도입 전에 비하여 오히려 감소하게 된다. 물론 근로장려세제 혜택을 받지 못한다는 것은 비록 저임금을 받고는 있으나 취약계층이 아닐 수 있는데, 그럼에도 불구하고 정부정책으로 인하여 이들의 소득이 크게 감소하는 것은 바람직한 현상은 아니다. 근로장려세제 자격기준에 허점이 존재할 경우 특히 그러하다.

[그림 2] 최저임금의 합리화와 근로장려세제(EITC)의 확대

[그림 2-1] 소득주도성장하의 최저임금수준

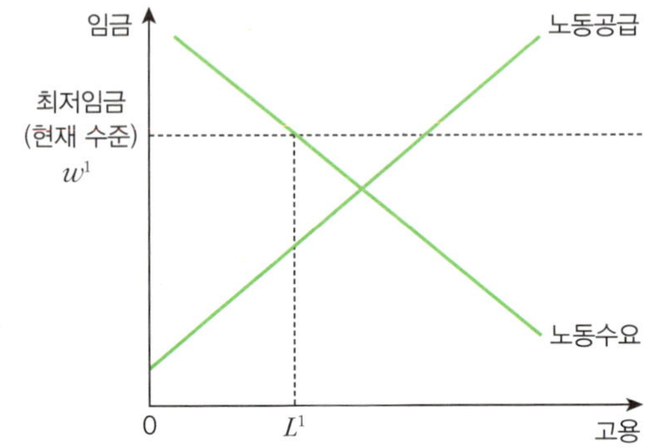

[그림 2-2] 최저임금 폐지와 근로장려세제(EITC) 확대

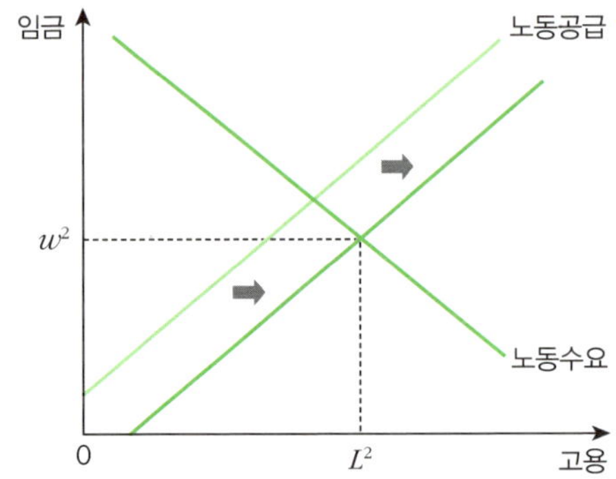

[그림 2-3] 최저임금 합리화와 근로장려세제(EITC) 확대

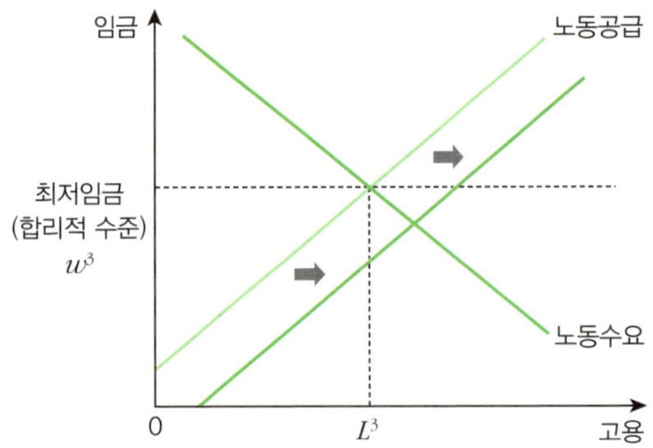

위에서 언급한 2번째와 3번째 부작용을 완화하기 위해서는 최저임금이 합리적 수준에서 유지될 필요가 있다. 합리적 수준이 어느 수준인지에 대해서는 다양한 의견이 있을 수 있지만, 본고에서는 다음과 같은 이론적 대안을 제시하였다. [그림 2]는 저임금 근로자에 대한 수요와 공급을 그래프로 나타낸 것이다. [그림 2-1]은 최저임금을 크게 인상한 상황이다. 최저임금 인상으로 임금은 상승하고 고용은 감소하였다. 반면 [그림 2-2]는 최저임금을 폐지하면서 동시에 근로장려세제(EITC)의 확대로 노동공급이 증가한 상황이며, 그래프에서 보듯이 저임금 근로자들의 임금은 하락하고 고용은 증가하였다. 이 경우 앞서 설명한 근로장려세제(EITC)의 부작용, 즉 기업들과 근로자들이 제도를 악용할 수 있으며 근로장려금 혜택을 받지 못하는 저임금 근로자들의 소득이 정부개입으로 인하여 하락하는 문제가 발생한다. [그림 2-3]은 합리적 수준의 최저임금을 도입하여 근로장려세제(EITC)의 부작용을 해소한 상황이다. 본고에서 최저임금의 '합리적 수준'이란 정부의 개입이 없었을 경우의 시장임금 상황으로 정의하였다. 이는 근로장려금 혜택을 받지 못하는 저임금 근로자들이 근로장려세제(EITC)의 확대로 인하여 손해를 보지 않는 임금수준이다. [그림 2-3]의 상황은 아래 부등호에서 표현하듯이 최저임금이 폐지된 [그림 2-2]에 비해서는 임금이 상승하고 고용은 감소하지만 최초 [그림 2-1]에 비해서는 임금이 하락하고 고용도 증가한다. 이 방안은 시장에 급격한 변화를 가져오지 않으면서도 뒤에서 설명할 다양한 장점을 갖고 있다.

임금수준: $w^1 > w^3 > w^2$

고용수준: $L^1 > L^3 > L^2$

IV. 정책대안에서 기대되는 장점

본고에서 제시한 정책대안을 보다 다각적인 관점에서 평가하기 위하여 정책에서 기대되는 효과를 긍정적인 관점에서 바라보고 관련 논의를 요약 · 설명하였다.

1. 근로의 가치 존중

제시된 정책대안은 근로자들이 열심히 일하는 한, 빈곤층이 되지 않도록 정부가 보장하는 것을 목적으로 한다. 이러한 목적을 달성하고자 본고가 제시한 정책은 근로의 가치를 존중하는 방향으로 설계되었다. 노동시장에 참여가능한 국민들에게는 근로를 통해 가족의 생계를 책임질 수 있도록 임금보조를 실시하는 것이다. 정부가 근로빈곤층 형성을 막아야 하는 이유는 근로자 중 큰 비중을 차지하는 저임금 근로자들이 노동시장에 참여하면서도 빈곤하다면 이들이 미래에 대한 꿈을 갖기 어렵기 때문이다. 근로자들이 미래에 대한 꿈이 없다면 그 사회는 병든 사회일 수 있다. 근로장려세제(EITC)의 확대는 그런 의미에서 근로의 가치를 존중하는 정책으로 평가받을 수 있다.

2. 복지의 도덕적 해이 완화

복지정책을 설계할 때는 항상 복지수급자를 선택함에 있어 왜곡이 발생하지 않도록, 즉 도덕적 해이(moral hazard)가 발생하지 않도록 주의해야 한다. 본고에서 제안한 정책은 국민들에게 근로에 대한 인센티브를 부여하여 복지의 부작용을 최소화하려는 의도를 담고 있다. 기존 연구에 따르면 근로장려세제 확대는 부작용이 상대적으로 적은 복지 정책수단으로 꼽힌다. 물론 미취업자들을 노동시장으로 끌어들이는 장점은 있지만 저임금 근로자들의 총근로시간이 줄어드는 부작용이 나타날 수 있다. 그러나 과거 해외사례에 대한 실증연구에 따르면 그러한 부작용은 미미한 반면 장점은 뚜렷한 것으로 보고되고 있다(Eissa and Hoynes, 2006; Meyer, 2002). 또한 한국 근로시간이 OECD 회원국 평균에 비해 월등히 높다는 사실을 감안하면 근로자들의 총근로시간이 감소하는 것을 반드시 부정적으로만 볼 필요가 있는지 논의가 필요하다.

3. 기업 친화적 정책

최저임금 합리화와 근로장려세제 확대 모두 기업들에게 유리한 정책이다. 최저임금 합리화의 효과는 명백하다. 기업 입장에서는 인건비가 하락하여 이윤이 증가하고 낮은 임금에 더 많은 인력을 고용할 수 있게 된다. 중장기적으로는 기업들이 고용이 필요한 분야에 투자를 확대하게 됨으로써 고용 증대 효과가 더 커질 수 있다. 근로장려세제 확대도 유사한 효과가 있다. 근로장려금을 수령하는 취약계층들은 더 낮은 임금에도 불구하고 노동시장에 참여할 용의를 갖게 된다.[6] 따라서 기업들은 이들에게 더 낮은 임금을 지불할 수 있게 되어 추가적인 비

6 물론 근로장려금까지 포함하면 가처분소득은 증가할 것이다. 즉 최저임금기준 인하로 근로자들이 기업으로부터 받는 임금은 하락하겠으나, 그 하락분을 초과하는 금액을 정부로부터 근로장려금 형태로 수령하는 것이다.

용감소 효과를 볼 수 있다. 또한 더 많은 사람들이 노동시장으로 유입되기 때문에(노동공급의 증가) 고용도 늘어난다. 요컨대 최저임금 합리화와 근로장려세제 확대라는 두 정책 수단을 동시에 도입할 경우 시너지 효과가 예상되며 기업이윤 증가와 고용 증대에 기여할 것으로 예상된다. 동시에 기업의 이윤 증가는 정부의 법인세수 증가로 이어져 정책에 소요되는 비용이 낮아지는 효과도 있을 수 있다.

4. 재정적 실현가능성

정부정책은 재정적 실현가능성을 전제로 설계되어야 한다. 먼저 근로장려세제 확대에 필요한 소요재원 규모를 살펴보자. 2018년 현재 근로장려세제 혜택은 166만 가구에게 총 1조 2천억 원이 지급되었다. 향후 이를 우리나라 전체 가구의 25% 수준인 500만 가구에 지급하는 것으로 확대하고 수혜금액도 현재의 5배 수준으로 인상할 경우 약 18조 원의 예산이 소요될 것으로 추산된다. 이 경우 단독/홑벌이/맞벌이 가구에게 각각 연 최대 425/1,000/1,250만 원의 근로장려금을 지급할 수 있어서 취약계층에게 실질적 도움이 될 수 있다. 물론 이는 2018년 경제상황을 가정한 정태적인 분석이긴 하지만 연 18조 원은 상당히 큰 규모의 금액임이 분명하다. 그러나 기업의 이윤 증가 및 투자 촉진에 따른 법인세수 증가를 감안하면 근로장려세제 확대는 상당히 비용 효율적인 정책이다. 오히려 최저임금 인상으로 인해 증가하는 실직자들에게 복지서비스를 제공하려면 이보다 더 큰 규모의 재원이 필요할 것으로 추정되는 만큼 근로장려세제 확대가 결코 비용 효율성이 떨어진다고 볼 수 없다.

본고의 제안정책을 실행할 경우, 일단 노동시장에 들어온 근로자들은 세금신고과정에서 소득수준, 부양가족수, 가족 중 장애인이 있는지 여부, 배우자의 소득수준 등 다양한 정보를 조세행정체계에 등록하게 된다. 그러나 이들이 실직자가 되면 정부가 이러한 정보를 파악할 길이 없다. 현재의 복지제도도 이 문제로 곤란을 겪고 있다. 복지혜택을 받기 위해 수혜자 본인이 스스로 모든 자료를 준비하여 신고해야 하는 것은 물론 수급대상자가 정부 복지제도의 존재 자체를 모르는 경우가 많다는 점이 문제점으로 지적되고 있다. 2017년 시 · 군 · 구와 읍 · 면 · 동 복지 업무 담당자 600명을 대상으로 설문 조사한 결과, 복지사각지대 발생 원인으로 '대상자가 몰라서'가 전체 답변의 46.2%로 압도적 1위를 차지했다(중앙일보, 2018)는 사실이 이런 문제점을 잘 보여주고 있다. 정부에서는 이러한 문제점을 인식하고 '찾아가는 복지서비스'를 대안으로 발표하였지만 이 정책이야말로 막대한 예산이 필요한 사업이다. 이에 이제는 복지사각지대 해소를 위한 전략을 전환할 필요가 있다. 즉, 잠재적 수급자들에게 어떻게 복지서비스를 제공할 것인가에 대한 고민이 아닌 잠재적 수급자 규모를 어떻게 줄일 것인가를 고민해야 한다. 본고가 제안한 정책은 최저임금 합리화로 최대한 많은 국민을 노동시장으로 편입시켜 재정적 지원을 함으로써 잠재적 복지 수급 대상자 규모를 크게 줄이는 정책이다. 현재 정부가 추진하고 있는 복지사각지대 해소 정책의 성공여부는 근로시장에서 얼마나 많은 국민들이 생계를 이어갈 수 있는지에 달려 있다고 해도 과언이 아니다.

V. 정책대안의 잠재적 부작용

제시된 정책대안에 대한 다양한 비판도 존재한다. 본고에서는 가능한 잠재적 부작용과 비판에 대해서 소개하고, 그에 대한 반론도 함께 설명하기로 한다.

1. 근로장려금 대신 실업급여를 확대해야 한다는 비판

제시된 정책대안에 대한 가장 큰 비판은 근로장려세제(EITC)의 경우 고용이 되어야만 그 혜택을 누릴 수 있다는 점이다. 실업자들에게는 근로장려세제(EITC)는 그림 속의 떡에 불과하여 복지사각지대에 놓일 수밖에 없게 된다는 지적이다. 이러한 비판을 이해하기 위해서는 먼저 현행 복지제도에 대해서 이해할 필요가 있다. 현행 복지제도하에서는 이러한 사각지대를 해소하기 위한 정책으로 기초생활보장제도와 고용보험제도를 운영하고 있다. 기초생활보장제도는 생계가 어려운 저소득층을 지원하는 제도이고, 실업급여는 고용보험 적용대상 사업장에서 근무하다가 자신의 의지와 상관없이 회사를 그만두게 된 실업자를 지원하는 제도이다. 이 중 실업급여는 원칙적으로 회사와 근로자가 절반씩 부담하며 납부한 보험료를 재원으로 한다는 점에서 세금을 재원으로 하는 기초생활보장제도와는 차이가 있다.

반면 두 제도는 공통점도 갖고 있는데, 수급을 받으려면 수혜자 본인이 모든 자료를 준비하여 신청을 해야 한다는 점이다. 예를 들어 실업급여의 경우 그 수급기간은 이직일의 다음 날부터 12개월 이내여서 이직 후 지체 없이 실업 사실을 신고해야 하는 등의 조건이 존재한다. 두 제도의 또 하나의 공통점은 제도의 혜택이 증대되면서 부정수급도 증가하고 있다는 점이다. 언론을 통해 알려진바, 수억 원의 후원금을 받고 고급 자동차를 여러 대 소유한 범죄자가 10년간 기초생활보장급여 1억 2천여 만 원을 받다가 적발된 사례 등이 그런 문제점을 잘 보여주고 있다. 물론 정부가 이러한 복지 누수를 막기 위해 엄격한 잣대를 들이댈 수도 있다. 하지만 그럴 경우 또 다른 문제가 발생한다. 정부의 지원이 절실함에도 불구하고 혜택을 받지 못하는 사람들이 늘어날 수밖에 없기 때문이다. 다시금 복지사각지대가 커지는 것이다.

본고에서 제안한 근로장려금제도가 기초생활보장제도나 고용보험을 통한 실업급여보다 중요시되어야 한다는 주장도 존재하며 그 논리는 다음과 같다. 첫째, 실업자들에게 생계를 위한 사회안전망을 제공해야 하는 것은 바람직하지만, 실업자에 대한 혜택이 근로빈곤층에 대한 혜택보다 관대하게 될 경우 다양한 부작용이 나타날 수 있다. 열심히 일하는 사람이 손해를 보는 느낌을 갖도록 정책이 설계되어서는 안 된다는 것이다. 둘째, 기초생활보장제도나 실업급여제도는 그 혜택이 증대될수록 부정수급문제가 심각해질 수 있다. 수급대상자가 늘어나면 신청자 수도 늘어날 것이고 부정수급여부를 판정하는 행정비용도 상승할 수 있다. 이에 반해 조세행정체계를 통해 수급자의 신청 없이도 근로장려금을 자동적으로 계산하여 지급하도록 제도를 설계하면 행정비용문제를 완화할 수 있다. 요컨대 최대한 많은 국민들을 시장으로 끌어들임으로써 잠재적 수급대상자 수를 줄이는 정책이야말로 기초생활보장제도와 실업급여제도의 건전성을 제고하고 부정수급문제를 완화하며 복지행정비용을 줄이는 방법이라는 주장이다.

2. 노동의 중요성이 감소하는 상황에서 시대착오적 정책이라는 비판

본고에서 제안한 정책은 국민들의 노동시장 참여를 독려한다. 일부 학자들은 과학기술의 발전으로 노동의 중요성이 감소하는 시대에 국민에게 노동시장에 참여하도록 유인하는 것이 과연 시대에 부합하는 정책인지 의구심을 갖는다. 심지어 인공지능과 로봇이 인간의 노동을 대체하게 되는 '완전히 자동화된 화려한 공산주의(Fully Automated Luxury Communism)'가 다가오고 있다는 주장(Merchant, 2015)마저 있다. 이렇게 극단적인 상황은 아니더라도 사실 지금도 발전된 과학기술이 이미 상당부분 인간의 노동을 대체하고 있음은 분명하다. 그러나 이러한 미래가 바람직한 것인지에 대해서는 많은 고민이 필요하다. 인간에게 있어 '일자리'와 '근로'란 단지 생계유지 수단 그 이상의 가치가 있을 수 있다. 이러한 시대적 변화 상황에서 정부의 역할은 국민들의 근로의욕을 꺾는 것이 아니라 오히려 미취업자의 노동시장 진입을 독려하고 기업들로 하여금 고용을 늘리도록 지원하는 일이라는 주장도 존재한다. 이러한 정부정책은 기업들로 하여금 노동력으로 대체하기 어려운 기술 분야 연구에 집중하도록 유도하는 부수적 효과도 있다.

3. 최저임금 인하의 정치적 실현가능성

본고에서 제안한 정책효과를 극대화하기 위해서는 최저임금을 합리적 수준으로 인하하여야 한다. 이 주장에 동의하더라도 과연 최저임금 인하가 정치적으로 가능한 것인지에 대한 의구심이 있을 수 있다. 합리적인 비판으로 보여지며 최저임금 인하는 정치적으로 실현불가능한 대안일 수 있다. 다만, 최저임금수준은 물가인상률에 연동되지 않는 명목금액으로 설정되기 때문에 시간이 흐름에 따라 실질가치는 계속 하락할 것이다. 또한, 최저임금 인상 속도가 기업들이 예상가능한 수준에서 적절히 관리될 경우 근로장려세제(EITC) 확대 효과도 기대해 볼 수 있지 않을까 생각된다.

VI. 결론

본고는 현 정부에서 논란이 되고 있는 최저임금 인상정책의 대안을 모색하고자 하였다. 정책대안으로 '최저임금 합리화와 근로장려세제(EITC) 혜택의 인상'을 제시하고 예상되는 장점과 잠재적 단점에 관한 폭넓은 논의를 제시하였다. 정책대안은 최저임금을 합리적 수준으로 인하하여 취약계층을 최대한 노동시장으로 끌어들이면서 조세행정체계의 독점적 정보를 활용하여 이들에게 선별적 복지를 제공하는 방안이다. 본 정책대안의 장점으로는 취약계층을 보호하는 목적을 달성함과 동시에 ① 근로의 가치를 존중하고, ② 복지에 따르는 도덕적 해이를 최소화하며, ③ 기업 친화적이고, ④ 다른 대안에 비해 재정효율적일 수 있음을 제시하였다. 반면 잠재적 단점으로 ① 전통적 복지제도의 확대가 더 긍정적이라는 비판, ② 노동의 중요성이 감소하는 상황에서 시대착오적 정책이라는 비판, ③ 정치적 실현가능성이 부족하다는 의견을 소개하고 각각의 비판에 대한 반론도 제시하였다. 본고를 통하여 정부의 시장 개입의 효과는 다차원적일 수 있음을 설명하고,

새로운 정책대안을 다양한 관점에서 분석하고 평가하는 사례를 제시하였다.

같이 생각해 볼 문제

1. 최저임금 인상의 장점과 잠재적 부작용에 대해서 생각해 보자.
2. 정부의 급격한 최저임금 인상이 근로자들의 임금, 고용, 그리고 민간투자에 어떠한 영향을 미칠지 생각해 보자.
3. 근로장려세제(EITC)의 장점과 잠재적 부작용에 대해서 생각해 보자.
4. 근로장려세제를 확대할 경우, 최저임금을 어떤 수준으로 유지하는 것이 바람직할 것인지 생각해 보자.
5. 실업급여, 기초생활보장제도 등 전통적인 복지정책과 근로장려세제의 상대적 장단점에 대해서 생각해 보자.

참/고/문/헌

김태일. (2018). "정책논단: 소득주도 성장의 평가와 향후 방향." 「The KAPS」 54: 4-7.

박상현 · 김태일. (2011). "근로장려세제가 노동공급에 미치는 효과 분석." 「한국행정학회 학술발표논문집」 1-23.

염경윤 · 전병욱. (2014). "근로장려세제(EITC)가 노동공급에 미치는 영향." 「통계연구」 19(2): 73-98.

위키트리. (2018). "최저임금 때문에?" 커피숍 알바 1명 모집에 지원자 104명 몰려. http://www.wikitree.co.kr/main/news_view.php?id=325475

유민이 · 임다희 · 조민효. (2014). "근로장려세제의 노동공급 효과 분석." 「정책분석평가학회보」 24: 21-50.

윤희숙. (2016). "최저임금과 사회안전망: 빈곤정책수단으로서의 한계." 「KDI Focus」.

이대웅 · 권기헌 · 문상호. (2015). "근로장려세제(EITC)의 정책효과에 관한 연구: 성향점수 매칭 (PSM) 이중, 삼중차이 분석을 중심으로." 「한국정책학회보」 24(2): 27-56.

조선주. (2009). "근로장려세제(EITC)가 여성의 노동공급에 미치는 효과 연구." 「노동정책연구」 9(3): 29-54.

중앙일보. (2018). "지자체 복지 공무원 46%, 복지 사각지대 발생은 제도 잘 안 알려져서." 2018.10.09.

최경수. (2018). "최저임금 인상이 고용에 미치는 영향." 「KDI Focus」.

홍장표. (2015). "신성장 패러다임의 모색." 「한반도선진화재단 기타 단행본」 149-174.

Berman, Eli, John Bound, and Stephen Machin. (1998). "Implications of Skill-biased Technological Change: International Evidence." *The*

Quarterly Journal of Economics 113(4): 1245–1279.

Clemens, Jeffrey and Michael Wither. (2019). "The Minimum Wage and the Great Recession: Evidence of Effects on the Employment and Income Trajectories of Low-skilled Workers." *Journal of Public Economics* 170: 53–67.

Dickert, Stacy, Scott Houser, and John Karl Scholz. (1995). "The Earned Income Tax Credit and Transfer Programs: A Study of Labor Market and Program Participation." In James Poterba(ed.). *Tax Policy and the Economy*. Cambridge, MA: The MIT Press.

Eissa, Nada and Hilary W. Hoynes. (2006). "Behavioral Responses to Taxes: Lessons from the EITC and Labor Supply." *Tax Policy and the Economy* 20: 73–110.

Ellwood, David T. (2000). "The Impact of the Earned Income Tax Credit and Social Policy Reforms on Work, Marriage, and Living Arraignments." Mimeo, Kennedy School of Government.

Erosa, Andrés and Gustavo Ventura. (2002). "On Inflation as a Regressive Consumption Tax." *Journal of Monetary Economics* 49(4): 761–795.

Greve, Bent. (1994). "The Hidden Welfare State, Tax Expenditure and Social Policy A Comparative Overview." *Scandinavian Journal of Social Welfare* 3(4): 203–211.

Grogger, Jeffrey. (2003). "The Effects of Time Limits, the EITC, and Other Policy Changes on Welfare Use, Work, and Income among Female-headed Families." *Review of Economics and Statistics* 85(2): 394–408.

Howard, Christopher. (1999). *The Hidden Welfare State: Tax Expenditures and Social Policy in the United States*. Princeton University Press.

Kawaguchi, Daiji and Yuko Mori. (2009). "Is Minimum Wage an Effective Anti-poverty Policy in Japan?" *Pacific Economic Review* 14(4): 532–554.

Merchant, Brian. (2015). "Fully Automated Luxury Communism." *The Guardian* 18.

Meyer, Bruce D. (2002). "Labor Supply at the Extensive and Intensive Margins: The EITC, Welfare, and Hours Worked." *American Economic Review* 92(2): 373–379.

Meyer, Bruce D. and Dan T. Rosenbaum. (1999). "Welfare, the EITC, and the Labor Supply of Single Mothers." *National Bureau of Economic Research Working Paper* 7363.

Neumark, David and William Wascher. (2000). "Minimum Wages and Employment: A Case Study of the Fast–food Industry in New Jersey and Pennsylvania: Comment." *American Economic Review* 90(5): 1362–1396.

______. (2007). "Minimum Wages and Employment." *Foundations and Trends in Microeconomics* 3(1–2): 1–186.

______. (2011). "Does a Higher Minimum Wage Enhance the Effectiveness of the Earned Income Tax Credit?" *ILR Review* 64(4): 712–746.

Robins, Philip K. (1985). "A Comparison of the Labor Supply Findings from the Four Negative Income Tax Experiments." *Journal of Human Resources* 567–582.

Rothstein, Jesse. (2008). *The Unintended Consequences of Encouraging Work: Tax Incidence and the EITC* 165. Princeton, NJ: Center for Economic Policy Studies, Princeton University.

West, Edwin George and Michael McKee. (1980). "Monopsony and "Shock" Arguments for Minimum Wages." *Southern Economic Journal* 883–891.

제5부

정부재정과 행정개혁

제14장

한국의 재정: 어떻게 변화할 것이며 어떻게 혁신해야 하나?[1]

I. 문제 제기

최근 몇 년간 이어진 확장적 재정정책과 그 결과 나타나는 재정적자와 국가채무의 누적 때문에 한국 재정의 미래에 대해 우려하는 목소리가 높아지고 있다. 다른 OECD 국가와 비교할 때, 그동안 우리나라의 재정은 상대적으로 작은 규모를 유지하면서 건전하게 운영되어 온 것이 사실이고 아직 GDP 대비 국가채무의 비율은 상대적으로 낮은 편이다. 그러나 최근 사회보장기여금을 중심으로 국민부담률[2]이 빠르게 증가하고 있을 뿐만 아니라 국가재정규모와 국가채무 또한 매우 빠른 속도로 증가하고 있다. 이에 따라 한국 재정의 위험 요인을 미리 판별하고 이에 대비하는 일의 중요성은 아무리 강조해도 지나치지 않다.

재정은 정치, 경제, 관리라는 세 가지 차원이 상호작용해서 빚어내는 현상이다. 그러므로 한국 재정의 미래를 논한다는 것은 한국의 정치, 경제, 행정이 어떻게 변화할 것인지 또한 어떻게 변화해야 하는지를 논의하는 것과 같다. 우선, 정치적으로는 앞으로 민주주의가 더욱 공고화되고 제도화될 것으로 기대된다. 사회적 요구는 지속적으로 증가하겠지만, 제도화된 틀 내에서 사회적 요구의 수렴이 가능할 것으로 본다. 미래를 예측하기는 대단히 어렵지만, 한국 경제와 사회를 떠받

1 이 글은 2018년 7월 16일에 국회예산정책처가 주최한 「제헌 70주년 기념 국가재정 대토론회」에서 발표한 저자의 논문 "한국 재정의 미래"를 수정 · 보완한 것이다.

2 국민부담률은 조세와 사회보장기여금이 GDP에서 차지하는 비중을 의미하는 지표로서, 조세부담률은 국민이 납부하는 국세와 지방세 부담만을 측정하는 반면, 국민부담률은 조세부담률 외에 국민이 부담하는 조세 외에 국민연금, 공무원연금, 사학연금, 군인연금, 건강보험, 고용보험, 산업재해보상보험, 노인장기요양보험의 납부금을 더한 것이다. 2017년의 경우 우리나라의 조세부담률은 18.8%였지만, 국민부담률은 25.4%였다.

쳐 왔던 두 가지 조건이 상실될 것이라는 점만큼은 분명한 것 같다. 한국 경제와 사회를 떠받치던 핵심적인 요소로서는 지속적으로 증가하는 인구와 높은 경제성장률을 들 수 있는데, 이 두 가지 조건이 더 이상 충족되지 않을 것임은 어렵지 않게 예상할 수 있다.

또한 한국 경제의 성공은 새로운 도전을 안겨 주고 있다. 세계 경제 대국으로 성장함에 따라 더 이상 빠른 추격자(fast follower)로서의 이점을 누릴 수 없고 이제는 혁신성장을 주도해야 하는 창도자(first mover)로 변신해야 한다. 동시에, 세계화와 4차 산업혁명은 과연 우리를 둘러싼 환경이 어떻게 변화할지를 예측하는 것조차 어렵게 만들고 있다.

이 글은 미래에 예상되는 이러한 변화에 주목하면서, 이러한 변화가 한국 재정에 어떤 영향을 미칠 것인지를 조망하고 이에 대응하기 위해서는 한국의 재정이 어떻게 변화해야 하는지를 탐색하는 글이다.

II. 한국 재정의 미래 이슈

1. 인구구조의 변화와 재정

한국 재정에 영향을 미치는 거의 모든 변수들에 대해서는 불확실성이 존재하지만, 유일하게 확실한 것은 앞으로 상당 기간 동안 우리나라 인구가 줄어들고 고령화가 급속하게 진행될 것이라는 점이다. 우리나라 인구구조 변화에 대한 가장 최근의 전망은 2019년에 통계청에서 발표한 「장래인구특별추계: 2017~2067년」이다. 이에 따르면 우리나라 총인구는 2017년의 5,136만 명에서 2028년 5,194만 명으로 증가하여 정점을 찍은 후 감소하기 시작하여 2067년에는 1982년 수준인 3,929만 명에 이를 것이라고 한다([그림 1] 참조). 인구성장률은 2029년부터 마이너스로 전환하여, 2067년에는 −1.26% 수준에 이를 것으로 예측되며, 2019년부터는 사망자가 출생아보다 많아지는 자연감소가 시작될 전망이다.

[그림 1] 총인구 및 인구성장률(1960~2067년)

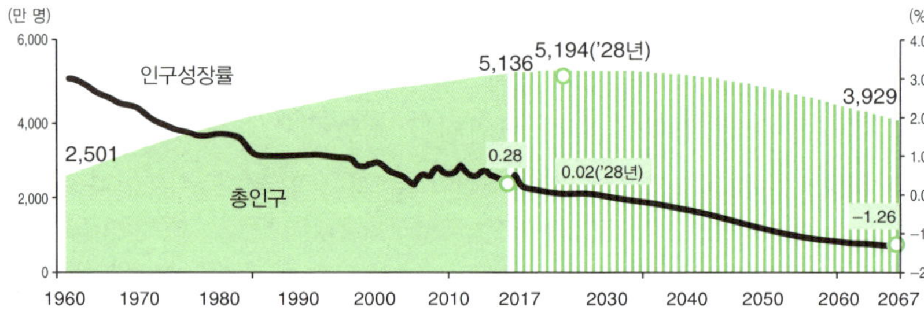

출처: 통계청(2019). 「장래인구특별추계: 2017~2067년」.

총인구 감소뿐만 아니라 고령화에 따른 인구의 연령구조 변화가 한국 경제와 재정에 상당한 충격을 줄 것으로 예상된다. 2017년과 2067년의 연령별 인구 구성비를 비교하면 15~64세 생산가능인구 비중은 73.2%에서 45.4%로 감소하는 반면, 65세 이상 고령인구의 비중은 13.8%에서 46.5%로 급격하게 증가할 전망이다(통계청, 2019). 0~14세 유소년인구의 비중도 13.1%에서 8.1%로 감소할 전망이다. 생산가능인구는 2017년 3,757만 명에서 10년간 250만 명씩 감소하여, 2067년에는 1,784만 명 수준으로 떨어질 것으로 전망되는 반면, 고령인구는 2017년 787만 명에서 2067년에는 1,827만 명까지 증가할 것으로 보인다. 유소년 인구는 2017년 672만 명에서 2067년 318만 명으로 감소할 전망이다([그림 2] 참조).

[그림 2] 연령별 인구구조(1960~2067년)

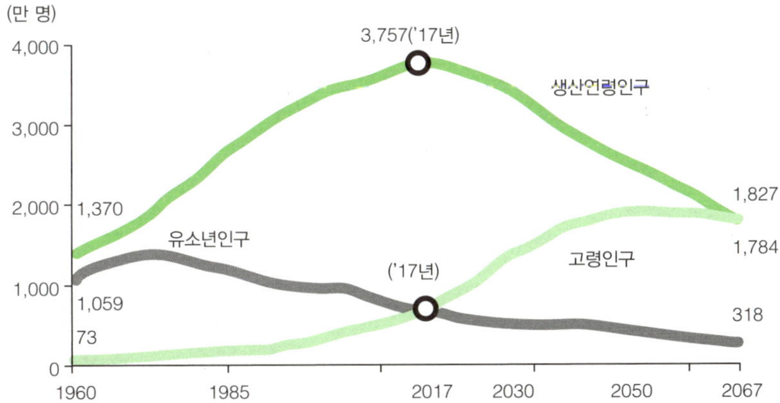

출처: 통계청(2019). 「장래인구특별추계: 2017~2067년」.

급속한 고령화와 생산가능인구 감소에 따라 생산가능인구 1백 명당 부양할 인구(유소년, 고령인구)인 총부양비는 2017년 36.7명에서 2067년에는 120.2명에 달하여, 2017년 대비 3배 증가할 전망이다. 유소년 부양비는 유소년인구와 생산가능인구가 동시에 감소하기 때문에 소폭 감소에 그치지만, 노년부양비는 급속한 고령화에 따라 2017년 18.8명에서 2067년 102.4명 수준으로 2017년 대비 5.5배 증가할 것으로 예상된다(통계청, 2019).

우리나라 인구구조의 변화가 얼마나 빠르게 진행되고 있는지는 OECD 국가와 비교하면 뚜렷하게 드러난다. 주요 국가의 고령화사회에서 고령사회로의 소요연수를 비교하면, 프랑스는 115년, 미국 73년, 이태리 61년, 독일 40년, 일본 24년이 소요된 데 비해, 우리나라는 18

년밖에 소요되지 않는 것으로 나타났다(중장기전략 연구 작업반, 2015).

또한 한국의 생산가능인구 비중은 2015년 73.2%로 OECD 국가 중 가장 높은 수준이나, 2065년에는 45.9%로 가장 낮아질 전망이다. 반면, 한국의 고령인구 비중은 2017년 13.8%로 OECD 국가들에 비해 낮은 수준이나, 2065년에는 46.1%로 가장 높아질 것으로 예상되고 있다. 이에 따라 한국의 총부양비는 2017년 36.7명으로 OECD 국가 중 가장 낮은 수준이나, 2065년에는 117.8명으로 가장 높은 수준이 될 것으로 예상되고 있다([그림 3] 참조).

[그림 3] OECD 국가별 총부양비 비교(2015년, 2065년)

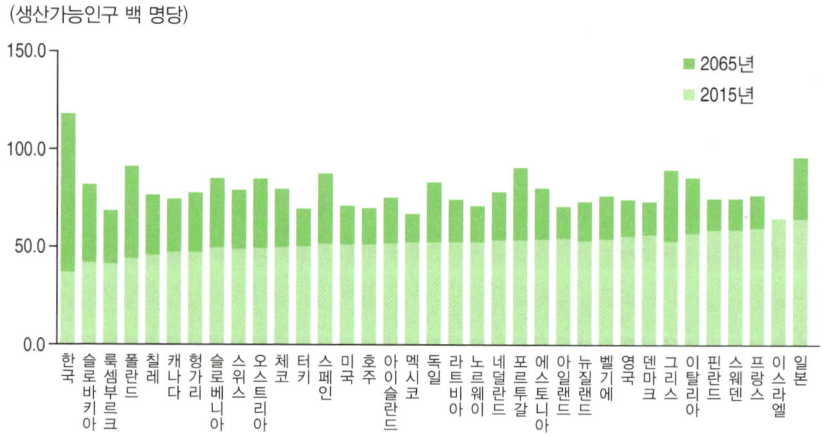

출처: 통계청(2019). 「장래인구특별추계: 2017~2067년」.

우리나라는 건전재정을 유지하고 있는 대표적인 국가이며, 이것이 거시경제 안정에 크게 기여하고 있음은 주지의 사실이다. 우리나라의 국가채무 비율은 GDP의 약 40% 수준에 불과하며, 2010년 이래 통합재정수지는 GDP 대비 약 1.0%의 흑자를 유지하고 있고, 관리재정수지 적자도 GDP의 약 1.5% 수준에 불과하다. 그러나 생산가능인구의 감소, 인구고령화, 저출산이라는 인구구조의 변화는 경제성장과 재정에 상당한 충격을 줄 것으로 전망된다.

우선, 우리나라의 잠재성장률은 2058년까지 지속적으로 하락할 것으로 예상되고 있다. 생산가능인구의 감소에 따른 고용감소가 잠재성장률 하락의 주원인인데, 기획재정부에서는 연평균 잠재성장률이 2.6%에서 1.1%까지 하락할 것으로 예측하고 있으며, IMF에서도 2.2%에서 1.2%까지 하락할 것으로 전망하고 있다(〈표 1〉 참조).

표 1 》 연평균 잠재성장률 예측

(단위: %)

	2020~30년	2030~40년	2040~50년	2050~60년
IMF(2018)	2.2	1.9	1.5	1.2
기획재정부(2015)	2.6	1.9	1.4	1.1

출처: Zoli *et al.*(2018).

생산인구 감소와 인구고령화에 따라 잠재성장률은 하락하는 대신, 연금과 건강보험 지출 등을 비롯한 공공사회복지지출은 빠르게 증가할 것으로 예상되고 있다.

우리나라의 2015년 GDP 대비 공공사회복지지출의 비중은 10.6%로 2011년 OECD 평균인 21.4%의 절반에 미치지 못하는 수준이다. 그러나 2030년대 중반에는 1990년의 OECD 평균(17.5%) 수준에, 2040년대 중반에는 2011년의 평균(21.4%)에 이를 것으로 예상되므로, 한국과 OECD 국가의 복지지출수준 차이가 빠르게 줄어들 것으로 전망된다(사회보장위원회, 2016). 그런데 문제의 심각성은 GDP 대비 공공사회복지지출 비중과 경제성장률을 함께 비교했을 때 드러난다. 유럽 국가들은 GDP 대비 공공사회복지지출 비중이 20% 수준에 도달할 당시에 경제성장률이 10%대에 있었던 반면, 우리나라는 잠재성장률이 1%로 하락하는 상태에서 공공사회복지지출이 OECD 평균 수준으로 증가한다는 것이다. 즉, 경제성장률이 낮은 상태에서 복지지출이 확대될 경우, 국가채무가 빠르게 증가할 위험성이 대단히 높다(중장기전략연구 작업반, 2015).

표 2 GDP 대비 공공사회복지지출 비중

(단위: %)

구분	1980	1990	2000	2011	2015	2030	2040	2050	2060
스웨덴	26.0	28.5	28.2	27.2					
덴마크	24.4	25.0	26.0	30.1					
프랑스	20.6	24.9	28.4	31.4					
독일	21.8	21.4	26.2	25.5					
영국	16.3	16.3	18.4	22.7					
미국	12.8	13.1	14.2	19.0					
일본	10.3	11.1	16.3	23.1					
한국	–	2.8	4.8	9.0	10.6	16.3	20.1	23.7	25.8
OECD 평균	15.4	17.5	18.6	21.4					

출처: 사회보장위원회(2016).

특히, 건강보험과 국민연금 등 사회보험지출은 2015년 GDP 대비 6.5%에서 2060년 21.6%로 3.3배 증가하여 공공사회복지지출보다 빠르게 증가할 것으로 전망된다([그림 4] 참조).

[그림 4] 복지지출 전망(GDP 대비)

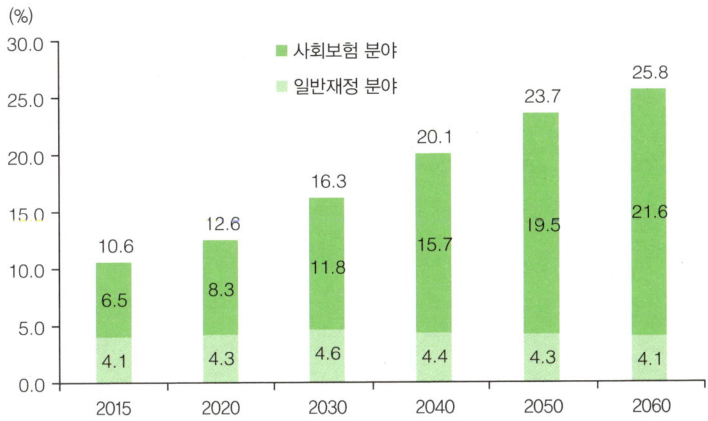

출처: 사회보장위원회(2016).

따라서 향후 과제는 저출산, 고령화, 생산가능인구 감소, 잠재성장률 하락이라는 도전에 직면해서 재정이 지속적이고 포용적이며 보다 균형 잡힌 성장을 지원하는 동시에 재정건전성을 확보할 수 있는가이다. 무엇보다도 인구구조 변화에 따른 재정수요의 증가에도 불구하고 국민부담률을 증가시키지 않을 경우 국가채무가 폭발적으로 증가할 가능성이 매우 높다.

정부가 최근 발표한 「2019~2023년 국가재정운용계획」에 의하면 통합재정수지가 2020년부터 적자로 전환되어 2023년에는 GDP 대비 2.2%에 이를 전망이다. 특히, 중기재정전망에 의하면 2050년에는 재정적자가 GDP의 14%에 달할 것으로 예상되고 있다. 이에 따라 국가채무도 2050년에는 GDP의 100%를 상회할 전망이며, 건강보험지출을 합칠 경우, 2060년 GDP 대비 국가채무는 150%에 도달할 것으로 예측되고 있다(Zoli *et al.*, 2018). IMF에서는 국가채무의 위험수준을

GDP의 85%로 추정(Zoli *et al.*, 2018: 13)하고 있는데, 이 수준의 재정 건전성을 어떻게 유지하는가가 향후 재정운용에 있어서 핵심적인 이슈로 떠오를 것으로 보인다.

2015년 기획재정부가 발표한 「2060년 장기재정전망」에서도 향후 총지출이 지속적으로 증가할 것으로 예측된 바 있다. 기획재정부는 통합지출이 아니라 총지출 기준으로 장기재정전망을 수행했는데,[3] 이에 따르면 총지출은 '16년 GDP 대비 25.3%에서 '60년 32.2%로 지속적으로 상승할 것으로 전망되었다.

표 3》 지출의 변동 추이

(단위: GDP 대비 %, %)

	2016	2030	2040	2060	연평균 증가율
총지출	25.3	26.3	28.4	32.2	4.4
의무지출	12.0	15.4	17.4	21.2	5.2
연금 · 건강보험	3.6	6.1	8.1	11.3	6.6
지방이전재원	5.1	5.5	5.6	5.8	4.1
재량지출	13.3	10.9	10.9	10.9	3.4
복지지출	8.1	10.6	12.4	15.5	5.4

출처: 박명호(2015).

이 중 의무지출은 고령화 관련 지출 증가로 '16년 GDP 대비 12.0%에서 '60년 21.2%로 상승할 것으로 전망되었으며, 재량지출은 '16년

3 총지출과 통합재정지출의 차이는 단순히 융자지출을 포함하는가 혹은 융자지출에서 융자회수를 뺀 순융자만을 포함하는가에만 있는 것이 아니다. 보다 중요하게, 기획재정부에서 발표하는 총지출에는 건강보험지출이 포함되어 있지 않고 건강보험에 대한 정부의 지원만 지출로 포함되어 있다. 따라서 총지출을 사용할 경우에는 우리나라의 건강 관련 지출이 상당수준 과소 추계될 수밖에 없음에 유의할 필요가 있다.

GDP 대비 13.3%에서 '19년 이후 '60년까지 10.9% 수준을 유지하는 것으로 가정하였다. 총지출 중 의무지출과 재량지출의 비중은 '16년 47% : 53%에서 '60년에는 주요국과 유사한 수준인 66% : 34%로 향후 총지출 대비 의무지출 비중이 크게 증가할 것으로 전망되었다. OECD 주요국의 재정지출 중 의무지출의 비중('09~'11년 평균)을 살펴보면, 미국 71.2%, 영국 63.5%, 프랑스 67.3%, 이탈리아 69.7%에 달하고 있다(기획재정부, 2015). 특히, 복지지출은 '16년 GDP 대비 8.1%, 총지출 대비 31.8%에서 복지수요의 증가로 연평균 5.4%씩 증가하여 '60년 GDP 대비 15.5%, 총지출 대비 48.3%로 빠르게 상승할 것으로 전망되었다.

표 4» 의무지출 비중(경상성장률 시나리오 기준)

(단위 : %)

연도	2016	2020	2030	2040	2050	2060
총지출 대비	47.4	55.1	58.4	61.4	64.2	66.0
GDP 대비	12.0	13.4	15.4	17.4	19.6	21.2

출처: 기획재정부(2015).

예산을 편성하고 심의하는 것은 정치적인 행위이다. 그렇지만 예산 결정이 아무런 제약 없이 이루어지는 것은 아니며, 인구구조의 변화와 경제 상황은 예산에 관한 선택에 있어 중요한 제약 요인으로 작용한다. 더욱이 한 국가가 선진국, 혹은 복지국가에 근접하면 할수록 과거에 내린 결정이 예산에 대한 선택을 심각하게 제약하게 된다. 이런 측면에서, 재정은 수십 년 동안 이루어진 정치적 선택과 조정의 산물일 수밖에 없는 것이다(McGee, 2007).

따라서 한국의 미래 재정은 미래에 내린 정치적 선택에 의해 결정되는 것이 아니라, 현재에 내린 정치적 선택에 의해 결정된다고 해도 틀린 말이 아니다. 의무지출의 비중이 총지출의 2/3를 차지하게 된다는 점이 이를 웅변으로 증명한다. 따라서 모든 의무지출의 도입은 그것이 갖는 중·장기적 영향을 고려하는 가운데 이루어져야 한다. 특히, 재원대책이 뒷받침되지 않는 의무지출의 도입에 대해서는 매우 신중할 필요가 있다. 그리고 인구구조의 변화와 그에 따른 재정 수요의 감소가 뚜렷한 분야에 대해서는 매우 강력한 구조조정이 필요하다. 특히, 재정의 지속가능성 문제를 감안할 때 사회보험 분야에서는 적정 부담-적정 급여 체계로의 전환을 서둘러야 할 것이다(박명호, 2015).

2. 기술변화와 재정

앞으로 70년의 기간 동안 기술이 어떻게 변화할지를 예측하는 것은 불가능하다. 1948년이 아니라 2000년에 예측한 오늘의 기술 변화조차 거의 오류로 판명 나고 있기 때문이다. 기술변화를 예측하기는 힘들지만, 분명한 것은 기술의 변화가 가속화될 것이라는 점이다. 따라서 가히 혁명적인 과학과 기술의 진보가 일어나는 기간이 매우 짧아질 것이라는 점은 어렵지 않게 예측할 수 있다.[4]

기술진보가 일자리에 미치는 영향에 대해서는 예측이 엇갈리고 있다. 비관적인 전망에 따르면, 중·저숙련 일자리는 AI, 로봇 등에 의해 대체되면서 감소될 것이라고 한다. 이와는 달리 낙관적인 전망에 따르면, 자동화에 따라 일자리는 감소하겠지만 자동화로 절약된 돈이 다시 경제로 유입되면서 새로운 기업의 일자리가 증가할 것이라고 예측한

4 30년 전에는 의학 지식의 양이 2배가 되는 기간을 약 20년 정도로 예상했지만, 오늘날에는 그 기간이 76일 정도에 불과하다고 한다.

다. 특히, R&D 등 창의적 분야와 여가-문화 분야의 일자리가 늘어나 감소한 일자리를 대체할 것이라고 한다(중장기전략 연구 작업반, 2017). 따라서 일자리의 절대 양이 줄어드는 것이 아니라 기존의 일자리가 새로운 일자리로 대체되는 현상이 나타날 것이라고 본다(중장기전략 연구 작업반, 2015).

일자리의 절대 양이 어떻게 변화할 것인지에 대해서는 전망이 엇갈리지만, 비관론과 낙관론 모두 동의하는 내용은 일자리의 모습이 바뀐다는 점이다. 즉, 고용형태가 프로젝트형 고용 등 비전형 고용관계로 확산되고, 근로방식도 다양화될 것이다(중장기전략 연구 작업반, 2017). 더욱 중요한 것은 고숙련 노동자와 저숙련 노동자 간 격차와 자본가-노동자 간 격차가 확대될 것이라는 점이다. 즉, 숙련편향적 기술변화(skill-based technological change)에 따라 숙련 프리미엄이 확대되어 고숙련 노동자와 저숙련 노동자 간 임금불평등이 확대될 것이다. 동시에, 자본편향적 기술변화(capital-based technological change)로 말미암아 자본심화(capital deepening) 현상이 나타나 자본소득분배율이 상승하면서 자본가-노동자 간 격차가 확대될 것으로 예상된다(중장기전략 연구 작업반, 2017).

이러한 숙련 간 양극화, 자본과 노동의 양극화 현상으로 인해 사회적 갈등과 불평등이 심화될 우려가 있다. 그리고 이러한 모든 변화는 사회안전망 확충과 복지지출의 확대를 요구하는 변화이다. 그런데 기술진보에 따른 실업과 소득격차의 확대에 따른 재정지출의 증가는 단순히 불평등 해소를 수동적으로 해소하는 차원에서만 필요한 것이 아니다. 기술진보가 지속적인 경제성장, 그리고 이에 기반한 재정 확충으로 선순환되기 위해서는 새로운 기술사회로의 완만한 전환(smooth transition)이 필요하다. 사회안전망이 미흡할 경우에는 기술진보와 고용형태의 변화가 사회경제적 충격으로만 나타나기 때문에, 새로운 환경변화에 능동적으로 대처하기가 매우 어렵다. 따라서 사회안전망의 확충, 적극적 노동시장정책의 추진, 복지지출의 증가는 기술진보의 가속화로 특징지을 수 있는 미래사회에 대한 가장 중요한 정책적 대응 수단이라는 점을 명심할 필요가 있다.

관련하여 또 하나 주목해야 할 점은 급격한 기술진보에 따라 기존의 한국 경제를 이끌었던 정부 주도의 성장모델이 수명을 다해가고 있다는 점이다. 정부 주도의 인프라 구축, 정부 주도의 산업정책, 정부 주도의 자원배분이 더 이상 유효한 모델이 아니라는 것은 정부조직, 재원배분 등에 있어서 근본적인 변화가 수반되어야 한다는 것을 시사한다.

III. 한국 재정의 혁신 방향

한국 재정에 대한 미래의 영향 요인 중 가장 확실한 것은 인구감소와 인구의 고령화라는 인구구조의 변화이다. 향후 한국의 경제는 생산가능인구의 감소에 따른 성장잠재력의 둔화가 불가피해 보인다. 인구감소 및 고령화로 대표되는 인구구조의 변화와 복지지출의 증가로 인해 앞으로 우리 정부는 우리가 원하건 원치 않건 간에 더 이상 '작은 정부'일 수 없다. 따라서 장기적으로 정부의 규모도 늘어나야 하고, 조세부담의 증가도 불가피해 보인다(Zoli *et al.*, 2018).

그 방향과 정도를 예측하기 어려운 기술의 빠른 변화는 고용의 수준과 형태에 심각한 영향을 미칠 것으로 보인다. 무엇보다도 기술의 진보는 저숙련과 고숙련 간의 양극화, 자본소득과 근로소득 간의 격차를 확대할 것이며, 이에 대한 대응책으로서 보다 적극적인 재정의 역할을 재촉하게 될 것이다.

결국, 미래의 한국 재정은 끊임없이 재정건전성 확보와 유지를 위해 힘든 싸움을 벌여야 하는 처지에 놓일 것으로 보인다. 그러나 미래의 재정건전성은 현재의 결정에 의해 좌우된다. 따라서 한국 재정의 미래를 위해서는 지금부터 새로운 수입원 창출 없는 의무지출의 억제, 재량지출의 감축 등을 포함하는 세출절감 노력과 증가하는 복지지출을 충당할 수 있는 세입확충을 위한 노력을 기울여 나갈 필요가 있다.[5]

재정은 사회경제적 요인에 의해서 영향을 받긴 하지만, 재정의 구체적인 모습을 결정하는 것은 정치적 선택이다. 정부수립 이후 오늘날까지의 한국 정치는 40년의 권위주의와 30년의 민주주의 경험으로 요약할 수 있다. 아직도 한국의 민주주의는 과도기이고 초보적 단계이며, 제도화의 수준이 낮은 단계이다. 민주주의의 제도화는 시간을 필요로 한다. Moe(1990)는 민주주의 제도화 과정은 현재의 승자가 패자가 되었을 때 자신에게 가해질 박해를 사전에 막기 위해 승자로 있을 때 자신의 행동을 스스로 묶음으로써 상대방의 행동도 제약하는 과정이었다고 지적한 바 있다. 이처럼 민주주의가 성숙되기 위해서는 정권교체가 반복적으로 이루어지고, 그 과정에서 정당과 정치인들이 교훈을 얻음으로써 장기적인 시계에서 전략적으로 행동하는 것이 필요하다. 따라서 향후에는 '게임의 규칙'에 대해 서로 합의해 나가는 과정에서 민주주의의 공고화와 제도화가 이루어질 것이며, 이러한 제도화된 틀 속에서 한국 사회가 진화할 것으로 기대한다. 그리고 이렇게 정돈된 '게

5 국회예산정책처(2014)에 따르면 2060년 국가채무비율을 65.2%로 달성하기 위해 지금부터 필요한 기초재정수지를 추산한 결과 매년 GDP 대비 2.5%의 기초재정수지를 개선할 필요가 있다고 한다.

임의 규칙'하에서 한국 재정에 대한 정치적 선택도 이루어질 수 있을 것으로 기대한다. 또한, 지속가능한 재정을 만들어 내기 위해서는 재정의 운용방식이 국민중심으로, 투명하면서, 장기적인 시계를 가지고, 거시적인 차원에서 전략적인 선택을 하는 방식으로 진화해야 한다.

[그림 5] 재정운용의 변화 방향

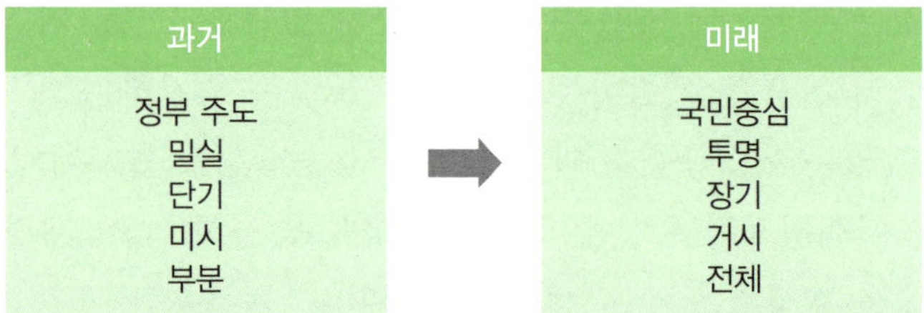

고도성장기 한국 경제의 패러다임은 정부 주도형이었지만 앞으로는 민간의 혁신과 창의가 중심이 되는 방향으로 바뀌어야 한다. 마찬가지로 재정운용도 행정부와 국회 주도에서 궁극적으로 행정부와 국회가 국민에게 책임을 지는 방향으로 바뀌어야 한다. 이를 위해서는 재정이 투명하게 운영되어야 하고, 재정정보는 국민이 이해할 수 있는 수준으로 공개되어야 하며, 이를 통해 궁극적으로 재정운용에 대한 책무성(accountability)이 확보되어야 한다.

인간의 기본적인 성향과 장기적인 시계의 예산운용(long-term budgeting) 간에는 갈등이 존재한다. 왜냐하면 장기적인 시계를 가진다는 것 자체가 장기적인 편익을 위해 현재 혹은 가까운 미래의 편익을 희생하는 것을 의미하기 때문이다(Joyce and Hoagland, 2016). 이러한 근시안적 시계와 단기적 편익 위주의 재정으로부터 탈피하기 위한 기본적인 조건은 현재의 선택이 미래에 대해 어떤 영향을 갖는지에 관한 정보를 지속적으로 공개하는 것이다. 물론, 아무리 정보가 많아도 유권자와 정치인들은 단기적인 시계에서 벗어나지 않는 경향을 보인다. 그러나 현재의 선택이 갖는 장기적인 재정적 영향에 대한 정보가 아예 제공되지 않을 경우에는 현재의 선택을 제약할 초보적인 장치조차 갖지 못하게 된다. 따라서 현재의 재정적 선택이 미래세대에 대해 갖는 위험을 지속적으로 알릴 수 있도록 정부가 제공하는 정보의 내용과 수준이 바뀌어야 한다.

예산이 팽창하는 이유는 이른바 공유자원의 문제(common-pool resource problem) 때문이다. 일반적으로 예산을 통해 발생하는 편익은 소수의 집단이나 지역에 집중되는 반면, 이를 위한 비용부담은 온 국민에게 전가되는 경향이 있다. 이렇게 되면 사회적 총비용이 사회적 총편익을 상회하는 예산 선택이 이루어지게 되며, 궁극적으로는 재정적자와 국가채무의 발생으로 연결된다. 예산을 둘러싼 공유자원의 문제는 동일세대 내 사회집단이나 지역 사이에서만 나타나는 현상이 아니며, 세대 간에도 나타날 수 있다. 즉, 정부수입의 증가 없이 지출만 늘어나는 현상은 미래세대의 편익을 위해 현세대가 비용을 부담하는 현상에 다름 아니다. 이를 동세대 내 공유자원의 문제(intra-temporal common-pool resource problem)와 구별하여 세대 간 공유자원의 문제(inter-temporal common-pool resource problem)라고 부른다(하연섭, 2018). 동일 세대 내에서나 세대 간 공유자원의 문제를 해소하기 위해서는 재정운용의 방식이 미시적 수준에서 거시적 수준으로 전환되어야 하고, 재정운용의 시계가 부분에서 벗어나 전체로 확장되어야 한다. 다시 말해서, 재정운용이 봉토(fiefdom)에서 벗어나 포괄성(comprehensiveness)을 지닐 수 있도록 바뀌어야 한다.

재정운용이 미시에서 거시로, 부분에서 전체로, 그리하여 포괄적 · 전략적으로 바뀌기 위해서는 제공하는 정보의 유형만 달라지는 것이 아니라 재정운용의 틀, 즉 제도(institution)가 바뀌어야 한다. 이를 위해서는 거시적이고 장기적인 수준에서 재정을 조망하고 지속가능한 재정전략을 입안한 후, 그 기반 위에서 연도별 재정선택이 이루어지는 방식으로 재정제도가 혁신될 필요가 있다. 이러한 재정운용의 틀은 새로운 것이 아니라 본래적 의미에서의 중기재정계획체계(medium-term expenditure framework)이고 탑다운 예산제도(top-down budgeting)이다. 특히, 지속가능한 재정을 위해서는 중기적인 차원의 총지출한도, 연도별 지출한도, 부처별 지출한도가 전략적으로 설정되고 이를 엄격하게 준수하는 방식으로 바뀌어야 한다.

국회에서도 재정의 장기적인 지속가능성에 대해 포괄적 · 전략적으로 접근하기 위해서는 이를 가능케 하는 제도적 장치를 마련할 필요가 있다. 현재와 같이 분권화되어 있고 분절화되어 있는 위원회제도와 예산심의 방식으로는 지속가능한 재정적 선택을 하는 데 한계가 있다. 따라서 예산관련위원회제도의 개혁, 포괄적인 예산심의, 장기적인 시계하에서의 예산규율 확보가 필요하다.

한국 재정의 미래를 예측하기는 매우 어렵다. 예측의 불확실성에도 불구하고 하나 분명한 것은 지금보다는 정부지출이 대폭 늘어날 것이며, 이를 위한 세입확충이 없으면 심각한 재정위기에 직면할 수 있다는 사실이다. 따라서 장기적 · 거시적 · 포괄적 · 전략적 차원에서 재정을 운영함과 동시에 국민이 원하는 지출수준과 국민이 지불할 용의가 있는 세부담수준의 격차를 줄여 나가야 한다. 정부지출과 국민들의 조세부담수준의 격차를 줄이는 유일한 방법은 정부에 대한 국민들의 신뢰수준을 제고하는 것이다. 정부에 대한 국민들의 신뢰를 높이기 위해서는 정직하고, 투명하며, 역량 있는 정부를 만드는 것이 가장 중요하다. 즉 미래 재정에 대한 준비를 위해서는 바로 오늘부터 정부의 질을 높이는 노력을 시작해야 한다는 것이다.

같이 생각해 볼 문제

1. 저출산, 고령화는 한국 재정에 어떤 영향을 미칠 것인가?
2. 디지털 혁명 등 기술의 변화는 한국 재정에 어떤 영향을 미칠 것인가?
3. 의무지출이란 무엇이며, 왜 재정건전성 확보에 있어 의무지출이 문제가 되는가?
4. 앞으로 우리나라 재정운용은 어떻게 변화해야 하는가?
5. 우리나라의 재정제도는 어떻게 개혁되어야 하는가?

참/고/문/헌

국회예산정책처. (2014). 「2014~2060년 장기 재정전망」.

기획재정부. (2013). 「대한민국 중장기 정책과제」.

______. (2015). 「2060년 장기재정전망」.

______. (2019). 「2019~2023년 국가재정운용계획 주요내용」.

박명호. (2015). “2016-2060 장기재정전망.” 한국조세재정연구원 조세재정 Brief. 2015.12.24.

사회보장위원회. (2016). 「중장기 사회보장 재정추계」.

중장기전략 연구 작업반. (2015). 「대한민국 중장기 경제발전전략」.

중장기전략위원회 중장기전략 연구 작업반. (2017). 「중장기전략 주요과제: 4차 산업혁명, 인구구조 변화, 사회자본」.

통계청. (2016). 「장래인구추계: 2015~2065년」.

하연섭. (2018). 「정부예산과 재무행정」. 제3판. 서울: 다산출판사.

Anderson, Barry. (2016). “Experience of Other Nations With Long-term Budgeting.” in *Fixing Fiscal Myopia: Why and How We Should Emphasize the Long Term in Federal Budgeting*. 58-72. Bipartisan Policy Center.

Joyce, Philip and G. William Hoagland. (2016). “Goals and Rules for Fiscal Sustainability: Reforming the Budget Process.”in *Fixing Fiscal Myopia: Why and How We Should Emphasize the Long Term in Federal Budgeting*. 73-84. Bipartisan Policy Center.

McGee, David G. (2007). *The Budget Process: A Parliamentary Imperative*. London: Pluto Press.

Moe, Terry M. (1990). “Political Institutions: The Neglected Side of the Story.” *Journal of Law, Economics, and Organizations* 6: 213-53.

U.S. Department of Treasury. (2018). *FY 2017 Financial Report of the United States Government*.

Wessel, David. (2016). "What Is the Long Term and Why Should We Worry About?" in *Fixing Fiscal Myopia: Why and How We Should Emphasize the Long Term in Federal Budgeting*. 10–21. Bipartisan Policy Center.

Zoli, Edda, Hou Wang, Douglas Laxton, Susanna Mursula, and Jiaxiang Yao. (2018). "A New Strategy for Korea's Fiscal Policy in a Low Growth Environment." IMF Working Paper WP/18/91.

제15장

정부회계 및 예산제도 개혁: 효과가 미진한 이유

I. 문제 제기

1980년대 초반부터 주요 선진국들은 투입 또는 사전통제중심의 공공관리 방식에서 벗어나 결과 혹은 성과를 중시하는 소위 신공공관리(new public management)를 채택하였다. 특히 재정부문에 있어서는 성과주의 예산제도(performance budgeting system)의 운용을 바탕으로 정부지출에 대한 효율적 관리와 투명성 및 책임성의 향상을 추구하고 있다. 구체적으로는 Top-Down 예산제도, 사업(프로그램)예산제도, 발생주의 회계제도 등과 같은 자율 및 성과 지향의 재정운영 방식을 시행 중에 있으며, 이를 바탕으로 개별 조직에게 투입에 대한 재량권을 부여하는 대신 이들의 산출(output) 또는 결과(outcome)를 통제함으로써 재정 책임성을 확보하고 있다(Goldman and Brashares, 1991; Robinson, 2007; 이효, 2013).

우리나라의 중앙정부와 지방자치단체 역시 성과중심의 재정운영을 위해서 2000년대 중반 이후 예산 및 회계제도의 전면적인 개편을 단행하였다. 예산제도의 경우 기존 품목별 예산제도를 사업예산제도로 전환하였고, 회계제도에 있어서는 종전의 현금주의 · 단식부기 회계제도로부터 발생주의 · 복식부기 회계제도로의 변화를 꾀하였다(임성일 · 이효, 2015b).[1] 특히 지자체 단위에서의 성과주의 예산제도를 구축하기 위한 조치로, 2014년에 개정된 지방재정법은 2016회계연도부터 전국

1 중앙정부의 사업예산제도는 프로그램예산제도라 불리며 2007년에 도입되었고, 지방자치단체에서는 몇몇 지자체의 시범운영을 거쳐 2008년에 사업예산제도를 전면 도입하였다. 회계제도의 개혁과 관련해서는, 지방자치단체가 2007년에 발생주의 · 복식부기 회계제도를 선도적으로 실시하였으며, 중앙정부는 그보다 2년 늦은 2009년에 해당 제도를 도입하였다.

의 모든 지방자치단체에게 예산의 성과계획서와 성과보고서를 지방의회에 제출하도록 의무화하고 있다.

이러한 성과주의 예산제도는 국가별로 재정적 여건 및 사회 · 정치적 환경 등에 따라 조금씩 다른 형태로 운영되고 있지만, 그것이 제기능을 하기 위한 대표적인 구성요소로서 각기 잘 정립된 성과관리 및 평가체계와 사업예산체계를 제시할 수 있다(김성철 외, 2007; 금재덕, 2011; Robinson, 2007). 또한 이들 구성요소 간의 유기적 · 체계적인 연계는 성공적인 성과중심의 재정운영을 위해 필수적이다. 다시 말해, 성과주의 예산제도가 성공적으로 작동하기 위해서는 임무-비전-전략목표-성과목표-성과지표가 유기적으로 연계된 성과관리체계를 갖추어야 하고, 사업예산체계 내에서는 기능-정책사업-단위사업-세부사업이 서로 논리적으로 구조화돼 있어야 한다. 이때 성과관리체계와 사업예산체계는 긴밀하게 연계되어야 하는데, 이는 사업예산체계 내의 개별 사업들이 조직의 전략목표 및 성과목표를 달성하는 수단으로서 기능해야 함을 의미한다. 아울러 수행 사업의 성과지표별 달성도를 체계적 · 합리적으로 측정하여 유의미한 성과정보를 획득할 수 있는 성과평가체계 역시 잘 구비해야 하며, 이렇게 산출된 성과정보는 다음 예산편성을 위한 참고자료로서 적극 활용되어야 한다.

결국 이와 같은 성과중심의 재정운영하에서는 성과관리와 재정 간의 긴밀한 연계를 바탕으로, 예산을 정책목표와 연결시키고 이를 통해 예산집행의 결과를 평가함으로써, 자원의 효율적인 활용 및 재정 책임성을 함께 제고할 수 있게 된다. 다만, 성과주의 예산제도의 시행 이후 해당 제도의 도입 목적이 실제 달성되었는지에 대한 문제의식은 지금까지도 꾸준하게 제기되고 있으며, 그 원인에 대해서도 시스템 또는 인프라의 미비 등과 같은 제도적 요인을 강조하는 것에서부터 공무원 및 정치인의 전문지식 부족 등을 부각하는 행태적 요인에 대한 지적까지 다양하게 논의되어 왔다(박노욱 외, 2015; 오영민, 2016; 이상일 · 금재덕, 2012; 임성일 · 이효, 2015a; Moynihan, 2005; Gilmour and Lewis, 2006; Jones and McCaffery, 2010; Ryu, 2013).

특히 성과주의 예산제도의 핵심은 성과정보의 생성과 활용을 통한 재정운영의 효율성 및 책임성의 확보에 있음에도 불구하고, 특정 사업의 성과를 파악하는 데 있어서 사업수행에 소비된 원가(또는 사업원가) 관련 정보를 적극 활용하고 있지 못하다는 사실은 중요한 문제로 인식될 수 있다. 효율성을 최소비용에 의한 목표의 달성이라고 가정할 경우 만약 정확한 원가를 파악하기 힘들거나 활용할 수 없다면 효율성에 대한 측정은 아무런 의미를 갖지 못하기 때문이다(이상용 · 이효, 2008). 또한 예산편성과정에서 산정된 비용과 사업집행 결과 실제 사용된 총비용을 비교하여 사업의 성과를 평가하는 경우에도 원가를 적절하게 계산 및 활용할 수 없다면 경제성이나 효율성에 관한 성과측정이 불가능하게 된다(윤성식, 1993; 이상용 · 이효, 2008).

따라서 우리나라의 경우 2007년 지방자치단체를 중심으로 발생주의 · 복식부기 회계제도를 도입하였고 이를 통해 원가정보의 유용성 제고를 위한 제도적 기반을 마련하였다. 그러나 지자체 차원에서의 원가정보의 활용수준은 아직까지 미흡한 것으로 평가되는데, 이는 개별 지방자치단체에서 산출한 원가정보가 내·외부 이용자들에게 충분한 의미를 제공하지 못하고 있기 때문이며, 보다 구체적인 원인 중 하나로서 해당 정보의 비교가능성 결여문제가 심각하게 제기된다(엄태호 외 2017; 엄태호 · 최근호, 2018). 지역주민들의 지방재정에 대한 관심을 제고할 수 있는 가장 기본적인 방안이 이웃하거나 유사한 환경에 처한 지방자치단체들 간의 재정운영결과 비교임을 고려할 때, 비교가능성이 결여된 원가정보는 그 기능을 십분 발휘할 수 없게 되는 것이다.

이에 따라 이 장에서는 현재 지방자치단체 차원에서 성과주의 예산제도가 의도했던 결과를 낳지 못하는 이유를 현행 정부(원가)회계의 문제점을 통해 논의하되, 그 밖의 다른 주요 원인들 또한 앞서 언급한 성과주의 예산제도의 구성요소들과 관련지어 함께 살펴보고자 한다. 결국 이와 같은 탐색적 소고는 향후 중앙정부 및 지자체에서 성공적인 성과중심의 재정운영이 이뤄지도록 그 기반을 조성하는 데 목적이 있다.

II. 정부회계제도 개편의 배경과 도입 목적

우리나라 공공부문에서 회계제도 개편에 관한 논의는 1997년 외환위기 직후 시작되었다. 중앙정부 차원에서는 1998년 4월 당시 재정경제부의 재정관리 혁신과제로서 발생주의 · 복식부기 회계제도의 도입 논의가 처음 이뤄졌으며, 2009년에 들어 중앙정부 전 기관을 대상으로 해당 제도와 함께 원가계산기준이 전면 도입되었다. 지방자치단체의 경우 1999년 2월 행정자치부가 발생주의 · 복식부기 회계제도 시범실시계획을 수립한 이래 중앙정부에 앞서서 2007년부터 발생주의 · 복식부기 회계제도를 도입하였으나, 여러 가지 여건의 미비로 인해 원가회계준칙은 2010년에서야 제정되었다.[2]

이러한 발생주의 · 복식부기 회계제도의 도입과 원가회계의 활용은

2 이후 2013년부터 지방자치단체들의 행사 및 축제의 결과를 분석하기 위한 '행사 · 축제 원가공개 제도'가 시행 중이며, 2016년에는 지방회계법의 제정을 통하여 지방자치단체의 회계 및 자금관리에 관한 사항을 별도로 규정하는 등 발생주의 · 복식주의 회계제도에 대한 개선 및 보완은 지속적으로 이루어지고 있다.

단순히 회계제도만의 개변을 넘어 전 정부 차원에서의 개혁을 위한 정치적 지지를 통해 이루어졌으며, 결국 이는 지금까지도 공공부문에서 강조되고 있는 성과관리의 논의와 연결되어진다(이경섭, 2000; 심재영, 2010; 임동완, 2011; Lüder, 1994; Warren and Barnes, 2003; Ouda, 2008). 투입 및 통제중심의 관리방식에서 벗어나 정책 · 사업의 집행결과를 보다 중시하고 이를 위해 수행사업들에 관한 자산(혹은 부채)의 증감이나 소비된 원가를 측정하려는 경우, 발생주의 · 복식부기 회계제도의 도구적 유용성은 현금주의 · 단식부기 회계제도에 비해 더 높을 수밖에 없는 여건을 갖게 된다.

특히 개별 지방자치단체들이 수행하는 사업을 중심으로 예산을 편성 · 집행 · 평가하는 사업예산제도(program budgeting)가 2008년 도입됨에 따라 재정성과를 극대화하기 위한 사업별 원가정보의 필요성이 증대되었다.[3] 즉 각 사업단위의 원가를 산출하고 이에 대한 관리 시스템이 제대로 갖춰지게 되면 지자체의 사업부서는 해당 원가정보를 [그

[그림 1] 원가정보를 활용한 사업성과의 측정

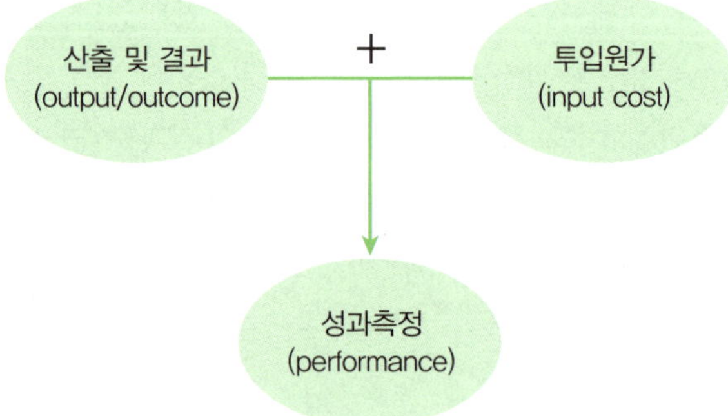

3 사업예산제도는 지방자치단체의 정책이 예산에 체계적으로 반영될 수 있도록 하기 위해 정책사업을 중심으로 예산을 편성, 배정, 집행, 평가하는 제도이며, 이는 성과중심의 재정운영을 위한 핵심 도구에 해당한다.

림 1]과 같이 성과측정 자료로 활용함으로써 성과중심의 재정운영이 용이해지는 것이다. 이때 특정 사업의 적정한 원가는 사업수행에 사용된 자산의 감가상각비 및 원가중심점별 비용의 취합 등을 통해 산정될 수 있으며, 이러한 원가산출에는 발생주의 회계제도 도입으로 인한 효과가 가장 명확히 드러나게 된다(엄태호 외, 2017).

III. 사업예산의 구조와 원가정보의 비교가능성

지방자치단체에서의 원가대상은 지방자치단체 원가계산준칙 제2조에 따라 사업예산제도하의 기능(분야-부문), 정책사업, 단위사업, 세부사업으로 설정되어 있다.[4] 다만 「지방자치단체 회계기준에 관한 규칙」에서 정한 재정운용표의 서식(별지 제7호)에는 순원가의 보고단위가 세부사업까지로 표시되어 있으나, 현재 지자체에서는 동 규칙의 부칙 제2조에 따라 단위사업의 원가까지만 적시하여 이를 보고하고 있다.[5] 이와 관련하여, 사업예산제도를 근거로 하는 우리나라 지방자치단체의 사업구조를 보다 자세하게 살펴보면, 다음의 [그림 2]와 같이 분야(function), 부문(section) 밑에 소관부서를 두고 그 아래로는 다시 정책사업(program), 단위사업(activities), 세부사업(sub-activities) 등의 순서로 계층화되어 있다.[6] 이 같은 구조를 바탕으로, 현재 지자체에서는 사

4 원가대상(cost object)이란 원가를 집계하여 개별적으로 측정할 필요가 있는 항목을 의미한다.

5 단, e-호조상에서는 세부사업에 대해서도 원가를 집계 및 관리하고 있다.

6 정책사업은 지자체의 정책을 수행하기 위해 설정되는 최상의 사업단위로서 하부사업

업관리의 권한 및 책임을 명확히 하기 위해 부서중심의 사업편성을 도모하며, 상위개념의 정책 · 사업을 하부사업을 통해 구체화하는 하향식(Top-Down) 사업편성을 원칙으로 한다(엄태호 · 최근호, 2018).

[그림 2] 우리나라 지방자치단체의 사업구조

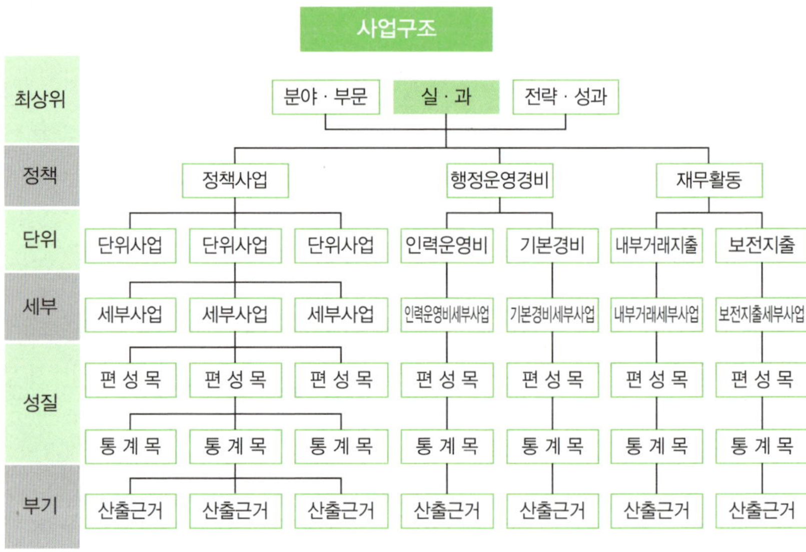

출처: 행정안전부(2016).

한편, 성과중심의 재정운영에 있어 원가정보가 지닌 유용성에도 불구하고, 지방자치단체의 원가정보는 특정 핵심기제가 작동할 때만이 성과평가 자료로서 그 기능을 충분히 발휘할 수 있다. 이때 해당 핵심

인 단위사업의 설정근거가 되는 사업단위이고, 단위사업은 지자체의 정책을 성과목표의 형태로 구체화한 형태로서 정책사업을 보다 세분화한 사업단위에 해당한다. 세부사업은 사업별 예산구조에 포함되는 맨 하위층의 사업단위로서 정책사업과 단위사업을 실질적으로 수행하기 위한 최소단위의 사업이다.

기제 중 무엇보다 중요하게 고려되는 것이 정보의 비교가능성이다.[7] 국가회계에서 산출되는 원가정보와 달리, 지방자치단체의 원가정보는 유사한 사업을 수행하고 있는 타 지자체와의 비교가 용이하다는 점에서 일정한 우위를 지닌다. 즉 타 지방자치단체와의 비교를 통해 우수한 사례에 대한 벤치마킹이 가능하고 이를 바탕으로 사업의 실패가능성을 줄이는 기회를 갖게 되는 것이다(권오성, 2008; 김수희, 2010). 아울러 원가정보는 외부에 대한 비교뿐만 아니라 내부관리의 목적으로도 비교가 가능해야 하는데, 예를 들어 특정 사업원가에 대한 시계열 비교가 가능할 경우 해당 사업의 지속적인 비용 상승 요인을 파악하여 이에 대처하는 것이 한결 쉬워진다.

그러나 현재 개별 지방자치단체 차원에서 산출된 원가정보는 타 지방자치단체와의 비교가능성이 현저히 결여되어 있으며, 이러한 원인은 집계된 원가 자체보다 원가대상과 관련해서 논의할 수 있겠다(엄태호 외, 2017). 현행 사업예산제도하에서 지방자치단체의 원가대상은 기능(13개 분야 및 52개 부문), 정책사업, 단위사업, 세부사업으로 설정되어 있는 가운데, 모든 지방자치단체를 대상으로 표준화된 단위는 부문까지로 한정되며 그 밑의 정책사업-단위사업-세부사업에 대해서는 〈표 1〉과 같이 각 지자체가 자체적으로 편성하고 있다. 이때 분야 · 부문수준에서는 개별 지방자치단체의 수행사업들을 체계적으로 분류하기 힘들뿐더러,[8] 기능 밑에 위치한 각 사업들의 내용과 이름을 지자체

7 회계정보의 비교가능성에 관한 선행연구들은 조직에서의 회계정보의 비교가능성이 높을수록 정보의 구입 및 처리비용이 감소하여 전문가들의 회계정보 분석에 대한 동기를 자극하고, 이는 해당 조직에 대한 정보의 양과 질에 영향을 미쳐 미래에 대한 예측 정확성 향상으로 이어지게 됨을 주장한다(De Franco *et al.*, 2011; 강민정 등, 2013).

8 현행 지방자치단체의 사업구조에서는 부문 아래 조직(실 · 과)이 위치하기에 한 부문의 지출이 여러 조직을 통해 이루어지는 사업의 경우 체계적인 집계가 거의 불가능하다(엄태호 외, 2017).

별로 자유롭게 정할 수 있다 보니 특정 사업에 대한 지방자치단체 간의 원가정보 비교는 어려울 수밖에 없는 실정이다(엄태호 외, 2017; 엄태호 · 최근호, 2018). 다시 말해, 원가집계 단위가 예산편성상의 사업단위에 의존하는 현행 사업예산제도하에서, 각 지방자치단체들이 자체적으로 정하게 되는 사업명 및 사업내용의 일관성 혹은 통일성의 부재는 지자체 간 원가정보의 비교가능성을 크게 저하시킨다.

표 1 » 동일부문하의 지자체 간 상이한 사업구조 예시(2016회계연도 기준)

	경기 용인시	경기 성남시
부문	보육 · 가족 및 여성	보육 · 가족 및 여성
조직	아동보육과	아동보육과
정책사업	보육 가족 지원	보육의 공공성 강화
단위사업	보육시설 운영 지원	영유아 보육
세부사업	가정보육교사 제도 운영	(구)중앙동어린이집 리모델링 공사
	공공형 어린이집 조리원 인건비 지원	가정보육교사제도 운영
	공공형 어린이집 담임교사 차액 인건비 지원	대체교사 인건비 지원
	공공형 어린이집 담임수당	보육교직원 장기근속 수당
	공공형 어린이집 지원	보육서비스 향상 및 개선
	공립어린이집 운영비 지원	보육정책 중장기 용역
	교사 겸직원장 지원	보육환경개선비 지원
	교재교구비	보조교사 인건비 지원
	국공립법인 교직원 인건비	복정 제2국공립어린이집 신축
	농어촌 소재 법인어린이집 지원	부모 모니터링단 운영 지원
	농어촌 소재 어린이집 차량운영비 지원	부모교육 공통사업
	농촌보육교사 특별 근무수당	서현 제2국공립어린이집 신축
	대체교사인건비(국비/지원)	성남시보육인대회
	민간어린이집 보육교사 처우개선비 지원	성남형어린이집 지원
	보육교사 처우개선비 추가 지원	시간연장형 어린이집 운영 지원
	보육사업 지원	시간차등형 보육시범사업 운영 지원

	보조교사인건비(국비/지원)	아이러브 맘 카페운영
	부모 모니터링단 운영 지원	아이사랑 공공 베이비시터 운영
	부모교육 공통사업	야탑동 국공립어린이집 신축
	시간연장형 어린이집 운영 지원	어르신과 함께하는 어린이예술제
	시간제보육 지원	어린이집 교재교구비 지원
	시립어린이집 인건비 지원	어린이집 기능보강(보조)
	안정적 보육환경 조성	어린이집 대체인력 인건비 지원
	어린이집 교원 보수교육	어린이집 보육교직원 근무환경개선비
	어린이집 대체인력 인건비 지원	어린이집 차량운영비 지원
	어린이집 교사 근무환경 개선비	어린이집 환경개선
	영세아 전용 어린이집 운영	여수동 국공립어린이집 리모델링
	영아전담 등 교직원인건비	위례1 국공립어린이집 리모델링
	육아종합지원센터 운영 지원	육아종합지원센터 건립
	장애아교사 등 특수근무수당 지원	육아종합지원센터운영 지원
	장애아전담어린이집 운전기사 인건비 지원	이매동 국공립어린이집 신축
	정부지원보육교사 장기근속수당	정부지원어린이집 교직원 복리후생비
	정부지원시설 운영 지원	정부지원어린이집 교직원 인건비 지원
	정부지원어린이집 교직원 처우개선비 지원	정부지원어린이집 교직원 처우개선비
	평가인증 어린이집 냉 · 난방비 지원	취약어린이집 활성화 지원
		태평4 국공립어린이집 신축
		판교테크노 국공립어린이집 신축

IV. 사례 분석: 지자체별 사업예산 구조 비교

모호한 정책사업명 사례

표 2 » 2016년 '보육 · 가족 및 여성' 부문 내 정책사업명 일부 예시

사업대상	정책사업명
가족, 가정	• 가정복지 증진(행정 구현 등) / 가족이 살기 좋은 복지서비스 제공 • 가족 모두가 행복한 사회기반 구축/ 가족보호 및 건강가정 지원 • 건강한 아동 · 가족 만들기 및 양성평등 사회 실현/ 가족 지원 · 여성복지증진 • 저소득층 한부모 가정 지원/ 한부모 가정 지원
(영유아)보육	• 건전한 보육사업 육성 / 건강한 아동 · 청소년 복지 서비스 • 보육 발전 추진/ 보육 인프라 구축/ 보육 지원 • 보육 · 아동 및 여성 복지증진/ 보육 및 여성복지 지원 • 보육, 가족 및 여성 지원/ 보육 · 아동 및 출산장려 • 보육료 및 어린이집 지원
여성	• 성평등 촉진/ 여성권익 지원/ 여성복지 증진 • 여성 · 가족 복지증진/ 여성 · 아동 복지증진/ 여성 · 보육 서비스 증진 • 꿈이 있는 여성, 행복을 주는 가족/ 모두가 행복한 양성평등사회 실현 • 미래를 여는 여성, 품격 높은 여성문화 창조
아동	• 아동보호 및 육성/ 요보호 아동 지원/ 아동육성/ 아동보호 • 아동복지 증대/ 아동 · 청소년 복지증진(지원 등)
다문화	• 다문화 지역사회 기반조성 / 글로벌 도시환경 및 선진 다문화 사회 조성 • 다문화 아동의 건강한 성장 지원/ 다문화 및 건강가정 지원 • 다양성이 존중되는 다문화 사회 구현 / 더불어 사는 다문화 공동체 형성
전체	• 사회복지 및 서비스 지원/ 사회복지일반 • 종합복지회관(문화회관) 운영/ 건강하고 행복한 사회구현

출처: 엄태호 · 최근호(2018: 218).

사업명을 중심으로 실제 지방자치단체들이 편성한 사업구조와 이에 속한 각 사업들의 내용을 보다 자세히 살펴볼 경우 지자체 간 원가정보의 비교가 결코 쉽지 않음을 분명하게 알 수 있다. 이를 사업구조의 계층별로 세분하여 살펴보면, 우선 정책사업의 경우 동일한 부문에 속한 사업들이라 할지라도 단순히 사업명만을 통해서는 당해 정책사업들이 누구를 대상으로 하고 무엇을 목적으로 수행되는지에 대한 분류가 힘든 것으로 나타난다. 예를 들어, 엄태호 · 최근호(2018)의 연구에서는 2016년 전국 지방자치단체의 '사회복지' 분야 내 '보육 · 가족 및 여성' 부문을 대상으로 이에 속한 정책사업 667개를 분석하였는데, 이들 사업을 '대상' 및 '목적'을 기준으로 분류한 결과 사업명에 명기된 대상이 '여성 · 가족', '여성 · 아동' 등과 같이 복합적으로 구성되어 있는 경우가 다수 존재하였고, 사업대상이 동일하더라도 당해 사업들의 목적이 '여성권익 지원', '여성복지 증진' 등 각 사업명에 다양하게 표현되어 있음을 확인하였다. 나아가 '미래를 여는 여성, 품격 높은 여성문화 창조' 등처럼 그 목적을 직관적으로 파악할 수 없는 추상적 · 포괄적인 이름들도 여럿 존재하여, 사업명만을 가지고서는 '대상'과 '목적'을 기준으로 하는 정책사업(또는 사업원가)의 지자체 간 비교가 어렵다고 판단하였다. 이와 관련한 정책사업명의 예시는 <표 2>에 나타나 있다.

이처럼 정책사업의 경우 사업명만을 통해서는 해당 사업들의 대상과 목적 등을 명확히 분류하기가 곤란한 것으로 나타난바, 이는 곧 정책사업 단위에서 원가정보의 활용이 용이하지 않다는 것을 의미한다. 이에 따라 정책사업 하위에 있는 단위사업과 세부사업을 대상으로 하여 해당 사업들의 사업명 및 내용을 분석하고, 이를 통해 이들이 구성하고 있는 개별 정책사업들의 구체적인 내용에 대한 파악이 실제 가능한지에 대해서 헤아려 볼 필요가 있다. 이를 위해 여건이 비슷한 몇몇 지방자치단체를 선정한 후 2016년 결산서를 기준으로 해당 지자체의 특정 단위사업 및 세부사업의 사업명을 분석한 결과 다음과 같은 특징들을 발견할 수 있었다.

동일한 세부사업이 다른 부문에 속해 있는 사례

표 3 동일 세부사업을 포함하는 지자체 간 상이한 사업구조 예시

	경기 용인시	경기 성남시	전남 해남군	전남 무안군	서울 강서구	서울 노원구
부문	사회복지 일반	취약계층 지원	보육 · 가족 및 여성	취약계층 지원	취약계층 지원	취약계층 지원
조직	복지정책과	사회복지과	주민복지과	주민복지실	복지지원과	복지정책과
정책 사업	사회복지 지원 및 정착	사회복지 일반	자원봉사 활동 지원	지역사회 복지	취약계층 보호 및 지원	지역복지 서비스수준 향상
단위 사업	지역사회 복지지원	푸드뱅크 및 마켓사업 운영	자원봉사 센터 운영 지원	사회복지 시설 지원	저소득주민 생활안정 지원	생활복지 서비스 연계 활동
세부 사업	푸드뱅크 운영 지원	푸드뱅크 사업운영비	푸드뱅크 센터운영	푸드뱅크	기초푸드 뱅크 · 마켓 운영	푸드마켓 뱅크관리 운영
총원가 (백만 원)	55.0	22.8	5.0	5.0	142.0	128.7

먼저, 동일한 세부사업이 개별 지방자치단체마다 서로 다른 정책사업 및 부문하에 구조화되어 있음으로 인해서 실질적으로는 같은 사업임에도 불구하고 서로 다른 사업으로 인식될 가능성이 존재하였다. 예를 들어 <표 3>에서 제시된 각 지방자치단체의 '푸드뱅크 운영'에 관한 세부사업의 경우, 해당 세부사업이 용인시에서는 '사회복

지 지원 및 정착'이라는 정책사업을 구성하며 '사회복지일반' 부문 아래 위치하고 있지만 성남시에서는 '사회복지일반'이라는 정책사업의 구성요소로서 '취약계층 지원' 부문에 포함돼 있다. 또한 해남군에서는 당해 세부사업이 '자원봉사활동 지원'이라는 정책사업의 하위사업으로서 '보육 · 가족 및 여성' 부문에 속해 있으나 무안군에서는 '지역사회복지'라는 정책사업을 구성하며 '취약계층 지원' 부문 아래 자리잡고 있다. 이와는 별개로, 경기도의 2016년 결산서상에서는 '다문화신문 구독 지원'이라는 하나의 세부사업을 '건강한 가족문화조성'과 '행복한 다문화가족 조성'이라는 두 개의 단위사업 밑에 동시에 둠으로써, 개별 지자체 내에서도 동일한 세부사업을 서로 다른 사업으로 인식하게 될 가능성이 존재하였다.

위계관계가 모호한 사업구조 사례

표 4 위계관계가 부재한 지자체 사업구조의 예시

	경기 성남시	전남 해남군	전남 무안군	전남 무안군
부문	취약계층 지원	취약계층 지원	취약계층 지원	보육 · 가족 및 여성
조직	사회복지과	주민복지과	주민복지실	주민복지실
정책사업	장애인복지	저소득가구 자립기반 및 공공근로사업	지역사회복지	여성 및 아동 복지 증진
단위사업	장애인복지사업	지역사회 서비스 투자사업	재해구호	여성의 사회참여 확대
세부사업	장애인복지사업 지원	지역사회 서비스 투자사업	재해구호	다문화가정 인터넷 사용요금 지원
평가	단순 단어 증가	단위사업명=세부사업명	단위사업명=세부사업명	단위-세부사업 위계성

다음으로는, 사업단위의 위계구조에 관한 특징으로서, 상위사업명이 하위사업명을 포괄하기 어려운 사례가 다수 확인되었다. 이는 사업예산제도하에서의 상위사업은 사업명과 실제 그 내용에 있어서 하위사업을 포괄할 수 있어야 함에도 불구하고, 상위사업과 하위사업의 사업명이 지나치게 유사한 경우뿐만 아니라 사업명은 확연히 다를지라도 그 의미를 기준으로 할 때 하위사업을 포괄하지 못하는 상위사업명들을 가리킨다. <표 4>에 제시된 것처럼, 성남시의 '장애인복지' 정책사업의 경우 이를 구성하는 특정 단위사업과 세부사업의 이름은 각각 '장애인복지사업' 및 '장애인복지사업 지원'으로서, 이와 같이 상위사업명으로부터 단순히 단어만 늘어난 형태를 갖는 하위사업명을 통해서는 관련 상위사업의 구체적인 내용을 파악하기가 힘들다. 나아가 해남군의 '지역사회 서비스 투자사업' 단위사업과 무안군의 '재해구호' 단위사업의 경우에는 그 아래 각각 이들 사업과 똑같은 사업명을 사용하는 세부사업들이 존재함으로써 하위사업명을 통한 상위사업들에 대한 이해를 더욱 어렵게 만든다. 반면, 무안군의 '여성의 사회참여 확대' 단위사업의 경우 사업명의 차이가 확연한 '다문화가정 인터넷 사용요금 지원'이라는 세부사업이 이를 구성하고 있지만, 과연 해당 단위사업명이 세부사업명을 포괄하고 있는지에 대한 판단이 쉽지 않을 뿐만 아니라 실제 두 사업내용 간의 연관성에 대해서까지도 의문을 갖게 한다.

결국 당해 사례들은 지방자치단체의 일부 단위 · 세부사업 단위에서 구조적 통일성 혹은 일관성이 부재함을 보여주고 있다. 이러한 사업구조의 비체계성 또는 비일관성은 하위사업들을 통해 이들이 구성 중인 상위사업의 목적, 대상 등 세부내용에 대한 파악 및 이해를 어렵게 함으로써, 상·하위 모든 사업단위에서의 지자체 간 원가정보의 비교가능성을 크게 저해한다.

연도별 사업구조 변경 사례

표 5 지자체의 연도별 사업구조 변경 예시(세부사업 기준)

지자체	연도	정책사업	단위사업	세부사업
A시	2014	안심하고 맡길 수 있는 보육환경 개선	저출산 대책 추진	가정양육수당 지원
	2015		보육서비스 지원 확대	
	2016		보육서비스 지원 확대	
B도	2014	여성가족정책 개발	건강한 가족문화 조성	한부모가족 복지시설 기능보강(기금/지원)
	2016	여성가족권익 증진		
C시	2014	아동 및 여성복지 증진	아동복지 지원	다문화가족의 소통커뮤니티
	2016		여성복지 지원	다문화 소통커뮤니티

출처: 엄태호 · 최근호(2018: 226).

한편, 현행 사업예산제도하에서는 회계연도에 따라 개별 지방자치단체가 특정 사업의 통·폐합이나 신설을 자율적으로 추진할 수 있음으로 인해 사업원가에 대한 시계열적 비교가 어려울 수 있다. 이와 관련하여, 각 지자체 유형을 대표하는 7개의 지방자치단체를 대상으로 단일 지방자치단체 내에서의 원가정보에 대한 시계열적 비교가능성을 살펴본 엄태호 · 최근호(2018)의 연구에 따르면, 특정 지방자치단체가 수행하는 개별 사업들의 사업명은 매년 급격하게 변화하지는 않았으나, 일부 지자체들의 세부사업의 경우 <표 5>에서와 같이 회계연도마다 서로 다른 정책사업 또는 단위사업을 구성하게 되었다. 이에 따라 해당 세부사업을 포함하는 상위사업들은 해마다 세부 사업내용이 달라질 수 있기에, 비록 사업명이 동일할지라도 이들 정책사업 또는 단위사업에 대해서는 온전한 시계열적 비교가 쉽지 않음을 알 수 있다.

요컨대, 현재 개별 지방자치단체 차원에서 생성하는 원가정보는 수평적 · 시계열적 비교가능성의 부재로 인해 성과측정 · 평가를 위한 자료로서 그 유용성을 일부 상실한 상태이다. 앞에서도 살펴보았듯이, 각 지방자치단체별로 지역의 여성 또는 청소년들에게 오늘날 얼마만큼의 복지비를 지출하는지에 대한 원가를 측정하는 것은 사실상 불가능하다. 일례로, 행정안전부가 정부회계 도입으로 인한 효과를 보여주기 위해 2013년도부터 시행하고 있는 지방자치단체 '행사 · 축제 원가공개 제도'는 사실상 정부회계 시스템에서 자동적으로 비교 분석되는 자료가 아니라 각 지방자치단체가 수기로 자료를 추출 및 재작성하여 제출하는 실정이다. 결과적으로, 원가의 비교가능성이 결여된 현행 정부(원가)회계제도하에서는 내부관리를 위한 원가정보의 활용이 극히 저조할 수 밖에 없으며, 지역주민들이 원가정보의 활용을 통하여 지자체의 재정운영 및 결과에 관심을 갖기란 더더욱 어려운 상황에 있다.

V. 추가 논의: 사업예산구조가 성과주의 예산의 실효성에 미치는 영향

지방자치단체 차원에서 성과주의 예산제도가 성공적으로 운용되기 위해서는 성과관리 · 평가체계와 사업예산체계가 긴밀히 연계되어야 함을 앞서 언급하였다. 그러나 현재 우리나라 지방자치단체에서의 성과주의 예산제도는 그 도입의 실효성에 의문이 제기되는바, 원가정보의 비교가능성이 결여된 현행 정부회계제도의 문제 역시 사업예산체계의 미비로 인하여 성과평가체계가 제대로 작동하지 못하는 경우에 해당한다고 볼 수 있다. 즉 사업예산체계가 성과관리 및 평가체계와 유기적으로 연계되기 위해서는 그 안의 사업구조가 정책사업을 중심으로 일관된 위계관계를 지녀야 함에도 불구하고, 각 지자체별로 개별 사업단위 간의 구조적 일관성이 부족함으로 인해 성과를 측정 · 평가하기 위한 비용조건으로서의 원가(정보)의 활용이 저조한 것이다.

한편, 성과주의 예산제도의 궁극적인 목적이 효율적인 예산집행을 통한 정책목표(전략목표 및 성과목표)의 달성임을 상기할 때 예산은 정책목표를 달성하기 위한 수단이 된다. 만일 전략목표 및 성과목표가 이를 달성할 수 있는 수단으로서의 사업예산체계 내의 개별 사업과 유기적으로 연계되어 있지 않다면 해당 목표의 달성은 힘들 수밖에 없다.

그럼에도 불구하고, 현재 지방자치단체의 성과관리체계(임무–비전–전략목표–성과목표–성과지표)와 사업예산체계(기능–정책사업–단위사업–세부사업) 간의 연계성은 취약한 것으로 평가되며, 이는 각각의 체계에서 실질적으로 중점을 두는 사업단위가 다르기 때문에 비롯된다고 할 수 있다. 개별 부서들의 성과계획서에 나타나 있듯이, 현재 성과관리의 관점에서 중심이 되는 사업예산체계 내의 사업단위는 정책사업과 단위사업이고, 전략목표 및 성과목표 · 지표가 이들 사업을 통해 대응 또는 구현되는 것으로 본다. 그러나 앞에서 살펴본 엄태호 · 최근호(2018)의 연구에 따르면, 단체장이 교체된 지자체의 경우 정책목표가 새롭게 바뀌었음에도 기존 정책사업과 단위사업은 좀처럼 변하지 않는 대신 그 밑에 새로운 세부사업이 추가된 모습을 나타냈다. 이는 지방자치단체에서의 사업예산이 주로 세부사업을 중심으로 운용되고 있음을 보여주며, 실제의 예산편성과정에서도 개별 부서들은 정책사업과 같이 실체가 다소 불분명한 상위사업보다는 세부사업(또는 편성목)과 같이 그 내용이 보다 명확한 하위사업에 관심을 두고 있다(임성일 ·

이효, 2015a). 이처럼 지방자치단체의 정책목표가 상위사업수준에서 적절하게 반영되지 않는 가운데, 기존의 정책사업 또는 단위사업 아래 신규 하위사업이 매 회계연도마다 새롭게 추가되는 구성을 갖다 보면 개별 사업단위 간의 구조적 일관성은 물론 사업예산체계와 성과관리체계 간의 논리적 · 실용적 연계성 역시 취약해질 수밖에 없다.

이와 관련하여, 좀 더 확장된 관점에서 이들 성과관리체계와 사업예산체계 사이의 취약한 연계성 문제를 논의할 수 있겠다. 현재 대부분의 지방자치단체에서는 성과관리제도로서 BSC(Balanced Scorecard)를 시행 중에 있으며,[9] 이를 통해 서로 다른 4가지 관점별로 설정한 전략목표 및 성과목표를 사업예산체계 내 사업단위에 부과하고 있다. 그러나 BSC의 경우는 근본적으로 중기적 관점에서 기관, 부서, 개인 등의 성과관리에 초점을 두는 것임에 반해 사업예산제도는 구체적인 예산사업 또는 활동에 중심을 두고서 주로 이들의 단년도 성과에 관심을 갖는다(임성일 · 이효, 2015a). 따라서 이 같은 본질적 차이를 감안한다면 충분한 논의와 조정을 거친 이후에 두 제도 간의 연계를 시도했어야 하나 현실은 그러하지 못했다는 비판이 제기된다. 즉 BSC와 사업예산제도 사이의 부정합성으로 인해서 개별 지자체에서는 예산사업이 성과목표 · 지표 등보다 선행하여 수립되는 '선 예산편성 후 기획' 현상이 발생하고 있으며, 부서의 미션이나 전략목표 설정 시에도 당해 회계연도 예산사업에 대한 고려 없이 전형적 · 일상적 기능 및 업무만을 토대로 하는 등 성과관리체계와 사업예산체계의 연계성은 자주 결여된 모습을 보이고 있다(김현조 외, 2011; 이상일 · 금재덕, 2012; 임성일 ·

9 BSC는 조직의 비전 및 전략목표 실현을 위해 재무적 측면과 더불어 비재무적인 부문인 고객, 내부 프로세스, 학습과 성장이라는 4가지 관점을 고려 · 제시한다. 이러한 4가지 관점을 통해서 핵심성공요인(Critical Success Factor)을 도출하고 해당 성공요인을 계량지표로 측정가능하게 하는 핵심성과지표(Key Performance Indicator)를 생성하여 제공한다.

이효, 2015a). 이에 따라, 사업예산과 보다 정합한 성과관리체계로의 수정이 이뤄지지 않는 이상 현재의 BSC와 사업예산제도 간의 본질적인 괴리는 두 체계 간의 완전한 연계를 어렵게 할 것이다.

같이 생각해 볼 문제

1. 현행 사업예산제도에서는 분야-부문만 행정자치부에서 지정하고 있고, 이하 정책사업명부터는 지방자치단체가 자율적으로 사용하도록 하고 있다. 지방자치단체별로 사업명을 획일적으로 통일할 수 없다면 지방자치단체 간 비교가능성을 확보하는 것은 본질적으로 불가능한 것인가? 대안은 무엇인가?
2. 민간기업의 경우, 원가정보는 내부정보에 해당하는 데 반해 지방자치단체의 원가정보는 국민의 알 권리로서 정부회계의 핵심적인 역할을 차지하고 있다. 이러한 차이는 왜 발생하는가?
3. BSC를 이용한 성과주의예산 평가가 한계를 가진다면 대안은 무엇인가? 지방자치단체의 성과는 예산을 통해 어떻게 반영될 수 있는가?
4. 재정연방주의를 채택하고 있는 선진국에 비해 우리나라는 예산 및 재정정보에 대한 주민들의 관심이 매우 낮다. 이유는 무엇이라고 생각하는가? 분권화와 재정개혁은 어떻게 연계되어야 분권화로 인한 효과가 극대화될 수 있는가?

참/고/문/헌

강민정 · 이명건 · 이호영. (2013). "회계정보의 비교가능성이 재무분석과 이익예측 및 회계정보 가치관련성에 미치는 영향에 대한 연구."「회계학연구」38(1): 281-320.

권오성. (2008). "복식부기 제도하의 지방자치단체 사업의 합리적인 원가산정에 대한 연구."「한국행정연구원 보고서」.

금재덕. (2011). "지방정부의 성과관리와 프로그램예산제도."「한국지방재정학회 세미나자료집」75-90.

김성철 · 박기묵 · 전성훈. (2007). "우리나라 중앙관서의 '재정사업 성과관리제도'에 관한 연구:「성과계획서」를 중심으로."「한국사회와 행정연구」17(4): 101-122.

김수희. (2010). "지방자치단체 원가회계제도 도입현황 및 과제."「정부회계연구」61-88.

김현조 · 강성권 · 박영강. (2011). "지방정부의 성과관리(BSC)와 예산의 연계 과제: 부산광역시를 중심으로."「지방정부연구」14(4): 171-188.

박노욱 · 박형수 · 송호신. (2010). "발생주의회계 및 비용회계와 재정관리에 관한 연구." 한국조세재정연구원.

심재영. (2010). "한국의 정부회계제도의 생성과 발전."「정부회계연구」8(2): 89-113.

엄태호 · 박정규 · 최근호. (2017). "원가회계제도 제도 개선과 원가정보 추가공개 방안에 관한 연구."「정부회계연구」15(1): 103-132.

엄태호 · 최근호. (2018). "지방자치단체 원가정보 활용방안에 관한 연구: 원가정보의 비교가능성을 중심으로."「정부회계연구」16(3): 205-248.

오영민. (2016). "우리나라 성과주의 예산제도의 재정성과정보 활용에 대한 실증연구: 재정성과목표관리제도 성과정보 활용의 효과성 분석을 중심으로."「한국정책학회보」25(1): 551-577.

윤성식. (1993). "예산회계정보시스템의 설계: 효율성측정의 필요조건." 「한국행정학보」 27(4): 1019-1031.

이경섭. (2000). 「정부회계의 개혁」. 감사원.

이상용 · 이 효. (2008). 「사업예산제도의 운영실태와 정착방안」. 한국지방행정연구원.

이상일 · 금재덕. (2012). "지방정부 성과주의예산 제도 하에서 조직-목표-예산의 상호연계성 분석: 서울시 여성가족정책관실을 중심으로." 「한국행정논집」 24(3): 643-668.

이 효. (2013). "성과관리를 위한 사업예산과 복식부기회계의 연계방안." 「정부회계연구」 11(1): 1-30.

임동완. (2011). "정부의 발생주의회계 정착과 발생주의 예산도입에 관한 연구." 「국제회계연구」 35: 230-260.

임성일 · 이 효. (2015a). "사업예산제도의 성과예산 기반구축에 관한 연구." 「의정논총」 12(2): 109-137.

______. (2015b). "지방자치단체의 성과예산 실태에 관한 분석: 성과관리시스템과 사업예산제도의 연계 상태를 중심으로." 「한국지방행정학보」 12(2): 193-221.

행정안전부. (2016). "2017년도 지방자치단체 예산편성 운영기준 및 기금운용계획 수립기준."

De Franco, G., S. Kothari, and R. S. Verdi. (2011). "The Benefits of Financial Statement Comparability." *Journal of Accounting Research* 49(4): 895-931.

Gilmour J. B. and D. E. Lewis. (2006). "Does Performance Budgeting Work? An Examination of the Office of Management and Budget's PART Scores." *Public Administration Review* 66(5): 742-752.

Goldman, F. and E. Brashares. (1991). "Performance and Accountability: Budget Reform in New Zealand." *Public Budgeting and Finance* 11(4): 75-85.

Jones, L. R. and J. L. McCaffery. (2010). "Performance Budgeting in the U.S. Federal Government: History, Status and Future Implications."

Public Finance and Management 10(3): 482–523.

Lüder, K. G. (1992). "A Contingency Model of Governmental Accounting Innovations in the Political Administrative Environment." *Research in Governmental and Nonprofit Accounting* 7: 99–127.

Moynihan, D. P. (2005). "What Do We Talk About When We Talk About Performance? Dialogue Theory and Performance Budgeting." *Journal of Public Administration and Research Theory* 16(2): 151–168.

Ouda, Hassen A. G. (2008). "Toward A Generic Model for Government Sector Reform: The New Zealand Experience." *International Journal on Governmental Financial Management* 91–115.

Robinson, M. (2007). *Performance Budgeting: Linking Funding and Results, International Monetary Fund*. Palgrave Macmillan.

Ryu, J. E. (2013). "Performance–Based Budgeting(PBB). Allocative Efficiency, and Budget Change: The Case of the U.S. Department of Commerce." *Public Finance and Management* 13(4): 335–360.

Warren, Ken and Cheryl Barnes. (2003). "The Impact of GAAP on Fiscal Decision Making: A Review of Twelve Years' Experience with Accrual and Output–based Budgets in New Zealand." *OECD Journal on Budgeting* 3(4): 7–40.

제16장

행정개혁, 어떻게 제대로 추진할 것인가?[1]

I. 문제 제기[1]

오늘날 공·사 부문을 막론하고 조직 현상에서 개혁은 풍토병과 같다. 그러나 개혁은 결코 쉽지 않다. 하버드대학 경영대학원의 연구 결과에 의하면, 개혁을 의욕적으로 추진한 기업 가운데 단지 30%만이 손익계산상의 개선을 이룬 것으로 나타났다. … 공공부문의 개혁은 사기업체의 개혁보다 훨씬 어려운 작업이다.

이종수(2013: 3)

역대 정부는 예외 없이 행정개혁을 추진하였다. 정부의 역할, 정부 운영방식과 관련한 해당 시기의 필요와 요구에 대응하여 역대 정부는 크고 작은 규모의 개혁 프로그램을 기획·실행하였다. 현 정부인 문재인 정부 역시 예외가 아니다. '정부혁신'을 행정개혁의 주요 의제로 설정한 현 정부는 '정부운영을 사회적 가치중심으로 전환', '참여와 협력을 통해 할 일을 하는 정부', '낡은 관행을 혁신하여 신뢰받는 정부'를 3대 전략으로 설정하고 10대 중점과제를 통해 행정개혁을 추진하고 있다.

역대 정부의 행정개혁은 정부행정의 바람직한 미래에 대한 구상, 그리고 그 실현을 위한 정부 차원의 강력한 의지 천명으로 시작되었다. 이러한 시작은 통상 행정개혁에 대한 커다란 국민적 기대와 희망 형성으로 이어졌다. 그러나 역대 정부의 행정개혁은 대체로 당초 의도한 바를 충분히 구현하는 데 성공적이지 못하였다. 개혁을 위해 많은 노

1 이 장은 동 저자가 참여한 "정부3.0 성과평가를 통한 지속발전방안 연구"(한국정책학회, 2017)의 일부 연구결과를 재구성한 것임.

력과 자원을 투입한 경우에도 그 성과는 기대에 미치지 못했던 것이 현실이다. 특히 행정의 복잡성이 현저히 높아진 90년대 이후에는 개혁의 성과가 더욱 제한적이다. 집권세력의 높은 관심과 지원을 바탕으로 최상위 국정목표수준에서 개혁 노력을 전개하였음에도 불구하고 그 성과가 기대수준에 미치지 못하고, 이로 인해 정부 내외에 개혁에 대한 회의감만 커져버린 경우도 존재한다. 이렇듯 행정개혁은 결코 쉬운 과업이 아니다.

역대 정부의 행정개혁이 기대 이하의 성과를 거둔 데에는 행정개혁 자체가 지난한 과제라는 점 외에도 다양한 원인이 제시될 수 있다. 가령 지나치게 높은 목표를 설정하였거나, 개혁 프로그램 자체의 타당성이 결여되었거나, 정치 · 경제 · 사회적 환경이 개혁 프로그램을 실행하는 데 우호적이지 않았을 수 있다. 그러나 기대 이하의 성과가 반복되는 현상과 관련하여 무엇보다도 행정개혁에 관한 관리전략의 미비에 주목할 필요가 있다. 행정개혁의 역사를 살펴볼 때, 우리나라의 행정개혁은 “규범적 차원에서 개혁의 방향만 제시한 채 추진 메커니즘과 관련된 구체적 전략이 결여되어 있다는 문제점”이 뚜렷하다(이종수, 2013: 213). 대규모 행정개혁을 본격적으로 시행한 1990년대와 2000년대, 그리고 이러한 대규모 경험을 바탕으로 유사한 성질의 행정개혁을 추진한 2010년대에 이르러서도 거시적 · 미시적 차원의 관리전략을 수립하고 시행하는 역량은 크게 개선되지 않았다.

특히 문제가 되는 것은 성과평가를 행정개혁의 효과적 추진을 위한 전략적 도구로 활용하는 역량이다. 점검 및 환류(monitoring & feedback)는 성공적 행정개혁을 위한 필수적 관리활동이며, 성과평가는 이러한 활동을 체계적으로 지원하는 핵심적 도구이다. 성과평가는 크게 세 가지 측면에서 행정개혁의 성공에 중요한 영향을 미칠 수 있다. 첫째, 성과평가는 행정개혁이 당초 의도한 목적을 구현할 수 있도록 관련 활동을 조정 · 통제하는 데 필요한 정보를 생산한다. 둘째, 성과평가를 통해 행정개혁 전략과 방법론상의 문제점을 파악하고, 개선을 위한 시사점을 얻을 수 있다. 즉 성과평가는 개혁 전략과 방법론의 고도화에 기여한다. 셋째, 성과평가를 통해 생성한 정보는 행정개혁의 성과를 대내외로 소통하여 책임성을 확보하고, 더 나아가 국민을 포함한 주요 이해관계자들의 지지를 얻는 데 기여할 수 있다. 이처럼 성과평가는 세 가지 차원에서 행정개혁의 성공적 추진에 중요한 영향을 미칠 수 있는 핵심변수이다. 그럼에도 불구하고 역대 정부는 행정개혁을 추진함에 있어 성과평가의 전략적 성격을 간과 또는 과소평가하거나, 그 중요성을 인지하였다 하더라도 정치(精緻)한 성과평가 실행방안을 마련하고 이를 성공적으로 실행하는 단계에까지 이르지는 못하였다. 실제로 1990년대 후반 이후 행정개혁 과제 이행과 관련하여 기관 간 경쟁을 촉진한다는 차원에서 성과평가가 본격화되었으나, 서열화를 위한 정보를 생성하는 수준 이상의 유의미한 성과평가를 설계하고 성공적으로 운영하는 단계에까지 진일보한 사례는 사실상 부재하다고 해도 과언이 아니다.

행정개혁의 성공적 추진과 관련한 성과평가의 전략적 중요성에 착안하여 기획된 이 장은 일종의 사례분석으로 작성되었다. 이 장은 가장 최근의 행정개혁 사례인 '정부3.0'을 집중적으로 분석하였다. 범정부적 행정개혁으로 추진된 정부3.0이 어떠한 성과평가체계하에서 어떠한 방식으로 관리되었는지를 상세히 살펴보고, 바람직한 성과평가의 관점에서 해당 사례를 접근한다.[2] 더 나아가 이 장은 이러한 분석 내용을 바탕으로 향후 유사한 성격의 행정개혁을 보다 성공적으로 관

2 박근혜 정부(2013~17년)의 행정개혁 노력을 상징하는 정부3.0은 중앙행정기관, 공공기관, 지방자치단체, 그리고 지방공기업 등 공공부문 전 영역에 걸쳐 시행되었다. 이 장은 중앙행정기관 단위에서의 정부3.0 성과평가 사례를 중심으로 작성되었다.

리하기 위한 성과평가 고도화 방안에 대해 논의한다. 한편 행정학 전공 대학원생 교육을 위한 저서의 일부분으로 작성된 이 장은 성공적 행정개혁을 위한 전략적 관리도구로서의 성과평가에 대한 보다 깊이 있는 이해와 사고를 촉진하기 위한 일련의 질문 또는 지시사항을 제공한다. 이러한 질문과 지시사항들은 일종의 '생각할 거리'로서, 그리고 해당 주제와 사례를 보다 심층적으로 탐구하기 위한 '안내지침'으로 기능하도록 설계 · 배열되었다.

II. 중앙행정기관 정부3.0 성과평가

1. 정부3.0

정부3.0은 박근혜 정부(2013~17년) 정부행정 분야 국정과제로서, 개방 · 공유 · 소통 · 협력을 강조하는 정부운영을 통해 정부의 투명성을 제고하고, 문제 해결 능력을 향상하며, 대국민 서비스를 고도화하려는 종합적 개혁노력이다. 정부 출범 첫 해인 2013년 6월에 공식 발표된 정부3.0은 '공공정보의 적극적 공개', '공공정보 적극 공개로 국민의 알 권리 충족', '부처 간 칸막이 해소', '빅데이터를 활용한 과학적 행정 구현', '수요자 맞춤형 서비스 통합 제공' 등 총 10개의 세부 추진과제로 구성되어 범정부적으로 실행되었다.

행정개혁으로서의 정부3.0은 현대 행정의 주요 과제들을 포괄적으로 추진한다는 특징이 두드러졌다. 정부3.0이 강조하는 정보공개, 협

[그림 1] 정부3.0의 '3대 전략 10대 추진과제'

소통하는 투명한 정부	① 공공정보 적극 공개로 국민의 알 권리 충족
	② 공공데이터의 민간 활용 활성화
	③ 민 · 관 협치 강화
일 잘하는 유능한 정부	④ 정부 내 칸막이 해소
	⑤ 협업 · 소통 지원을 위한 정부운영 시스템 개선
	⑥ 빅데이터를 활용한 과학적 행정 구현
국민중심의 서비스 정부	⑦ 수요자 맞춤형 서비스 통합 제공
	⑧ 창업 및 기업활동 원스톱 지원 강화
	⑨ 정보 취약계층의 서비스 접근성 제고
	⑩ 새로운 정보기술을 활용한 맞춤형 서비스 창출

출처: 안전행정부(2013).

업, 국민중심의 서비스, ICT의 전략적 활용 등은 미국, 영국 등 주요국 정부가 당시 적극적으로 추진하고 있는 정부개혁 과제들이었다. 다만 정부3.0은 추진하는 과제의 범위(scope)와 다양성(variety) 측면에서 볼 때 당시 주요 선진국 정부들이 추진하였던 정부개혁보다 더 포괄적이고 종합적이라고 할 수 있다. 아울러 정부3.0은 신공공관리론의 효율성에서부터 뉴거버넌스의 민주성에 이르기까지 매우 폭넓은 범주의 가치를 포괄적으로 추구한다는 점, 매우 다양한 유형의 과제를 종합적으로 추진한다는 점, 그리고 무엇보다도 공공부문을 공공가치(public values) 창출의 창조적 주체로 인식한다는 점에서 이전의 정부개혁들과 구분된다는 특징을 지녔다(서상목, 2013).

2. 중앙행정기관 정부3.0 성과평가 시행배경

중앙행정기관 정부3.0 성과평가는 전 중앙행정기관에 걸쳐 정부3.0을 빠르게 확산 · 정착시키기 위한 목적으로 실시되었다. 정부3.0은 정부행정의 광범위한 영역에 걸쳐 근본적 변화를 추구하는 일종의 대규모 변화(large-scale change) 프로그램이라는 점에서 체계적이고 지속적인 점검과 관리가 요구되었다. 변화는 크고 작은 저항을 수반하는 것이 일반적이며, 저항을 얼마나 효과적으로 관리하는지가 변화의 성공적 추진에 큰 영향을 미친다. 정부3.0 역시 대규모 정부개혁 프로그램이라는 점을 고려할 때 개별 기관들의 저항을 최소화하고 더 나아가 이들의 자발적 협조와 동참을 확보하는 것은 용이하지 않을 것이라는 전망이 지배적이었다. 개별 기관의 입장에서 볼 때 정부3.0은 '하향적(top-down)'으로 부여된 별도의 과제로서 그 실행을 위해서는 추가적인 자원과 노력을 투입해야 한다. 이러한 상황 속에서 개별 기관들이 단순히 국정과제라는 이유만으로 정부3.0의 성공적 실행에 자발적이고 적극적으로 나설 것이라고 기대하는 것은 현실적이지 않았다. 따라서 정부3.0 관리당국은 개별 기관들이 '범정부적' 과제인 정부3.0의 성공적 추진에 적극적으로 동참하도록 유인하기 위해서는 '범정부적' 수준의 관리체계가 필요하다고 판단하였고, 성과평가를 그러한 관리체계의 핵심으로 선택한 것이다. 정부3.0 관리당국은 성과평가를 실시함으로써 개별 기관의 정부3.0 추진을 독려함과 동시에, 성과평가 과정에서 도출된 정보를 개별 기관에 환류하여 기관별 정부3.0 활동을 체계적으로 지원하고자 하였다. 한 걸음 더 나아가 정부3.0 관리당국은 거시적 관점에서 성과평가 결과를 활용하여 범정부적 정부3.0 추진전략을 지속적으로 고도화하고자 하였다.

3. 중앙행정기관 정부3.0 성과평가체계

중앙행정기관 정부3.0 성과평가는 크게 '추진역량'과 '중점과제 성과'의 두 개 영역으로 구성되어 있는데, 이러한 체계는 평가가 시행된 3년 동안 유지되었다. 여기서 주목할 점은 '추진역량'을 성과평가체계의 양대 축 중 하나로 설정한 점이다. 역량(capacity)을 성과(performance)의 핵심 결정요인으로 파악하는 현대 공공관리 연구의 관점에서 보면 '투명한 정부', '유능한 정부', '서비스 정부' 등 정부3.0 개별 중점과제 분야의 성과는 결국 기관의 정부3.0 추진역량에 크게 좌우된다. 이러한 관점을 바탕으로 정부3.0 관리당국은 추진역량을 성과평가체계의 한 축으로 설정하였고, 이를 통해 개별 기관의 추진역량 강화 노력을 유도하고자 하였다.

〈표 1〉은 연도별 평가체계에 관한 정보를 예시적으로 제공한다. 지표 구성, 영역별 · 지표별 가중치 배분 등 16년 평가체계에 관한 정보를 제시하는 〈표 1〉을 통해 해당 연도의 정부3.0 성과평가체계 운영의 방향을 파악할 수 있다.

표 1 2016년 중앙행정기관 정부3.0 성과평가체계

<table>
<tr><th>평가
항목</th><th>평가지표</th><th colspan="2">세부지표</th><th>지표유형
(배점)</th></tr>
<tr><td rowspan="6">추진
역량</td><td rowspan="4">정부3.0
변화관리
실적</td><td rowspan="3">정부3.0
홍보
실적</td><td>정부3.0 통합홍보 실적
– 정부3.0과제 언론보도 시, 정부3.0 전체적인 틀 안에서 통합 홍보한 사례</td><td>정량
(2점)</td></tr>
<tr><td>정부3.0 협업 홍보 참여실적
– 범부처 성과를 종합적으로 홍보하기 위한 각종 언론 · 오프라인 홍보활동</td><td>정량
(4점)</td></tr>
<tr><td>홍보우수사례
– 정부3.0 관련 정책 · 사업 · 서비스를 온·오프라인으로 홍보한 사례</td><td>정성
(3점)</td></tr>
<tr><td colspan="2">정부3.0 교육 실적
– 정부3.0 관련 자체교육 실적</td><td>정성
(6점)</td></tr>
<tr><td rowspan="2">정부3.0
확산노력
실적</td><td colspan="2">기관장 정부3.0 추진의지
– 기관장 주재 정부3.0 현장포럼, 성과공유 마당 및 우수사례 경진대회 등 정부3.0 자체 행사실적</td><td>정량
(2점)</td></tr>
<tr><td colspan="2">기관 차원의 노력도
– 부서 및 개인평가에 정부3.0을 반영한 정도</td><td>정성
(7점)</td></tr>
<tr><td rowspan="4">중점
과제
성과</td><td>국민 맞춤
서비스</td><td colspan="2">국민 맞춤 서비스 추진 사례
– 각 기관의 맞춤형 서비스 우수사례</td><td>정성
(24점)</td></tr>
<tr><td rowspan="2">국민 참여
프로세스
추진 실적</td><td colspan="2">정부3.0 국민디자인과제 추진실적
– 정부3.0 국민디자인과제 추진실적</td><td>정성
(4점)</td></tr>
<tr><td colspan="2">온 · 오프라인 국민참여 프로그램 운영실적
– 국민디자인과제 이외에 온·오프라인 국민참여 프로그램을 통하여 정책을 개선한 우수사례</td><td>정성
(4점)</td></tr>
<tr><td>공공서비스
목록
현행화</td><td colspan="2">목록 현행화율
– 정부가 국민에게 정확한 공공서비스를 적기에 제공하기 위한 기관의 목록 현행화 실적</td><td>정량
(4점)</td></tr>
</table>

<table>
<tr><td rowspan="7"></td><td rowspan="2">일하는 방식 혁신</td><td colspan="2">PC영상회의 활용실적
– 온나라 이음의 PC영상회의 실적을 정량평가, 업무 효율화 및 일하는 방식 개선 정도</td><td>정량 (6점)</td></tr>
<tr><td colspan="2">기관 내 일하는 방식 혁신사례 또는 기관 간 정보공유 · 협업 우수사례
– 일하는 방식 혁신사례, 정보공유 · 협업 주관사례, 정보공유 · 협업 조력 사례 중 1건을 제출하여 정성평가</td><td>정성 (9점)</td></tr>
<tr><td rowspan="3">원문정보 공개율 및 사전정보 공표 운영 실적</td><td colspan="2">원문정보 공개율
– 2016년 국장급 이상 문서 공개율</td><td>정량 (4점)</td></tr>
<tr><td rowspan="2">사전정보 공표 운영실적</td><td>사전정보공표게시 실적
– 정보공개포털에 연계 · 게시한 사전정보 공표 실적</td><td>정량 (2점)</td></tr>
<tr><td>공표정보 주기별 현행화 등 여부
– 주요 정보공표목록 5개(정보의 주기적 현행화, 정보목록별 게시판 설정여부, 홈페이지 공표정보 접근 및 검색 용이성) 고려</td><td>정성 (3점)</td></tr>
<tr><td rowspan="2">데이터 개방 및 민간 활용 지원 실적</td><td colspan="2">공공데이터 개방 및 활용 지원 사례
– 고수요 · 고가치 데이터 개방 추진 및 민간이용 활성화 지원 사례</td><td>정성 (12점)</td></tr>
<tr><td colspan="2">공공데이터 개방 품질 제고 사례
– 민간이 신규 서비스 개발에 즉시 활용할 수 있는 수준의 데이터 개방을 위한 품질 제고 노력도</td><td>정성 (4점)</td></tr>
</table>

4. 중앙행정기관 정부3.0 성과평가 운영체계

중앙행정기관 정부3.0 성과평가는 상위평가체계인 정부업무평가의 틀 속에서 실시되었다. 기관 단위의 평가인 정부업무평가는 크게 자체평가와 특정평가로 구분되는데, 정부3.0은 특정평가 내 기관공통 평가

항목으로 지정되었다. 특정평가는 국정의 통합적 관리가 주된 목적인 평가로서, 각 기관이 국정 차원에서 중요한 과제들을 얼마나 충실히 수행하였는지를 평가한다. 2014년을 기준으로 보면 특정평가는 크게 4개 부문(국정과제, 규제개혁, 비정상의 정상화 과제, 기관공통)으로 구성되어 있으며, 정부3.0은 기관공통 부문에 포함되어 가점 형식으로 운영되었다. 특정평가에 있어 정부3.0 평가가 차지하는 비중은 아래 표에서 확인할 수 있다. 평가 첫 해인 2014년에는 정부3.0 평가 결과에 따라 기관의 최종 특정평가 점수(100점 만점)가 최대 3점 상승 또는 하락할 수 있었고, 2015년과 2016년에는 그 중요성이 증가하여 정부3.0 평가 결과가 기관의 최종 특정평가 점수에 미칠 수 있는 점수가 최대

표 2» 정부업무평가 특정평가 영역(2014~16년)

<table>
<tr><th colspan="3">2014년</th><th colspan="2">2015년</th><th colspan="2">2016년</th></tr>
<tr><th colspan="2">평가 부문</th><th>배점</th><th>평가 부문</th><th>배점</th><th>평가 부문</th><th>배점</th></tr>
<tr><td colspan="2">국정과제</td><td>50</td><td>국정과제</td><td>50</td><td>국정과제</td><td>50</td></tr>
<tr><td colspan="2">규제개혁</td><td>25</td><td>규제개혁</td><td>20</td><td>규제개혁</td><td>20</td></tr>
<tr><td colspan="2">비정상의
정상화과제</td><td>25</td><td>비정상의
정상화과제</td><td>10</td><td>비정상의
정상화과제</td><td>10</td></tr>
<tr><td colspan="3"></td><td>정책홍보</td><td>20</td><td>정책홍보</td><td>20</td></tr>
<tr><td rowspan="6">기관공통</td><td>홍보</td><td>±5</td><td colspan="4"></td></tr>
<tr><td>정부3.0</td><td>±3</td><td>정부3.0</td><td>±5</td><td>정부3.0</td><td>±5</td></tr>
<tr><td>협업</td><td>±3</td><td>협업</td><td>±3</td><td colspan="2"></td></tr>
<tr><td>대국민업무태도</td><td>±2</td><td colspan="4"></td></tr>
<tr><td>특정시책</td><td>±2</td><td>특정시책</td><td>±2</td><td>특정시책</td><td>±2</td></tr>
<tr><td colspan="4"></td><td>성과관리</td><td>±3</td></tr>
</table>

5점으로 상승하였다.

정부3.0 평가는 「정부업무평가기본법」에 의거, 정부조직 혁신 관련 업무의 평가를 담당하는 행정자치부(2014년은 안전행정부)가 주관하였고, 그 실행은 민간전문가들로 구성된 정부3.0평가지원단을 통해 이루어졌다. 평가지원단 내에 중앙행정분과위원회가 중앙행정기관 평가를 전담하였는데, 평가 고도화에 대한 요구에 맞춰 매년 그 규모가 증가하였다(2014년 17명, 2015년 28명, 2016년 36명). 정부3.0 평가지원단은 학계, 산업계, 연구원 등 외부 민간전문가로 구성되었고, 평가단장(1인)은 평가위원 중에서 선임되었다. 한편 행자부(14년은 안행부) 창조정부기획과가 평가지원반 역할을 담당하여 평가지원단이 평가 활동을 원활하게 수행할 수 있도록 지원하였다.

평가는 연말에 성과평가 기준에 맞춰 각 기관이 제출한 실적을 바탕으로 실시되었다. 평가의 공정성과 일관성을 위해 기관 단위가 아닌 지표(사례)별로 평가위원을 배정하는 방식을 활용하였다. 평가는 서면심사중심으로 진행(필요 시 현장실사 일부 진행)되었고, 민간전문가로 구성된 정부3.0 평가단이 1차적으로 정량 · 정성 평가를 병행 실시하였다. 평가단은 평가 해당 연도 12월에서 1월에 걸치는 약 한 달 동안의 기간 동안 활동하였다. 최종 결과보고서는 국무조정실에 제출하여 정부업무평가위원회가 최종 심의하는 형식을 취하였다.

평가 결과의 활용은 크게 세 가지 방향으로 이루어졌다. 정부3.0 성과평가는 특정평가 중 기관공통 부문의 평가항목인 만큼 먼저 정부업무평가 결과에 반영되었다. 평가 결과는 3~5점 수준에서 정부업무평가 최종 점수에 가점 또는 감점 형태로 적용되었다. 또한 평가 결과를 바탕으로 우수기관 및 관계자 대상 포상 등 인센티브가 부여되었다. 이러한 평가 결과는 언론을 통해 공개하였는데, 장관급 기관과 차관급 기관을 구분하여 유형별로 '우수', '보통', '미흡' 기관 명단을 공개하는 방식으로 이루어졌다. 마지막으로 평가 결과는 정부3.0 미흡 기관 지원을 위한 컨설팅 대상 선정에 활용되었다. 미흡으로 분류된 기관들에 대해 민간전문가 컨설팅을 제공함으로써 해당 기관들이 향후 정부3.0 활동을 보다 효과적으로 추진하는 데 필요한 역량을 체계적으로 보강하도록 지원하는 데 그 목적이 있었다. 한편 정부3.0 관리당국은 해당 연도 평가 결과를 차년도 정부3.0 추진전략을 수정하는 데 활용하였고, 이러한 전략상의 변화는 차년도 평가지표 구성에 반영되었다.

III. 중앙행정기관 정부3.0 성과평가에 대한 비판적 검토

1. 정부3.0 성과평가의 효과성 평가: 세 가지 관점을 중심으로

성과평가의 목적은 크게 세 가지이다. 첫 번째는 '통제 및 조정'이다. 이 목적을 정부3.0 성과평가에 적용하면 정부3.0 성과평가는 평가를 받는 기관들이 범정부적 방침에 부합하는 방향으로 정부3.0 활동을 적극적으로 수행할 수 있도록 설계 · 운영되는 것이 무엇보다 중요하다. 두 번째는 '학습'이다. 학습은 궁극적으로 '개선'을 지향한다. 이 목적은 '누구를 위한 학습인가(learning for whom)'라는 질문을 중심으로 다시 두 가지로 나누어 접근할 수 있다. 먼저 '개별 기관'을 위한 학습이다. 개별 기관에 대한 정부3.0 성과평가 과정을 통해 생성되는 평가정보는 해당 기관이 정부3.0 활동을 개선 또는 고도화하는 데 활용될 수 있어야 한다. 다음은 '관리당국'을 위한 학습이다. 기관별 평가 결과를 종합한 전체 평가 결과는 정부3.0 관리당국으로 하여금 거시적 관점에서 범정부적 추진전략을 비판적으로 점검하고 보다 효과적인 추진전략을 수립하는 데 기여할 수 있어야 한다. 아울러 성과평가 과정에서 생성된 다양한 환류 정보는 평가체계를 정비하고 개선하는 데 유용하게 활용되어야 한다. 성과평가의 세 번째 목적은 '책임성' 확보이다. 이 목적에 의하면 정부3.0 성과평가는 정부3.0 추진의 성과를 주요 이해관계자들에게 적절히 '설명'하는 데 활용가능해야 한다. 정부3.0 당국은 많은 자원과 노력이 투입된 정부3.0이 실제로 어떠한 가치를 창출하였는지 대통령, 국회, 그리고 국민에게 충분히 설명할 수 있어야 한다.

성과평가의 효과성은 이러한 세 가지 목적을 중심으로 논의할 수 있다. 가장 이상적인 성과평가체계는 '통제 및 조정'을 용이하게 하고, '학습'을 촉진하여 지속적인 '개선'이 가능하도록 하며, 더 나아가 '민주적 책임성' 확보에 기여할 수 있는 성과정보를 체계적으로 생산하고, 이의 활용을 극대화하는 방향으로 설계 · 운영된다. 그렇다면 이러한 이상적 성과평가의 관점에서 볼 때 중앙행정기관 정부3.0 성과평가의 효과성은 어느 정도인가?

가. 통제 및 조정의 관점

먼저 '통제 및 조정'의 관점에서 볼 때 중앙행정기관 정부3.0 성과평가는 그 효과성이 어느 정도 인정된다. 기본적으로 정부3.0 성과평가체계는 '통제 및 조정'의 관점을 중심으로 설계 · 운영되었다는 점에 주목할 필요가 있다. 정부3.0은 범정부적 차원의 국정과제로서 모든 기관의 적극적 참여와 협조가 담보될 때에만 성공적 추진이 가능하다는 성격을 갖는다. 그러나 정부3.0 활동이 개별 기관에 부과하는 '비용'과

'편익'의 특성을 고려할 때, 이는 결코 용이하지만은 않은 것이 현실이다. 개별 기관의 입장에서 볼 때 정부3.0은 비용은 직접 부담해야 하는 반면, 편익은 기관에 직접적으로 귀속되지 않는다는 특징을 갖는다. 편익이 직접 귀속된다 하더라도 정부3.0 추진으로 인해 발생하는 비용은 즉각적인 반면, 이로 인해 기관에 귀속되는 편익의 발생은 보다 오랜 시일이 소요되는 것이 일반적이다. 따라서 이러한 비용-편익 구조에도 불구하고 개별 기관들이 정부3.0 추진을 위해 충분한 자원과 노력을 투입하도록 유인하기 위해서는 '통제 및 조정'의 관점이 성과평가체계 운영에 강하게 반영될 필요가 있는 것이다.

이와 관련하여 정부3.0 성과평가는 '정부업무평가'라는 상위제도의 틀 속에서 포함·운영된 점에 주목할 필요가 있다. 정부3.0이 특정평가의 한 항목으로 「정부업무평가기본법」에 따른 기관평가에 포함된 것은 기관들의 정부3.0 성과평가에 대한 민감도를 제고한다는 점에서 긍정적으로 평가가능하다. 〈표 2〉에서 확인할 수 있듯이 정부3.0 성과평가 결과는 가점 형태로 운영되었는데, 그 결과에 따라 기관의 정부업무평가 최종 점수가 최대 5점까지 높아지거나 낮아질 수 있었다. 한 해 동안의 기관 성과를 종합적으로 평가하는 정부업무평가에서 높은 평가를 받아야 하는 중앙행정기관의 입장에서는 이와 직접적으로 연계되어 있는 정부3.0 성과평가가 갖는 중요성은 결코 작지 않았다. 따라서 정부3.0 성과평가는 개별 기관에게 범정부 과제로서의 정부3.0을 적극적으로 추진할 비교적 강한 유인으로 작용할 수 있었던 것이다.

이와 동시에 보다 미시적으로는 성과평가체계의 설계와 운영에 주목할 필요가 있다. 정부3.0 성과평가는 개별 기관들로 하여금 정부3.0에 보다 많은 자원과 노력을 투입하도록 유도하는 지표가 다수 포함되도록 설계·운영되어 왔다. 가령 정부3.0 관리당국은 '추진역량'을 양대 성과평가 영역의 하나로 설정하였는데, 이 영역을 기관의 정부3.0 추진 노력 정도를 정량적 · 정성적으로 측정할 수 있는 평가지표들로 구성하고 매년 높은 가중치를 부여하여 관리하였다. 지난 3년 동안의 성과평가 결과는 '추진역량'에 있어 실적이 지속적으로 향상되었음을 보여주고 있는데, 이러한 예를 통해 중앙행정기관 정부3.0 성과평가는 '통제 및 조정'의 관점에서 비교적 효과적으로 작동하였음을 확인할 수 있다.

나. 학습의 관점

한편 '학습'의 관점에서 본다면 중앙행정기관 정부3.0 성과평가의 효과성은 상반되는 평가가 동시에 이루어질 수 있다. 앞서 언급한 대로 학습은 '누구를 위한 학습인가'의 관점에서 크게 '개별 기관을 위한 학습'과 '총괄기관(또는 관리기관)을 위한 학습'으로 구분 가능하다. 먼저 후자를 중심으로 볼 때 정부3.0 성과평가체계는 거시적 차원에서 정부3.0 추진전략을 점검 · 정비 · 개선하는 데 일정 부분 기여할 수 있는 여지가 존재하였다. 가령 정부3.0 관리당국은 지표별로 범정부적 실적을 분석하여 향후 어떤 평가영역을 강화할 것인지, 어떤 평가항목을 추가, 삭제 또는 변경할 것인지에 대한 전략적 판단이 가능한 부분이 존재한다. 실제로 총괄기관은 성과평가 결과를 바탕으로 보다 효과적인 추진전략 수립을 위한 시사점을 도출하고, 이를 차년도 성과평가체계에 일정 부분 반영하여 왔다.

반면 '개별 기관을 위한 학습'과 관련하여 정부3.0 성과평가체계는 그 효용성이 상당히 제한적이다. 이는 무엇보다도 정부3.0 성과평가체계가 관리당국을 1차 고객집단으로 설정하여 설계되었다는 점에서 명확해진다. 성과평가체계를 설계함에 있어 또 다른 고객집단인 개별 기관의 관점은 매우 제한적 수준에서만 반영되어 있다. 정부3.0 성과지표체계는 '추진역량'과 '중점과제 성과'의 양대 영역으로 구성되어 있는데, 각 영역은 정부3.0 총괄기관(또는 관리기관)의 중점 추진사항에 대한 이행 정도를 측정하는 성과지표가 주를 이루는 등 '통제와 조정' 관점에 지나치게 강조되었던 측면이 존재한다. 가령 16년 중앙행정기관 성과평가체계를 살펴보면, '추진역량' 영역에는 정부3.0 홍보를 얼마나 적극적으로 실행했는지를 측정하는 성과지표가 포함되어 있다. '중점과제 성과' 영역에서는 공공서비스 목록 현행화 실적을 점검하는 성과지표와 PC영상회의 활용실적을 점검하는 성과지표가 함께 존재한다. 이러한 지표들은 모두 '순응(compliance)' 정도에 관한 정보만 생산 가능하도록 설계되어 있다. 따라서 이들을 통해 측정 · 환류되는 성과정보는 평가대상인 개별 기관의 입장에서 볼 때 그 유용성이 대단히 제한적일 수밖에 없다. 정부3.0은 복잡성과 다차원성을 특징으로 하는 대규모 변화 노력이다. '순응(compliance)' 정도만 확인가능한 단선적 지표가 주를 이루는 성과평가체계로는 정부3.0 활동의 개선과 고도화를 지속적으로 추진하기 어려웠던 것이 현실이다.

연장선상에서 이러한 문제점은 '정부3.0 컨설팅'의 효용성과 연계하여 논의할 필요가 있다. 정부3.0 성과평가체계에 있어 가장 중요한 특징 중 하나는 컨설팅 서비스 제공인데, 성과평가 결과 '미흡기관'으로 분류된 기관을 대상으로 실시하였다. 아울러 정부3.0 고도화를 위해 컨설팅을 희망하는 기관에 대해서도 해당 서비스를 제공하였다. 성과평과 결과가 미흡한 기관에 대해 정부3.0 전문가를 파견하여 해당 기관의 성과 개선을 체계적으로 지원한다는 것은 매우 적극적인 환류 활동으로 평가할 수 있으며, '학습'의 관점에서 그 바람직성이 인정된다. 희망 기관에 대해서도 동일한 서비스를 제공하는 것 역시 마찬가지다. 다만 여기서 문제가 되는 것은 이러한 컨설팅 활동이 매우 제한적 수준에서만 이루어졌다는 것이다. 이 문제는 운영의 문제와도 연관되어 있으나, 가장 근본적인 원인은 컨설팅과 성과평가체계 간 연계성이 취약하다는 데에서 찾을 수 있다. 물론 성과평가 결과 미흡한 것으로 분류된 기관이 컨설팅을 받도록 되어 있다는 점에서 양자 간 연계성이 존재한다. 그러나 이렇게 컨설팅 서비스 적용 대상을 식별하는 것 외에는, 정부3.0 성과관리체계는 성과 미흡의 근원적 원인을 파악하고 효과적 처방을 내리는 데 필요한 심층적 정보를 컨설팅 과정에 적절히 제공해 주는 데 한계가 있었다. '정부3.0 컨설팅'은 정부3.0 성과평가체계의 주요 강점 중 하나라고 할 수 있으나, 그 가치를 최대한 실현하기 위해서는 '학습을 통한 개선'의 관점이 보다 체계적으로 반영될 필요가 있었다.

다. 책임성의 관점

마지막으로 '책임성' 관점에서 볼 때 중앙행정기관 정부3.0 성과평가는 개선의 여지가 상당하다고 할 수 있다. 책임성은 주요 이해관계자들에게 정부3.0의 성과를 적절히 '설명'할 수 있을 때 확보된다. 정부3.0 당국은 평가가 수행된 3년 동안 평가 결과를 지극히 제한적 수준에서만 공개 · 발표하였다. 우수, 보통, 미흡 등 평가등급을 기준으로 각 등급에 어떤 기관이 포함되었는지 여부만이 간략히 공개되어 왔다. 평가항목별로, 평가지표별로 각 기관이 어떤 성과를 거두었는지에 대한 정보는 공개되지 않았다. 정부3.0은 범정부적으로 많은 인적 · 물적 자원을 투입하여 추진한 국정과제이다. 따라서 범정부적으로 정부3.0이 어떠한 성과를 거두었는지, 개별 기관은 주요 평가항목별로 어떠한 수준의 실적을 달성하였는지 등에 대한 상세한 설명이 적시에 제공될 필요가 있다. 그리고 이는 가능하면 '성과보고서'의 형태를 취하는 것이 바람직하다. 정부3.0 성과평가는 성과정보를 매우 제한적 수준으로만 제공하고 소극적으로 소통하였다는 점을 고려할 때, 최소한 책임성의 관점에서 비판의 여지가 상당하다. 더 나아가 정부3.0이 표방하는 '투명한 정부'에 부합하지 못함으로써 정부3.0 관리당국 스스로 정부3.0에 대한 회의감을 불러일으키는 데 일조하였다는 지적도 가능하다.

표 3» 정부3.0 성과평가 결과의 공개

	보도자료 분량(쪽)	성과보고서 발간여부
2014년	4	×
2015년	6	×
2016년	7	×

2. 성공적 행정개혁을 위한 시사점

중앙행정기관 정부3.0 성과평가를 다년간 운영한 경험은 향후 정부3.0과 유사한 개혁활동을 추진함에 있어서 몇 가지 중요한 시사점을 제공한다.

첫째, 개별 기관의 역량과 의지가 무엇보다 중요하다. 여타 범정부적 개혁 노력과 마찬가지로 정부3.0의 성패는 결국 개별 기관의 성과에 실질적으로 좌우되었다. 정부3.0에 대한 올바른 이해를 바탕으로 정부3.0을 현실 행정 속에서 구현할 수 있는 능력을 갖춘 기관, 그리고 현실적 어려움에도 불구하고 정부3.0을 적극적으로 실천하려는 의지가 강한 기관이 다수를 이룰 때 범정부적 차원의 성공적 추진을 기대할 수 있었던 것이다. 정부3.0 성과평가 결과를 살펴보면 지속적으로 '우수' 평가를 받은 기관들이 존재함을 확인할 수 있는데, 이들은 높은 수준의 추진역량과 의지를 갖추었다는 공통의 특징을 갖는다.[3] 보다 구체적으로 살펴보면 이들은 다른 기관들과 비교할 때 정부3.0에 보다 높은 수준의 투자를 하였음을 알 수 있다. 대부분의 우수기관들은 기관의 유능한 인적 자원을 정부3.0 업무에 투입하고, 이들이 정부3.0 업무를 보다 성공적으로 추진할 수 있는 환경을 조성하는 데 적극적이었던 것으로 나타났다. 아울러 상당수 우수기관들이 정부3.0 추진역량 고도화를 위해 외부의 전문지식을 매우 적극적으로 동원하였다는 점도 주목할 필요가 있다. 정부3.0의 다차원성과 복잡성을 고려할 때 외부 전문가의 전문적 조언과 아이디어는 정부3.0을 보다 효율적이고 효과적으로 추진하는 데 있어 유의미한 지적 기반으로 작용할 수 있었다. 정부3.0에 있어 두각을 나타내는 중앙행정기관들은 정부3.0을 추진함에 있어 내부적으로 어떤 지식과 노하우가 부족한지를 정확히 진단하고, 그 결과를 바탕으로 외부에서 전문적 조언을 구하는 등 역량 강화 활동을 보다 체계적으로 수행하는 경향을 보였다.

정부3.0 성과평가체계는 이러한 역량과 의지의 중요성을 어느 정도 반영하고 있다. 이 평가체계는 '추진역량'을 양대 평가영역 중 하나로 설정하고, 기관별 정부3.0 추진역량 강화 노력과 추진 의지를 측정하는 평가지표를 포함하였다. 그러나 '추진역량' 평가영역을 보다 상세히 살펴볼 경우 개선의 여지가 상당함을 어렵지 않게 확인할 수 있다. 앞서 논의한 바와 같이 정부3.0은 '대규모 변화노력'으로서 그 성공적 추진을 위해서는 체계적인 변화관리(change management) 전략이 요구되고, 이러한 전략은 평가지표의 구성과 설계에 정치하게 반영되어야 한

3 중앙행정기관의 경우 부 단위에서는 농림축산식품부와 행정자치부가, 처 단위에서는 관세청, 산림청, 농촌진흥청, 그리고 경찰청이 평가가 이루어진 3년(2014~16년) 동안 정부3.0 우수기관으로 선정되었다.

다. 아울러 정부3.0을 추진하는 과정에서 발생한 학습을 토대로 소위 핵심 성공요인들(CSF: critical success factors)을 식별하고, 이들을 신규 지표로 개발하여 기존 성과평가체계에 반영하는 등의 적극적 노력이 요구된다. 그러나 가장 최근인 2016년 평가체계를 살펴보면(〈표 1〉 참조), 지표 구성이 단순할 뿐만 아니라 다년간의 정부3.0 추진 경험이 성과지표 구성과 지표설계 등에 체계적으로 반영되었는지 여부도 다소 불분명하다. 주어진 성과지표로는 앞서 언급한 '우수기관'들 간에 존재하는 공통적 특징을 적절히 파악하기 힘든 것이 현실이다. 가령 정부3.0 추진역량 제고를 위해 개별 기관이 수행한 분석 활동의 체계성, 외부 전문지식 활용의 전략성 등에 대한 평가는 현재의 평가체계 속에서는 확인할 수 없다. 이러한 문제의식을 바탕으로 '추진역량' 영역 평가를 보다 정교하게 정비 · 보강하는 작업은 향후에 전개될 행정개혁 성과평가의 실효성 제고에 기여할 수 있을 것이다.

둘째, 앞서 논의된 개별 기관의 역량과 의지의 중요성을 고려할 때, 기관 행정개혁 관리 담당자들에 대한 체계적 지원이 중요하다. 범정부적 차원에서 정부3.0이 성공적으로 추진되기 위해서는 무엇보다도 개별 기관 스스로 필요 역량을 확보하고 강화하는 노력을 전개할 필요가 있었다. 그러나 기관에 따라서는 이러한 역량을 스스로 갖춘다는 것이 상당히 어려운 경우도 존재하였던 것이 현실이다. 기관별로 정부3.0에 투입할 수 있는 인적 · 물적 자원의 수준이 달랐고, 관련 경험에 있어서도 기관 간 격차가 상당했다. 따라서 향후 유사한 행정개혁을 전개함에 있어서 모든 기관들이 스스로 모든 관련 역량을 확보할 수 있을 것이라는 기대는 매우 비현실적이라고 할 수 있다. 기관 간 존재하는 역량의 차이를 엄연한 현실로 받아들이고 역량 향상을 위한 지원 전략을 세울 필요가 있는 것이다.

이러한 면에서 정부3.0 성과 미흡기관으로 분류된 기관들로 하여금 반드시 컨설팅을 받도록 한 방침 그 자체는 그 바람직성이 인정된다. 정부3.0의 성공적 추진을 위해 당국은 민간전문가들로 구성된 컨설팅단을 구성하여 운영하였다. 컨설팅 서비스를 통해 미흡기관으로 하여금 역량 강화에 기여할 수 있는 정보를 획득하도록 지원하는 것이 컨설팅단 운영의 목적이었다. 아울러 미흡기관이 아니더라도 컨설팅을 희망하는 기관에게도 컨설팅 서비스를 제공하였는데, 이는 범정부적 역량 강화의 관점에서 긍정적으로 평가된다. 그러나 앞서 언급한 대로 정부3.0 컨설팅 서비스는 그 효과가 제한적이었다. 성과평가를 통해 도출되는 성과정보가 제한적이었을 뿐만 아니라, 그나마도 이러한 성과정보가 컨설팅 과정에 유기적으로 연계되어 활용되지 못하고 있는 상황이 지속되었다. 여기에 더해 예산상의 제약 등 컨설팅단 운영상의 한계로 인해 컨설팅 서비스의 양과 질 모두 이상적인 수준에 미치지 못하였던 것이 현실이다. 컨설팅단 운영은 정부3.0 운영에 있어 매우 중요한 특징이며, 제대로 운영될 경우 정부개혁에 관한 일종의 수범사례(best practice)로 꼽힐 수 있는 잠재적 가치가 충분히 존재하였다. 향후의 행정개혁은 성과평가 결과가 컨설팅 과정에서 보다 체계적으로 활용될 수 있도록 성과평가체계와 컨설팅 과정을 고도화하는 노력이 요구된다. 아울러 컨설팅단 운영의 실효성을 제고하기 위해서는 보다 높은 수준의 자원을 투입할 필요가 있다. 한편 2016년에는 정부3.0 컨설팅 만족도조사가 실시되었는데, 이는 컨설팅단 운영의 효과성 제고를 위한 체계적 관리 노력의 일환으로 평가된다.

셋째, 역량 강화를 지원함에 있어 '상호학습'과 '협업'의 관점을 강조할 필요가 있다. 앞서 언급한 대로 정부3.0 당국은 각 기관의 정부3.0 역량을 제고하기 위한 노력을 전개해 왔는데, 이러한 노력은 정부3.0 관리당국의 관점에서 지원 대상을 선정하여 지원을 제공해 주는 '수직적' 방식에 크게 의존하였다. 이러한 방식은 미흡기관의 역량을 제고하는 데 어느 정도 기여할 수 있었으나, 그 이상의 효과, 즉 범정부적 수준에서 역량을 향상시키는 데에는 그 효과가 제한적이었다. 범정부적으로 역량 강화를 추진하기 위해서는 보다 많은 기관들에게 유의미한 상호 학습의 장을 제공하는 것이 중요하며, 이는 모든 기관의 참여가 가능한 '수평적' 구조의 필요성을 시사한다. 각 기관의 정부3.0 담당자들이 함께 모여 정부3.0을 추진하는 과정에서 당면하는 문제점들에 대해 토론하고 해결책을 공동으로 모색할 수 있는 수평적 학습의 장, 가령 '정부3.0 네트워크'와 같은 수평적 참여 구조를 생각해 볼 수 있다. 당국이 이러한 수평적 참여 구조를 정부3.0 시행 초기부터 마련하여 운영하였다면, 비단 개별 기관 수준에서뿐만 아니라 범정부적 수준에서도 보다 효과적이고 고도화된 정부3.0 운영이 가능했을 것이다.

다만 여기에서 중요한 것은 이러한 네트워크가 개별 기관의 역량 강화와 더불어 범정부적 역량 강화에 기여할 수 있기 위해서는 이들 네트워크에 대한 체계적 관리가 중요하다. 이와 관련하여 향후 전개될 행정개혁 관리당국은 다양한 수준에서 개혁 네트워크를 구축하는 데 주도적 역할을 담당할 필요가 있다. 네트워크가 형성되어 본격적으로 운영되는 단계에 이르러서는 네트워크가 실효성 있는 활동을 할 수 있도록 적극적인 지원자 역할을 수행하는 것이 요구된다. 가령 네트워크 참여자들 간 상호 학습을 지원하기 위해 성과평가 과정에서 도출된 다양한 정보를 제공하는 등 보다 적극적이고 체계적인 지원활동을 수행할 필요가 있다. 이러한 역할은 우수사례 경진대회 등을 통해 다양한 수범사례들을 발굴하여 이들을 사례집을 통해 소개하거나, 표준화된 매뉴얼을 개발하여 배포하는 등 통상적인 수준을 넘어서는 것이다. 향후 전개될 유사한 행정개혁의 관리당국은 기존의 일방향적 또는 수직적 방식을 넘어, 이러한 새로운 역할을 성공적으로 수행하기 위해서는 어떠한 관리적 노력이 요구되는지 개혁 시행 이전부터 충분히 깊게 고민할 필요가 있다.

넷째, 평가자 관리 고도화 노력이 요구된다. 성과평가의 품질은 평가자의 평가역량에 크게 의존한다. 정부3.0 성과평가는 외부전문가로 구성된 평가단에 의하여 수행되었다. 이는 평가의 객관성을 확보하고 평가 결과에 대한 수용가능성을 제고할 수 있다는 점에서 그 바람직성이 인정된다. 관련 지식과 경험을 갖춘 유능한 외부전문가들을 발굴, 섭외하여 이들로 하여금 필요한 시기에 평가활동을 수행하도록 하는 것은 매우 도전적인 과제이다. 이를 고려할 때 매년 대규모의 평가단을 적기에 구성, 비교적 짧은 기간 내에 평가를 실시한 점은 효율성 관점에서 높이 평가할 수 있다. 다만 효과성 관점, 특히 피평가기관을 위한 '학습과 개선'의 관점에서 볼 때 개선의 여지 또한 존재한다. 어느 한 평가자를 통해 생성된 평가정보가 피평가기관에 환류되어 학습을 촉진하고 궁극적으로 개선에 기여하기 위해서는 두 가지 조건이 충족되어야 한다. 첫째, 해당 평가자는 담당 분야에 대한 충분한 지식을 갖추고 있어야 한다. 정부3.0에 관한 전문적 지식과 더불어 공공부문 거버넌스에 관한 심층적 이해를 갖추어야 한다. 둘째, 평가에 관한 충분한 배경지식이 요구된다. 평가에 대한 충분한 이해가 부족할 경우에는 해당 분야에 대한 전문성이 평가과정에 적절히 반영되기 어렵다. 정부3.0 평가단은 양자를 모두 충족시키는 평가위원들이 다수를 이루었던 것으로 판단되나, 해당 분야에 대한 전문성이 다소 부족하거나 평가에 대한 이해가 충분하지 못한 경우도 일부 존재했던 것으로 판단된다. 이는 평가위원 선정과 평가위원 교육에 있어 보다 체계적인 관리가 필요함을 시사한다. 특히 후자와 관련하여 형식적 수준의 집체교육을 넘어 보다 실효성 있는 교육방식에 대한 고민이 요구된다.

마지막으로 장기적 관점의 과제도 함께 논의할 필요가 있다. 이와 관련하여 무엇보다 우선적으로 관심이 요구되는 것은 보다 생산적인 평가를 위한 '평가생태계' 조성이다. 평가생태계는 기본적으로 평가당국, 피평가기관, 평가자로 구성된다. 건강한 생태계는 각 주체가 상호 이익에 부합하는 방식으로 가치를 창출한다. 이러한 생태계는 개별 주체의 발전에 기여하며, 개별 주체는 타 주체, 더 나아가 전체 생태계의 발전에 기여하는 방식으로 활동한다. 그렇다면 정부3.0 평가생태계는 이러한 기준에 부합하였는가? 이와 관련하여 다음과 같은 추가적 질문이 제기될 수 있다. 정부3.0 성과평가를 통해 산출되는 성과정보는 피평가기관에 얼마나 도움이 되었는가? 피평가기관은 정부3.0 성과평가 과정의 가치 극대화를 위해 어떠한 노력을 기울였는가? 그리고 그러한 노력은 충분하였는가? 정부3.0 성과평가는 성과평가 운영에 필요한 양질의 인적 자원을 충분히 확보하여 운영되었는가? 정부3.0 성과평가에 참여함으로써 외부 평가자들이 얻을 수 있는 것은 무엇이었으며, 이는 이들의 관점에서 충분히 가치 있었다고 할 수 있는가? 평가자들이 평가 과정에서 창출하는 가치는 어느 정도였는가? 많은 자원과 노력이 투입되는 정부3.0 성과평가를 운영하면서 정부3.0 관리당국이 얻은 것은 무엇이며, 이는 효율성의 관점에서 정당화가 가능한가? 이러한 질문에 대한 답을 구하는 과정은 정부3.0 성과평가의 문제점을 파악하는 데 기여할 수 있다. 아마도 각 주체가 성과평가 과정에서 얻을 수 있는 가치가 제한적이었으며, 각 주체가 성과평가의 가치 극대화를 위해 충분한 노력을 기울일 유인이 충분하지 않았다는 것이 가장 현실적인 진단일 것이다. 정부3.0 성과평가에 대한 전반적 점검은 평가 생태계에 관한 근본적 성찰에서부터 시작해야 하며, 이러한 성찰의 과정은 향후 예상되는 유사한 행정개혁에 대한 성과평가에 유의미한 시사점을 제공할 수 있을 것이다.

같이 생각해 볼 문제

1. 정부3.0 성과평가체계를 운영하는 3년 동안 평가영역 간 가중치 배분, 평가영역별 평가지표 구성에 있어 매년 변동이 발생하였다. 이러한 변동의 원인 또는 동기는 무엇이라고 생각하는가?
2. '바람직한 성과평가'의 관점에서 볼 때 연도별 성과평가체계에 어떠한 문제점들이 존재하는가? 다음의 자료를 참고하라.
   안전행정부. (2014). 2014년 중앙행정기관 정부3.0 평가 시행계획.
   행정자치부. (2015). 2015년 중앙행정기관 정부3.0 평가 시행계획.
   행정자치부. (2016). 2016년 중앙행정기관 정부3.0 평가 시행계획.
   정부3.0 추진위원회 · 행정자치부. (2017). 정부3.0 백서
3. 노무현 정부(2003~2008년)는 '정부혁신'을 범정부적 행정개혁 과제로 추진한 바 있다. 정부혁신 성과평가체계에 대해 조사하고, 이 장에서 학습한 정부3.0 성과평가체계와 비교하시오. 성과평가의 세 가지 관점(① 통제 및 조정, ② 학습, ③ 책임성)에서 볼 때, 양자 간 어떠한 유사점과 차이점이 있는가? 다음의 자료를 참고하라.
   국정홍보처.(2008). 참여정부 국정운영백서 7: 정부혁신.
   정부3.0추진위원회 · 행정자치부.(2017). 정부3.0 백서.
4. 이 장은 정부3.0 성과평가에 대한 비판적 분석을 통해 보다 바람직한 행정개혁 성과평가를 위한 일련의 시사점을 도출하였다. 이러한 시사점들을 중심으로 문재인 정부 '정부혁신' 성과평가체계와 그 운영 실태를 점검 · 평가하시오. 다음의 자료를 참고하라.
   관계부처합동.(2018). '국민이 주인인 정부'를 실현하는 정부혁신 종합 추진계획.

참/고/문/헌

서상목. (2013). 「웰페어 노믹스: 지속사능한 자본주의와 복지국가의 길」. 서울: 북코리아.

이종수. (2013). 「새 행정개혁론」. 서울: 대영문화사.

찾아보기

ㅇ

[저자소개]

나태준
연세대학교 행정학과 졸업
미국 인디애나대학교 행정학 박사
한국국정관리학회 회장
연세대학교 행정학과 교수

문명재
연세대학교 정치외교학과 졸업
미국 시라큐스대학교 행정학 박사
연세대학교 미래정부연구센터 소장
연세대학교 행정학과 교수

배현회
연세대학교 도시공학과 졸업
미국 시라큐스대학교 행정학 박사
미국 노스캐롤라이나주립대 행정학과 조교수
연세대학교 행정학과 부교수

양재진
연세대학교 행정학과 졸업
미국 럿거스 대학교 정치학 박사
연세대학교 복지국가연구센터 소장
연세대학교 행정학과 교수

엄태호
연세대학교 경영학과 졸업
미국 시라큐스대학교 행정학 박사
연세대학교 입학처장
연세대학교 행정학과 교수

유상엽
고려대학교 학사 (영문학/행정학 전공)
미국 카네기멜론대학교 정책학 석사
미국 조지아대학교 행정학 박사
연세대학교 행정학과 조교수

이삼열
연세대학교 행정학과 졸업
미국 카네기멜론대학교 정책학 박사
정보통신정책연구원 책임연구원
연세대학교 행정학과 교수

이정욱
연세대학교 행정학과 졸업
미국 조지아대학교 행정학 박사
미국 일리노이대학교 행정학과 조교수
연세대학교 학부대학 부학장

이종수
연세대학교 행정학과 졸업
영국 Sheffield University 박사
행정안전부 자문위원장
연세대학교 행정학과 교수

장용석
연세대학교 사회학과 졸업
스탠포드대학교 사회학 박사
연세대학교 고등교육혁신원 부원장
연세대학교 행정학과 교수

정철현
연세대학교 행정학과 졸업
미국 뉴욕대학교 와그너대학원 행정학 박사
한국문화정보원 자문위원
연세대학교 행정학과 교수

정헌주
고려대학교 독어독문학과 졸업
미국 펜실베니아대학교 정치학 박사
연세대학교 항공우주전략연구원 안보전략 센터장
연세대학교 행정학과 부교수

조윤직
연세대학교 행정학과 졸업
미국 인디애나대학교 행정학 박사
연세대학교 사회과학연구소장
연세대학교 행정학과 교수

최영준
연세대학교 사회복지학과 졸업
영국 바스대학교 사회정책학 박사
연세대학교 행정대학원 공공정책전공 주임교수
연세대학교 행정학과 부교수

하연섭
연세대학교 행정학과 졸업
미국 인디애나대학교 정책학 박사
연세대학교 행정대학원장
연세대학교 행정학과 교수

홍순만
연세대학교 경영학과 졸업
미국 하버드대학교 정책학 박사
연세대학교 행정대학원 부원장
연세대학교 행정학과 부교수

한국 사회와 한국 행정

– 새로운 도전과 정부의 역할 –

초판 1쇄 인쇄 | 2019년 12월 5일
초판 1쇄 발행 | 2019년 12월 10일

지은이 | 하연섭 외 공저
발행인 | 강희일 · 박은자
발행처 | 다산출판사

주 소 | 서울시 마포구 대흥로 6길 8 다산빌딩 402호
전 화 | (02)717-3661
팩 스 | (02)716-9945
이메일 | dasanpub@hanmail.net
홈페이지 | www.dasanbooks.co.kr
등록일 | 1979년 6월 5일
등록번호 | 제3-86호(윤)

ISBN 978-89-7110-567-2 93350

정가 26,000원